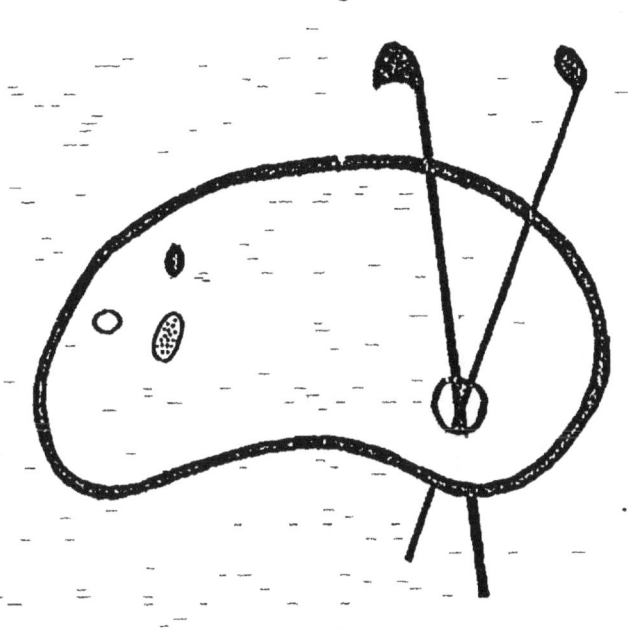

COUVERTURE SUPERIEURE ET INFERIEURE
EN COULEUR

2627

ŒUVRES PHILOSOPHIQUES

DE BOSSUET

ŒUVRES

PHILOSOPHIQUES

DE BOSSUET

COLLATIONNÉES SUR LES MEILLEURS TEXTES

ET PRÉCÉDÉES D'UNE INTRODUCTION

PAR M. JULES SIMON

NOUVELLE ÉDITION

De la connaissance de Dieu
et de soi-même.
Traité du libre Arbitre.
Élévations à Dieu.
Traité de la Concupiscence.

PARIS

G. CHARPENTIER, ÉDITEUR

13, RUE DE GRENELLE-SAINT-GERMAIN, 13

INTRODUCTION

Pour savoir quelle a été l'influence philosophique de Bossuet, il n'y a qu'à considérer sa carrière de théologien ; elle est toute tracée par sa triple polémique contre les protestants, les molinistes et les quiétistes. Les protestants le mettent aux prises avec le principe d'examen ; les molinistes, avec le libre arbitre ; et les quiétistes, avec le mysticisme et l'amour passif. Dans des discussions où il s'agit principalement de savoir ce que vaut et ce que peut notre raison, et quelle est la fin légitime de notre volonté et de notre amour, la philosophie joue nécessairement un grand rôle ; celle de Bossuet est toute rationaliste. Il condamne l'esprit d'examen en matière de théologie ; mais en philosophie il démontre l'autorité de la raison et ne s'appuie que sur elle ; et, loin de proscrire une science sans laquelle aucune autre n'existerait, tout en maintenant, comme saint Augustin et saint Thomas, une distinction sévère entre la philosophie et la théologie, il sait, à leur exemple, concilier la foi et la raison, et les employer l'une à l'autre.

Ce qui donne à l'œuvre de Bossuet un caractère particulier, c'est qu'étant le défenseur éloquent et convaincu de l'autorité, il aime et cultive la philosophie, et la philosophie de Descartes. C'est que, malgré son attachement à la doctrine de saint Augustin, il n'abandonna jamais le libre arbitre et la coopération de la volonté ; et qu'enfin, initié à toutes les profondeurs du mysticisme chrétien, il résista de toute son énergie à la folie du pur amour et aux états passifs d'oraison. Bossuet est tout à la fois un évêque orthodoxe et un philosophe de l'école de Platon et de Descartes; et il réunit en lui ces deux caractères, sans embarras, sans confusion, sans contraste, avec une parfaite et constante intelligence de ses principes et de lui-même

DE L'AUTORITÉ ET DE LA RAISON.

I. PRINCIPES GÉNÉRAUX

Bossuet, comme théologien, est profondément convaincu qu'il n'y a pas d'Église sans unité, et que l'unité dans la foi et dans la discipline dépend du maintien rigoureux du principe de l'autorité. Il avait sous les yeux le parti protestant, divisé dès sa naissance et faisant naître chaque jour des communions nouvelles. L'Écriture toute seule, sans l'Église qui l'interprète, n'était pas un frein suffisant; et la raison, qui enfante les hérésies, ne partageait pas moins les esprits sur l'interprétation des livres saints qu'elle n'a coutume de le faire dans le vaste champ des études philosophiques (1). Les protestants s'écriaient eux-mêmes qu'il fallait une règle et un symbole; ils assemblaient des synodes, ils dressaient des professions de foi; semblables à des usurpateurs qui, le lendemain de leur victoire, se couvrent d'un semblant de légitimité, et veulent profiter pour leur propre compte des principes qu'ils ont violés. Bossuet, pour combattre le protestantisme, mettait, en homme de génie, la main sur la véritable plaie, et il écrivait avec impartialité *l'Histoire des variations*. La philosophie ni la raison n'avaient à se plaindre

---

1. Cf. *Sixième avertissement sur les lettres de M. Jurieu.*

de l'ardeur qu'il apportait à cette lutte; et, quand il faisait l'étalage des égarements de l'esprit humain, et de tous ces systèmes élevés, abattus, repris, sans laisser autre chose après eux que des souvenirs d'orgueil et de faiblesse, il gagnait la cause de l'Église romaine, et laissait la philosophie intacte (1). Quel est le défenseur de la liberté philosophique qui n'en ait pas connu les excès? Mais le philosophe accepte à bon droit les périls de la liberté, tandis qu'il n'y a pas d'autre alternative pour une Église que d'être infaillible ou de n'être pas. Le principe religieux et le principe philosophique diffèrent. Séparés, ils ne se nuisent pas, et peuvent même se servir; réunis au même titre pour former une même doctrine, ils se nuisent l'un à l'autre, parce qu'il est dans la nature de chacun d'eux de régner souverainement et sans partage. La guerre faite au nom de l'Église à l'esprit de libre examen s'introduisant dans la théologie, est une guerre intestine où la philosophie ne peut que gagner et n'a rien à perdre. Quand on a mis en évidence les inconvénients de la liberté en matière de foi, la philosophie, fondée par essence sur la liberté, n'en subsiste pas moins, mais elle subsiste à

1. « Que ferai-je? Où me tournerai-je, assiégé de toutes parts par l'opinion ou par l'erreur? Je me défie des autres et je n'ose croire moi-même mes propres lumières. A peine crois-je voir ce que je vois et tenir ce que je tiens, tant j'ai trouvé souvent ma raison fautive..... » 3e *Sermon pour la Toussaint.* Ces lamentations sur l'infirmité de la raison humaine se rencontrent souvent chez les philosophes rationalistes; il suffit que Bossuet ait reconnu l'autorité et l'infaillibilité de notre raison; personne ne soutient l'infaillibilité de nos jugements. Il faut remarquer aussi que ce passage, et d'autres semblables qu'on pourrait citer, se rencontrent dans les *Sermons.* Bossuet accepte la raison malgré son infirmité; il ne rejette pas la philosophie, mais il soutient qu'elle ne peut remplacer la foi. « Ah! j'ai trouvé un remède pour me garantir de l'erreur. Je suspendrai mon esprit, et, retenant en arrêt sa mobilité indiscrète et précipitée, je douterai du moins, s'il ne m'est pas permis de connaître au vrai les choses. Mais, ô Dieu! quelle faiblesse et quelle misère! de crainte de tomber, je n'ose sortir de ma place et me remuer! Triste et misérable refuge contre l'erreur, d'être contraint de se plonger dans l'incertitude et de désespérer de la vérité! *O félicité de la vie future!* » *Ibid.*

part, non contre l'Église mais en dehors. Quelle erreur de penser qu'un théologien, un *définiteur de la foi*, puisse abandonner aux interprétations particulières le dogme qu'il annonce au nom de Dieu, et de croire qu'il condamne la raison et la réduit à l'impuissance, parce que, sur les matières où Dieu a parlé, il lui ordonne de se soumettre! Bossuet combattait la raison dans Jurieu, et la respectait dans Leibnitz; où est la contradiction? Lui-même interprétait l'Évangile en se soumettant à la tradition, aux saints Pères et aux décisions de l'Église; et en même temps il écrivait un traité de philosophie où le nom de Jésus-Christ n'est pas prononcé. C'est qu'il savait qu'il faut de l'unité dans la foi et de la liberté dans la science, et que, dans le fond, la raison étant aussi une révélation divine, il ne faut pas, par un fol orgueil, opposer Dieu à Dieu, ni le guerroyer de ses dons.

On peut tracer des bornes à la raison humaine, et lui commander de s'arrêter et de se soumettre. Mais la nier, et prétendre absolument que c'est une lueur trompeuse, c'est se condamner à périr avec son ennemi. Où est l'intelligence sans la raison, et la foi sans l'intelligence? Des hommes tels que Bossuet peuvent présenter au nom de Dieu un joug à la raison humaine; mais ils l'emploient elle-même à cette victoire. Ils peuvent dire que la raison est insuffisante; mais ils ne peuvent ni la nier, ni s'en passer. Voici une parole profonde de saint Grégoire de Nazianze: « Nous aimons Dieu parce que nous le connaissons, et nous l'adorons parce que nous ne le comprenons pas (1). » C'est la doctrine de Bossuet. Un docteur protestant avait dit, dans le véritable esprit de sa secte, que la foi commence, et que la raison accomplit; un autre aurait dit, reprend Bossuet, que c'est la raison qui commence l'œuvre, et que c'est la foi qui l'achève (2). Comme il faut distinguer la philosophie de la

---

1. Saint Grég. de Naz., disc. 38.
2. *Sixième avertissement sur les lettres de M. Jurieu.* « Un autre (que M. Ju-

religion, il faut distinguer en philosophie entre l'autorité de la raison, qui est incontestable, et sa portée, qui est restreinte.

Bossuet n'a jamais songé à construire un système de philosophie, et la raison en est fort simple ; sa place était marquée ailleurs. Il distinguait soigneusement les doctrines philosophiques qui sont hors de doute et utiles à la vie, de celles qui ne sont que d'opinion et dont on dispute (1). Parmi tous les systèmes de philosophie, c'est Descartes qui lui a fourni le plus ; et, quoiqu'il se défendît d'être un cartésien, et qu'il fût en dissentiment avec l'École sur des points graves, tels que la définition du corps et celle de l'esprit (2); il ne pense pas sur la raison, sur Dieu, sur l'usage de la psychologie (3), autrement que ne faisait Descartes. L'esprit libéral de cette philosophie ne l'effrayait pas ; et il voyait bien que, pourvu qu'on l'entendît dans son sens véritable, il n'y avait

---

rieu) aurait dit que l'Écriture confirme et achève ce que la lumière naturelle avait commencé: notre ministre aime mieux attribuer le commencement à l'Ecriture et la perfection à la raison : comme si les Pères de l'Église n'avaient pas eu la raison. »

1. *Lettre au pape sur l'éducation du dauphin.*

2. Voici un passage fort curieux d'une de ses lettres à Leibnitz: « Toutes les fois que M. Leibnitz entreprendra de prouver que l'essence du corps n'est pas dans l'étendue actuelle, non plus que celle de l'âme dans la pensée actuelle, je me déclare hautement pour lui. J'ai même travaillé sur ce sujet ; et je prétends pouvoir montrer par M. Descartes qu'il n'a point sur cela un autre sentiment que celui de l'École. Ses disciples ont embrouillé sa doctrine, et lui-même ne s'est pas toujours entendu. » Il dit en parlant de Descartes, dans une lettre du 30 mars 1701 : « Dans ce qu'il a imprimé, je voudrais qu'il eût retranché quelques points, pour être entièrement irrépréhensible par rapport à la foi ; car pour le pur philosophique, j'en fais bon marché. »

3. Ce point est particulièrement digne de remarque, et on n'a rien dit de plus fort, ni avant ni après Bossuet, sur l'utilité de commencer les études philosophiques par la connaissance de soi-même. V. ci-après la *lettre sur l'instruction au dauphin.* Bossuet s'appuie sur un passage de saint Luc: « Considérez-vous attentivement vous-même. » *Luc,* xxi, 34 ; et sur cette parole de David : » O Seigneur, j'ai tiré de moi une merveilleuse connaissance de ce que vous êtes ! » Ps. cxxxviii.

rien dans cette école que d'utile et de salutaire. S'il s'alarma des tendances de quelques cartésiens, et cria peut-être un peu prématurément à l'hérésie, il eut soin d'ajouter qu'on n'entendait pas Descartes, et que, par de tels excès, on ferait perdre à l'Église tout le fruit qu'elle pouvait espérer de cette doctrine (1). Il approuvait la sage retenue de Descartes, et son zèle, peut-être excessif (2), à se mettre à l'abri des censures de l'Église. Il écrivait ces propres mots à Leibnitz : « Autant je suis ennemi des nouveautés qui ont rapport à la foi, autant suis-je favorable, s'il est permis de l'avouer, à celles qui sont de pure philosophie; parce que, en cela, on doit et on peut profiter tous les jours tant par le raisonnement que par l'expérience. »

II. RATIONALISME DE BOSSUET

Bossuet, sur l'essence et les caractères de la raison, est dans les plus pures traditions du rationalisme. Ces vérités essentiellement intelligibles que conçoit par sa nature un entendement humain, à quelque point de l'éternité qu'on le suppose; ces propositions claires et évidentes par elles-mêmes, éternelles, immuables, supérieures à l'intelligence qui les conçoit; cette géométrie naturelle, cette science des proportions qui nous fait mesurer les grandeurs en les comparant les unes aux autres, et concilie la vérité avec les

---

1. « Je vois un grand combat se préparer contre l'Église sous le nom de philosophie cartésienne. Je vois naître de son sein et de ses principes, à mon avis mal entendus, plus d'une hérésie; et je prévois que les conséquences qu'on en tire contre les dogmes qu'ont tenus nos pères, la vont rendre odieuse, et feront perdre à l'Église tout le fruit qu'elle en pouvait espérer pour établir dans l'esprit des philosophes la divinité et l'immortalité de l'âme. » *Lettre à un disciple du P. Malebranche.*

2. « M. Descartes a toujours craint d'être noté par l'Église, et on lui voit prendre sur cela des précautions dont quelques-unes allaient jusqu'à l'excès. » *Lettre sur un morceau inédit de Descartes.*

apparences; ces idées ou notions éternelles, nécessaires et (comme nous dirions aujourd'hui) impersonnelles, qui illuminent notre raison, et dont Dieu même est la substance, sentent la philosophie de Platon et de Descartes; et il est vrai que c'est aussi celle des plus éminents esprits parmi les Pères de l'Église. Bossuet laisse ce qu'il y a de chimérique dans Platon et dans Malebranche, et maintient la séparation ou, comme il le dit une fois, *l'altérité* (c'est le mot de Plotin), de l'intelligence humaine et des diverses vérités dont elle se nourrit par nature; mais, à l'exemple de Platon et de Malebranche, il fait reposer en Dieu ces vérités premières comme dans leur substance éternelle. Elles illuminent notre pensée, mais elles ne naissent pas en nous de notre fond; elles y descendent de plus haut. C'est la raison de chacun, et en même temps la raison de tous. « *Et omnibus communis est, et singulis casta est* (1). » Cette raison, cette vérité, si nous l'entendons, dit Bossuet, c'est Dieu même. L'âme faite à l'image de Dieu, capable d'entendre la vérité, se tourne actuellement vers son original, c'est-à-dire vers Dieu, où la vérité lui apparaît autant que Dieu veut la lui faire paraître (2).

Ce caractère de philosophie rationnelle se retrouve partout dans Bossuet : dans ses démonstrations de l'existence de Dieu et de la liberté: dans ses discussions contre les calvinistes, où, malgré sa prédilection pour saint Augustin et l'école de saint Thomas, il ne cesse de rappeler *le conatus* et de revendiquer les droits de la liberté; dans sa querelle avec les nouveaux mystiques, où il combat cette prétendue perfection qui consiste à *se perdre* et à *s'abîmer en Dieu*, à *se plonger dans son rien*, à supprimer les actions, les désirs, et jusqu'à la prière. Il soutient que l'identité personnelle et la conscience du moi ne se perd jamais; que l'amour de soi est inhérent à notre nature humaine, qu'il ne peut s'arracher de nos cœurs, qu'il est dans l'ordre de la

---

1. Saint Aug. *De lib. arb.*, l. II.
2. Cf. *Connaissance de Dieu et de soi-même*, — 3ᵉ *Sermon pour la Toussaint.*

Providence; que les idées claires et précises sont les idées par excellence, et nous appartiennent par un lien plus intime que ces notions vagues et obscures qui montent à la pensée dans la méditation contemplative, et qui ne se peuvent exprimer par le discours (1). En un mot, il défend sur tous les points la possession de l'homme par lui-même, et résiste à toutes les tentatives des ennemis de la philosophie, qui sont aussi ceux de la foi pour réduire la nature humaine à l'état d'un instrument passif, soit entre les mains de Dieu, soit sous l'action et les influences des corps physiques.

DU LIBRE ARBITRE ET DE LA GRACE.

I. TRAITÉ DU LIBRE ARBITRE DE BOSSUET.

C'est un des grands caractères de l'Église catholique, de rendre ses décisions avec réserve et prudence, comme juge de la foi, en même temps que dans la discussion et la pratique elle se montre ennemie, comme par instinct, de toute nouveauté, habile à prévoir de loin, ou plutôt à pressentir une hérésie, à découvrir dans un principe des conséquences encore enveloppées. Bossuet, qui a été dans son siècle l'homme de l'Église catholique, l'a constamment imitée dans la susceptibilité de ses craintes, dans la maturité de ses jugements. Là est le secret de sa conduite dans l'affaire du quiétisme et dans les querelles des jansénistes et des jésuites. Si la nouvelle doctrine sur les états passifs d'oraison alarma justement Bossuet et lui fit craindre dès ce commencement la morale dépravée et les erreurs des béguards, sur la question du libre arbitre et de la grâce, il avait à redouter en même temps les excès du pélagianisme, timidement renouvelé par les molinistes, et la doc-

---

1. *Instruction sur les états d'oraison.*

trine de Calvin, qui ne laissait rien à la liberté. Entre les molinistes et Calvin, Bossuet se trouvait dans la position de saint Augustin défendant la liberté contre les manichéens et la grâce contre Pélage. Le *Traité du libre arbitre* commence par une démonstration excellente et sans arrière-pensée de la liberté de l'homme (1) et de l'intervention divine (2). « Tenons-les l'une et l'autre pour indubitables, dit Bossuet, sans en pouvoir jamais être détournés par la peine que nous aurons à les concilier ensemble ; car deux choses sont données à l'esprit humain, de juger, et de suspendre son jugement. »

Il examine ensuite les diverses théories que l'on a proposées : celle qui réconcilie la grâce et la liberté, en les séparant, et en mettant avant le péché le règne du libre arbitre, et après la chute l'influence exclusive de la grâce ; ce qui revient à sacrifier Dieu lui-même dans la première hypothèse, et l'homme dans la seconde : celle de la science moyenne ou conditionnée, dont tout l'artifice consiste à introduire des circonstances indépendantes de la volonté divine, et à résoudre la difficulté en la supprimant ; enfin la délectation victorieuse, mortelle à la liberté si la victoire est nécessaire, et, sinon, à la Providence. Bossuet s'arrête à la prédétermination physique, dont le principe est celui-ci : qu'un être dépend davantage de l'action divine à mesure qu'il s'élève, et que l'exercice de notre liberté, au lieu de nous séparer de Dieu, n'a pour effet que de nous attacher à lui

---

1. Cf. ci-après le *Traité du libre arbitre*, init. Bossuet y démontre la liberté, 1° par l'évidence du sentiment et de l'expérience ; 2° par l'évidence du raisonnement ; 3° par l'évidence de la révélation.

2. *Ibidem*. Bossuet revient sur cette question et sur celle du libre arbitre dans un grand nombre de ses ouvrages. Cf. particulièrement l'*Avertissement sur le livre des Réflexions morales*. Bossuet y déclare, en s'appuyant sur saint Augustin, que les volontés humaines ne peuvent pas résister à la volonté de Dieu. Il cite un passage de la *Somme* de saint Thomas sur cette question : Si la volonté de Dieu s'accomplit toujours ? « *Respondeo dicendum quod necesse est voluntatem Dei semper impleri* (part. 1, quæst. 9. art. 6), *quia Omnipotens velle inaniter non potuerit quodcumque voluerit.* »

par des liens plus intimes, en donnant plus d'être et de valeur à ce que nous sommes. On fait, par ce moyen, sortir la solution de la difficulté même qu'il s'agissait de dénouer, et tout l'effort de la dialectique vient se résoudre au lieu d'explication dans un défi jeté à la raison humaine

II. DIVISION GÉNÉRALE DE LA QUESTION.

Nous emprunterons ici les formes de l'École, sans faire d'apologie pour leur aridité, dans une matière où les distinctions sont rigoureusement indispensables. D'abord il faut distinguer les faits mêmes dont il s'agit et l'explication que l'on en donne. Dans les faits, il faut distinguer le fond et les circonstances qui l'accompagnent : par exemple, l'homme est libre, et il dépend actuellement de l'action de Dieu ; voilà le fond de la question, qui peut être établi et subsister indépendamment de tout le reste. Dieu, de qui dépend notre être, nous crée-t-il incessamment avec nos déterminations volontaires ou involontaires, libres ou fatales ? Et si la détermination est comprise dans la création, cette action déterminante de Dieu est-elle, ou non, invisible ? Il ne s'agit déjà plus là des faits généraux, mais du *comment*, que nous pourrions ignorer sans être tenus de renoncer aux faits établis. Les circonstances accessoires sont la gratuité de la grâce, le péché originel, les grâces de lumière et de sentiment, les secours de la grâce ; toutes questions de la psychologie la plus profonde, mais qui dépendent de la première et ne la règlent pas, et qu'on a coutume de discuter surtout en théologie. Les théories par lesquelles on essaye de concilier le fait de la liberté humaine et de notre dépendance actuelle demandent aussi une distinction ; car on peut distinguer le fait allégué comme explication, et l'application de ce fait à ce qu'il s'agit d'expliquer. Prenons pour exemple la prémotion physique : elle suppose d'abord le dogme de la création continue ; puis, pour expliquer au moyen de ce dogme la difficulté dont il s'agit, elle établit successivement que Dieu crée les causes avec leurs déterminations actuelles, et que le vrai procédé scientifique est de recourir à l'action directe de Dieu, ou d'expliquer tout par sa seule volonté sans moyens intermédiaires.

Or, pour laisser de côté les circonstances accessoires du fait principal et nous circonscrire dans la question métaphysique, le fait de la liberté et celui de la création continue, et par conséquent de la dépendance actuelle, doivent être accordés sans difficulté. Cette dépendance enveloppe-t-elle la détermination? J'entends la détermination psychologique où réside la liberté, et non la détermination de la puissance efficace. Si oui, deux conséquences s'ensuivent; l'une que le principe de la prédétermination physique doit être admis, parce qu'il ne reste plus d'autre refuge; l'autre, que toutes les difficultés relatives au concours de la grâce et de la liberté subsistent. Sinon, la prédétermination physique est ruinée dans son fondement, c'est-à-dire que la liberté doit être expliquée, non par la volonté de Dieu, mais par la nature même de l'acte libre; et alors, de deux choses l'une : ou Dieu, en même temps qu'il nous crée, par une action différente (et non par un acte différent, ni même par un autre acte), Dieu, dis-je, incline notre volonté; ou il se borne à faire naître en nous des motifs d'action, soit en éclairant notre esprit, ou en touchant notre cœur.

Si l'on oublie un instant la tradition théologique et les disputes de l'École pour n'écouter que la lumière naturelle, c'est-à-dire ici l'observation psychologique, cette dernière hypothèse est la seule que l'on puisse adopter. L'homme n'est indépendant ni dans son être ni dans sa puissance; mais il est libre par la permission divine dans l'exercice d'une puissance empruntée; et Dieu, pour l'élever et le soutenir dans cette épreuve où il l'a mis, inspire secrètement à son cœur l'amour du beau et du bien. La théorie de la grâce, ainsi réduite, laisse intacte la liberté, et, suivant l'heureuse expression de Malebranche, ne limite en Dieu la toute-puissance que par la bonté et la justice.

On s'écarte, il est vrai, dans cette hypothèse, de la doctrine de saint Augustin; mais saint Augustin s'appuie sur la révélation; et la théologie, employant des éléments différents, peut et doit même arriver à une solution différente. Il suffit que la philosophie ne condamne pas comme contraire à la raison la doctrine théologique; elle ne peut, sans sortir de sa sphère, abandonner l'observation des faits pour la révélation, et le raisonnement pour l'exégèse. En même temps on reste séparé des pélagiens; car les pélagiens, en attribuant à Dieu la conservation, et non la création continue de la cause libre, donnaient à l'homme, outre sa liberté de choix, une indépendance métaphysique contraire aux principes les mieux établis. Un seul point demeure obscur: comment une cause actuellement produite, peut-elle actuellement se déterminer elle-même? Or ce point, si l'on y prend garde, n'est autre chose que la question même de l'existence du fini, c'est-à-dire l'impénétrable problème que l'on retrouve à chaque pas dans la philosophie première

III. DE LA PRÉMOTION PHYSIQUE.

Mais si la philosophie se prête à cette simplification, et ne nous découvre rien de plus sur l'efficace de l'action divine, la révélation va plus loin. Bossuet décide que Dieu lui-même agit en nous avec nous, et que nous ne pouvons vouloir et faire le bien que par lui. Bossuet admet cela comme théologien, et il pourrait en conséquence se borner à la preuve historique, mais il en donne, comme philosophe, une démonstration qui manque de solidité. C'est, dit-il, que Dieu ne voit que ce qu'il opère; principe général plus spécieux que profond, et qui n'est pas même sans quelque danger, car, s'il est impossible à Dieu de voir ce qu'il n'opère pas, il s'ensuit que ce qui n'est pas l'action même de Dieu n'est rien devant lui, et, par une conséquence prochaine, que Dieu ne connaît que lui-même. Encore une fois, la grande difficulté de la métaphysique, c'est que le fini ait été produit, c'est qu'il existe, c'est qu'il soit connu de Dieu, c'est qu'il possède une sorte de délégation partielle de la puissance; et le grand péril des métaphysiciens, c'est de prononcer trop facilement sur ce que Dieu peut et ne peut pas, relativement aux choses finies. Si l'on avoue que Dieu produit actuellement une puissance et sa détermination; en quoi est-il plus difficile que, produisant actuellement une puissance qui actuellement aussi s'exerce avec liberté, il voie dans l'être même qu'il opère l'exercice actuel de la puissance qu'il y met?

C'est donc par des raisons théologiques que la doctrine de Bossuet subsiste; et quoique, par une conséquence nécessaire, elle ne puisse être démontrée par la raison, on pourrait démontrer par la raison qu'elle ne choque en rien la raison. Il est vrai qu'on n'en peut dire autant de la prémotion physique; mais la prémotion physique n'est pas la doctrine, elle n'est qu'une hypothèse, une tentative d'explication. Il importe de ne pas l'oublier.

Qu'est-ce dans le fond que cette prémotion physique, cette exaltation de la toute-puissance de Dieu, et cette proscription des moyens dans l'acte même créateur? Si Dieu n'a pas besoin de moyens pour opérer ce qu'il veut, est-ce une raison pour supprimer la science humaine? Suffit-il, quand deux faits semblent se contredire, d'exagérer encore la contradiction, et d'évoquer ensuite la Divinité? N'est-ce pas faire du nom de Dieu la couverture de sa faiblesse? Ce doit être un principe pour la métaphysique que Dieu, qui est la raison de tout, n'est l'explication de rien. Celui qui a osé dire que Dieu est une belle hypothèse qui dispense de raisonner, a dit une impiété, et de plus, tout grand qu'il est, une absurdité; mais il est vrai

2

que si l'on ne peut raisonner ni même penser sans Dieu, on ne peut raisonner au delà de Dieu. Aussitôt qu'il apparait dans nos raisonnements, il fait cesser tout raisonnement et toute science humaine, et il ne reste plus qu'à se prosterner. Il suffit que l'on sache bien que les forces de la nature et les lois générales ne sont pas des moyens, mais des parties de l'effet, et la trace qui demeure dans cette variété où nous sommes plongés, de l'Unité parfaite et absolue, qui de sa seule éternelle volonté a créé tout ce qui est.

Il est vrai que l'acte créateur nous est toujours présent, et que nous dépendons également de Dieu dans le fond et dans les apparences, dans le suppôt et dans les phénomènes; la créature est créée à chaque instant, quoique Dieu ne crée qu'une fois; mais créée avec la faculté de créer et de produire elle-même, dans le même temps qu'elle est créée. Que notre raison comprenne ou non la création d'une puissance créatrice, nous savons de science également certaine que nous sommes actuellement produits, et qu'actuellement nous produisons; mais nous savons aussi qu'il n'est pas au pouvoir de Dieu de faire que nous soyons actuellement une cause, s'il ne permet en même temps que nous produisions actuellement un effet.

A ces raisons d'écarter la prémotion physique, il faut joindre qu'elle est fondée sur un principe contestable. Un être tient de Dieu ce qu'il a de réalité, et se rattache à Dieu d'autant plus intimement qu'il a plus de réalité, je l'accorde. J'accorde aussi qu'il y a plus d'être et de réalité dans la puissance qui s'exerce que dans la simple faculté au repos. Mais si la puissance exercée est éminente par rapport à la puissance endormie, il ne faut pas confondre la puissance, en tant qu'elle s'exerce, avec le résultat de son opération. Or, Dieu produit non-seulement la faculté d'agir, mais la faculté enveloppant l'acte, et cela suffit. Il n'est pas nécessaire qu'il traverse en quelque sorte la puissance qu'il vient de produire, et l'annule, en produisant lui-même l'effet qu'elle s'attribue. De plus, il faut craindre ici de tomber dans une équivoque. On dit que la dépendance augmente avec la réalité, et la réalité avec la liberté. Mais on peut soutenir également que la liberté diminue à mesure que la dépendance s'accroît, de sorte qu'on ne sait plus si la réalité est plus grande parce que l'on dépend ou parce que l'on ne dépend pas. Enfin, n'y a-t-il pas quelque erreur dans ces degrés de réalité qu'on nous présente ? Un être a plus ou moins d'être : mais ce sont là des degrés dans la quantité d'être qu'il reçoit et non dans la réalité, si je puis le dire, de sa réalité. Le dernier être parmi les créatures dépend autant de Dieu et de la même façon que le premier, il est un être au même titre, dans la mesure de son étendue. Dans le fond, c'est une métaphysique creuse qui s'établit sur ces propositions vagues et abstraites; et il faut faire violence à son esprit pour arriver, au moyen de quelque formule que ce soit, à croire qu'un être est d'autant plus libre qu'il est moins indépendant. La doctrine thomiste de la prédétermination physique, adoptée par Bossuet, est donc vraie en ce qu'elle reconnaît que nous sommes créés à chaque instant; fausse et contradictoire en ce qu'elle nous considère comme des causes en acte, sans nous attribuer d'effet ; vaine et inutile, en ce qu'elle recourt prématurément à la volonté de Dieu et prend cette abdication pour une solution scientifique. Elle équivaut aux yeux de Leibnitz à une négation complète de la liberté ; et il n'hésite point à déclarer qu'une telle doctrine est de la plus choquante dureté, et n'a de fondement ni dans la raison ni dans l'Écriture. Leibnitz, qui a pénétré plus profondément que tout autre dans les conditions du problème, et qui a été si supérieur sur la question du mal, après avoir découvert avec tant de sagacité le défaut de tous les systèmes sur le concours, a échoué dans le sien, parce qu'il le fait dépendre de sa théorie générale des monades,

IV. OPINION DE MALEBRANCHE.

La création continue, ou, comme l'appelle Bossuet, la création continuée, est le point de départ de la prémotion physique. La doctrine des thomistes, quoiqu'elle aboutisse à une contradiction, est donc philosophique dans son principe, et bien supérieure à la métaphysique grossière de Pélage, qui distingue deux actions en Dieu, celle de créer, celle de conserver, et fait ainsi le sacrifice de la notion d'immutabilité pour se mettre à l'aise sur la question du libre-arbitre (1). Bossuet allait même jusqu'à nier l'indéfectibilité des substances (2) au point de vue métaphysique, quoiqu'il défendît la personnalité en morale et en psychologie contre les excès des quiétistes et des jansénistes; et l'on ne saurait s'en étonner, si l'on considère d'une part qu'il admet la création continue, et de l'autre qu'il était de ceux qui, suivant la remarque de Leibnitz, étudient Dieu en moralistes plutôt qu'en métaphysiciens. Malebranche, au contraire, s'est toujours efforcé de conserver à l'action divine, je ne dis pas l'unité de vue, car alors il ne se distinguerait pas de Bossuet; mais l'unicité, si je puis le dire, et la simplicité absolue de la volonté.

Son livre *De la nature et de la grâce*, qui a tant irrité Bossuet (3) et Fénelon, et qui l'a peut-être effrayé lui-même,

---

1. Leibnitz, *Théodicée*.
2. Voici un passage formel d'une lettre à Leibnitz déjà citée, écrite en août 1693 : « Ses idées (de Descartes) n'ont pas été fort nettes lorsqu'il a conclu l'infinité de l'étendue par l'infinité de ce vide qu'on imagine hors du monde; en quoi il s'est fort trompé : et je crois que de son erreur on pourrait induire, par conséquences légitimes, l'impossibilité de la création et de la destruction des substances; quoique rien au monde ne soit plus contraire à l'idée de l'être parfait, que ce philosophe prend pour principal moyen de l'existence de Dieu. »
3. Bossuet se contente de dire dans une lettre à l'abbé Nicaise : « Pour le livre *De la nature et de la grâce*, de l'auteur de la *Recherche de la vérité*, je

car il ne se lasse pas de répéter qu'il ne veut faire qu'un essai, et de réclamer un jugement impartial (1); tout ce livre se réduit à trois propositions: Dieu agit par des volontés générales dans l'ordre de la nature et dans celui de la grâce; Jésus-Christ, agissant suivant son humanité comme chef de l'Église, est la cause occasionnelle des grâces particulières ; la coexistence de la grâce et de la liberté a sa raison dans la non-invincibilité de la grâce.

Le second point de cette doctrine est, comme on voit, essentiellement théologique, et je doute qu'il pût satisfaire les définiteurs de la foi ; d'autant plus que Malebranche, en distinguant les grâces du réparateur et celles du créateur, c'est-à-dire les grâces de sentiment et celles de lumière, ne conserve ce nom aux grâces de lumière que pour se conformer à l'usage, et les fait évidemment rentrer dans l'ordre de la nature (2). L'explication qu'il donne de la coexistence de

n'en ai pas été satisfait ; et je crois que l'auteur le réformera, car il est modeste et ses intentions sont très-pures. Mais il me semble qu'il n'a pas fait toutes les lectures nécessaires pour écrire de la grâce, ni assez considéré tous les principes qui servent à décider cette matière. » Dans une autre lettre il traite la doctrine de Malebranche de nouveau système, *novum de gratia systema*, et annonce un livre d'Arnaud qui doit renverser ces nouveautés et *défendre saint Augustin*. Il prend un tout autre ton en écrivant à un disciple de Malebranche : « Plus je me souviens d'être chrétien, plus je me sens éloigné des idées que ce nouveau système nous présente. — Je ne remarque en vous autre chose qu'un attachement tous les jours de plus en plus aveugle pour votre patriarche. — Tout vous plaît de cet homme, jusqu'à son explication de la manière dont Dieu est auteur de l'action du libre arbitre, comme de tous les autres modes, quoique je ne me souvienne pas d'avoir jamais lu aucun exemple d'un plus parfait galimatias. Je vois, non-seulement en ce point de la nature et de la grâce, mais encore en beaucoup d'autres articles très-importants de la religion, un grand combat se préparer contre l'Eglise, etc. »

1. V. surtout l'*Avertissement* de Malebranche en tête de son *Traité de la nature et de la grâce*.

2. « La lumière est due à l'homme pour se conduire dans la recherche du bien ; elle est pour l'ordinaire de l'ordre naturel... » *Art.* 35. « Or la lumière se peut appeler grâce, quoiqu'elle ne soit qu'une suite de l'ordre de la nature, parce que depuis le péché Dieu ne nous doit rien. » *Art.* 40. « Toutes ces

la grâce et de la liberté termine la dispute aux dépens des deux partis, car elle supprime d'une part l'essence même de la liberté, et de l'autre l'efficacité de la grâce (1). Mais ce qui allumait surtout l'indignation de Bossuet, c'était la doctrine des volontés générales. Il ne pardonnait pas aux disciples de Malebranche de s'être appuyés de l'autorité de Bossuet lui-même, et de l'exemple du *Discours sur l'histoire universelle*: et en effet, ce sont deux doctrines essentiellement différentes; elles ont de commun d'établir l'unité du plan de la création et d'un dessein suivi dans le gouvernement de la Providence; mais autre chose est de réaliser avec constance une pensée unique, autre chose de donner une fois des lois générales d'où résultent des effets que l'on n'a qu'indirectement voulus. Bossuet va jusqu'à dire que ce sont là des principes directement opposés (2). Les miracles qui arrivent en vertu de lois générales, les prières qui ont pour effet de remplir un devoir et de mettre l'âme dans la préparation nécessaire pour que la grâce de Dieu y descende suivant la loi générale qui préside à sa distribution, et sans aucune vue particulière de la Providence sur celui qui la reçoit; tout cela forme une hypothèse en quelque sorte tout unie, où il ne reste point de difficulté, si ce n'est que les miracles perdent leur définition, et que les prières elles-mêmes

---

grâces, si on veut leur laisser ce nom, étant des grâces du Créateur, les lois générales de ces grâces sont les lois générales de la nature. »

1. « Le mouvement naturel de l'âme vers le bien en général *n'est point invincible* à l'égard du bien en particulier. » (Malebranche, *De la nat. et de la gr.*) On sait d'ailleurs que la liberté humaine est toute négative dans le système du Père Malebranche.

2. « Il y a bien de la différence à dire, comme je fais, que Dieu conduit chaque chose à la fin qu'il s'est proposée, par des voies suivies; et de dire qu'il se contente de donner des lois générales dont il résulte beaucoup de choses qui n'entrent qu'indirectement dans ses desseins... Et surtout ne croyez pas que je ne mette pas en Dieu des lois générales et un ouvrage suivi, sous prétexte que je ne puis me contenter de vos lois, plutôt vagues que générales, et plutôt incertaines et hasardeuses que véritablement fécondes. »

et le culte doivent changer de nom, et ne retenir que celui de purifications qu'on leur donnait dans quelques anciennes écoles de philosophie.

V. DES RAPPORTS DE L'HOMME AVEC DIEU

On faisait cette objection à Malebranche : que « Dieu ne pourrait donc rien changer à ce qui est ? » On la fit aussi à Leibnitz, qui se crut obligé d'y répondre. Cette objection, si c'en est une, s'adressait surtout à Leibnitz; et l'on peut dire que, plus un système la mérite, plus il est véritablement métaphysique. Il est vrai que l'esprit a de la peine à s'y faire. C'est que les plus habiles éprouvent eux-mêmes une difficulté presque invincible à concevoir l'existence inconditionnelle. Les philosophes ont beau prendre en pitié le vulgaire, qui conserve encore tant de préjugés païens, et qui si souvent attribue à Dieu les intentions et les sentiments d'une nature purement humaine ; qui examinera de près les problèmes que l'on a posés, les solutions qu'on a hasardées sur toutes les questions où la réalité de Dieu et le néant de l'homme sont en présence, reconnaîtra qu'on se trouve partout et toujours dominé à son insu par l'idée du contingent, l'idée du temps, l'idée de l'espace : trois conditions du sujet humain, qui rabaisse malgré lui au niveau de son infirmité le grand Dieu que sa pensée conçoit sans cesse à travers un nuage, et sans la conception duquel elle ne concevrait rien.

Les mots mêmes dont nous nous servons pour exprimer en bégayant l'immutabilité de Dieu et la fixité de ses conseils, contribuent à l'illusion. Car il est vrai de dire qu'étant infiniment sage et infiniment puissant, il ne peut ni changer d'avis, ni se repentir ; mais il faut savoir aussi qu'étant nécessaire et éternel, il ne peut durer en aucune façon, ni répéter deux fois un acte identique. On demande si Dieu ne peut rien changer ; que l'on demande aussi s'il peut se changer lui-même, lui qui n'a ni étendue ni durée, ou, pour parler en général, si un être peut ne pas être identique à lui-même dans le même temps et dans le même lieu. La théorie de la science moyenne, qui se produit en théologie à l'occasion de la grâce, a plus de partisans, ou du moins plus de sectateurs qu'on ne pense ; et tel qui la proscrit dans les débats du libre arbitre et de la grâce, parle, raisonne et agit dans tout le reste comme si Dieu jouait une partie contre l'humanité, et attendait à chaque instant les déterminations des causes libres pour changer son ordre de bataille, et réaliser par de nouveaux desseins le plan général de la création.

Bossuet prescrit lui-même, dans les *Élévations* (pensée profonde et vraiment platonicienne), de s'attacher à la considération de l'Être qui fournit seul à notre âme le fond et la matérialité de ses pensées ; de l'Être, dis-je, qui est le générique en soi, ce qui ne supposant rien, est supposé par tout le reste. Et en même temps, dans ses discussions contre les mystiques, il met à néant ces orgueilleuses et folles tentatives renouvelées des alexandrins, pour séparer l'être de ses attributs, et arriver à la conception d'une forme pure, d'une essence pure, n'enfermant pas autre chose que l'existence absolue, sans enveloppement d'aucune puissance ou faculté, même endormie. Il faut en effet concevoir l'être, non-seulement comme enveloppant toutes les puissances, mais comme possédant l'actualisation présente et éternelle, immédiate et complète, de toutes les puissances qu'il enferme. L'être ainsi conçu, d'une part, et hors de lui, ce néant, cette infirmité, cette bassesse, ce rien, comme parle Bossuet, qui a pour condition de s'étendre et de s'épuiser dans le temps et dans l'espace, et de n'exister, de ne durer qu'en reposant actuellement, immédiatement, dans tous les lieux de l'espace, et dans tous les moments de la durée, sur l'acte unique créateur : tel est le commencement, ou plutôt la double donnée d'une synthèse métaphysique. En posant ainsi la question avec précision et netteté, en admettant ces deux termes dont l'un ne peut être nié parce qu'il occupe nos sens, et l'autre parce qu'il est le principe et la fin de tous nos raisonnements, ou mieux, de toutes nos pensées, on possède à la fois le principe de l'être et le principe du connaître, dans leur opposition et dans leur rapport. La réalité et l'unité de Dieu en est moins obscurcie, le néant de l'homme et sa dépendance intime plus manifeste. La nécessité et la nature du culte et de la prière en découlent aussi nécessairement. La question de l'éternité du monde ou de sa création dans le temps, celle de l'unité parfaite du plan de la création, la prescience de Dieu, sa divine Providence, tous ces problèmes cessent de présenter d'apparentes contradictions. On n'a plus à se demander si l'homme a un suppôt distinct et séparé de Dieu, s'il a un libre arbitre, si ce libre arbitre a une efficace, ou si la causalité doit être restreinte à Dieu, tout le reste n'étant que succession. En un mot, le fait et ses circonstances ne peuvent plus être niés, ce qui est d'un être ne peut plus s'imputer à l'autre, et toute confusion est écartée. Une seule chose demeure inconnue, c'est le comment de l'existence du fini. Quand la science a établi que le fini existe et qu'il n'existe que par l'action de Dieu, quand elle l'a distingué nettement de tous les prédicats de l'infini, elle ne rencontre plus pour aller au delà que ténèbres impénétrables, et se voit contrainte d'évoquer la toute-puissance de Dieu, c'est-à-dire de s'abdiquer; car tout vient de la toute-puissance, et la science humaine, quand elle est possible, consiste précisément à dire comment tout en vient.

Il y a donc un point où tous les efforts de la sagesse humaine viennent échouer; c'est de savoir comment il se fait que j'existe, que je suis libre et que je suis cause. Si quelque chose est incompréhensible et inexplicable, c'est cela. J'existe, j'ai une substance distincte et séparée de Dieu; je suis libre, j'ai la liberté du choix; mon choix n'est ni nécessité, ni contraint, ni déterminé ; je suis cause, et, quand un effet suit ma volonté, c'est qu'une vertu est sortie de moi qui a donné une impulsion première aux forces naturelles qui m'obéissent. Et pourtant Dieu est l'Être en soi, qui ne peut ni changer, ni désirer. Il est la divine Providence, qui ne peut ni ignorer, ni abdiquer. Il est la cause partout présente dans les deux infinis de l'espace et du temps : cause toute-puissante, qui ne connaît pas d'obstacle et ne peut avoir besoin de concours. C'est là le véritable écueil de la métaphysique dans le rapport de notre substance et de notre cause, avec la substance et la cause qui nous fait être, et non dans le rapport des conditions de notre existence, comme le temps et l'espace, avec l'Être inconditionnel. L'éternité du monde, la prescience, la science moyenne, ne demandent qu'à être entendues ; mais la substance finie et la cause finie ne sauraient être ni niées ni comprises. Ce qui nous gêne dans notre science, ce qui nous fait obstacle, c'est nous-mêmes ; c'est notre être, c'est notre liberté. Voilà de quoi confondre l'orgueil humain, que nous puissions comprendre, sinon toutes choses, au moins l'existence de toutes choses, à l'exception de notre propre existence. Nous y gagnons cependant un argument pour la liberté. Puisqu'il est certain que nous sommes, malgré l'Être en soi, il n'en coûte pas plus d'admettre que nous sommes libres, malgré la cause première. La difficulté est dévorée du premier coup ; et il faut nous nier nous-mêmes ou admettre la liberté.

Quant au péché originel, à la gratuité de la grâce et à la partie purement théologique, nous n'avons ni le pouvoir ni l'obligation de la traiter (1). Ce qui touche à la providence de

---

1. Voici, sur la question théologique, un résumé très-précis que nous fournit Bossuet lui-même : « Après tout, de quoi s'agit-il ? il s'agit de savoir à qui il faut demander la grâce de bien faire, à qui il faut rendre grâce quand on a bien fait : il s'agit de reconnaître que Dieu incline les cœurs à tout le bien par des moyens très-certains et très-efficaces, et de confesser un pareil besoin de ce secours, tant dans le commencement des bonnes œuvres que dans leur parfait ac-

Dieu et à la liberté de l'homme est de l'ordre de la philosophie; le reste nous est étranger; et la théologie est une science trop grave et trop difficile pour qu'on se permette de l'effleurer. Il faut l'ignorer ou l'approfondir. On verra dans le *Traité du libre Arbitre* comment Bossuet s'efforce d'expliquer la transmission du péché originel, qu'il traite ailleurs de prodige (1). Malebranche et Leibnitz ont aussi leurs explications; il eût mieux valu se taire sans doute; car un mystère, pris pour tel, n'a rien en soi qui répugne à la raison; tandis qu'on ne peut transformer ce mystère du péché originel en un fait naturel sans offenser la pureté de la doctrine morale. Ce qui nous importe surtout, c'est que Bossuet admet la liberté sans restriction, et la démontre philosophiquement par l'évidence de la raison. Le reste est le pur théologique, dont saint Augustin disait qu'il n'en faut pas parler à ceux qui ne sont pas chrétiens. Il est certain que la multitude d'écrits qu'a fait naître cette question a plutôt servi à l'obscurcir qu'à l'éclairer, et Bayle n'a pas dit sans quelque raison qu'outre la difficulté de la matière, les molinistes et les jansénistes ont encore l'embarras, les premiers d'admettre saint Augustin, qui condamne leurs principes; et les seconds, de repousser Calvin qui professe leur doctrine.

Il nous reste à faire connaître le sentiment de Bossuet sur deux questions qui se rattachent intimement à la liberté: le

complissement; il s'agit de reconnaître que la grâce que Dieu donne dans le temps, a été préparée, prévue, prédestinée de toute éternité, que cette prédestination est gratuite, à la regarder dans son total, et présuppose en Dieu une prédilection spéciale pour ses élus. » (*Mémoire sur la Bibl. eccl.* de M. Dupin.)

1. « Ne trouve-t-il pas (M. Jurieu) dans la Trinité, dans l'incarnation, dans l'immutabilité de Dieu, dans sa prescience, dans le péché originel, dans l'éternité des peines, des prodiges (ce sont les expressions de Jurieu), des renversements de la nature de Dieu et de l'essence des choses ?... Où est donc ce sacrifice de résistance de notre raison qu'on nous promettait ? Et s'il nous faut disputer et devenir philosophes, que devient la simplicité de la foi ? » *Troisième éclaircissement.*

péché et la force motrice. Nous y trouverons de nouveaux arguments contre la prémotion physique; car ou le péché est impossible, ou il est produit avec la coopération de Dieu; et quant à la force motrice, ou elle est ce que Bossuet nie, ou elle n'est pas pour les raisons qu'il allègue, et qui valent même contre la liberté

VI. DU PÉCHÉ

Dans la doctrine de la prémotion physique, où l'on suppose non-seulement que Dieu crée actuellement l'homme et le crée libre, ce qui est vrai, mais même qu'il détermine actuellement sa liberté, il ne paraît pas possible d'échapper à cette conséquence que Dieu est l'auteur du péché. Cependant, que cette conséquence soit légitime ou non, les partisans de la prémotion physique ne sont pas tombés dans cette monstrueuse erreur. Ils laissent à la liberté le pouvoir de refuser son concours et de résister à la grâce (1). Cette liberté qu'ils nous accordent et qui semble d'abord n'avoir pas l'essence de la liberté, et n'en obtenir le nom et les caractères moraux que par une sorte de mystère, reprend ainsi une existence propre; existence toute négative: triste privilége, qui suffit pour expliquer le démérite, mais qui nous laisse incapable de mériter. C'est proprement la philosophie de Malebranche. Bossuet demande, il est vrai, le *conatus*, la coopération; mais cela même laisse subsister la plupart des difficultés. D'abord l'effort même nécessaire pour coopérer n'est-il pas un bien? N'entraîne-t-il pas un mérite, quand même l'absence ou le retrait de la grâce le rendrait inefficace? Il n'y a donc d'autre grâce que la grâce de persévérance, ou d'autre effet de la grâce que de faire aboutir nos

---

1. « *Consentire autem vocationi Dei, vel ab ea dissentire, propriæ voluntatis est.* » Saint Aug. *De spir. et litt.*, c. 34. « *Nec gratia Dei sola, nec ipse solus, sed gratia Dei cum illo.* » Id. *De grat. et lib. arb.*, c. 5.

volontés? Toutes propositions condamnées. En outre ne doit-on pas admettre que le *conatus* qui accompagne la grâce n'est possible qu'à condition d'une autre grâce? Et si on l'admet, à quoi sert le *conatus*, qui ne paraissait introduit que pour expliquer le mérite et le démérite? D'un autre côté, pour quel motif admet-on la grâce? N'est-ce pas pour maintenir le gouvernement réel et immédiat de la Providence? Or, si la Providence est blessée par l'indépendance d'une cause secondaire qui agit bien, comment ne l'est-elle pas lorsque cette même cause agit mal? Ce droit de révolte, que l'on nous cède, nous donne précisément toute la puissance qu'on voulait nous ôter; car apparemment ce n'est pas en nous conformant aux desseins de Dieu que nous aurions troublé les desseins de Dieu? Dire que le mal moral est un néant, et le bien moral un être, c'est parler philosophiquement, à la vérité, mais ce n'est pas répondre; car il ne s'agit pas des effets de la liberté, mais de la liberté même, et il n'est pas question par conséquent de concourir avec Dieu à la production de l'être. Enfin, c'est un des principes de cette métaphysique que Dieu ne peut agir en vain; et il faut avouer que rien n'est plus évident; mais qu'est-ce donc qui arrive quand l'homme ne profite pas de la grâce? Si on répond que Dieu, pour assurer à l'homme les bénéfices de la liberté, limite sa propre puissance par sa sagesse et par sa bonté, c'est une admirable réponse que l'on aurait dû faire plus tôt, et qui ne convient pas moins à la liberté de faire le bien qu'à la liberté de faire le mal. D'ailleurs, si l'on s'arrête à la prémotion physique, l'acte libre est déterminé. Ne l'est-il pas, on n'a donc rien établi par la prémotion physique, sinon que Dieu crée actuellement une cause qui dans le même moment produit un effet; mais alors où est la grâce?

Il faut donc en revenir, pour justifier Bossuet, au principe que Bossuet lui-même a posé dans le *Traité du libre Arbitre*. Quoique ses explications nuisent à la liberté, il est prêt à les abandonner plutôt que la liberté elle-même; et il est vrai de dire qu'au milieu des difficultés presque inextricables de la théologie, il n'a jamais abandonné la personne humaine. « Puis-je venir à bout, quelque bel acte que je fasse, dit-il dans *l'Instruction sur les états d'oraison*, de me dessaisir du libre arbitre que Dieu m'a donné? »

Bossuet admet donc le libre arbitre. Il veut fermement l'admettre. Le libre arbitre nous suffit pour faire le mal, et ne nous suffit pas pour faire le bien. Bossuet pense comme Platon, comme Leibnitz. Dieu nous fournit le fond, et comme la matérialité de nos actions : il n'y a que le *defectus* qui vienne de nous, et comme dit le *livre de la Sagesse* : « Dieu ne fait pas la mort (1). »

Le concile d'Orange dit avec saint Augustin : « Personne n'a de lui-même que le mensonge et le péché. » Mais Bossuet ajoute qu'il ne faut pas être de ces esprits ombrageux qui voient partout un Baïus, et croient qu'on en veut toujours aux vertus morales des païens et des philosophes. C'est, dit-il, de quoi il ne s'agit pas. Quand il faut instruire les chrétiens, on ne doit considérer les vertus que par rapport au salut (2).

VII. DE LA FORCE MOTRICE.

S'il résulte clairement de tout ce qui précède que Bossuet ne chancelle jamais sur la liberté, il n'en est pas moins évident que sa doctrine sur la grâce et la prédétermination physique détruit d'un côté ce qu'il soutient de l'autre. D'abord notre volonté, notre choix dépend de l'action de Dieu, et non de la nôtre : qu'importe qu'on nous laisse le nom de cause libre, quand nous ne sommes même plus une cause, et quand une force supérieure crée à la fois nous, nos désirs, nos volitions et leurs effets? Bossuet, à côté de la grâce et en concours avec elle, place la coopération de notre libre arbitre; mais que signifie cette coopération? ce libre arbitre,

---

1. Cf. *Sap.* I, 13 et 14.
2. *Avertissement* s^r *le livre des Réflexions morales.*

cet effort, d'où naît-il, sinon de la grâce ? Comment peut-il durer, sinon par la grâce ? Qu'est-il autre chose en nous, qu'une grâce qui accompagne une autre grâce ? Quelle est la fin de cette coopération, en l'admettant comme possible ? Sert-elle à la production de l'effet, ou seulement à la production de la volonté ? Nous verrons que l'effet est indépendant de nous, et que, pour Bossuet comme pour Malebranche, la volonté humaine n'est qu'une cause occasionnelle. Notre coopération s'arrête donc au dedans ? Elle n'est donc que le consentement à la grâce ? Dieu fait que nous voulions, et nous consentons à vouloir, voilà notre liberté ! Ainsi Dieu qui nous crée actuellement avec une volition, crée en même temps en nous cette volition par sa grâce, et la volition contraire par notre liberté ! Et tout cela dans un même être simple, dans un même moment indivisible ? La morale semble impossible sans la coopération, mais la coopération n'a pas de sens avec la prédétermination physique. Il y a plus : si Dieu produit l'effet indépendamment de notre concours, et que le concours ne soit maintenu qu'à cause de l'imputation morale, ne suffit-il pas, pour que l'imputation ait légitimement lieu, que nous soyons persuadés de la coopération, quoiqu'elle n'existe pas ? Nous nous trompons quand nous nous croyons causes ; qui nous assure que nous ne nous trompons pas de même quand nous nous croyons libres ? Cette opinion, fût-elle une erreur, suffit à la justice des hommes; et Leibnitz, on le sait, en a fait la démonstration. Spinoza soutient que toute notre liberté consiste à nous croire libres. La prémotion physique ne nous laisse que cela, car elle nous ôte le pouvoir de commencer, le pouvoir de continuer, le pouvoir d'effectuer. Bossuet, je l'avoue, est si loin d'admettre cette opinion qu'il la réfute ; mais comment ? En rappelant que la conscience, la raison et l'Écriture nous attestent notre liberté; et cela ruine, il est vrai, cette opinion, mais à condition de ruiner en même temps la prémotion physique, dont cette opinion est la conséquence.

Bossuet, pour accorder cette contradiction, a recours, là comme ailleurs, à la toute-puissance ; mais ce remède ne fait qu'augmenter le mal, et plus il nous met dans la main de Dieu, plus il rend notre liberté impossible.

Ce même système de la volonté passive, qu'il ne sait pas réfuter par d'autres moyens, il en adopte le principe, puisqu'il ôte toute efficace aux volontés particulières, et fait de Dieu le moteur universel. Le monde entier, dit-il, est entraîné à suivre de certaines lois dans le mouvement ; l'homme y pourra-t-il résister ? Une si petite partie prévaudra-t-elle contre l'effort du tout ? Ne voit-on pas par les convulsions et les autres mouvements involontaires, combien peu nous sommes maîtres de nos membres ? Nous croyons produire un mouvement, mais « c'est Dieu qui, selon les règles qu'il a établies, meut nos membres à l'occasion de nos volontés. » Il suffit, quant à nous, que nous pensions être causes. Et ne le sommes-nous pas ? Qu'est-ce qu'une cause ? « Ce qui étant posé, on voit aussitôt suivre un certain effet. » On soutient qu'il y a en nous une faculté motrice ; à la bonne heure, pourvu qu'on accorde que nous ne sentons en nous-mêmes ni elle, ni ses effets. « Ayons donc Dieu présent, s'écrie Bossuet, chaque fois que nous nous servons de notre corps ! » Et il semble que l'on entend Malebranche : « Ah ! toute puissance est de Dieu ; faisons-la donc servir à des ouvrages dignes de lui ! » Et c'est après avoir appelé Dieu le moteur universel ; après avoir réduit toutes les causes secondes à la condition de causes occasionnelles, après avoir ôté à notre volition son efficace, que Bossuet nous accorde au dedans de nous le pouvoir de résister à l'action de ce moteur universel que nous y retrouvons ? Quelle est donc cette logique ? Et pourquoi cet homme, qui ne peut résister aux lois de la gravitation, résistera-t-il à la grâce de Dieu ? Pourquoi ce Dieu, qui ne délègue point sa puissance et fait tout par lui-même dans le monde entier, donne-t-il à l'homme le droit et le pouvoir de coopérer, ou du moins de résister à son action ?

Bossuet n'a-t-il pas démontré ailleurs que, plus l'homme est parfait, plus il doit être dépendant de Dieu ? Qu'est-ce donc que ce concours, s'il ne détruit pas toute l'argumentation de Bossuet sur la cause efficace du mouvement, et si l'on ne peut pas dire de lui ce que lui-même a dit de Malebranche, « que nous nous trompons quand nous croyons être libres, comme nous nous trompons quand nous croyons être causes?»

Bossuet déclare que « Dieu fait dans le mouvement tout ce qui est compris dans la définition du mouvement, et dans la liberté de notre action tout ce que contient la définition des actions de cette nature (1). » Un tel principe ne passera pas en métaphysique. Bossuet en conclut que nous sommes libres, sans être causes, parce que Dieu le veut : conclusion inintelligible, conséquence illégitime. Si Dieu est l'unique moteur parce qu'il fait dans le mouvement tout ce qui est compris dans la définition du mouvement ; puisqu'il fait dans notre liberté tout ce qui est compris dans une action de cette nature, il est donc aussi l'unique cause libre.

Concluons que, si Bossuet a bien exposé la doctrine de l'Église sur le libre arbitre et la grâce ; s'il a, comme philosophe, revendiqué avec justice les droits de la liberté humaine et ceux de l'incontestable action de Dieu sur nos volontés, la doctrine de la prédétermination physique, celle des causes occasionnelles, celle enfin de l'intervention directe et immédiate de Dieu dans les affaires humaines, selon des vues particulières, compromettent la liberté humaine et nuisent même à l'idée que nous devons avoir de Dieu. Il a eu raison dans le point fondamental ; il s'est trompé dans l'explication et les accessoires. Il a voulu trop expliquer. Tant qu'il s'en est tenu aux grands principes de la providence divine et du libre arbitre, Bossuet a été lui-même. Jamais la nature humaine ne fut mieux connue que par lui dans sa puissance et dans ses limites. De même qu'il sut découvrir

1. V. le *Traité du libre Arbitre.*

qu'elle dépendait de Dieu jusque dans l'exercice de sa liberté, il montra, contre les quiétistes, qu'elle se souvenait d'elle-même jusque dans ses plus ferventes aspirations vers Dieu. Dans la question du pur amour, sa psychologie n'est pas moins profonde que sur la grâce et la liberté; sa métaphysique est plus irréprochable.

DU QUIÉTISME

I. LE PUR AMOUR

Un des plus grands dangers du mysticisme, c'est qu'il s'empare d'une âme par ce qu'elle a de plus noble et de plus pur. Il faut, pour être mystique, une richesse de sentiments et des élans passionnés que n'ont pas les âmes vulgaires. On se laisse d'abord enchanter par le pur amour; plus on a reçu de dons, plus on s'exalte dans la pensée d'aimer Dieu uniquement et de lui sacrifier son moi sans réserve. Il semble qu'il n'y ait point de meilleure part que de se perdre ainsi dans le sein de Dieu, en jetant loin de soi tout ce qui est de la terre. On ne voit pas les ravages que peut faire dans une âme la poursuite d'une perfection impossible, et que nous avons besoin d'être réglés même dans le bien.

Dieu se propose à nous comme le désirable et l'intelligible; c'est la pure doctrine chrétienne, et c'était aussi le fond de la morale socratique. La connaissance nous est donnée pour entendre ce qu'il y a de plus vrai, comme l'amour pour aimer ce qu'il y a de meilleur. L'âme est faite pour Dieu, et c'est à lui qu'elle doit se tenir attachée et comme suspendue par sa connaissance et par son amour; aspirer à connaître Dieu autrement que par la raison, à l'aimer jusqu'à perdre le souvenir et la pensée de soi-même, à lui plaire en laissant mourir en soi la volonté, c'est sortir des conditions de notre nature humaine, et prendre pour un perfectionnement le vertige enfanté par l'emportement de nos désirs.

Ce qui condamne les mystiques, c'est que la raison, qu'ils repoussent pour se jeter dans le divin, est précisément ce qu'il y a de divin en nous; c'est qu'elle est, comme dit Bossuet, une occulte inspiration de la vérité; qu'elle seule donne de l'être à nos conceptions, et que, dans ce naufrage de toute discipline, quand ils croient saisir immédiatement des vérités absolues et avoir conscience des perfections infinies, ils ne font qu'idéaliser des pensées individuelles, et prennent des idées vagues et imparfaites pour des conceptions toutes divines.

De là cette tendance des esprits mystiques à s'ériger en maîtres et à se passionner pour leur sentiment (1). De là ces excès dans la doctrine et dans la pratique où ils vont sans cesse se précipitant, comme s'ils ne pouvaient se contenter; et ces étranges erreurs qu'un esprit moins prévenu ne saurait comprendre, et dont on voit que les mystiques s'enchantent.

Les commencements sont simples et faciles et mènent les âmes tendres par une route tout unie, dont elles sont loin d'abord de prévoir le terme. Aimer Dieu, qu'est-ce autre chose que de se ramener à son principe, et détourner les yeux du mauvais et du corruptible pour contempler dans son essence l'éternel exemplaire du beau et du bien? N'est-ce pas là le premier précepte de la morale? N'est-ce pas l'élan de notre nature, dégagée de ses liens et rendue à sa pureté native? Dieu n'est-il pas la fin suprême de l'intelligence et de l'amour? Et pourquoi l'aimer, si ce n'est uniquement parce qu'il est aimable? Quel amour répondra jamais aux perfections infinies? S'il reste une autre pensée dans l'âme, une autre affection dans le cœur; s'il y a en nous quelque énergie qui ne se développe point dans cet unique but, n'est-ce pas jeter au néant une partie de nous-mêmes? Et n'est-ce pas

---

1. V. la préface de l'*Instruction sur les états d'oraison*.

enfin la meilleure part que de prendre Dieu pour soi et de vivre en sa présence, et de s'oublier soi-même jusqu'à ne se retrouver plus, pour entrer en communion de l'essence incréée? Quelle misère de réclamer contre ce noble amour au nom de l'amour-propre, de nous opposer en quelque sorte à Dieu, de rappeler nos pensées et nos soins à cette infirmité que nous sommes, et de partager un cœur qui voulait se donner à Dieu sans réserve! Amour servile et mercenaire, de ne voir en Dieu que le dispensateur des grâces et de s'aimer soi-même en lui! Demander à Dieu les biens du corps, lui demander même les biens spirituels, c'est profaner le commerce qu'il daigne avoir avec nous; employer en parlant à lui cette langue imparfaite qui enchaîne nos pensées et ne peut exprimer le divin que par de honteuses métaphores empruntées à la nature corporelle, c'est nous plonger à plaisir dans ces liens de chair et de sang, et mettre incessamment notre corps entre Dieu et nous. A quoi bon les mots et les images pour de purs esprits qui se pénètrent et se fondent l'un dans l'autre? Abreuvée de ce torrent d'amour, ivre de cet emportement divin, renouvelée, transformée, arrachée à la terre, affranchie du temps et de l'espace, l'âme possède actuellement l'unité absolue; elle entre dans la jouissance du bien suprême, et ne se rappelle rien de cette partie basse, qui vit loin d'elle sur la terre, sans qu'elle daigne rougir de ses fautes, ni descendre même à la diriger. La prière, le désir du salut, les vertus pratiques sont pour les âmes imparfaites reléguées loin de Dieu dans la tiédeur et la sécheresse, et non pour les âmes prédestinées que l'amour a ravies au plus haut du ciel. Le reste de ces rêves mystiques n'est plus que chimères, théories extravagantes, morale odieuse, déguisée sous des noms révérés; satisfaction de toutes les passions, sous prétexte d'indifférence; et l'âme, pour avoir voulu s'égaler à Dieu, tombe au dernier degré de la misère et de l'ignominie.

On juge trop Bossuet et Fénelon en opposant l'amour pur de

Dieu à l'amour de Dieu comme principe béatifiant. La douce et brillante poésie qui couronne le mysticisme cache trop aux yeux les conséquences fatales qu'il entraîne; et cette âme pieuse et noble de Fénelon, qui embrassait le pur amour avec une si vive ardeur, se sentait trop analogue au vrai et au bien pour avouer jamais ces honteuses conséquences. Bossuet réclamait pour le vrai sens de la tradition chrétienne, pour la seule doctrine avouée par la raison: il mettait l'homme à sa place. La première et peut-être la seule différence entre eux, c'est que l'un n'envisageait que les principes, et l'autre ne voyait que les conséquences. Sur les principes abstraits, ils auraient été d'accord. Au-dessous du Bossuet défenseur de l'intégrité de la foi, il y a le Bossuet disciple de saint Augustin, le docteur de la grâce; il y a le Bossuet directeur d'âmes. Ce même adversaire de Fénelon, à qui on refuse les sources abondantes de l'amour divin, dans le même temps qu'il écrivait *l'Histoire des variations,* qu'il réfutait Calvin et Malebranche, qu'il traitait avec Leibnitz de la réunion des Églises protestantes, qu'il était l'âme des assemblées du clergé et fondait l'édifice de l'Église gallicane, trouvait encore du temps pour diriger des consciences; il trouvait des ressources dans son âme pour guider de simples religieuses dans les voies spirituelles, et se mettre avec elles et à leur tête à l'école de sainte Thérèse, de saint François de Sales et de la mère de Chantal. Mais pouvait-il, lui cet esprit si ferme et si précis, se laisser aller à chercher la vérité au delà des vérités premières? Pouvait-il admettre cet acte universel qui dispense de prier (1); cette orgueilleuse perfection qui dédaigne les besoins du corps, tandis que Jésus-Christ nous apprend lui-même à demander le pain quotidien (2); cette union parfaite qui nous accorde ici-bas de ne faire qu'un avec Dieu, tandis que le

---

1. « Puis-je venir à bout, quelque bel acte que je fasse, de me dessaisir du libre arbitre que Dieu m'a donné?... Où a-t-on pris ce nouveau principe, que tout acte dure de soi s'il n'est révoqué? » *Instruction sur les états d'oraison.*

2. Cf. *Instruction sur les états d'oraison ;* « Au surplus, Jésus-Christ lui-même

seul bonheur promis aux élus est de le voir face à face (1)? Pouvait-il enfin consentir à ce renoncement complet et absolu, qui viole ouvertement les lois de la nature, c'est-à-dire la volonté de Dieu, et le met dans l'impossibilité de récompenser ou de punir (2)? Pour raffiner encore au delà du pur amour, les mystiques ne voulaient aimer Dieu que dans son essence et non dans ses attributs; séparant ainsi ce qui est inséparable, adorant ce qui est absolument incompréhensible et ne peut même être conçu, et traitant les attributs de Dieu comme des gardes qui entourent le trône et dérobent aux yeux la personne du souverain (3).

Cette guerre d'extermination entreprise par les mystiques contre le principe de l'amour de soi, outre ses conséquences pour le culte et les vertus pratiques, entraîne encore dans l'un ou l'autre de ces excès: les âmes moins pures retournent par quelque chemin aux honteuses passions, soit en

---

nous a appris à dire : *Panem nostrum*, où constamment l'un des sens est de demander les biens temporels. Le parfait spirituel n'exclut pas cette demande du nombre des sept : et si l'on dit néanmoins qu'il ne demande rien de temporel, c'est, comme on vient de le dire, qu'il ne le demande ni comme un bien absolu, ni absolument, » etc.

1. « Quoi ! dit Bossuet en commentant un passage de Rusbrok, elle ne connaît pas elle-même sa distinction, ou, comme parle cet auteur, son *altérité!* C'est lui donner plus qu'on ne peut avoir même dans le ciel ; et lorsque Dieu *sera oui en tous* (I Cor., XV, 82), ceux que l'Apôtre comprend sous le nom de tous connaîtront qu'ils sont et demeurent plusieurs, bien que réunis à un seul Dieu. »

2. *Cinquième écrit sur les Maximes des saints.*

3. « C'est le langage commun de tous nos nouveaux mystiques. Quand ils se croient arrivés, comme ils parlent, en Dieu seul, c'est redescendre que de contempler la Trinité ou l'incarnation. L'on ne dit donc plus le *Credo*, et l'on se trouve trop parfait pour en produire les actes. Croirait-on que les chrétiens pussent donner dans ces excès ? » — Bossuet déclare que c'est là « une fausse piété et une illusion du malin esprit. » — Il cite les paroles de l'*explication du cantique :* « Ces vaillants guerriers qui gardent le lit de repos du véritable Salomon sont les attributs divins qui environnent ce lit royal, et qui en empêchent l'accès à ceux qui ne sont pas entièrement anéantis. »

affectant de les mépriser trop pour leur faire la guerre (1), soit pour les épuiser et les pousser à bout, et acheter ainsi la paix par l'impuissance. Mais celles qui n'ont pas cet attrait vers le mal n'en subissent pas moins la condamnation qui attend toute créature sortie de ses voies ; leurs propres vertus leur tournent à vices ; et ne trouvant rien en elles qui soit digne d'être sacrifié à Dieu, elles lui sacrifient leur salut éternel et acceptent l'arrêt de leur condamnation pour l'amour de lui. Ce sont là, si on peut parler ainsi, les maladies de la partie haute de notre âme, et elles demandent un plus habile médecin que les dérèglements de la partie basse, dont l'horreur et la dépravation éclatent aux yeux. Des mystiques soumis aux règles de la foi et de la discipline ont fait aussi de ces suppositions impossibles, et par là ont ouvert la porte à ces dérèglements ; mais doit-on prendre pour doctrine et accepter à ce titre un élan d'amour échappé d'un cœur tout brûlant dans une sorte de lyrisme extatique ; et ces transports, ces aspirations, ont-ils jamais été accompagnés d'une volonté absolue, d'une volonté formée de renoncer au salut ? Non ; pas même, s'écrie Bossuet, d'une volonté conditionnelle (2).

1. Cf. les *États d'oraison*. Les mystiques disaient : « que l'oubli de sa faute est la marque qu'on en est purifié. » — « Le néant ne pèche plus. » — « Ce qui n'a pas de volonté ne pèche plus. » — « L'âme est pour toujours confirmée en amour, puisqu'elle a été changée en Dieu. » Bossuet qualifie ces propositions d'hérétiques.

2. Dans le 9ᵉ livre de l'*Instruction*, Bossuet examine la fameuse question des suppositions impossibles. Il rapporte ce passage de S. Clément d'Alexandrie, *Strom.* IV, p. 529 : « J'ose dire que le parfait spirituel ne recherche pas cet état de perfection, parce qu'il veut être sauvé ; et qu'interrogé par une manière de supposition impossible, lequel des deux il choisirait, ou la perfection (la gnose), ou le salut éternel, si ces deux choses se pouvaient séparer au lieu qu'elles sont inséparables ; sans hésiter il prendrait la perfection, comme une chose qui, surpassant la foi par la charité, est désirable par elle-même. » Passage de saint Paul, *Rom.* IX, 3 : « Je voudrais être anathème pour mes frères. » Saint Jean Chrysostome ajoute qu'il faudrait aimer Dieu, quand il nous enverrait l'enfer (si cela était possible) en conservant l'amour. Saint Thomas approuve cette pen-

II. DOCTRINE DE BOSSUET.

Toute la doctrine de Bossuet est dans ces deux points : le pur amour, l'amour désintéressé, l'amour de Dieu pour ses perfections infinies, est l'état de l'âme le plus parfait ; c'est le fond même et l'essence de la charité. L'amour de soi est inhérent à notre nature et ne peut être arraché de notre cœur; en sorte que l'amour de Dieu comme objet béatifiant, accompagne toujours l'amour de Dieu comme beauté suprême. Bossuet va même jusqu'à déclarer que la concupiscence, qui est l'amour du plaisir, peut être constamment vaincue, mais jamais détruite, et que c'est ainsi qu'il faut entendre que nul homme n'est sans péché, et l'obligation de prier et de s'humilier qui subsiste même pour le juste (1).

Ces paroles mêmes de Bossuet, qui contiennent la plus profonde psychologie, méritent d'être retenues : « Je me suis

---

sée de saint Chrysostome. Passage de la mère de Chantal, où elle dit que « s'il plaisait au Seigneur de lui marquer sa place et sa demeure dans l'enfer, pourvu que ce fût à sa gloire éternelle, elle en serait contente, et que toujours elle serait à son Dieu. » *Vie de Chant.*, IIᵉ p., ch. xiv. Sainte Thérèse dit que « les âmes possédées d'amour souffriraient avec joie d'être pour jamais anéanties, si la destruction de leur être pouvait contribuer à la gloire de leur immortel époux. » Bossuet, ayant rapporté toutes ces paroles, déclare : « qu'on ne peut rejeter ces résignations et soumissions fondées sur des suppositions impossibles, sans en même temps condamner ce qu'il y a de plus grand et de plus saint dans l'Eglise ; » mais il s'attache tout aussitôt à montrer que ces mêmes âmes désiraient ardemment leur salut, et ne cessaient de le souhaiter et de le demander; comme s'il regardait ces excès d'amour comme des aspirations, des transports qui n'ont jamais été accompagnés d'une volonté absolue, d'une volonté formée, « pas même d'une volonté conditionnelle. » Il ajoute qu'encore que ces suppositions n'aient ni la nouveauté ni les inconvénients que quelques-uns y veulent trouver, « il faut avouer qu'il s'y mêle de si fortes exagérations, que, si on ne les tempère, elles deviennent inintelligibles. »

1. Cf. l'*Instruction*. « L'amour-propre parvient à l'entière destruction de l'amour de Dieu...; la concupiscence peut être vaincue, mais non pas éteinte ni entièrement désarmée. »

toujours attaché (1), dit-il, à montrer par l'Écriture, par les saints docteurs et surtout par saint Augustin, que l'amour que l'on a pour Dieu comme objet béatifiant présuppose nécessairement l'amour qu'on a pour lui à raison de la perfection et de la bonté de son excellente nature; sans quoi la charité même, destituée de son objet spécifique et essentiel, ne subsisterait plus. » Et un peu plus loin il ajoute que cette même distinction, « qui se fait dans l'École, est bonne, est spéculative; mais, dit-il, elle ne se fait que *par la pensée*, tandis que dans la pratique on s'aide de tout; et celui-là est le plus parfait qui absolument aime le plus, par quelque motif que ce soit. »

Ailleurs (2), lorsqu'il donne cinq règles sur l'amour de Dieu, il dit dans la troisième: « Notre besoin essentiel nous attache et nous assujettit à Dieu comme à celui qui nous rend heureux en se donnant lui-même. » Et dans la quatrième il soutient que rien ne nous peut arracher du cœur le désir d'être heureux, selon cette parole de saint Augustin: « Loin de nous l'insupportable folie de croire qu'on puisse ne se pas aimer, ni s'aimer sans désirer d'être heureux! » et que si nous perdions l'amour de soi, Dieu, n'ayant plus de prise sur notre âme, deviendrait impuissant pour récompenser ou punir (3).

Ainsi l'amour désintéressé n'est, après tout, qu'une illusion; l'amour-propre trouve son compte à ces extases, et met son bonheur à se nier lui-même. Les mystiques, dédaignant les règles de la raison, se condamnent eux-mêmes à ne plus se retrouver dans leurs pensées: ils substituent la poésie à la science, et, ce qu'ils croient découvrir, ils l'inventent.

Tous les mystiques de tous les temps et de tous les lieux

---

1. Dans une réponse à une *Lettre de Fénelon à un ami*.
2. *Cinquième écrit sur les Maximes des saints*.
3. « Quæ sit natura voluntatis humanæ, quæ nempe est velle universius suam beatitudinem, atque ex hac necessaria voluntate prosilire in omnes particulares actus liberos. Hujus autem rei radix est quod beatus Deus, et habens se ipsum, creaturæ cuilibet ad imaginem suam factæ concedat ut sit beata per assimilationem sui ad Deum. » *Schola in Tuto*.

4.

ont fait la guerre à la raison, source de toute discipline, et au langage, qui est une analyse et une méthode, et tend de sa nature à la précision. Ils érigent en doctrine la supériorité des aperceptions vagues sur les idées claires et nettes. Il y a en effet des états de l'âme où l'on prie, l'on sent, l'on agit sans le savoir ; mais Bossuet n'a pas de peine à montrer la supériorité de l'âme éveillée sur l'âme endormie, et à faire voir que, si la conscience fait notre dignité et notre grandeur, nous ne pouvons que perdre à la tenir dans l'obscurité et la confusion (1).

III. DU MYSTICISME RÉGLÉ.

Le mysticisme, pris en général, n'est pas une maladie de l'âme ; il repose sur des faits véritables et répond à un besoin réel. Il naît des âmes mystiques, comme d'autres sont destinées à penser avec maturité et à peser toutes choses au poids de la raison et du sens commun. La disposition à la vie spirituelle est même un heureux don, et pour les plus belles âmes; mais c'est une faveur périlleuse, que peu d'âmes sont capables de supporter. L'homme a besoin d'une règle pour ses pensées et pour sa conduite ; il n'est lui-même que par la discipline, et Aristote a parlé divinement quand il a dit que la dignité d'un être augmente avec ses devoirs. La religion donne une règle extérieure, et la philosophie une règle intérieure ; et c'est la raison, hors laquelle il n'y a point de salut en philosophie. Le mysticisme est beau est grand,

---

1. Bossuet, tout en réfutant les mystiques qui défendent de prononcer des paroles en priant, déclare lui-même qu'on parle à Dieu sans raisonnement, sans discours; que l'on s'appauvrit de toutes les images; tout discours ne tombe que sur des corps...« La pensée goûte le plus pur de tous les êtres, qui est Dieu, non-seulement par la plus pure de toutes les facultés intérieures, mais encore par le plus pur de tous ses actes, et s'unit intimement à la vérité plus encore par la volonté que par l'intelligence. » Il conclut par ces mots : « Voilà ce que je puis dire en bégayant de l'exercice parfait et de l'imperceptible vérité des actes intellectuels dans la sublime contemplation. » Sur les notions confuses v. le livre second de l'*Instruction sur les états d'oraison*.

mais il veut être gouverné ; c'est en ce sens qu'il faut entendre la très-profonde doctrine de Platon sur la poésie. L'Eglise catholique a dépassé sur ce point toutes les philosophies humaines ; et plus on contemple les règles de la conduite des âmes dans l'Eglise catholique, plus on y découvre de lumières sur les derniers secrets du cœur humain. Entre un Symbole et les Commandements de Dieu et de l'Eglise, entre une règle de foi et une discipline inflexibles, sous l'œil vigilant de l'Eglise, qui a l'interprétation souveraine de la loi, elle permet aux âmes mystiques de se livrer à l'élan de leur amour ; encore a-t-elle soin de tempérer l'ardeur des affections par des pratiques, comme elle ajoute la charité à la sécheresse et à l'aridité des pratiques extérieures. Elle mesure le souffle à chaque âme suivant ses dons ; bannissant tout ce qui est extraordinaire, et enseignant constamment qu'il faut marcher le grand chemin de la perfection chrétienne sans aucune singularité (1). Enfin la confession, à bien l'entendre, n'est pas seulement un sacrement pour la rémission des péchés ; c'est encore une direction toute divine, un juge qui voit tous les secrets, et qui, dépouillé de l'amour-propre, ne prononce que d'après Dieu. La plupart des règles monastiques contiennent des révélations à chaque mot. On peut étudier la philosophie dans sainte Thérèse, et il y en a pour toute la vie. Voici, de sainte Thérèse elle-même, la condamnation du mysticisme livré à lui-même : « J'aurais voulu, dit la sainte, un directeur joignant la science à l'expérience ; mais, obligée de choisir, j'ai préféré le savant à celui qui n'était que spirituel (2). » Gerson déclare également qu'il vaut mieux suivre les doctes théologiens qui savent les règles que les dévots qui se glorifient de leur expérience. Enfin nous citerons aussi quelques paroles de saint

---

1. *Lettre circulaire* du card. Cibo aux évêques d'Italie sur les quiétistes, 15 février 1687, au nom de la congrégation du Saint-Office.
2. Cf. Bossuet, Préface de l'*Instruction sur les états d'oraison*,

François de Sales : « Il y a, dit-il, des personnes fort parfaites auxquelles Dieu ne donna jamais de telles douceurs ni de ces quiétudes; qui font tout avec la partie supérieure de leur âme, et font mourir leur volonté dans la volonté de Dieu à vive force, et avec la pointe de la raison. »

Sur toute cette matière du mysticisme, Bossuet peut être un grand théologien, mais on ne saurait être un plus grand philosophe. Il n'y a pas un mot de ses écrits qu'on voulût ôter, pas un qu'on voulût changer. Que de trésors sur le mysticisme ont amassés dans l'Eglise catholique la pratique de la confession et les règlements de la vie monastique! C'est là, et dans notre propre fonds, qu'il faut étudier ces mystères de l'amour divin.

Depuis le principe de la certitude jusqu'aux plus secrets mobiles des actions humaines, Bossuet a tout exploré; il n'a pas traité par occasion quelques problèmes de philosophie; il a rencontré ou cherché toutes les maîtresses questions, dans l'ordre de la spéculation et dans l'ordre de la pratique. La philosophie première, qui comprend la métaphysique et la logique, repose toute sur le principe et les conditions de la certitude, c'est un point que Bossuet a approfondi. Avec Platon, avec Descartes, il a montré que toute opération intellectuelle repose sur les idées souveraines et éternelles; avec Malebranche, il a mis en Dieu la substance des intelligibles; comme Leibnitz, et peut-être mieux que lui, il a commenté, développé, rectifié la célèbre maxime cartésienne, que la clarté et l'évidence naturelle sont la condition et la preuve de la légitimité de nos conceptions. Placé entre Spinosa et Huet, entre les rationalistes, qui croyaient tout expliquer et tout connaître par la raison, et un scepticisme, ignorant de sa propre nature, qui se croyait en droit de faire des réserves pour la foi, après avoir détruit le fondement de l'intelligence, il a sagement distingué entre l'autorité et la portée de la raison : l'une incontestable et absolue, l'autre bornée et limitée de toutes parts par la condition de la nature humaine. La raison, suivant Bossuet, est nécessaire à la foi, parce qu'il faut entendre la parole pour s'y soumettre. Il fait deux parts de la philosophie ; d'un côté, il met les premiers principes et leurs applications immédiates ; de l'autre, les découvertes, les hypothèses, tout ce qui peut servir à nous éclairer et à nous guider, mais sans porter avec soi le caractère de l'évidence. Profondément versé dans la théologie, Bossuet joignait à l'étude des Pères une constante attention sur lui-même, et, comme il apportait dans cet examen philosophique autant de maturité et de prudence que de pénétration et de force, il arrivait toujours immédiatement au cœur de la question, et possédait comme une sorte de pressentiment qui l'avertissait d'abord de la vérité. Les problèmes les plus compliqués et les plus subtils n'altérèrent jamais la fermeté de son jugement ; rien d'excessif ni d'exagéré ne lui était analogue ; dans les questions les plus embrouillées il disposait nettement de sa pensée et restait en pleine possession de lui-même. Malebranche a perdu le sentiment de l'initiative humaine, à force de rapporter tout mouvement à Dieu ; Fénelon, vaincu par l'attrait du pur amour, n'a plus retrouvé au fond de son cœur cet attachement nécessaire que Dieu nous inspire pour nous-mêmes. Bossuet a traversé le moteur universel, et la grâce, et le pur amour, sans être ébloui. Plein de puissance et de mesure, il a compris, il a contemplé la perfection idéale, et tracé d'une main ferme la limite que l'homme ne dépasse pas. Défenseur de l'autorité, mais sachant combien la raison est nécessaire à la foi la plus explicite ; disciple de saint Augustin, mais trop fidèle à l'observation psychologique pour abandonner la liberté ; connaissant et pratiquant la vie spirituelle, sans se livrer à des rêveries mystiques, sans perdre le sentiment de la réalité et de la vie; par ses principes, par sa méthode, par le caractère de son esprit il est cartésien. L'apparente témérité de cette école n'a rien qui l'étonne ; il sait que la philosophie rationaliste est à la fois sage et hardie, libérale et modérée ; et qu'enfin le propre de la raison, prise pour fondement d'une école philosophique, c'est, en affranchissant l'esprit, de le discipliner et de le régler.

Jules SIMON

DE L'INSTRUCTION

DE MONSEIGNEUR LE DAUPHIN

FILS DE LOUIS XIV

AU PAPE INNOCENT XI

Nous avons souvent ouï dire au roi, très-saint Père, que monseigneur le dauphin étant le seul enfant qu'il eût, le seul appui d'une si auguste famille, et la seule espérance d'un si grand royaume, lui devait être bien cher ; mais qu'avec toute sa tendresse il ne lui souhaitait la vie que pour faire des actions dignes de ses ancêtres et de la place qu'il devait remplir, et qu'enfin il aimerait mieux ne l'avoir pas que de le voir fainéant et sans vertu.

C'est pourquoi, dès que Dieu lui eut donné ce prince, pour ne le pas abandonner à la mollesse où tombe comme nécessairement un enfant qui n'entend parler que de jeux, et qu'on laisse trop longtemps languir parmi les caresses des femmes et les amusements du premier âge, il résolut de le former de bonne heure au travail et à la vertu. Il voulut que dès sa plus tendre jeunesse, et pour ainsi dire dès le berceau, il apprît premièrement la crainte de Dieu, qui est l'appui de la vie humaine, et qui assure aux rois mêmes leur puissance et leur majesté ; et ensuite toutes les sciences convenables à un si grand prince, c'est-à-dire celles qui peuvent servir au gouvernement et à maintenir un royaume ; et même celles qui peuvent, de quelque manière que ce soit, perfectionner l'esprit, donner de la politesse, attirer à un prince l'estime des hommes savants ; en sorte que monseigneur le dauphin pût servir d'exemple pour les mœurs, de modèle à la jeunesse, de protecteur aux gens d'esprit, et, en un mot, se montrer digne fils d'un si grand roi.

1. La règle sur les études donnée par le roi.

La loi qu'il imposa aux études de ce prince fut de ne lui laisser passer aucun jour sans étudier. Il jugea qu'il y a bien de la différence entre demeurer tout le jour sans travailler et prendre quelque divertissement pour relâcher l'esprit. Il faut qu'un enfant joue et qu'il se réjouisse : cela l'excite; mais il ne faut pas l'abandonner de sorte au jeu et au plaisir qu'on ne le rappelle chaque jour à des choses plus sérieuses, dont l'étude serait languissante si elle était trop interrompue. Comme toute la vie des princes est occupée, et qu'aucun de leurs jours n'est exempt de grands soins, il est bon de les exercer dès l'enfance à ce qu'il y a de plus sérieux ; et de les y faire appliquer chaque jour pendant quelques heures, afin que leur esprit soit déjà rompu au travail et tout accoutumé aux choses graves lorsqu'on les met dans les affaires. Cela même fait une partie de cette douceur qui sert tant à former les jeunes esprits : car la force de la coutume est douce, et l'on n'a plus besoin d'être averti de son devoir depuis qu'elle commence à nous en avertir d'elle-même.

Ces raisons portèrent le roi à destiner chaque jour certaines heures à l'étude, qu'il crut pourtant devoir être entremêlée de choses divertissantes, afin de tenir l'esprit de ce prince dans une agréable disposition, et de ne lui point faire paraître l'étude sous un visage hideux et triste qui le rebutât. En quoi, certes, il ne s'est pas trompé: car, en suivant cette méthode, il est arrivé que le prince, averti par la seule coutume, retournait gaiement et comme en se jouant à ces exercices ordinaires, qui ne lui étaient en effet qu'un nouveau divertissement, pour peu qu'il y voulût appliquer son esprit.

Mais le principal de cette institution fut sans doute d'avoir donné pour gouverneur à ce jeune prince M. le duc de Montausier, illustre dans la guerre et dans les lettres, mais plus illustre encore par sa piété, et tel, en un mot, qu'il semblait né pour élever le fils d'un héros. Depuis ce temps, le prince a toujours été sous ses yeux et comme dans ses mains: il n'a cessé de travailler à le former, toujours veillant à l'entour de lui pour éloigner ceux qui eussent pu corrompre son innocence ou par de mauvais exemples, ou même par des discours licencieux. Il l'exhortait sans relâche à toutes les vertus, principalement à la piété; il lui en donnait en lui-même un parfait modèle, pressant et poursuivant son ouvrage avec une attention et une constance invincible; et, en un mot, il n'oubliait rien de ce qui pouvait servir à donner au prince toute la force de corps et d'esprit dont il a besoin. Nous tenons à gloire d'avoir toujours été parfaitement d'accord avec un homme si excellent en toutes choses, que, même en ce qui regarde les lettres, il nous a non-seulement aidé à exécuter nos desseins, mais il nous en a inspiré que nous avons suivis avec succès.

2. La Religion.

L'étude de chaque jour commençait soir et matin par les choses saintes; et le prince, qui demeurait découvert pendant que durait cette leçon, les écoutait avec beaucoup de respect.

Lorsque nous expliquions le Catéchisme, qu'il savait par cœur, nous l'avertissions souvent qu'outre les obligations communes de la vie chrétienne, il y en avait de particulières pour chaque profession, et que les princes, comme les autres, avaient de certains devoirs propres, auxquels ils ne pouvaient manquer sans commettre de grandes fautes. Nous nous contentions alors de lui en montrer les plus essentiels selon sa portée; et nous réservions à un âge plus mûr ce qui nous semblait ou trop profond ou trop difficile pour un enfant.

Mais dès lors, à force de répéter, nous fîmes que ces trois mots, piété, bonté, justice, demeurèrent dans sa mémoire avec toute la liaison qui est entre eux. Et pour lui faire voir que toute la vie chrétienne et tous les devoirs des rois étaient contenus dans ces trois mots, nous disions que celui qui était pieux envers Dieu était bon aussi envers les hommes, que Dieu a créés à son image et qu'il regarde comme ses enfants; ensuite nous remarquions que qui voulait du bien à tout le monde rendait à chacun ce qui lui appartenait, empêchait les méchants d'opprimer les gens de bien, punissait les mauvaises actions, réprimait les violences, pour entretenir la tranquillité publique. D'où nous tirions cette conséquence qu'un bon prince était pieux, bienfaisant envers tous par son inclination, et jamais fâcheux à personne s'il n'y était contraint par le crime et par la rébellion. C'est à ces principes que nous avons rapporté tous les préceptes que nous lui avons donnés depuis plus amplement: il a vu que tout venait de cette source, que tout aboutissait là, et que ses études n'avaient point d'autre objet que de le rendre capable de s'acquitter aisément de tous ces devoirs.

Il savait dès lors toutes les histoires de l'Ancien et du Nouveau Testament: il les récitait souvent; nous lui faisions remarquer les grâces que Dieu avait faites aux princes pieux, et combien ses jugements avaient été terribles contre les impies ou contre ceux qui avaient été rebelles à ses ordres.

Étant un peu plus avancé en âge, il a lu l'Évangile, les Actes des Apôtres et les commencements de l'Église. Il y apprenait à aimer Jésus-Christ, à l'embrasser dans son enfance, à croître pour ainsi dire avec lui en obéissant à ses parents, en se rendant agréable à Dieu et aux hommes, et en donnant chaque jour de nouveaux témoignages de sagesse. Après, il écoutait ses prédications, il était ravi de ses miracles, il admirait la bonté qui le portait à faire du bien à tout le monde; il ne le quittait pas mourant, afin d'obtenir la grâce de le suivre ressuscitant et montant aux cieux. Dans les Actes, il apprenait à aimer et à honorer l'Église, humble, patiente, que le monde n'a jamais laissée en repos, éprouvée par les supplices, toujours victorieuse. Il voyait les apôtres la gouvernant selon les ordres de Jésus-Christ, et la formant par leurs exemples plus encore que par leur parole; saint Pierre y exerçant l'autorité principale et y tenant partout la première place; les chrétiens soumis aux décrets des apôtres, sans se mettre en peine de rien dès qu'ils étaient rendus. Enfin nous lui faisions remarquer tout ce qui peut établir la foi, exciter l'espérance et enflammer la charité. La lecture de l'Évangile nous servait aussi à lui inspirer une dévotion particulière pour la sainte Vierge, qu'il voyait s'intéresser pour les hommes, les recommander à son fils comme leur avocate, et leur montrer en même temps que ce n'est qu'en obéissant à Jésus-Christ qu'on en peut obtenir des grâces. Nous l'exhortions à penser souvent à la merveilleuse récompense qu'elle eut de sa chasteté et de son humilité, par le gage précieux qu'elle reçut du ciel quand elle devint mère de Dieu, et qu'il se fit une si sainte alliance entre elle et le Père éternel. Nous lui faisions observer en cet endroit combien les mystères de la religion étaient purs, que Jésus-Christ devait être vierge, qu'il ne pouvait être donné qu'à une vierge de devenir sa mère; et qu'il s'ensuivait de là que la chasteté devait être le fondement de la dévotion envers Marie, puisqu'elle devait à cette vertu toute sa grandeur et même toute sa fécondité.

Que si, en lisant l'Évangile, il paraissait songer à autre chose ou n'avoir pas toute l'attention et le respect que mérite cette lecture, nous lui ôtions aussitôt le livre, pour lui marquer qu'il ne le fallait lire qu'avec révérence. Le prince, qui regardait comme un châtiment d'être privé de cette lecture, apprenait à lire saintement le peu qu'il lisait et à y penser beaucoup. Nous lui expliquions clairement et simplement les passages. Nous lui marquions les endroits qui servent à convaincre les hérétiques et ceux qu'ils ont malicieusement détournés de leur véritable sens. Nous l'avertissions souvent qu'il y avait bien des choses en ce livre qui passaient son âge, et beaucoup même qui passaient l'esprit humain; qu'elles y étaient pour abattre l'orgueil des hommes et pour exercer leur foi; qu'il n'était pas permis en chose si haute de croire à son sens, mais qu'il fallait tout expliquer selon la tradition ancienne et les décrets de l'Église; que tous les novateurs se perdaient infailliblement, et que tous ceux qui s'écartaient de cette règle n'avaient qu'une piété fausse et pleine de fard.

Après avoir lu plusieurs fois l'Évangile, nous avons lu les histoires du vieux Testament, et principalement celle des Rois, où nous remarquions que c'est sur les rois que Dieu exerce ses plus terribles vengeances; que, plus le faîte des honneurs, où Dieu même les élève en leur donnant la souveraine puissance, est haut, plus leur sujétion devient grande à son égard; et qu'il se plaît à les faire servir d'exemple du peu que peuvent les hommes quand le secours d'en haut leur manque.

Quant aux Épîtres des Apôtres, nous en avons choisi les endroits qui servent à former les mœurs chrétiennes. Nous lui avons aussi fait voir, dans les Prophètes, avec quelle autorité et quelle majesté Dieu parle aux rois superbes; comment d'un souffle il dissipe les armées, renverse les empires, et réduit les vainqueurs au sort des vaincus en les faisant périr comme eux. Lorsque nous trouvions dans l'Évangile les prophéties qui regardent Jésus-Christ, nous prenions soin de montrer au prince, dans les Prophètes mêmes, les lieux d'où elles étaient tirées. Il admirait ce rapport de l'Ancien et du Nouveau Testament : l'accomplissement de ces prophéties nous servait de preuve certaine pour établir ce qui regarde le siècle à venir. Nous montrions que Dieu, toujours véritable, qui avait accompli à nos yeux tant de grandes choses prédites de si loin, n'accomplirait pas moins fidèlement tout ce qu'il nous faisait encore attendre; de sorte qu'il n'y avait rien de plus assuré que les biens qu'il nous promettait et les maux dont il nous menaçait après cette vie. A cette lecture nous avons souvent mêlé les vies des saints, les actes les plus illustres des martyrs et l'histoire religieuse, afin de divertir le prince en l'instruisant. Voilà ce qui regarde la religion.

3. La grammaire, les auteurs latins et la géographie.

Nous ne nous arrêterons pas à parler de l'étude de la grammaire. Notre principal soin a été de lui faire connaître premièrement la propriété et ensuite l'élégance de la langue latine et de la française. Pour adoucir l'ennui de cette étude, nous lui en faisions voir l'utilité; et autant que son âge le permettait, nous joignions à l'étude des mots la connaissance des choses.

Par ce moyen il est arrivé que tout jeune il entendait fort aisément les meilleurs auteurs latins; il en cherchait même les sens les plus cachés; et à peine y hésitait-il, dès qu'il y voulait un peu penser. Il apprenait par cœur les plus agréables et les plus utiles endroits de ces auteurs, et surtout des poètes : il les récitait souvent; et dans les occasions il les appliquait à propos aux sujets qui se présentaient.

En lisant ces auteurs, nous ne nous sommes jamais écarté

de notre principal dessein, qui était de faire servir toutes ses études à lui acquérir tout ensemble la piété, la connaissance des mœurs et celle de la politique. Nous lui faisions connaître, par les mystères abominables des Gentils et par les fables de leur théologie, les profondes ténèbres où les hommes demeuraient plongés en suivant leurs propres lumières. Il y voyait que les nations les plus polies et les plus habiles en tout ce qui regarde la vie civile, comme les Égyptiens, les Grecs et les Romains, étaient dans une si profonde ignorance des choses divines, qu'ils adoraient les plus monstrueuses créatures de la nature, et qu'elles ne se sont retirées de cet abîme que depuis que Jésus-Christ a commencé de les conduire. D'où il lui était aisé de conclure que la véritable religion était un don de la grâce. Nous lui faisions aussi remarquer que les Gentils, bien qu'ils se trompassent dans la leur, avaient néanmoins un profond respect pour les choses qu'ils estimaient sacrées, persuadés qu'ils étaient que la religion était le soutien des États. Les exemples de modération et de justice que nous trouvions dans leurs histoires nous servaient à confondre tout chrétien qui n'aurait pas le courage de pratiquer la vertu après que Dieu même nous l'a apprise. Au reste, nous faisions le plus souvent ces observations, non comme des leçons, mais comme des entretiens familiers ; et cela les faisait entrer plus agréablement dans son esprit, de sorte qu'il faisait de lui-même de semblables réflexions. Et je me souviens qu'ayant un jour loué Alexandre d'avoir entrepris avec tant de courage la défense de toute la Grèce contre les Perses, le prince ne manqua pas de remarquer qu'il serait bien plus glorieux à un prince chrétien de repousser et d'abattre l'ennemi commun de la chrétienté, qui la menace et la presse de toutes parts.

Nous n'avons pas jugé à propos de lui faire lire les ouvrages des auteurs par parcelles, c'est-à-dire de prendre un livre de l'Énéide, par exemple, ou de César, séparé des autres. Nous lui avons fait lire chaque ouvrage entier de suite, et comme tout d'une haleine, afin qu'il s'accoutumât peu à peu, non à considérer chaque chose en particulier, mais à découvrir tout d'une vue le but principal d'un ouvrage et l'enchaînement de toutes ses parties, étant certain que chaque endroit ne s'entend jamais clairement et ne paraît avec toute sa beau — qu'à celui qui a regardé tout l'ouvrage comme on regarde un édifice, et en a pris tout le dessein et toute l'idée.

Entre les poètes, ceux qui ont plu davantage à monseigneur le dauphin sont Virgile et Térence ; et entre les historiens, ç'a été Salluste et César. Il admirait le dernier comme un excellent maître pour faire des grandes choses et pour les écrire. Il le regardait comme un homme de qui il fallait apprendre à faire la guerre. Nous suivions ce grand capitaine dans toutes ses marches, nous lui voyions faire ses campements, mettre ses troupes en bataille, former et exécuter ses desseins ; louer et châtier à propos les soldats, les exercer au travail, leur élever le cœur par l'espérance, les tenir toujours en haleine ; conduire une puissante armée sans endommager le pays ; retenir dans le devoir ses troupes par la discipline, et ses alliés par la foi et la protection ; changer sa manière selon les lieux où il faisait la guerre et selon les ennemis qu'il avait en tête ; aller quelquefois lentement, mais user le plus souvent d'une si grande diligence que l'ennemi, surpris et serré de près, n'ait ni le temps de délibérer ni celui de fuir ; pardonner aux vaincus, abattre les rebelles ; gouverner avec adresse les peuples subjugués, et leur faire ainsi trouver sa victoire douce pour la mieux assurer.

On ne peut dire combien il s'est diverti agréablement et utilement dans Térence, et combien de vives images de la vie humaine lui ont passé devant les yeux en le lisant. Il a vu les trompeuses amorces de la volupté et des femmes : les aveugles emportements d'une jeunesse que la flatterie et les intrigues d'un valet, ont engagée dans un pas difficile et glissant, qui ne sait que devenir, que l'amour tourmente, qui ne sort de peine que par une espèce de miracle, et qui ne trouve de repos qu'en retournant à son devoir. Là le prince remarquait les mœurs et le caractère de chaque âge et de chaque passion exprimé par cet admirable ouvrier, avec tous les traits convenables à chaque personnage, des sentiments naturels, et enfin avec cette grâce et cette bienséance que demandent ces sortes d'ouvrages. Nous ne pardonnions pourtant rien à ce poète si divertissant, et nous reprenions les endroits où il a écrit trop licencieusement. Mais en même temps nous nous étonnions que plusieurs de nos auteurs eussent écrit pour le théâtre avec beaucoup moins de retenue, et condamnions une façon d'écrire si déshonnête comme pernicieuse aux bonnes mœurs.

Il faudrait faire un gros volume pour rapporter toutes les remarques que nous avons faites sur chaque auteur, et principalement sur Cicéron, que nous avons admiré dans ses discours de philosophie, dans ses oraisons, et même lorsqu'il raillait librement et agréablement avec ses amis.

Parmi tout cela, nous voyions la géographie en jouant et comme en faisant voyage : tantôt en suivant le courant des fleuves, tantôt rasant les côtes de la mer et allant terre à terre ; puis tout d'un coup, cinglant en haute mer, nous traversions dans les terres, nous voyions les ports et les villes, non en les courant comme feraient des voyageurs sans curiosité, mais examinant tout, recherchant les mœurs, surtout celles de la France, et nous arrêtant dans les plus fameuses villes pour connaitre les humeurs opposées de tant de divers peuples qui composent cette nation belliqueuse et remuante ; ce qui, joint à la vaste étendue d'un royaume si peuplé, faisait voir qu'il ne pouvait être conduit qu'avec une profonde sagesse.

4. L'histoire. Celle de France, composée par monseigneur le dauphin, en latin et en français.

Enfin nous lui avons enseigné l'histoire ; et comme c'est la maîtresse de la vie humaine et de la politique, nous l'avons fait avec une grande exactitude, mais nous avons principalement eu soin de lui apprendre celle de la France, qui est la sienne. Nous ne lui avons pas néanmoins donné la peine de feuilleter les livres ; et à la réserve de quelques auteurs de la nation, comme Philippe de Commines et du Bellay, dont nous lui avons fait lire les plus beaux endroits, nous avons été nous-mêmes dans les sources, et nous avons tiré des auteurs les plus approuvés ce qui pouvait le plus servir à lui faire comprendre la suite des affaires. Nous en récitions de vive voix autant qu'il en pouvait facilement retenir ; nous le lui faisions répéter ; il l'écrivait en français et puis il le mettait en latin : cela lui servait de thème, et nous corrigions aussi soigneusement son français que son latin. Le samedi il relisait tout d'une suite ce qu'il avait composé durant la semaine ; et, l'ouvrage croissant, nous l'avons divisé par livres que nous lui faisions relire très-souvent.

L'assiduité avec laquelle il a continué ce travail l'a mené jusqu'aux derniers règnes : si bien que nous avons presque toute notre histoire en latin et en français, du style et de la main de ce prince. Depuis quelque temps, comme nous avons vu qu'il savait assez de latin, nous l'avons fait cesser d'écrire l'histoire en cette langue. Nous la continuons en français avec le même soin ; et nous l'avons disposée de sorte qu'elle s'étendit à proportion que l'esprit du prince s'ouvrait, et que nous voyions son jugement se former, en récitant fort en abrégé ce qui regarde les premiers temps, et beaucoup plus exactement ce qui s'approche des nôtres. Nous ne descendons pas néanmoins dans un trop grand détail des petites choses, et nous ne nous amusons pas à rechercher celles qui ne sont que de curiosité ; mais nous remarquons les mœurs de la nation bonnes et mauvaises, les coutumes anciennes, les lois fondamentales, les grands changements et leurs causes, le secret des conseils, les événements inespérés, pour y accoutumer l'esprit et le préparer à tout ; les fautes des rois et les calamités qui les ont suivis, la foi qu'ils ont conservée pendant ce grand espace de temps qui s'est passé depuis Clovis jusqu'à nous, cette constance à défendre la religion catholique, et tout ensemble le profond respect qu'ils ont toujours eu pour le saint-siége, dont ils ont tenu à gloire d'être les enfants les plus soumis ; que ç'a été cet attachement inviolable à la religion et à l'Église qui a fait subsister le royaume depuis tant de siècles. Ce qu'il nous était aisé de faire voir par les épouvantables mouvements que l'hérésie a causés dans tous les corps de l'État, en affaiblissant la puissance et la majesté royale, et en réduisant presque à la dernière extrémité un royaume si florissant, sans qu'il ait pu reprendre sa première force qu'en abattant l'hérésie.

Mais afin que le prince apprît de l'histoire la manière de conduire les affaires, nous avons coutume, dans les endroits où elles paraissent en péril, d'en exposer l'état et d'en examiner toutes les circonstances, pour délibérer, comme on ferait dans un conseil, de ce qu'il y aurait à faire en ces occasions : nous lui demandons son avis ; et quand il s'est expli qué, nous poursuivons le récit pour lui apprendre les événements. Nous marquons les fautes, nous louons ce qui a été bien fait ; et, conduits par l'expérience, nous établissons la manière de former les desseins et de les exécuter.

5. Saint Louis, modèle d'un roi parfait.

Au reste, si nous prenons de toute l'histoire de nos rois des exemples pour la vie et pour les mœurs, nous ne proposons que le seul saint Louis comme le modèle d'un roi parfait. Personne ne lui conteste la gloire de la sainteté; mais après l'avoir fait paraître vaillant, ferme, juste, magnifique, grand dans la paix et dans la guerre, nous montrons, en découvrant les motifs de ses actions et de ses desseins qu'il a été très-habile dans le gouvernement des affaires. C'est de lui que nous tirons la plus grande gloire de l'auguste maison de France, dont le principal honneur est de trouver tout ensemble, dans celui à qui elle doit son origine, un parfait modèle pour les mœurs, un excellent maître pour leur apprendre à régner, et un intercesseur assuré auprès de Dieu.

6. L'exemple du roi.

Après saint Louis, nous lui proposons les actions de Louis le Grand, et cette histoire vivante qui se passe à nos yeux : l'État affermi par de bonnes lois, les finances bien ordonnées, toutes les fraudes qu'on y faisait découvertes, la discipline militaire établie avec autant de prudence que d'autorité ; ces magasins, ces nouveaux moyens d'assiéger les places et de conduire les armées en toute saison ; le courage invincible des chefs et des soldats ; l'impétuosité naturelle de la nation soutenue d'une fermeté et d'une constance extraordinaire ; cette ferme croyance qu'ont tous les Français que rien ne leur est impossible sous un si grand roi ; et enfin le roi même qui vaut tout seul une grande armée ; la force, la suite ; le secret impénétrable de ses conseils, et ces ressorts cachés dont l'artifice ne se découvre que par les effets qui surprennent toujours ; les ennemis confus et dans l'épouvante, les alliés fidèlement défendus ; la paix donnée à l'Europe à des conditions équitables après une victoire assurée; enfin cet incroyable attachement à défendre la religion, cette envie de l'accroître et ces efforts continuels de parvenir à tout ce qu'il y a de plus grand et de meilleur ; voilà ce que nous remarquons dans le père, et ce que nous recommandons au fils d'imiter de tout son pouvoir.

7. La philosophie. *Traité de la connaissance de Dieu et de soi-même.*

Pour les choses qui regardent la philosophie, nous les avons distribuées de sorte que celles qui sont hors de doute et utiles à la vie lui puissent être montrées sérieusement et dans toute la certitude de leurs principes. Pour celles qui ne sont que d'opinion, et dont on dispute, nous nous sommes contenté de les lui rapporter historiquement, jugeant qu'il était de sa dignité d'écouter les deux parties et d'en protéger également les défenseurs, sans entrer dans leurs querelles ; parce que celui qui est né pour le commandement doit apprendre à juger, et non à disputer.

Mais, après avoir considéré que la philosophie consiste principalement à rappeler l'esprit à soi-même pour s'élever ensuite comme par un degré sûr jusqu'à Dieu, nous avons commencé par là, comme par la recherche la plus aisée aussi bien que la plus solide et la plus utile qu'on se puisse proposer. Car ici, pour devenir parfait philosophe, l'homme n'a besoin d'étudier autre chose que lui-même ; et, sans feuilleter tant de livres, sans faire de pénibles recueils de ce qu'ont dit les philosophes, ni aller chercher bien loin des expériences, en remarquant seulement ce qu'il trouve en lui, il reconnaît par là l'auteur de son être. Aussi, avions-nous, dès les premières années, jeté les semences d'une si belle et si utile philosophie ; et nous avions employé toute sorte de moyens pour faire que le prince sût dès lors discerner l'esprit d'avec le corps, c'est-à-dire cette partie qui commande en nous, de celle qui obéit ; afin que l'âme commandant au corps lui représentât Dieu commandant au monde entier et à l'âme même. Mais lorsque, le voyant plus avancé en âge, nous avons cru qu'il était temps de lui enseigner méthodiquement la philosophie, nous en avons formé le plan sur ce précepte de l'Évangile : *Considérez-vous attentive-*

-ment vous-mêmes (1) ; et sur cette parole de David : *O Seigneur, j'ai tiré de moi une merveilleuse connaissance de ce que vous êtes* (2). Appuyé sur ces deux passages, nous avons fait un Traité *de la connaissance de Dieu et de soi-même,* où nous expliquons la structure du corps et la nature de l'esprit par les choses que chacun expérimente en soi ; et faisons voir qu'un homme qui sait se rendre présent à lui-même trouve Dieu plus présent que toute autre chose, puisque sans lui il n'aurait ni mouvement, ni esprit, ni vie, ni raison ; selon cette parole vraiment philosophique de l'Apôtre prêchant à Athènes, c'est-à-dire dans le lieu où la philosophie était comme dans son fort : *Il n'est pas loin de chacun de nous, puisque c'est en lui que nous vivons, que nous sommes mus, et que nous sommes* (3) ; et encore : *puisqu'il nous donne à tous la vie, la respiration et toutes choses* (4). A l'exemple de saint Paul, qui se sert de cette vérité comme connue aux philosophes pour les mener plus loin, nous avons entrepris d'exciter en nous, par la seule considération de nous-mêmes, ce sentiment de la Divinité que la nature a mis dans nos âmes en les formant ; de sorte qu'il paraisse clairement que ceux qui ne veulent point reconnaître ce qu'ils ont au-dessus des bêtes, sont tout ensemble les plus aveugles, les plus méchants et les plus importuns de tous les hommes.

8. La logique, la rhétorique et la morale.

De là nous avons passé à la logique et à la morale pour cultiver ces deux principales parties que nous avions remarquées en notre esprit, c'est-à-dire la faculté d'entendre et celle de vouloir. Pour la logique, nous l'avons tirée de Platon et d'Aristote, non pour la faire servir à de vaines disputes de mots, mais pour former le jugement par un raisonnement solide ; nous arrêtant principalement à cette partie qui sert à trouver les arguments probables, parce que ce sont ceux que l'on emploie dans les affaires. Nous avons expliqué comment il les faut lier les uns aux autres ; de sorte que, tout faibles qu'ils sont chacun à part, ils deviennent invincibles par cette liaison. De cette source nous avons tiré la rhétorique pour don-

---

1. *Luc.* XXI, 34. — 2. *Ps.* CXXXVIII, 6. — 3. *Act.* XVII, 27, 28. — 4. *Ibid.* 25.

…ner aux arguments nus, que la dialectique avait assemblés comme des os et des nerfs, de la chair, de l'esprit et du mouvement. Ainsi nous n'en avons pas fait une discoureuse dont les paroles n'ont que du son; nous ne l'avons pas faite enflée et vide de choses, mais saine et vigoureuse; nous ne l'avons point fardée, mais nous lui avons donné un teint naturel et une vive couleur, en sorte qu'elle n'eût d'éclat que celui qui sort de la vérité même. Pour cela nous avons tiré d'Aristote, de Cicéron, de Quintilien et des autres, les meilleurs préceptes; mais nous nous sommes beaucoup plus servi d'exemples que de préceptes, et nous avions coutume, en lisant les discours qui nous émouvaient le plus, d'en ôter les figures et les autres ornements de paroles, qui en sont comme la chair et la peau; de sorte que, n'y laissant que cet assemblage d'os et de nerfs dont nous venons de parler, c'est-à-dire les seuls arguments, il était aisé de voir ce que la logique faisait dans ces ouvrages et ce que la rhétorique y ajoutait.

Pour la doctrine des mœurs, nous avons cru qu'elle ne se devait pas tirer d'une autre source que de l'Écriture et des maximes de l'Évangile, et qu'il ne fallait pas, quand on peut puiser au milieu d'un fleuve, aller chercher des ruisseaux bourbeux. Nous n'avons pas néanmoins laissé d'expliquer la morale d'Aristote, à quoi nous avons ajouté cette doctrine admirable de Socrate, vraiment sublime pour son temps, qui peut servir à donner de la foi aux incrédules et à faire rougir les plus endurcis. Nous marquions en même temps ce que la philosophie chrétienne y condamnait, ce qu'elle y ajoutait, ce qu'elle y approuvait, avec quelle autorité elle en confirmait les dogmes véritables et combien elle s'élevait au-dessus; en sorte qu'on fût obligé d'avouer que la philosophie, toute grave qu'elle paraît, comparée à la sagesse de l'Évangile, n'était qu'une pure enfance.

9. Les principes de la jurisprudence.

Nous avons cru qu'il serait bon de donner au prince quelque teinture des lois romaines, en lui faisant voir par exemple ce que c'est que le droit, de combien de sortes il y en avait, la condition des personnes, la division des choses; ce que c'est que les contrats, les testaments, les successions, la puissance des magistrats, l'autorité des jugements, et les autres principes de la vie civile.

10. Les autres parties de la philosophie.

Nous ne dirons rien ici de la métaphysique, parce qu'elle est toute répandue dans ce qui précède. Nous avons mêlé beaucoup de physique en expliquant le corps humain; et pour les autres choses qui regardent cette étude, nous les avons traitées, selon notre projet, plus historiquement que dogmatiquement. Nous n'avons pas oublié ce qu'en a dit Aristote; et pour l'expérience des choses naturelles, nous avons fait faire devant le prince les plus nécessaires et les plus belles. Il n'y a pas moins trouvé de divertissement que de profit. Elles lui ont fait connaître l'industrie de l'esprit humain et les belles inventions des arts, soit pour découvrir les secrets de la nature, ou pour l'embellir, ou pour l'aider. Mais, ce qui est plus considérable, il y a découvert l'art de la nature même, ou plutôt la providence de Dieu, qui est à la fois si visible et si cachée.

11. Les mathématiques.

Les mathématiques, qui servent le plus à la justesse du raisonnement, lui ont été montrées par un excellent maître qui ne s'est pas contenté, comme c'est l'ordinaire, de lui apprendre à fortifier des places, à les attaquer, à faire des campements; mais qui lui a encore appris à construire des forts, à les dessiner de sa propre main, à mettre une armée en bataille et à la faire marcher. Il lui a enseigné les mécaniques, le poids des liquides et des solides, les différents systèmes du monde et les premiers livres d'Euclide: ce qu'il a compris avec tant de promptitude, que ceux qui le voyaient en étaient surpris.

Au reste, toutes ces choses ne lui ont été enseignées que peu à peu, chacune en son lieu. Et notre soin principal a été qu'on les lui donnât à propos et chaque chose en son temps, afin qu'il les digérât plus aisément et qu'elles se tournassent en nourriture.

12. **Trois derniers ouvrages pour recueillir le fruit des études. —
I. Histoire universelle pour expliquer la suite de la religion et les changements des empires.**

Maintenant que le cours de ses études est presque achevé, nous avons cru devoir travailler principalement à trois choses.

Premièrement à une *Histoire universelle* qui eût deux parties, dont la première comprît depuis l'origine du monde jusqu'à la chute de l'ancien empire romain et au couronnement de Charlemagne; et la seconde, depuis ce nouvel empire établi par les Français. Il y avait déjà longtemps que nous l'avions composée, et même que nous l'avions fait lire au prince; mais nous la repassons maintenant, et nous y avons ajouté de nouvelles réflexions qui font entendre toute la suite de la religion et les changements des empires, avec leurs causes profondes que nous reprenons dès leur origine. Dans cet ouvrage, on voit paraître la religion toujours ferme et inébranlable depuis le commencement du monde; le rapport des deux Testaments lui donne cette force; et l'Évangile, qu'on voit s'élever sur les fondements de la loi, montre une solidité qu'on reconnaît aisément être à toute épreuve. On voit la vérité toujours victorieuse, les hérésies renversées, l'Église fondée sur la Pierre les abattre par le seul poids d'une autorité si bien établie et s'affermir avec le temps; pendant qu'on voit au contraire les empires les plus florissants, non-seulement s'affaiblir par la suite des années, mais encore se défaire mutuellement et tomber les uns sur les autres. Nous montrons d'où vient d'un côté une si ferme consistance, et de l'autre un état toujours changeant et des ruines inévitables. Cette dernière recherche nous a engagé à expliquer en peu de mots les lois et les coutumes des Égyptiens, des Assyriens et des Perses, celles des Grecs, celles des Romains et celles des temps suivants; ce que chaque nation a eu dans les siennes qui ait été fatal aux autres et à elle-même, et les exemples que leur progrès ou leur décadence ont donnés aux siècles futurs. Ainsi nous tirons deux fruits de l'histoire universelle : le premier est de faire voir tout ensemble l'autorité et la sainteté de la religion par sa propre stabilité et par sa durée perpétuelle ; le second est que, connaissant ce qui a causé la ruine de chaque empire, nous pouvons sur leur exemple trouver les moyens de soutenir les États, si fragiles de leur nature, sans toutefois oublier que ces soutiens mêmes sont sujets à la loi commune de la mortalité, qui est attachée aux choses humaines, et qu'il faut porter plus haut ses espérances.

13 — II. Politique tirée des propres paroles de la sainte Écriture.

Par le second ouvrage, nous découvrons les secrets de la politique, les maximes du gouvernement et les sources du droit, dans la doctrine et dans les exemples de la sainte Écriture. On y voit non-seulement avec quelle piété il faut que les rois servent Dieu ou le fléchissent après l'avoir offensé ; avec quel zèle ils sont obligés à défendre la foi de l'Église, à maintenir ses droits et à choisir ses pasteurs ; mais encore l'origine de la vie civile ; comment les hommes ont commencé à former leur société, avec quelle adresse il faut manier les esprits, comment il faut former le dessein de conduire une guerre, ne l'entreprendre pas sans bon sujet, faire une paix, soutenir l'autorité, faire des lois et régler un État. Ce qui fait voir clairement que l'Écriture sainte surpasse autant en prudence qu'en autorité tous les autres livres qui donnent des préceptes pour la vie civile, et qu'on ne voit en nul autre endroit des maximes aussi sûres pour le gouvernement.

14. — III. L'état du royaume et de toute l'Europe.

Le troisième ouvrage comprend les lois et les coutumes particulières du royaume de France. En comparant ce royaume avec tous les autres, on met sous les yeux du prince tout l'état de la chrétienté et même de toute l'Europe.

Nous achèverons tous ces desseins autant que le temps et notre industrie le pourra permettre. Et quand le roi nous redemandera ce fils si cher, que nous avons tâché, par son commandement et sous ses ordres, d'instruire dans tous les beaux-arts, nous sommes prêt à le remettre entre ses mains pour faire des études plus nécessaires sous de meilleurs maîtres, qui sont le roi même et l'usage du monde et des affaires.

– Voilà, très-saint Père, ce que nous avons fait pour nous acquitter de notre devoir. Nous avons planté, nous avons arrosé; plaise à Dieu de donner l'accroissement. Au reste, depuis que celui dont vous tenez la place sur la terre vous a inspiré parmi tant de soins de jeter un regard paternel sur nos travaux, nous nous servons de l'autorité de Votre Sainteté même pour porter le prince à la vertu, et nous éprouvons avec joie que les exhortations que nous lui faisons de votre part font impression sur son esprit. Que nous sommes heureux, très-saint Père, d'être secouru dans un ouvrage si grand par un si grand pape, dans lequel nous voyons revivre saint Léon, saint Grégoire et saint Pierre même. –

A MONSEIGNEUR LE DAUPHIN

Ne croyez pas, Monseigneur, qu'on vous reprenne si sévèrement pendant vos études pour avoir simplement violé les règles de la grammaire en composant. Il est sans doute honteux à un prince, qui doit avoir de l'ordre en tout, de tomber en de telles fautes ; mais nous regardons plus haut quand nous en sommes si fâché : car nous ne blâmons pas tant la faute elle-même que le défaut d'attention qui en est la cause. Ce défaut d'attention vous fait maintenant confondre l'ordre des paroles ; mais si nous laissons vieillir et fortifier cette mauvaise habitude, quand vous viendrez à manier, non plus les paroles, mais les choses mêmes, vous en troublerez tout l'ordre. Vous parlez maintenant contre les lois de la grammaire, alors vous mépriserez les préceptes de la raison. Maintenant vous placez mal les paroles, alors vous placerez mal les choses ; vous récompenserez au lieu de punir, vous punirez quand il faudra récompenser ; enfin vous ferez tout sans ordre si vous ne vous accoutumez dès votre enfance à tenir votre esprit attentif, à régler ses mouvements vagues et incertains, et à penser sérieusement en vous-même à ce que vous avez à faire.

Ce qui fait que les grands princes comme vous, s'ils n'y prennent sérieusement garde, tombent facilement dans la paresse et dans une espèce de langueur, c'est l'abondance où ils naissent. Le besoin éveille les autres hommes, et le soin de leur fortune les sollicite sans cesse au travail. Pour vous, à qui les biens nécessaires non-seulement pour la vie, mais pour le plaisir et pour la grandeur, se présentent d'eux-mêmes, vous n'avez rien à gagner par le travail, rien à acquérir par le soin et l'industrie. Mais, Monseigneur, il ne faut pas croire que la sagesse vous vienne avec la même facilité et sans que vous y travailliez soigneusement. Il n'est pas en notre pouvoir de vous mettre dans l'esprit ce qui sert à cultiver la raison et la vertu pendant que vous penserez à tout autre chose. Il faut donc vous exciter vous-même, vous appliquer, vous efforcer, afin que la raison domine toujours en vous. Ce doit être là toute votre occupation ; vous n'avez que cela à faire et à penser. Car comme vous êtes né pour gouverner les hommes par la raison, et que pour cela il est nécessaire que vous en ayez plus que les autres, aussi les choses sont-elles disposées de sorte que les autres travaux ne vous regardent pas, et que vous avez uniquement à cultiver votre esprit, à former votre raison.

Pensez-vous que tant de peuples, tant d'armées, une nation si nombreuse, si belliqueuse, dont les esprits sont si inquiets, si industrieux et si fiers, puissent être gouvernés par un seul homme, s'il ne s'applique de toutes ses forces à un si grand ouvrage ? N'eussiez-vous à conduire qu'un seul cheval un peu fougueux, vous n'en viendriez pas à bout si vous lâchiez tout à fait la main et si vous laissiez aller votre esprit ailleurs : combien moins gouvernerez-vous cette immense multitude où bouillonnent tant de passions, tant de mouvements divers ? Il viendra des guerres ; il s'élèvera des séditions ; un peuple emporté fera de toutes parts sentir sa fureur. Tous les jours de nouveaux troubles, de nouveaux dangers. On vous tendra des pièges : vous serez environné de flatteurs, de fourbes ; un brouillon remuera des provinces éloignées ; un autre cabalera jusque dans votre cour, qui est le centre des affaires : il animera l'ambitieux, il soulèvera l'entreprenant, il aigrira le mécontent. A peine trouverez-vous quelqu'un à qui vous puissiez vous fier : tout sera factions, artifices, trahisons. Au milieu de l'orage vous croirez qu'il n'y qu'à demeurer tranquille dans votre cabinet, espérant, comme dit un de vos poètes, que les dieux feront vos affaires pendant que vous dormirez. Vous seriez loin de la vérité si vous le pensiez. « C'est en veillant, disait sagement Caton, ainsi que
« Salluste l'a rapporté, c'est en agissant, c'est en prenant bien
« son parti qu'on a d'heureux succès. Mais livrez-vous à une
« lâche indolence, vous implorerez en vain les dieux ; ils sont
« en colère et disposés à vous nuire. » Voilà en effet ce qui arrive ; Dieu ne nous a pas donné pour n'en pas faire usage le flambeau qui nous éclaire sans discontinuation, cette faculté

de nous rappeler le passé, de connaître le présent, de prévoir l'avenir. Quiconque ne daignera pas mettre à profit ce don du ciel, c'est une nécessité qu'il ait Dieu et les hommes pour ennemis. Car il ne faut pas s'attendre ou que les hommes respectent celui qui méprise ce qui le fait homme, ou que Dieu protège celui qui n'aura fait aucun état de ses dons les plus excellents.

Que tardez-vous donc, Monseigneur, à prendre votre essor? Que ne jetez-vous les yeux sur le plus grand des rois, votre auguste père, dont la paix et la guerre font également briller la vertu, qui préside à tout, qui donne lui-même aux ministres étrangers ses réponses, et aux siens les lumières dont ils ont besoin pour exécuter ses ordres; qui établit dans son royaume les plus sages lois, qui décide la marche de ses armées et souvent les commande en personne; qui enfin, tout occupé des affaires générales, ne laisse pas d'embrasser les détails? Rien qu'il souhaite avec tant d'ardeur que de vous faire entrer dans ses vues, et de vous apprendre de bonne heure l'art de régner. — Formez-vous un esprit qui réponde à de si hauts projets. Ne songez point combien est grand l'empire que vous ont laissé vos ancêtres, mais quelle vigilance il faudra que vous ayez pour le défendre et le conserver. Ne commencez pas par l'inapplication et par la paresse une vie qui doit être si occupée et si agissante. De tels commencements feraient qu'étant né avec beaucoup d'esprit, vous ne pourriez que vous imputer à vous-même l'extinction ou l'inutilité de cette lumière admirable dont le riche présent vous vient du ciel. A quoi, en effet, vous serviraient des armes bien faites si vous ne les aviez jamais à la main? A quoi, de même, vous servira d'avoir de l'esprit, si vous ne l'employez pas et que vous ne vous appliquiez pas? C'est autant de perdu. Et comme si vous cessiez de danser ou d'écrire, vous viendriez, manque d'habitude, à oublier l'un et l'autre; de même, si vous n'exercez votre esprit, il s'engourdira, il tombera dans une espèce de léthargie; et quelques efforts que vous eussiez alors envie de faire pour l'en irer, vous n'y serez plus à temps.

Alors il s'élèvera en vous de honteuses passions. Alors le goût du plaisir, et la colère, qui sont les plus dangereux conseillers des princes, vous porteront à toutes sortes de crimes ; et le flambeau qui seul aurait pu vous guider étant une fois éteint, vous vous serez mis hors d'état de compter sur aucun secours. Vous comprenez aisément vous-même combien on serait, dans une pareille situation, peu capable de gouverner. Aussi n'est-ce pas à tort qu'un homme emporté par ses passions est regardé comme n'étant plus *maître de rien*. Puisqu'il n'est pas son maître, comment le serait-il des autres ? Esclave d'autant plus à plaindre, que sa servitude tombe sur cette partie de lui-même, sur cette raison, par laquelle Dieu a voulu que tous les hommes fussent libres. Qui voudra donc être maître et tenu pour tel, qu'il commence par exercer sur lui-même son pouvoir ; qu'il sache commander à la colère ; que les plaisirs, malgré tout ce qu'ils auraient d'attrayant, ne le tyrannisent point ; qu'il jouisse toujours de sa raison. Or voilà ce qu'on ne doit attendre de personne, si ce n'est une habitude prise dans le bas âge.

Rappelez-vous, je vous en conjure, de quelle manière Denys le Tyran traita le fils de Dion pendant qu'il l'eut en sa puissance. Tout ce qu'on peut imaginer de plus barbare, c'est ce que la haine qu'il avait pour le père lui fit entreprendre contre le fils. Vous avez vu dans votre *Cornelius Nepos*, qu'inventeur d'un nouveau genre de vengeance, il ne tira point l'épée contre cet enfant innocent, il ne le mit point en prison, il ne lui fit point souffrir la faim ou la soif ; mais, ce qui est plus déplorable, il corrompit en lui toutes les bonnes qualités de l'âme. Pour exécuter ce dessein, il lui permit tout, et l'abandonna, dans un âge inconsidéré, à ses fantaisies, à ses humeurs. Le jeune homme, emporté par le plaisir, donna dans la plus affreuse débauche. Personne n'avait l'œil sur sa conduite ; personne n'arrêtait le torrent de ses passions. On contentait tous ses désirs ; on louait toutes ses fautes. Ainsi corrompu par une malheureuse flatterie, il se précipita dans toute sorte de crimes. Mais considérez, Monseigneur, combien plus facilement les hommes tombent dans le désordre qu'on ne les ramène à l'amour de la vertu. Après que ce jeune homme eut été rendu à son père, il fut mis entre les mains de gouverneurs qui n'oublièrent rien pour obtenir qu'il changeât. Tout fut inutile ; car, plutôt que de se corriger, il aima mieux renoncer à la vie en se jetant du haut en bas de sa maison. Tirez de là deux conséquences, dont la première est que nos véritables amis sont ceux qui résistent à nos passions, et que ceux au contraire qui les favorisent sont nos plus cruels ennemis ; la seconde et la plus importante, que si de bonne heure on prend bien garde aux enfants, alors l'autorité paternelle et de bons documents peuvent beaucoup. Au contraire, si de mauvaises et fausses maximes leur entrent une fois dans l'esprit, alors la tyrannie de l'habitude se rend invincible, et il n'y a plus ni remède ni secret qui puisse guérir le mal. Pour empêcher qu'il ne devienne incurable, il faut le prévenir. Travaillez-y, Monseigneur; et afin que votre raison fasse les plus grands progrès, fuyez la dissipation, ne vous livrez point à de frivoles amusements, mais nourrissez-vous de réflexions sages et salutaires ; remplissez-vous-en l'esprit, faites-en la règle de votre conduite, et accoutumez-vous à recueillir les fruits abondants qu'elles sont capables de produire

DE LA
CONNAISSANCE DE DIEU
ET DE SOI-MÊME

DESSEIN ET DIVISION DE CE TRAITÉ

La sagesse consiste à connaître Dieu et à se connaître soi-même.

La connaissance de nous-même nous doit élever à la connaissance de Dieu.

Pour bien connaître l'homme, il faut savoir qu'il est composé de deux parties, qui sont l'âme et le corps.

L'âme est ce qui nous fait penser, entendre, sentir, raisonner, vouloir, choisir une chose plutôt qu'une autre, et un mouvement plutôt qu'un autre, comme de se mouvoir à droite plutôt qu'à gauche.

Le corps est cette masse étendue en longueur, largeur et profondeur, qui nous sert à exercer nos opérations. Ainsi, quand nous voulons voir, il faut ouvrir les yeux; quand nous voulons prendre quelque chose, ou nous étendons la main pour nous en saisir, ou nous remuons les pieds et les jambes, et par elles tout le corps, pour nous en approcher.

Il y a donc dans l'homme trois choses à considérer : l'âme séparément, le corps séparément, et l'union de l'un et de l'autre.

Il ne s'agira pas ici de faire un long raisonnement sur ces choses, ni d'en rechercher les causes profondes; mais plutôt d'observer et de concevoir ce que chacun de nous en peut reconnaître, en faisant réflexion sur ce qui arrive tous les jours, ou à lui-même, ou aux autres hommes semblables à lui. Commençons par la connaissance de ce qui est dans notre âme.

CHAPITRE PREMIER

DE L'AME.

1. — Opérations sensitives, et premièrement des cinq sens.

Nous connaissons notre âme par ses opérations, qui sont de deux sortes: les opérations sensitives et les opérations intellectuelles.

Il n'y a personne qui ne connaisse ce qui s'appelle les cinq sens, qui sont: la vue, l'ouïe, l'odorat, le goût et le toucher.

A la vue appartiennent les lumières et les couleurs; à l'ouïe, les sons; à l'odorat, les bonnes et mauvaises senteurs; au goût, l'amer et le doux, et les autres qualités semblables; au toucher, le chaud et le froid, le dur et le mou, le sec et l'humide.

La nature, qui nous apprend que ces sens et leurs actions appartiennent proprement à l'âme, nous apprend aussi qu'ils ont leurs organes ou leurs instruments dans le corps. Chaque sens a le sien propre. La vue a les yeux; l'ouïe a les oreilles; l'odorat a les narines; le goût a la langue et le palais; le toucher seul se répand dans tout le corps, et se trouve partout où il y a des chairs.

Les opérations sensitives, c'est-à-dire celles des sens, sont appelées sentiments, ou plutôt sensations. Voir les couleurs, ouïr les sons, goûter le doux ou l'amer, sont autant de sensations différentes.

Les sensations se font dans notre âme à la présence de certains corps, que nous appelons objets. C'est à la présence du feu que je sens de la chaleur; je n'entends aucun bruit que quelque corps ne soit agité; sans la présence du soleil et des autres corps lumineux, je ne verrais point la lumière, ni le blanc ni le noir, si la neige, par exemple, ou la poix ou l'encre n'étaient présents. Otez les corps mal polis ou aigus, je ne sentirai rien de rude ni de piquant. Il en est de même des autres sensations.

Afin qu'elles se forment dans notre âme, il faut que l'organe corporel soit actuellement frappé de l'objet et en reçoive l'impression. Je ne vois qu'autant que mes yeux sont frappés des rayons d'un corps lumineux, ou directs, ou réfléchis. Si l'agitation de l'air ne fait impression dans mon oreille, je ne puis entendre le bruit, et c'est là proprement aussi ce qui s'appelle la présence de l'objet. Car, quelque proche que je sois d'un tableau, si j'ai les yeux fermés, ou que quelque autre corps interposé empêche que les rayons réfléchis de ce tableau ne viennent jusqu'à mes yeux, cet objet ne leur est pas présent. Le même se verra dans les autres sens.

Nous pouvons donc définir la sensation, si toutefois une chose si intelligible de soi a besoin d'être définie, nous la pouvons, dis-je, définir : la première perception qui se fait en notre âme à la présence des corps, que nous appelons objets, et ensuite de l'impression qu'ils font sur les organes de nos sens.

Je ne prends pourtant pas encore cette définition pour une définition exacte et parfaite ; car elle nous explique plutôt à l'occasion de quoi les sensations ont accoutumé de nous arriver, qu'elle ne nous en explique la nature. Mais cette définition suffit pour nous faire distinguer d'abord les sensations d'avec les autres opérations de notre âme.

Or, encore que nous ne puissions entendre les sensations sans les corps qui sont leurs objets, et sans les parties de nos corps qui servent d'organes pour les exercer, comme nous ne mettons point les sensations dans les objets, nous ne les mettons pas non plus dans les organes, dont les dispositions bien considérées, comme nous ferons en son lieu, se trouveront de même nature que celles des objets mêmes. C'est pourquoi nous regardons les sensations comme choses qui appartiennent à notre âme, mais qui nous marquent l'impression que les corps environnants font sur le nôtre, et la correspondance qu'il a avec eux.

Selon notre définition, la sensation doit être la première chose qui s'élève en l'âme, et qu'on y ressente à la présence des objets. En effet, la première chose que j'aperçois en ou vrant les yeux, c'est la lumière et les couleurs ; si je n'aperçois rien, je dis que je suis dans les ténèbres. La première chose que je sens en montrant ma main au feu et en maniant de la glace, c'est que j'ai chaud ou que j'ai froid, et ainsi du reste.

Je puis bien ensuite avoir diverses pensées sur la lumière, en rechercher la nature, en remarquer les réflexions et les réfractions, observer même que les couleurs qui disparaissent aussitôt que la lumière se retire semblent n'être autre chose dans les corps où je les aperçois que de différentes modifications de la lumière elle-même, c'est-à-dire diverses réflexions ou réfractions des rayons du soleil et des autres corps lumineux. Mais toutes ces pensées ne me viennent qu'après cette perception sensible de la lumière que j'ai appelée sensation, et c'est la première qui s'est faite en moi aussitôt que j'ai eu ouvert les yeux.

De même, après avoir senti que j'ai chaud ou que j'ai froid, je puis observer que les corps d'où me viennent ces sentiments causeraient diverses altérations à ma main, si je ne m'en retirais ; que le chaud la brûlerait et la consumerait, que le froid l'engourdirait et la mortifierait, et ainsi du reste. Mais ce n'est pas là ce que j'aperçois d'abord en m'approchant du feu et de la glace. A ce premier abord il s'est fait en moi une certaine perception qui m'a fait dire : J'ai chaud, ou j'ai froid ; et c'est ce qu'on appelle sensation.

Quoique la sensation demande, pour être formée, la présence actuelle de l'objet, elle peut durer quelque temps après. Le chaud ou le froid dure dans ma main après que je l'ai éloignée, ou du feu, ou de la glace qui me le causaient. Quand une grande lumière, ou le soleil même regardé fixement, a fait dans nos yeux une impression fort violente, il nous paraît encore, après les avoir fermés, des couleurs d'abord assez vives, mais qui vont s'affaiblissant peu à peu, et semblent à la fin se perdre dans l'air. La même chose nous arrive après un grand bruit ; et une agréable liqueur laisse, après qu'elle est passée, un moment de goût exquis. Mais tout cela n'est qu'une suite de la première touche de l'objet présent.

II. — Le plaisir et la douleur.

Le plaisir et la douleur accompagnent les opérations des sens : on sent du plaisir à goûter de bonnes viandes, et de la douleur à en goûter de mauvaises, et ainsi du reste.

Ce chatouillement des sens qu'on trouve, par exemple, en goûtant de bons fruits, d'agréables liqueurs et d'autres aliments exquis, c'est ce qui s'appelle plaisir ou volupté. Ce sentiment importun des sens offensés, c'est ce qui s'appelle douleur.

L'un et l'autre sont compris sous les sentiments ou sensations, puisqu'ils sont l'un et l'autre une perception soudaine et vive qui se fait d'abord en nous à la présence des objets agréables ou déplaisants : comme à la présence d'un vin délicieux qui humecte notre langue, ce que nous sentons au premier abord, c'est le plaisir qu'il nous donne; et à la présence d'un fer qui nous perce et nous déchire, nous ne ressentons rien plus tôt ni plus vivement que la douleur qu'il nous cause.

Quoique le plaisir et la douleur soient de ces choses qui n'ont pas besoin d'être définies, parce qu'elles sont conçues par elles-mêmes, nous pouvons toutefois définir le plaisir : un sentiment agréable qui convient à la nature; et la douleur : un sentiment fâcheux contraire à la nature.

Il paraît que ces deux sentiments naissent en nous, comme tous les autres, à la présence de certains corps qui nous accommodent ou qui nous blessent. En effet, nous sentons de la douleur quand on nous coupe, quand on nous pique, quand on nous serre, et ainsi du reste; et nous en découvrons aisément la cause, car nous voyons ce qui nous serre et ce qui nous pique; mais nous avons d'autres douleurs plus intérieures; par exemple, des douleurs de tête et d'estomac, des coliques et d'autres semblables. Nous avons la faim et la soif, qui sont aussi deux espèces de douleurs. Ces douleurs se ressentent au dedans, sans que nous voyions au dehors aucune chose qui nous les cause. Mais nous pouvons aisément penser qu'elles viennent des mêmes principes que les autres, c'est-à-dire que nous les sentons quand les parties intérieures du corps sont picotées ou serrées par quelques humeurs qui tombent dessus, à peu près de même manière que nous les voyons arriver dans les parties extérieures. Ainsi toutes ces sortes de douleurs sont de la même nature que celles dont nous apercevons les causes, et appartiennent sans difficulté aux sensations.

La douleur est plus vive et dure plus longtemps que le plaisir, ce qui nous doit faire sentir combien notre état est triste et malheureux en cette vie.

Il ne faut pas confondre le plaisir et la douleur avec la joie et la tristesse. Ces choses se suivent de près, et nous appelons souvent les unes du nom des autres; mais plus elles sont approchantes et plus on est sujet à les confondre, plus il faut prendre soin de les distinguer.

Le plaisir et la douleur naissent à la présence effective d'un corps qui touche et affecte les organes; ils sont aussi ressentis en un certain endroit déterminé; par exemple, le plaisir du goût, précisément sur la langue, et la douleur d'une blessure, dans la partie offensée. Il n'en est pas ainsi de la joie et de la tristesse, à qui nous n'attribuons aucune place certaine. Elles peuvent être excitées en l'absence des objets sensibles, par la seule imagination ou par la réflexion de l'esprit. On a beau imaginer et considérer le plaisir du goût et celui d'une odeur exquise, ou la douleur de la goutte, on n'en fait pas naître pour cela le sentiment. Un homme qui veut exprimer le mal que lui fait la goutte ne dira pas qu'elle lui cause de la tristesse, mais de la douleur; et aussi ne dira-t-il pas qu'il ressent une grande joie dans la bouche en buvant une liqueur délicieuse, mais qu'il y ressent un grand plaisir. Un homme sait qu'il est atteint de ces sortes de maladies mortelles, qui ne sont point douloureuses; il ne sent point de douleur, et toutefois il est plongé dans la tristesse. Ainsi ces choses sont fort différentes. C'est pourquoi nous avons rangé le plaisir et la douleur avec les sensations, et nous mettrons la joie et la tristesse avec les passions dans l'appétit.

Il est aisé maintenant de marquer toutes nos sensations. Il y a celles des cinq sens; il y a le plaisir et la douleur. Les plaisirs ne sont pas tous d'une même espèce, et nous en ressentons de fort différents, non-seulement en plusieurs sens, mais dans le même. Il en faut dire autant des douleurs. Celle de la migraine ne ressemble pas à celle de la colique ou de la goutte. Il y a certaines espèces de douleurs qui reviennent et cessent tous les jours, et c'est la faim et la soif.

III. — Diverses propriétés des sens.

Parmi nos sens quelques-uns ont leur organe double : nous avons deux yeux, deux oreilles, deux narines, et la sensation peut être exercée par ces organes conjointement ou séparément. Quand ils agissent conjointement, la sensation est un peu plus forte. On voit mieux de deux yeux ensemble que d'un seul, encore qu'il y en ait qui ne remarquent guère cette différence.

Quelques-unes de nos sensations nous font sentir d'où elles nous viennent, et d'autres ne font point ces effets en nous. Quand nous sentons la douleur de la goutte, ou de la migraine, ou de la colique, nous sentons bien la douleur dans une certaine partie, mais nous ne sentons pas d'où le coup y vient. Mais nous sentons assez de quel côté nous viennent les sons et les odeurs. Nous sentons par le toucher ce qui nous arrête ou ce qui nous cède. Nous rapportons naturellement à certaines choses le bon et le mauvais goût. La vue, surtout, rapporte toujours et fort promptement d'un certain côté et à un certain objet les couleurs qu'elle aperçoit.

De là s'ensuit que nous devons encore sentir en quelque façon la figure et le mouvement de certains objets : par exemple, des corps colorés. Car en ressentant, comme nous faisons au premier abord, de quel côté nous en vient le sentiment, parce qu'il vient de plusieurs côtés et de plusieurs points, nous en apercevons l'étendue ; parce qu'ils sont réduits à certaines bornes au delà desquelles nous ne sentons rien, nous sommes frappés de leur figure ; s'ils changent de place, comme un flambeau qu'on porte devant nous, nous en apercevons le mouvement ; ce qui arrive principalement dans la vue, qui est le plus clair et le plus distinct de tous les sens.

Ce n'est pas que l'étendue, la figure et le mouvement soient par eux-mêmes visibles, puisque l'air qui a toutes ces choses ne l'est pas : on les appelle aussi visibles par accident, à cause qu'ils ne le sont que par les couleurs.

De là vient la distinction des choses sensibles par elles-mêmes, comme les couleurs, les saveurs, et ainsi du reste; et sensibles par accident, comme les grandeurs, les figures et le mouvement.

Les choses sensibles par accident s'appellent aussi sensibles communs, parce qu'elles sont communes à plusieurs sens. Nous ne sentons pas seulement par la vue, mais encore par le toucher, une certaine étendue et une certaine figure dans nos objets; et quand une chose que nous tenons échappe de nos mains, nous sentons par ce moyen en quelque façon qu'elle se meut. Mais il faut bien remarquer que ces choses ne sont pas le propre objet des sens, ainsi qu'il a été dit.

Il y a donc sensibles communs et sensibles propres. Les sensibles propres sont ceux qui sont particuliers à chaque sens, comme les couleurs à la vue, le son à l'ouïe, et ainsi du reste; et les sensibles communs sont ceux dont nous venons de parler, qui sont communs à plusieurs sens.

On pourrait ici examiner si c'est une opération des sens qui nous fait apercevoir d'où nous vient le coup, et l'étendue, la figure ou le mouvement de l'objet; car peut-être que ces sensibles communs appartiennent à quelque autre opération qui se joint à celle des sens. Mais je ne veux point encore aller à ces précisions; il me suffit ici d'avoir observé que la perception de ces sensibles communs ne se sépare jamais d'avec les sensations.

IV. — Le sens commun et l'imagination.

Il reste encore deux remarques à faire sur les sensations.

La première c'est que, toutes différentes qu'elles sont, il y a en l'âme une faculté de les réunir. Car l'expérience nous apprend qu'il ne se fait qu'un seul objet sensible de tout ce qui nous frappe ensemble, même par des sens différents, surtout quand le coup vient du même endroit. Ainsi, quand je vois le feu d'une certaine couleur, que je ressens le chaud qu'il me cause, et que j'entends le bruit qu'il fait, non-seulement je vois cette couleur, je ressens cette chaleur et j'entends ce bruit, mais je ressens ces sensations différentes comme venant du même feu.

Cette faculté de l'âme qui réunit les sensations, soit

qu'elle soit seulement une suite de ces sensations, qui s'unissent naturellement quand elles viennent ensemble, ou qu'elle fasse partie de l'imaginative, dont nous allons parler; cette faculté, dis-je, quelle qu'elle soit, en tant qu'elle ne fait qu'un seul objet de tout ce qui frappe ensemble nos sens, est appelée le sens commun ; terme qui se transporte aux opérations de l'esprit, mais dont la propre signification est celle que nous venons de remarquer.

La seconde chose qu'il faut observer dans les sensations, c'est qu'après qu'elles sont passées, elles laissent dans l'âme une image d'elles-mêmes et de leurs objets, c'est ce qui s'appelle imaginer.

Que l'objet coloré que je regarde se retire, que le bruit que j'entends s'apaise, que je cesse de boire la liqueur qui m'a donné du plaisir, que le feu qui m'échauffait soit éteint, et que le sentiment du froid ait succédé, si vous voulez, à la place, j'imagine encore en moi-même cette couleur, ce bruit, ce plaisir et cette chaleur; tout cela moins vif à la vérité que lorsque je voyais ou que j'entendais, que je goûtais ou que je sentais actuellement, mais toujours de même nature.

Bien plus, après une entière et longue interruption de ces sentiments, ils peuvent se renouveler. Le même objet coloré, le même son, le même plaisir d'une bonne odeur ou d'un bon goût me revient à diverses reprises, ou en veillant, ou dans les songes, et cela s'appelle mémoire ou ressouvenir. Et cet objet me revient à l'esprit tel que les sens le lui avaient présenté d'abord, et marqué des mêmes caractères dont chaque sens l'avait pour ainsi dire affecté, si ce n'est qu'un long temps les fasse oublier.

Il est aisé maintenant d'entendre ce que c'est qu'imaginer. Toutes les fois qu'un objet une fois senti par le dehors demeure intérieurement, ou se renouvelle dans ma pensée avec l'image de la sensation qu'il a causée à mon âme, c'est ce que j'appelle imaginer : par exemple, quand ce que j'ai vu ou ce que j'ai ouï dire, ou me revient dans les ténèbres ou dans le silence, je ne dis pas que je le vois ou que je l'entends, mais que je l'imagine.

La faculté de l'âme où se fait cet acte s'appelle imaginative ou fantaisie, d'un mot grec qui signifie à peu près la même chose, c'est-à-dire se faire une image.

L'Imagination d'un objet est toujours plus faible que la sensation, parce que l'image dégénère toujours de la vivacité de l'original.

On entend par là tout ce qui regarde les sensations. Elles naissent soudaines et vives à la présence des objets sensibles; celles qui regardent le même objet, quoiqu'elles viennent de divers sens, se réunissent ensemble et sont rapportées à l'objet qui les a fait naître. Enfin, après qu'elles sont passées, elles se conservent et se renouvellent par leur image.

Voilà ce qui a donné lieu à la célèbre distinction des sens extérieurs et intérieurs.

V. — Des sens intérieurs et extérieurs, et plus en particulier de l'imagination.

On appelle sens extérieur celui dont l'organe paraît au dehors, et qui demande un objet externe actuellement présent.

Tels sont les cinq sens que chacun connaît. On voit les yeux, les oreilles et les autres organes des sens; et on ne peut ni voir, ni ouïr, ni sentir en aucune sorte, que les objets extérieurs, dont ces organes peuvent être frappés, ne soient présents en la manière qu'il convient.

On appelle sens intérieur celui dont les organes ne paraissent pas et qui ne demande pas un objet externe actuellement présent. On range ordinairement parmi les sens intérieurs cette faculté qui réunit les sensations, qu'on appelle le sens commun, et celle qui les conserve ou les renouvelle, c'est-à-dire l'imaginative.

On peut douter du sens commun, parce que ce sentiment, qui réunit, par exemple, les diverses sensations que le feu nous cause, et les rapporte à un seul objet, se fait seulement à la présence de l'objet même, et dans le même moment que les sens extérieurs agissent; mais pour l'acte d'imaginer, qui continue après que les sens extérieurs cessent d'agir, il appartient sans difficulté au sens intérieur.

Il est maintenant aisé de bien connaître la nature de cet acte, et on ne peut trop s'y appliquer.

La vue et les autres sens extérieurs nous font apercevoir certains objets hors de nous; mais outre cela nous les pouvons apercevoir au dedans de tous, tels que les sens extérieurs les font sentir, lors même qu'ils ont cessé d'agir. Par exemple, je fais ici un triangle Δ, et je le vois de mes yeux. Que je les ferme, je vois encore ce même triangle intérieurement tel que ma vue me le fait sentir, de même couleur, de même grandeur et de même situation ; c'est ce qui s'appelle imaginer un triangle.

Il y a pourtant une différence : c'est, comme il a été dit, que cette continuation de la sensation, se faisant par une image, ne peut pas être si vive que la sensation elle-même, qui se fait à la présence actuelle de l'objet, et qu'elle s'affaiblit de plus en plus avec le temps.

Cet acte d'imaginer accompagne toujours l'action des sens extérieurs. Toutes les fois que je vois, j'imagine en même temps; et il est assez malaisé de distinguer ces deux actes dans le temps que la vue agit. Mais ce qui nous en marque la distinction, c'est que, même en cessant de voir, je puis continuer à imaginer, et cela c'est voir encore en quelque façon la chose même, telle que je la voyais lorsqu'elle était présente à mes yeux.

Ainsi nous pouvons dire en général qu'imaginer une chose, c'est continuer de la sentir, moins vivement toutefois, et d'une autre sorte que lorsqu'elle était actuellement présente aux sens extérieurs.

De là vient qu'en imaginant un objet on l'imagine toujours d'une certaine grandeur, d'une certaine figure, avec de certaines qualités sensibles, particulières et déterminées: par exemple, blanche ou noire, dure ou molle, froide ou chaude; et cela en tel et tel degré, c'est-à-dire plus ou moins, et ainsi du reste.

Il faut soigneusement observer qu'en imaginant nous n'ajoutons que de la durée aux choses que les sens nous apportent. Pour le reste, l'imagination, au lieu d'y ajouter, le diminue : les images qui nous restent de la sensation n'étant jamais aussi vives que la sensation elle-même.

Voilà ce qui s'appelle imaginer. C'est ainsi que l'âme conserve les images des objets qu'elle a sentis, et telle est enfin cette faculté qu'on appelle imaginative.

Et il ne faut pas oublier que, lorsqu'on l'appelle sens intérieur en l'opposant à l'extérieur, ce n'est pas que les opérations de l'un et de l'autre sens ne se fassent au dedans de l'âme. Mais, comme il a été dit, c'est, premièrement, que les organes des sens extérieurs sont au dehors: par exemple, les yeux, les oreilles, la langue et le reste ; au lieu qu'il ne paraît point au dehors d'organe qui serve à imaginer ; et, secondement, que quand on exerce les sens extérieurs on se sent actuellement frappé par l'objet corporel qui est au dehors, et qui pour cela doit être présent; au lieu que l'imagination est affectée de l'objet, soit qu'il soit ou qu'il ne soit pas présent, et même quand il a cessé d'être absolument, pourvu qu'une fois il ait été bien senti. Ainsi je ne puis voir ce triangle dont nous parlions, qu'il ne soit actuellement présent ; mais je puis l'imaginer même après l'avoir effacé ou éloigné de mes yeux.

Voilà ce qui regarde les sens tant intérieurs qu'extérieurs, et la différence des uns et des autres.

VI. — Les passions.

De ces sentiments intérieurs et extérieurs, et principalement des plaisirs et de la douleur, naissent en l'âme certains mouvements que nous appelons passions.

Le sentiment du plaisir nous touche très-vivement quand il est présent, et nous attire puissamment quand il ne l'est pas ; et le sentiment de la douleur fait un effet tout contraire. Ainsi partout où nous ressentons ou imaginons le plaisir et la douleur, nous sommes attirés ou rebutés. C'est ce qui nous donne de l'appétit pour une viande agréable, et de la répugnance pour une viande dégoûtante. Et tous les autres plaisirs, aussi bien que toutes les autres douleurs, causent en nous des appétits ou des répugnances de même nature, où la raison n'a aucune part.

Ces appétits, ou ces répugnances et aversions, sont appelés mouvements de l'âme : non qu'elle change de place, ou qu'elle se transporte d'un lieu à un autre ; mais c'est que, comme le corps s'approche ou s'éloigne en se mouvant, ainsi l'âme avec ses appétits ou aversions s'unit avec les objets ou s'en sépare.

Ces choses étant posées, nous pouvons définir la passion : un mouvement de l'âme, qui, touchée du plaisir ou de la douleur ressentie ou imaginée dans un objet, le poursuit ou s'en éloigne. Si j'ai faim, je cherche avec passion la nourriture nécessaire; si je suis brûlé par le feu, j'ai une forte passion de m'en éloigner.

On compte ordinairement onze passions, que nous allons rapporter et définir par ordre.

L'amour est une passion de s'unir à quelque chose. On aime une nourriture agréable, on aime l'exercice de la chasse. Cette passion fait qu'on aime de s'unir à ces choses, et de les avoir en sa puissance.

La haine, au contraire, est une passion d'éloigner de nous quelque chose: je hais la douleur, je hais le travail, je hais une médecine pour son mauvais goût; je hais un tel homme, qui me fait du mal, et mon esprit s'en éloigne naturellement.

Le désir est une passion qui nous pousse à rechercher ce que nous aimons quand il est absent.

L'aversion, autrement nommée la fuite ou l'éloignement, est une passion d'empêcher que ce que nous haïssons ne nous approche.

La joie est une passion par laquelle l'âme jouit du bien présent, et s'y repose.

La tristesse est une passion par laquelle l'âme, tourmentée du mal présent, s'en éloigne autant qu'elle peut, et s'en afflige.

Jusques ici les passions n'ont eu besoin pour être excitées que de la présence ou de l'absence de leurs objets. Les cinq autres y ajoutent la difficulté.

L'audace, ou la hardiesse, ou le courage, est une passion par laquelle l'âme s'efforce de s'unir à l'objet aimé, dont l'acquisition est difficile.

La crainte est une passion par laquelle l'âme s'éloigne d'un mal difficile à éviter.

L'espérance est une passion qui naît en l'âme quand l'acquisition de l'objet aimé est possible, quoique difficile; car lorsqu'elle est aisée ou assurée, on en jouit par avance, et on est en joie.

Le désespoir, au contraire, est une passion qui naît en l'âme quand l'acquisition de l'objet aimé paraît impossible.

La colère est une passion par laquelle nous nous efforçons

de repousser avec violence celui qui nous fait du mal, ou de nous en venger.

Cette dernière passion n'a point de contraire, si ce n'est qu'on veuille mettre parmi les passions l'inclination de faire du bien à qui nous oblige. Mais il la faut rapporter à la vertu, et elle n'a pas l'émotion ni le trouble que les passions apportent.

Les six premières passions, qui ne présupposent dans leurs objets que la présence ou l'absence, sont rapportées par les anciens philosophes à l'appétit qu'ils appellent concupiscible. Et pour les cinq dernières, qui ajoutent la difficulté à l'absence ou à la présence de l'objet, ils les rapportent à l'appétit qu'ils appellent irascible.

Ils appellent appétit concupiscible celui où domine le désir ou la concupiscence; et irascible, celui où domine la colère. Cet appétit a toujours quelque difficulté à surmonter ou quelque effort à faire, et c'est ce qui émeut la colère.

L'appétit irascible serait peut-être appelé plus convenablement courageux. Les Grecs, qui ont fait les premiers cette distinction d'appétits, expriment par un même mot la colère et le courage; et il est naturel de nommer appétit courageux, celui qui doit surmonter les difficultés.

Et on peut joindre les deux expressions d'irascible et de courageux, parce que la colère est née pour exciter et soutenir le courage.

Quoi qu'il en soit, la distinction des passions en passions dont l'objet est regardé simplement comme présent ou absent, et des passions où la difficulté se trouve jointe à la présence ou à l'absence, est indubitable.

Et quand nous parlons de difficulté, ce n'est pas qu'il faille toujours mettre dans les passions qui la présupposent un jugement exprès de l'entendement, par lequel il juge un tel objet difficile à acquérir; mais c'est, comme nous verrons plus amplement en son lieu, que la nature a revêtu les objets dont l'acquisition est difficile de certains caractères propres, qui par eux-mêmes font sur l'esprit des impressions et des imaginations différentes.

Outre ces onze principales passions, il y a encore la honte, l'envie, l'émulation, l'admiration et l'étonnement, et quelques autres semblables; mais elles se rapportent à celles-ci.

La honte est une tristesse ou une crainte d'être exposé à la haine et au mépris pour quelque faute ou pour quelque défaut naturel, mêlée avec le désir de le couvrir ou de nous justifier. L'envie est une tristesse que nous avons du bien d'autrui, et une crainte qu'en le possédant il ne nous en prive ; ou un désespoir d'acquérir le bien que nous voyons déjà occupé par un autre, avec une forte pente à haïr celui qui semble nous le détenir. L'émulation, qui naît en l'homme de cœur quand il voit faire aux autres de grandes actions, enferme l'espérance de les pouvoir faire parce que les autres les font, et un sentiment d'audace qui nous porte à les entreprendre avec confiance. L'admiration et l'étonnement comprennent en eux ou la joie d'avoir vu quelque chose d'extraordinaire et le désir d'en savoir les causes aussi bien que les suites, ou la crainte que sous cet objet nouveau il n'y ait quelque péril caché, et l'inquiétude causée par la difficulté de le connaître ; ce qui nous rend comme immobiles et sans action ; et c'est ce que nous appelons être étonné.

L'inquiétude, les soucis, la peur, l'effroi, l'horreur, et l'épouvante ne sont autre chose que les degrés différents et les différents effets de la crainte. Un homme mal assuré du bien qu'il poursuit ou qu'il possède, entre en inquiétude. Si les périls augmentent, ils lui causent de fâcheux soucis ; quand le mal presse davantage, il a peur ; si la peur le trouble et le fait trembler, cela s'appelle effroi et horreur ; que si elle le saisit tellement qu'il paraisse comme éperdu, cela s'appelle épouvante.

Ainsi il paraît manifestement qu'en quelque manière qu'on prenne les passions et à quelque nombre qu'on les étende, elles se réduisent toujours aux onze que nous venons d'expliquer.

Et même nous pouvons dire, si nous consultons ce qui se passe en nous-mêmes, que nos autres passions se rapportent au seul amour et qu'il les enferme ou les excite toutes. La haine qu'on a pour quelque objet ne vient que de l'amour qu'on a pour un autre. Je ne hais la maladie que parce que j'aime la santé. Je n'ai d'aversion pour quelqu'un que parce qu'il met un obstacle à posséder ce que j'aime. Le désir n'est qu'un amour qui s'étend au bien qu'il n'a pas, comme la joie est un amour qui s'attache au bien qu'il a. La fuite et la tristesse sont un amour qui s'éloigne du mal par lequel il est privé de son bien et qui s'en afflige. L'audace est un amour qui entreprend, pour posséder l'objet aimé, ce qu'il y a de plus difficile ; et la crainte, un amour qui, se voyant menacé de perdre ce qu'il recherche, est troublé de ce péril. L'espérance est un amour qui se flatte qu'il possédera l'objet aimé ; et le désespoir est un amour désolé de ce qu'il s'en voit privé à jamais, ce qui cause un abattement dont on ne peut se relever. La colère est un amour irrité de ce qu'on lui veut ôter son bien, et qui s'efforce de le défendre. Enfin, ôtez l'amour, il n'y a plus de passions ; et posez l'amour, vous les faites naître toutes.

Quelques-uns pourtant ont parlé de l'admiration comme de la première des passions, parce qu'elle naît en nous à la première surprise que nous cause un objet nouveau avant que de l'aimer ou de le haïr ; mais si cette surprise en demeure à la simple admiration d'une chose qui paraît nouvelle, elle ne fait en nous aucune émotion, ni aucune passion par conséquent ; que si elle nous cause quelque émotion, nous avons remarqué comme elle appartient aux passions que nous avons expliquées. Ainsi il faut persister à mettre l'amour la première des passions et la source de toutes les autres.

Voilà ce qu'un peu de réflexion sur nous-mêmes nous fera connaître de nos passions, autant qu'elles se font sentir à l'âme.

Il faudrait ajouter seulement qu'elles nous empêchent de bien raisonner, et qu'elles nous engagent dans le vice si elles ne sont réprimées. Mais ceci s'entendra mieux quand nous aurons défini les opérations intellectuelles.

VII. — Les opérations intellectuelles, et premièrement celles de l'entendement.

Les opérations intellectuelles sont celles qui sont élevées au-dessus des sens.

Disons quelque chose de plus précis : ce sont celles qui ont pour objet quelque raison qui nous est connue.

J'appelle ici raison l'appréhension ou la perception de

quelque chose de vrai ou qui soit réputé pour tel. La suite va faire entendre tout ceci.

Il y a deux sortes d'opérations intellectuelles: celles de l'entendement et celles de la volonté.

L'une et l'autre a pour objet quelque raison qui nous est connue. Tout ce que j'entends est fondé sur quelque raison: je ne veux rien que je ne puisse dire pour quelle raison je le veux.

Il n'en est pas de même des sensations, comme la suite le fera paraître à qui y prendra garde de près. Disons avant toutes choses ce qui appartient à l'entendement.

L'entendement est la lumière que Dieu nous a donnée pour nous conduire. On lui donne divers noms: en tant qu'il invente et qu'il pénètre, il s'appelle esprit; en tant qu'il juge et qu'il dirige au vrai et au bien, il s'appelle raison et jugement.

Le vrai caractère de l'homme qui le distingue si fort des animaux, c'est d'être capable de raison. Il est porté naturellement à rendre raison de ce qu'il fait. Ainsi le vrai homme sera celui qui peut rendre bonne raison de sa conduite.

La raison, en tant qu'elle nous détourne du vrai mal de l'homme, qui est le péché, s'appelle conscience.

Quand notre conscience nous reproche le mal que nous avons fait, cela s'appelle syndérèse ou remords de conscience.

La raison nous est donnée pour nous élever au-dessus des sens et de l'imagination. La raison qui les suit et s'y asservit est une raison corrompue, qui ne mérite plus le nom de raison.

Voilà en général ce que c'est que l'entendement. Mais nous le concevrons mieux quand nous aurons exactement défini son opération.

Entendre, c'est connaître le vrai et le faux et discerner l'un d'avec l'autre. Par exemple, entendre ce que c'est qu'un triangle, c'est connaître cette vérité, que c'est une figure à trois côtés; ou, parce que ce mot de triangle pris absolument est affecté au triangle rectiligne, entendre ce que c'est qu'un triangle, c'est entendre que c'est une figure terminée de trois lignes droites.

Par cette définition, je connais la nature de l'entendement et sa différence d'avec les sens.

Les sens donnent lieu à la connaissance de la vérité; mais ce n'est pas par eux précisément que je la connais.

Quand je vois les arbres d'une longue allée, quoiqu'ils soient tous à peu près égaux, se diminuer peu à peu à mes yeux, en sorte que la diminution commence dès le second et se continue à proportion de l'éloignement; quand je vois uni, poli et continu ce qu'un microscope me fait voir rude, inégal et séparé; quand je vois courbe à travers l'eau un bâton que je sais d'ailleurs être droit; quand, emporté dans un bateau par un mouvement égal, je me sens comme immobile avec tout ce qui est dans le vaisseau, pendant que je vois le reste, qui est pourtant immobile, comme s'enfuyant de moi, en sorte que j'applique mon mouvement à des choses immobiles et leur immobilité à moi qui remue : ces choses et mille autres de même nature, où les sens ont besoin d'être redressés, me font voir que c'est par quelque autre faculté que je connais la vérité et que je la discerne de la fausseté.

Et cela ne se trouve pas seulement dans les sensibles que nous avons appelés communs, mais encore dans ceux qu'on appelle propres. Il m'arrive souvent de voir sur certains objets certaines couleurs ou certaines taches qui ne proviennent point des objets mêmes, mais du milieu à travers lequel je les regarde, ou de l'altération de mon organe. Ainsi des yeux remplis de bile font voir tout jaune; et eux-mêmes, éblouis pour avoir été trop arrêtés sur le soleil, font voir après cela diverses couleurs, ou en l'air, ou sur les objets, que l'on n'y verrait nullement sans cette altération. Souvent je sens dans l'oreille des bruits semblables à ceux que me cause l'air agité dans certains corps, sans néanmoins qu'il le soit. Telle odeur paraît bonne à l'un et désagréable à l'autre. Les goûts sont différents, et un autre trouvera toujours amer ce que je trouve toujours doux. Moi-même je ne m'accorde pas toujours avec moi-même, et je sens que le goût varie en moi autant par la propre disposition de ma langue que par celle des objets mêmes. C'est à la raison à juger de ces illusions des sens, et c'est à elle par conséquent à connaître la vérité.

De plus, les sens ne m'apprennent pas ce qui se fait dans leurs organes. Quand je regarde ou que j'écoute, je ne sens ni l'ébranlement qui se fait dans le tympan que j'ai dans l'oreille, ni celui des nerfs optiques qui répondent au fond de l'œil. Lorsque ayant les yeux blessés ou le goût malade je sens tout amer et je vois tout jaune, je ne sais point par la vue ni par le goût l'indisposition de mes yeux ou de ma langue. J'apprends tout cela par les réflexions que je fais sur les organes corporels, dont mon seul entendement me fait connaître les usages naturels avec leurs dispositions bonnes ou mauvaises.

Les sens ne me disent non plus ce qu'il y a dans leurs objets capable d'exciter en moi les sensations. Ce que je sens quand je dis, J'ai chaud, ou Je brûle, sans doute n'est pas la même chose que ce que je conçois dans le feu quand je l'appelle chaud et brûlant. Ce qui me fait dire, J'ai chaud, c'est un certain sentiment que le feu, qui ne sent pas, ne peut avoir ; et ce sentiment, augmenté jusqu'à la douleur, me fait dire que je brûle.

Quoique le feu n'ait en lui-même ni le sentiment ni la douleur qu'il excite en moi, il faut bien qu'il ait en lui quelque chose capable de l'exciter. Mais ce quelque chose, que j'appelle la chaleur du feu, n'est point connu par les sens; et si j'en ai quelque idée, elle me vient d'ailleurs.

Ainsi les sens ne nous apportent que leurs propres sensations, et laissent à l'entendement à juger des dispositions qu'ils marquent dans les objets. L'ouïe m'apporte seulement les sons, et le goût l'amer et le doux : comment il faut que l'air soit ému pour causer du bruit, ce qu'il y a dans les viandes qui me les fait trouver amères ou douces, sera toujours ignoré si l'entendement ne le découvre.

Ce qui se dit des sens s'entend aussi de l'imagination, qui, comme nous avons dit, ne nous apporte autre chose que des images de la sensation, qu'elle ne surpasse que dans la durée.

Et tout ce que l'imagination ajoute à la sensation est une pure illusion, qui a besoin d'être corrigée, comme quand, ou dans les songes, ou par quelque trouble, j'imagine les choses autrement que je ne les vois.

Ainsi, tant en dormant qu'en veillant, nous nous trouvons souvent remplis de fausses imaginations, dont le seul entendement peut juger. C'est pourquoi tous les philosophes sont d'accord qu'il n'appartient qu'à lui seul de connaître le vrai et le faux, et de discerner l'un d'avec l'autre.

C'est aussi lui seul qui remarque la nature des choses. Par la vue nous sommes touchés de ce qui est étendu et de ce qui est en mouvement. Le seul entendement recherche et conçoit ce que c'est que d'être étendu et ce que c'est que d'être en mouvement.

Par la même raison, il n'y a que l'entendement qui puisse errer. A proprement parler, il n'y a point d'erreur dans le sens, qui fait toujours ce qu'il doit, puisqu'il est fait pour opérer selon les dispositions non-seulement des objets, mais des organes. C'est à l'entendement, qui doit juger des organes mêmes, à tirer des sensations les conséquences nécessaires; et, s'il se laisse surprendre, c'est lui qui se trompe.

Ainsi il demeure pour constant que le vrai effet de l'intelligence c'est de connaître le vrai et le faux, et de les discerner l'un de l'autre.

C'est ce qui ne convient qu'à l'entendement, et ce qui montre en quoi il diffère tant des sens que de l'imagination.

VIII. — De certains actes de l'entendement qui sont joints aux sensations, et comment on en connait la différence.

Mais il y a des actes de l'entendement qui suivent de si près les sensations, que nous les confondons avec elles, à moins d'y prendre garde fort exactement.

Le jugement que nous faisons naturellement des proportions, et de l'ordre qui en résulte, est de cette sorte.

Connaître les proportions et l'ordre est l'ouvrage de la raison qui compare une chose avec une autre et en découvre les rapports.

Le rapport de la raison et de l'ordre est extrême. L'ordre ne peut être remis dans les choses que par la raison, ni être entendu que par elle. Il est ami de la raison, et son propre objet.

Ainsi on ne peut nier qu'apercevoir les proportions, apercevoir l'ordre et en juger, ne soit une chose qui passe les sens.

Par la même raison, apercevoir la beauté et en juger est un ouvrage de l'esprit; puisque la beauté ne consiste que dans l'ordre, c'est-à-dire dans l'arrangement et la proportion.

De là vient que les choses qui sont les moins belles en elles-mêmes, reçoivent une certaine beauté quand elles sont arrangées avec de justes proportions et un rapport mutuel.

Ainsi il appartient à l'esprit, c'est-à-dire à l'entendement, de juger de la beauté ; parce que juger de la beauté, c'est juger de l'ordre, de la proportion et de la justesse, choses que l'esprit seul peut apercevoir.

Ces choses présupposées, il sera aisé de comprendre qu'il nous arrive souvent d'attribuer aux sens ce qui appartient à l'esprit.

Lorsque nous regardons une longue allée, quoique tous les arbres décroissent à nos yeux à mesure qu'ils s'en éloignent, nous les jugeons tous égaux. Ce jugement n'appartient point à l'œil, à l'égard duquel ces arbres sont diminués. Il se forme par une secrète réflexion de l'esprit, qui, connaissant naturellement la diminution que cause l'éloignement dans les objets, juge égales toutes les choses qui décroissent également à la vue à mesure qu'elles s'éloignent.

Mais encore que ce jugement appartienne à l'esprit ; à cause qu'il est fondé sur la sensation, et qu'il la suit de près, ou plutôt qu'il naît avec elle, nous l'attribuons au sens, et nous disons qu'on voit à l'œil l'égalité de ces arbres et la juste proportion de cette allée.

C'est aussi par là qu'elle nous plaît et qu'elle nous semble belle, et nous croyons voir par les yeux plutôt qu'entendre par l'esprit cette beauté, parce qu'elle se présente à nous aussitôt que nous jetons les yeux sur cet agréable objet.

Mais nous savons d'ailleurs que la beauté, c'est-à-dire la justesse, la proportion et l'ordre, ne s'aperçoit que par l'esprit, dont il ne faut pas confondre l'opération avec celle du sens, sous prétexte qu'elle l'accompagne.

Ainsi quand nous trouvons un bâtiment beau, c'est un jugement que nous faisons sur la justesse et la proportion de toutes les parties en les rapportant les unes aux autres ; et il y a dans ce jugement un raisonnement caché que nous n'apercevons pas à cause qu'il se fait fort vite.

Nous avons donc beau dire que cette beauté se voit à l'œil, ou que c'est un objet agréable aux yeux ; ce jugement nous vient par ces sortes de réflexions secrètes qui, pour être vives et promptes, et pour suivre de près les sensations, sont confondues avec elles.

Il en est de même de toutes les choses dont la beauté nous frappe d'abord. Ce qui nous fait trouver une couleur belle, c'est un jugement secret que nous portons en nous-mêmes de sa proportion avec notre œil qu'elle divertit. Les beaux tons, les beaux chants, les belles cadences ont la même proportion avec notre oreille : en apercevoir la justesse aussi promptement que l'on touche l'ouïe, c'est ce qu'on appelle avoir l'oreille bonne, quoique pour parler exactement il fallût attribuer ce jugement à l'esprit.

Et une marque que cette justesse qu'on attribue à l'oreille est un ouvrage de raisonnement et de réflexion, c'est qu'elle s'acquiert ou se perfectionne par l'art. Il y a certaines règles qui, étant une fois connues, font sentir plus promptement la beauté de certains accords. L'usage même fait cela tout seul, parce qu'en multipliant les réflexions il les rend plus aisées et plus promptes. Et on dit qu'il raffine l'oreille, parce qu'il allie plus vite avec les sons qui la frappent le jugement que porte l'esprit sur la beauté des accords.

Les jugements que nous faisons en trouvant les choses grandes ou petites, par rapport des unes aux autres, sont encore de même nature. C'est par là que le dernier arbre d'une longue allée, quelque petit qu'il vienne à nos yeux, nous paraît naturellement aussi grand que le premier ; et nous ne jugerions pas aussi sûrement de sa grandeur si le même arbre, étant seul dans une vaste campagne, ne pouvait pas être comparé à d'autres.

Il y a donc en nous une géométrie naturelle, c'est-à-dire une science des proportions, qui nous fait mesurer les grandeurs en les comparant les unes aux autres, et concilie la vérité avec les apparences.

C'est ce qui donne moyen aux peintres de nous tromper dans leurs perspectives. En imitant l'effet de l'éloignement et la diminution qu'il cause proportionnellement dans les objets, ils nous font paraître enfoncé ou relevé ce qui est uni, éloigné ce qui est proche, et grand ce qui est petit.

C'est ainsi que, sur un théâtre de 20 ou 30 pieds, on nous fait paraître des allées immenses. Et alors si quelque homme vient se montrer au-dessus du dernier arbre de cette allée imaginaire, il nous paraît un géant, comme surpassant en grandeur cet arbre que la justesse des proportions nous fait égaler au premier.

Et par la même raison les peintres donnent souvent une figure à leurs objets pour nous en faire paraître une autre. Ils tournent en losange les pavés d'une chambre qui doivent paraître carrés, parce que dans une certaine distance les carreaux effectifs prennent à nos yeux cette figure. Et nous voyons ces carreaux peints si bien carrés, que nous avons peine à croire qu'ils soient si étroits, ou tournés si obliquement, tant est forte l'habitude que notre esprit a prise de former ses jugements sur les proportions, et de juger toujours de même, pourvu qu'on ait trouvé l'art de ne rien changer dans les apparences.

Et quand nous découvrons par raisonnement ces tromperies de la perspective, nous disons que le jugement redresse les sens; au lieu qu'il faudrait dire, pour parler avec une entière exactitude, que le jugement se redresse lui-même; c'est-à-dire, qu'un jugement qui suit l'apparence est redressé par un jugement qui se fonde en vérité connue, et un jugement d'habitude par un jugement de réflexion expresse.

IX. — Différences de l'imagination et de l'entendement.

Voilà ce qu'il faut entendre pour apprendre à ne pas confondre avec les sensations des choses de raisonnement. Mais comme il est beaucoup plus à craindre qu'on ne confonde l'imagination avec l'intelligence, il faut encore marquer les caractères propres de l'une et de l'autre.

La chose sera aisée en faisant un peu de réflexion sur ce qui a été dit.

Nous avons dit premièrement que l'entendement connaît la nature des choses, ce que l'imagination ne peut pas faire.

Il y a, par exemple, grande différence entre imaginer le triangle et entendre le triangle. Imaginer le triangle, c'est s'en représenter un d'une mesure déterminée, et avec une certaine grandeur de ses angles et de ses côtés; au lieu que l'entendre, c'est en connaître la nature, et savoir en général que c'est une figure à trois côtés, sans déterminer aucune grandeur ni proportion particulière. Ainsi quand on entend un triangle, l'idée qu'on en a convient à tous les triangles, équilatéraux, isocèles, ou autres, de quelque grandeur et proportion qu'ils soient ; au lieu que le triangle qu'on imagine est restreint à une certaine espèce de triangle, et à une grandeur déterminée.

Il faut juger de la même sorte des autres choses qu'on peut imaginer et entendre. Par exemple, imaginer l'homme, c'est s'en représenter un de grande ou de petite taille, blanc ou basané, sain ou malade ; et l'entendre, c'est concevoir seulement que c'est un animal raisonnable, sans s'arrêter à aucune de ses qualités particulières.

Il y a encore une autre différence entre imaginer et entendre. C'est qu'entendre s'étend beaucoup plus loin qu'imaginer. Car on ne peut imaginer que les choses corporelles et sensibles ; au lieu que l'on peut entendre les choses tant corporelles que spirituelles, celles qui sont sensibles et celles qui ne le sont pas : par exemple, Dieu et l'âme.

Ainsi ceux qui veulent imaginer Dieu et l'âme tombent dans une grande erreur, parce qu'ils veulent imaginer ce qui n'est pas imaginable ; c'est-à-dire ce qui n'a ni corps, ni figure, ni enfin rien de sensible.

A cela il faut rapporter les idées que nous avons de la bonté, de la vérité, de la justice, de la sainteté, et les autres semblables, dans lesquelles il n'entre rien de corporel, et qui aussi conviennent, ou principalement ou seulement aux choses spirituelles, telles que sont Dieu et l'âme ; de sorte qu'elles ne peuvent pas être imaginées, mais seulement entendues.

Comme donc toutes les choses qui n'ont point de corps ne peuvent être conçues que par la seule intelligence, il s'ensuit que l'entendement s'étend plus loin que l'imagination.

Mais la différence essentielle entre imaginer et entendre est celle qui est exprimée par la définition. C'est qu'entendre n'est autre chose que connaître et discerner le vrai et le faux, ce que l'imagination, qui suit simplement le sens, ne peut avoir.

X. — Comment l'imagination et l'intelligence s'unissent et s'aident, ou s'embarrassent mutuellement

Encore que ces deux actes d'imaginer et d'entendre soient si distingués, ils se mêlent toujours ensemble. L'entendement ne définit point le triangle ni le cercle, que l'imagination ne s'en figure un. Il se mêle des images sensibles dans la considération des choses les plus spirituelles, par exemple, de Dieu et des âmes ; et quoique nous les rejetions de notre pensée comme choses fort éloignées de l'objet que nous contemplons, elles ne laissent pas de le suivre.

Il se forme souvent aussi dans notre imagination des figures bizarres et capricieuses, qu'elle ne peut pas forger toute seule, et où il faut qu'elle soit aidée par l'entendement. Les Centaures, les Chimères, et les autres compositions de cette nature que nous faisons et défaisons quand il nous plaît, supposent quelque réflexion sur les choses différentes dont elles se forment, et quelque comparaison des unes avec les autres, ce qui appartient à l'entendement. Mais ce même entendement, qui donne occasion à la fantaisie de former et de lui présenter ces assemblages monstrueux, en connaît la vanité.

L'imagination, selon qu'on en use, peut servir ou nuire à l'intelligence.

Le bon usage de l'imagination est de s'en servir seulement pour rendre l'esprit attentif. Par exemple, quand en discourant de la nature du cercle et du carré, et des proportions de l'un avec l'autre, je m'en figure un dans l'esprit, cette image me sert beaucoup à empêcher les distractions et à fixer ma pensée sur ce sujet.

Le mauvais usage de l'imagination est de la laisser décider; ce qui arrive principalement à ceux qui ne croient rien de véritable que ce qui est imaginable et sensible. Erreur grossière, qui confond l'imagination et le sens avec l'entendement.

Aussi l'expérience fait-elle voir qu'une imagination trop vive étouffe le raisonnement et le jugement.

Il faut donc employer l'imagination et les images sensibles

seulement pour nous recueillir en nous-mêmes, en sorte que la raison préside toujours.

XI. — Différence d'un homme d'esprit et d'un homme d'imagination : l'homme de mémoire.

Par là se peut remarquer la différence entre les gens d'imagination et les gens d'esprit ou d'entendement. Mais il faut auparavant démêler l'équivoque de ce terme, esprit.

L'esprit s'étend quelquefois tant à l'imagination qu'à l'entendement, et en un mot à tout ce qui agit au dedans de nous. Ainsi, quand nous avons dit qu'on se figurait dans l'esprit un cercle ou un carré, le mot d'esprit signifiait là l'imagination.

Mais la signification la plus ordinaire du mot d'esprit est de le prendre pour entendement : ainsi un homme d'esprit et un homme d'entendement est à peu près la même chose, quoique le mot d'entendement marque un peu plus ici le bon jugement.

Cela supposé, la différence des gens d'imagination et des gens d'esprit est évidente. Ceux-là sont propres à retenir et à se représenter vivement les choses qui frappent les sens. Ceux-ci savent démêler le vrai d'avec le faux, et juger de l'un et de l'autre.

Ces deux qualités des hommes se remarquent dans leurs discours et dans leur conduite.

Les premiers sont féconds en descriptions, en peintures vives, en comparaisons, et autres choses semblables que les sens fournissent. Le bon esprit donne aux autres un fort raisonnement avec un discernement exact et juste, qui produit des paroles propres et précises.

Les premiers sont passionnés et emportés, parce que l'imagination, qui prévaut en eux, excite naturellement et nourrit les passions. Les autres sont réglés et modérés, parce qu'ils sont plus disposés à écouter la raison et à la suivre.

Un homme d'imagination est fécond en expédients, parce que la mémoire qu'il a fort vive, et les passions fort ardentes, donnent beaucoup de mouvement à son esprit. Un homme d'entendement sait mieux prendre son parti, et agit avec plus de suite. Ainsi l'un trouve ordinairement plus de moyens pour arriver à une fin, l'autre en fait un meilleur choix et se soutient mieux.

Comme nous avons remarqué que l'imagination aide beaucoup l'intelligence, il est clair que pour faire un habile homme il faut de l'une et de l'autre. Mais, dans ce tempérament, il faut que l'intelligence et le raisonnement prévalent.

Et quand nous avons distingué les gens d'imagination d'avec les gens d'esprit, ce n'est pas que les premiers soient tout à fait destitués de raisonnement, ni les autres d'imagination. Ces deux choses vont toujours ensemble; mais on définit les hommes par la partie qui domine en eux.

Il faudrait parler ici des gens de mémoire, qui est comme un troisième caractère entre les gens de raisonnement et les gens d'imagination. La mémoire fournit beaucoup au raisonnement, mais elle appartient à l'imagination; quoique dans l'usage ordinaire on appelle gens d'imagination ceux qui sont inventifs, et gens de mémoire ceux qui retiennent ce qui est inventé par les autres.

XII. — Les actes particuliers de l'intelligence.

Après avoir séparé l'intelligence d'avec les sens et l'imagination, il faut maintenant considérer quels sont les actes particuliers de l'intelligence.

C'est autre chose d'entendre la première fois une vérité, autre chose de la rappeler à notre esprit après l'avoir sue. L'entendre la première fois s'appelle entendre simplement, concevoir, apprendre; et la rappeler dans son esprit s'appelle se ressouvenir.

On distingue la mémoire qui s'appelle imaginative, où se retiennent les choses sensibles et les sensations, d'avec la mémoire intellectuelle, par laquelle se retiennent les vérités et les choses de raisonnement et d'intelligence.

On distingue aussi entre les pensées de l'âme qui tendent directement aux objets, et celles où elle se retourne sur elle-même et sur ses propres opérations, par cette manière de penser qu'on appelle réflexion.

Cette expression est tirée des corps, lorsque, repoussés par d'autres corps qui s'opposent à leur mouvement, ils retournent, pour ainsi dire, sur eux-mêmes.

Par la réflexion l'esprit juge des objets, des sensations, enfin de lui-même et de ses propres jugements, qu'il redresse ou qu'il confirme. Ainsi il y a des réflexions qui se font sur les objets et les sensations simplement, et d'autres qui se font sur les actes même de l'intelligence, et celles-là sont les plus sûres et les meilleures.

Mais ce qu'il y a de principal en cette matière est de bien entendre les trois opérations de l'esprit.

XIII. — Les trois opérations de l'esprit

Dans une proposition, c'est autre chose d'entendre les termes dont elle est composée, autre chose de les assembler, ou de les disjoindre. Par exemple, dans ces deux propositions : *Dieu est éternel; l'homme n'est pas éternel* ; c'est autre chose d'entendre ces termes, *Dieu, homme, éternel*; autre chose de les assembler ou de les disjoindre, en disant : *Dieu est éternel*, ou, *L'homme n'est pas éternel*.

Entendre les termes : par exemple, entendre que Dieu veut dire la première cause, qu'homme veut dire animal raisonnable, qu'éternel veut dire ce qui n'a ni commencement ni fin, c'est ce qui s'appelle conception, simple appréhension ; et c'est la première opération de l'esprit.

Elle ne se fait peut-être jamais toute seule, et c'est ce qui fait dire à quelques-uns qu'elle n'est pas. Mais ils ne prennent pas garde qu'entendre les termes est chose qui précède naturellement les assembler : autrement on ne sait ce qu'on assemble.

Assembler ou disjoindre les termes, c'est en assurer un de l'autre, ou en nier un de l'autre, en disant : *Dieu est éternel ; l'homme n'est pas éternel*. C'est ce qui s'appelle proposition ou jugement, qui consiste à affirmer ou nier ; et c'est la seconde opération de l'esprit.

A cette opération appartient encore de suspendre son jugement quand la chose ne paraît pas claire ; et c'est ce qui s'appelle douter.

Que si nous nous servons d'une chose claire pour en rechercher une obscure, cela s'appelle raisonner; et c'est la troisième opération de l'esprit.

Raisonner, c'est prouver une chose par une autre. Par exemple, prouver une proposition d'Euclide par une autre; prouver que Dieu hait le péché parce qu'il est saint, ou qu'il ne change jamais ses résolutions parce qu'il est éternel et immuable dans tout ce qu'il est.

Toutes les fois que nous trouvons dans le discours ces particules, *parce que, car, puisque, donc*, et les autres qu'on nomme causales, c'est la marque indubitable du raisonnement.

Mais sa construction naturelle, et celle qui découvre toute sa force, est d'arranger trois propositions dont la dernière suive des deux autres. Par exemple, pour réduire en forme les deux raisonnements que nous venons de proposer sur Dieu, il faut dire ainsi :

Ce qui est saint hait le péché;

Dieu est saint :

Donc Dieu hait le péché.

Ce qui est éternel et immuable dans tout ce qu'il est, ne change jamais ses résolutions ;

Dieu est éternel et immuable dans tout ce qu'il est ;

Donc Dieu ne change jamais ses résolutions.

Nous entendons naturellement que si les deux premières propositions, qu'on appelle majeure et mineure, sont bien prouvées, la troisième, qu'on appelle conclusion ou conséquence, est indubitable.

Nous ne nous astreignons guère à construire le raisonnement de cette sorte, parce que cela rendrait le discours trop long, et que d'ailleurs un raisonnement s'entend très-bien sans cela. Car on dit, par exemple, en très-peu de mots : *Dieu, qui est bon, doit être bienfaisant envers les hommes*, et on entend facilement que, parce qu'il est bon de sa nature, on doit croire qu'il est bienfaisant envers la nôtre.

Un raisonnement est, ou seulement probable, vraisemblable et conjectural, ou certain et démonstratif. Le premier genre de raisonnement se fait en matière douteuse ou particulière et contingente. Le second se fait en matière certaine, universelle et nécessaire. Par exemple, j'entreprends de prouver que César est un ennemi de sa patrie, qui a toujours eu le dessein d'en opprimer la liberté, comme il a fait à la fin ; et que Brutus, qui l'a tué, n'a jamais eu d'autre dessein que celui de rétablir la forme légitime de la république ; c'est raisonner en matière douteuse, particulière et contingente, et tous les raisonnements que je fais sont du genre conjectural. Et au contraire, quand je prouve que tous les angles au sommet et les angles alternes sont égaux, et que les trois angles de tout triangle sont égaux à deux droits, c'est raisonner en matière certaine, universelle et nécessaire. Le raisonnement que je fais est démonstratif, et s'appelle démonstration.

Le fruit de la démonstration est la science. Tout ce qui est démontré ne peut pas être autrement qu'il est démontré. Ainsi toute vérité démontrée est nécessaire, éternelle et immuable. Car en quelque point de l'éternité qu'on suppose un entendement humain, il sera capable de l'entendre. Et comme cet entendement ne la fait pas, mais la suppose, il s'ensuit qu'elle est éternelle, et par là indépendante de tout entendement créé.

Il faut soigneusement remarquer qu'il y a des propositions qui s'entendent par elles-mêmes et dont il ne faut point demander de preuve ; par exemple, dans les mathématiques : *Le tout est plus grand que sa partie. Deux lignes parallèles ne se rencontrent jamais, à quelque étendue qu'on les prolonge. De tout point donné on peut tirer une ligne à un autre point.* Et dans la morale : *Il faut suivre la raison. L'ordre vaut mieux que la confusion* ; et autres de cette nature.

De telles propositions sont claires par elles-mêmes, parce que quiconque les considère et en a entendu les termes ne peut leur refuser sa croyance.

Ainsi nous n'en cherchons point de preuves, mais nous les faisons servir de preuves aux autres qui sont plus obscures. Par exemple, de ce que l'ordre est meilleur que la confusion, je conclus qu'il n'y a rien de meilleur à l'homme que d'être gouverné selon les lois, et qu'il n'y a rien de pire que l'anarchie, c'est-à-dire de vivre sans gouvernement et sans lois.

Ces propositions, claires et intelligibles par elles-mêmes, et dont on se sert pour démontrer la vérité des autres, s'appellent axiomes ou premiers principes. Elles sont d'éternelles vérités, parce qu'ainsi qu'il a été dit, toute vérité certaine en matière universelle est éternelle ; et si les vérités démontrées le sont, à plus forte raison celles qui servent de fondement à la démonstration.

Voilà ce qui s'appelle les trois opérations de l'esprit. La première ne juge de rien, et ne discerne pas tant le vrai d'avec le faux qu'elle prépare la voie au discernement en démêlant les idées. La seconde commence à juger, car elle reçoit comme vrai ou faux ce qui est évidemment tel, et n'a pas besoin de discussion. Quand elle ne voit pas clair, elle doute, et laisse la chose à examiner au raisonnement, où se fait le discernement parfait du vrai et du faux.

XIV. — Diverses dispositions de l'entendement.

Mais on peut douter en deux manières; car on doute premièrement d'une chose avant que de l'avoir examinée, et on en doute quelquefois encore plus après l'avoir examinée. Le premier doute peut être appelé un simple doute ; le second peut être appelé un doute raisonné, qui tient beaucoup du jugement, parce que, tout considéré, on prononce avec connaissance de cause que la chose est douteuse.

Quand par le raisonnement on entend certainement quelque chose, qu'on en comprend les raisons et qu'on a acquis la facilité de s'en ressouvenir, c'est ce qui s'appelle science. Le contraire s'appelle ignorance.

Il y a de la différence entre ignorance et erreur. Errer, c'est croire ce qui n'est pas ; ignorer, c'est simplement ne le savoir pas.

Parmi les choses qu'on ne sait pas, il y en a qu'on croit sur le témoignage d'autrui, c'est ce qui s'appelle foi. Il y en a sur lesquelles on suspend son jugement et avant et après l'examen, c'est ce qui s'appelle doute. Et quand dans le doute on penche d'un côté plutôt que d'un autre, sans pourtant rien déterminer absolument, cela s'appelle opinion.

Lorsque l'on croit quelque chose sur le témoignage d'autrui, ou c'est Dieu qu'on en croit, et alors c'est la foi divine; ou c'est l'homme, et alors c'est la foi humaine.

La foi divine n'est sujette à aucune erreur, parce qu'elle

s'appuie sur le témoignage de Dieu, qui ne peut tromper ni être trompé.

La foi humaine, en certains cas, peut aussi être indubitable, quand ce que les hommes rapportent passe pour constant dans tout le genre humain, sans que personne le contredise ; par exemple, qu'il y a une ville nommée Alep, et un fleuve nommé Euphrate, et une montagne nommée Caucase, et ainsi du reste ; ou quand nous sommes très-assurés que ceux qui nous rapportent quelque chose qu'ils ont vue n'ont aucune raison de nous tromper, tels que sont, par exemple, les apôtres, qui dans les maux que leur attirait le témoignage qu'ils rendaient à Jésus-Christ ressuscité, ne pouvaient être portés à le rendre constamment jusqu'à la mort que par l'amour de la vérité.

Hors de là, ce qui n'est certifié que par les hommes peut être cru comme plus vraisemblable, mais non pas comme certain.

Il en est de même toutes les fois que nous croyons quelque chose par des raisons seulement probables et non tout à fait convaincantes. Car alors nous n'avons pas la science, mais seulement une opinion, qui encore qu'elle penche d'un certain côté, ainsi qu'il a été dit, n'ose pas s'y appuyer tout à fait et n'est jamais sans quelque crainte.

Ainsi nous avons entendu ce que c'est que science, ignorance, erreur, foi divine et humaine, opinion et doute.

XV. — Les sciences et les arts.

Toutes les sciences sont comprises dans la philosophie. Ce mot signifie l'amour de la sagesse, à laquelle l'homme parvient en cultivant son esprit par les sciences.

Parmi les sciences, les unes s'attachent à la seule contemplation de la vérité, et pour cela sont appelées spéculatives ; les autres tendent à l'action, et sont appelées pratiques.

Les sciences spéculatives sont : la métaphysique, qui traite des choses les plus générales et les plus immatérielles, comme de l'être en général, et en particulier de Dieu et des êtres intellectuels faits à son image ; la physique, qui étudie la nature ; la géométrie, qui démontre l'essence et les propriétés des grandeurs, comme l'arithmétique celle des nombres ; l'astronomie, qui apprend le cours des astres, et par là le système universel du monde, c'est-à-dire la disposition de ses principales parties, chose qui peut être aussi rapportée à la physique.

Les sciences pratiques sont la logique et la morale, dont l'une nous enseigne à bien raisonner, et l'autre à bien vouloir.

Des sciences sont nés les arts, qui ont apporté tant d'ornement et tant d'utilité à la vie humaine.

Les arts diffèrent d'avec les sciences en ce que, premièrement, ils nous font produire quelque ouvrage sensible, au lieu que les sciences exercent seulement ou règlent les opérations intellectuelles ; et secondement, que les arts travaillent en matière contingente. La rhétorique s'accommode aux passions et aux affaires présentes; la grammaire, au génie des langues et à leur usage variable; l'architecture, aux diverses situations ; mais les sciences s'occupent d'un objet éternel et invariable, ainsi qu'il a été dit.

Quelques-uns mettent la logique et la morale parmi les arts, parce qu'elles tendent à l'action ; mais leur action est purement intellectuelle, et il semble que ce doit être quelque chose de plus qu'un art qui nous apprenne par où le raisonnement et la volonté est droite ; chose immuable et supérieure à tous les changements de la nature et de l'usage.

Il est pourtant vrai qu'à prendre le mot d'art pour industrie et pour méthode, on peut dire qu'il y a beaucoup d'art dans les moyens qu'emploient la logique et la morale à nous faire bien raisonner et bien vivre ; joint aussi que dans l'application il peut y avoir certains préceptes qui changent selon les personnes.

Les principaux arts sont: la grammaire, qui fait parler correctement ; la rhétorique qui fait parler éloquemment ; la poétique, qui fait parler divinement, et comme si on était inspiré ; la musique, qui, par la juste proportion des tons, donne à la voix une force secrète pour délecter et pour émouvoir; la médecine et ses dépendances, qui tiennent le corps humain en bon état ; l'arithmétique pratique, qui apprend à calculer sûrement et facilement ; l'architecture, qui donne la commodité et la beauté aux édifices publics et particuliers, qui orne les villes et les fortifie, qui bâtit des palais aux rois et des temples à Dieu ; la mécanique qui fait jouer les ressorts et transporter aisément les corps pesants, comme les pierres pour élever les édifices, et les eaux pour le plaisir ou pour la commodité de la vie ; la sculpture et la peinture, qui, en imitant le naturel, reconnaissent qu'elles demeurent beaucoup au-dessous, et autres semblables.

Ces arts sont appelés libéraux, parcequ'ils sont dignes d'un homme libre ; à la différence des arts qui ont quelque chose de servile, que notre langue appelle métiers, et arts mécaniques, quoique le nom de mécanique ait une plus noble signification lorsqu'il exprime ce bel art qui apprend l'usage des ressorts et la construction des machines. Mais les métiers serviles usent seulement de machines, sans en connaitre la force et la construction.

Les arts règlent les métiers. L'architecture commande aux maçons, aux menuisiers et aux autres. L'art de manier les chevaux dirige ceux qui font les mors, les fers, les brides, et les autres choses semblables.

Les arts libéraux et mécaniques sont distingués en ce que les premiers travaillent de l'esprit plutôt que de la main ; et les autres, dont le succès dépend de la routine et de l'usage plutôt que de la science, travaillent plus de la main que de l'esprit.

La peinture, qui travaille de la main plus que les autres arts libéraux, s'est acquis rang parmi eux, à cause que le dessin, qui est l'âme de la peinture, est un des plus excellents ouvrages de l'esprit ; et que d'ailleurs le peintre, qui imite tout, doit savoir de tout. J'en dis autant de la sculpture, qui a sur la peinture l'avantage du relief, comme la peinture a sur elle celui des couleurs.

Les sciences et les arts font voir combien l'homme est ingénieux et inventif ; en pénétrant par les sciences les œuvres de Dieu et en les ornant par les arts, il se montre vraiment fait à son image et capable d'entrer, quoique faiblement, dans ses desseins.

Il n'y a donc rien que l'homme doive plus cultiver que son entendement, qui le rend semblable à son auteur. Il le cultive en le remplissant de bonnes maximes, de jugements droits et de connaissances utiles,

XVI. — Ce que c'est que bien juger; quels en sont les moyens, et quels en sont les empêchements.

La vraie perfection de l'entendement est de bien juger. Juger, c'est prononcer au-dedans de soi sur le vrai et sur le faux; et bien juger, c'est y prononcer avec raison et connaissance.

C'est une partie de bien juger que de douter quand il faut. Celui qui juge certain ce qui est certain, et douteux ce qui est douteux, est un bon juge.

Par le bon jugement on se peut exempter de toute erreur. Car on évite l'erreur non-seulement en embrassant la vérité quand elle est claire, mais encore en se retenant quand elle ne l'est pas.

Ainsi la vraie règle de bien juger est de ne juger que quand on voit clair; et le moyen de le faire est de juger après une grande considération.

Considérer une chose, c'est arrêter son esprit à la regarder en elle-même, en peser toutes les raisons, toutes les difficultés et tous les inconvénients.

C'est ce qui s'appelle attention. C'est elle qui rend les hommes graves, sérieux, prudents, capables de grandes affaires et de hautes spéculations.

Être attentif à un objet, c'est l'envisager de tous côtés; et celui qui ne le regarde que du côté qui le flatte, quelque long que soit le temps qu'il emploie à le considérer, n'est pas vraiment attentif.

C'est autre chose d'être attaché à un objet, autre chose d'y être attentif. Y être attaché, c'est vouloir, à quelque prix que ce soit, lui donner ses pensées et ses désirs, ce qui fait qu'on ne le regarde que du côté agréable; mais y être attentif, c'est vouloir le considérer pour en bien juger, et pour cela connaître le pour et le contre.

Il y a une sorte d'attention après que la vérité est connue: et c'est plutôt une attention d'amour et de complaisance que d'examen et de recherche.

La cause de mal juger est l'inconsidération, qu'on appelle autrement précipitation.

Précipiter son jugement, c'est croire ou juger avant que d'avoir connu.

Cela nous arrive, ou par orgueil, ou par impatience, ou par prévention, qu'on appelle autrement préoccupation :

Par orgueil, parce que l'orgueil nous fait présumer que nous connaissons aisément les choses les plus difficiles, et presque sans examen : ainsi nous jugeons trop vite, et nous nous attachons à notre sens, sans vouloir jamais revenir, de peur d'être forcés à reconnaître que nous nous sommes trompés ;

Par impatience, lorsqu'étant las de considérer, nous jugeons avant que d'avoir tout vu ;

Par prévention en deux manières : ou par le dehors, ou par le dedans :

Par le dehors, quand nous croyons trop facilement sur le rapport d'autrui, sans songer qu'il peut nous tromper, ou être trompé lui-même ;

Par le dedans, quand nous nous trouvons portés, sans raison, à croire une chose plutôt qu'une autre.

Le plus grand déréglement de l'esprit, c'est de croire les choses parce qu'on veut qu'elles soient, et non parce qu'on a vu qu'elles sont en effet.

C'est la faute où nos passions nous font tomber. Nous sommes portés à croire ce que nous désirons et ce que nous espérons, soit qu'il soit vrai, soit qu'il ne le soit pas.

Quand nous craignons quelque chose, souvent nous ne voulons pas croire qu'elle arrive ; et souvent aussi, par faiblesse, nous croyons trop facilement qu'elle arrivera.

Celui qui est en colère en croit toujours les causes justes, sans même vouloir les examiner ; et par là il est hors d'état de porter un jugement droit.

Cette séduction des passions s'étend bien loin dans la vie tant à cause que les objets qui se présentent sans cesse nous en causent toujours quelques-unes, qu'à cause que notre humeur même nous attache naturellement à de certaines passions particulières, que nous trouverions partout dans notre conduite si nous savions nous observer.

Et comme nous voulons toujours plier la raison à nos désirs, nous appelons raison ce qui est conforme à notre humeur naturelle, c'est-à-dire à une passion secrète qui se fait d'autant moins sentir qu'elle fait comme le fond de notre nature.

C'est pour cela que nous avons dit que le plus grand mal des passions, c'est qu'elles nous empêchent de bien raisonner, et par conséquent de bien juger, parce que le bon jugement est l'effet du bon raisonnement.

Nous voyons aussi clairement, par les choses qui ont été dites, que la paresse, qui craint la peine de considérer, est le plus grand obstacle à bien juger.

Ce défaut se rapporte à l'impatience. Car la paresse, toujours impatiente quand il faut penser tant soit peu, fait qu'on aime mieux croire que d'examiner, parce que le premier est bientôt fait et que le second demande une recherche plus longue et plus pénible.

Les conseils semblent toujours trop longs au paresseux : c'est pourquoi il abandonne tout et s'accoutume à croire quelqu'un qui le mène comme un enfant et comme un aveugle.

Par toutes les causes que nous avons dites, notre esprit est tellement séduit qu'il croit savoir ce qu'il ne sait pas, et bien juger des choses dans lesquelles il se trompe. Non qu'il ne distingue très-bien entre savoir et ignorer ou se tromper; car il sait que l'un n'est pas l'autre, et au contraire qu'il n'y a rien de plus opposé; mais c'est que, faute de considérer, il veut croire qu'il sait ce qu'il ne sait pas.

Et notre ignorance va si loin que souvent même nous ignorons nos propres dispositions. Un homme ne veut point croire qu'il soit orgueilleux, ni lâche, ni paresseux, ni emporté; il veut croire qu'il a raison; et quoique sa conscience lui reproche souvent ses fautes, il aime mieux étourdir lui-même le sentiment qu'il en a que d'avoir le chagrin de les connaître.

Le vice qui nous empêche de connaître nos défauts s'appelle amour-propre; et c'est celui qui donne tant de crédit aux flatteurs.

On ne peut surmonter tant de difficultés qui nous empêchent de bien juger, c'est-à-dire de reconnaître la vérité, que par un amour extrême qu'on aura pour elle, et un grand désir de l'entendre.

De tout cela il paraît que mal juger vient très-souvent d'un vice de volonté.

L'entendement, de soi, est fait pour entendre; et toutes les fois qu'il entend, il juge bien. Car s'il juge mal, il n'a pas assez entendu; et n'entendre pas assez, c'est-à-dire n'entendre pas tout dans une matière dont il faut juger, à vrai dire, ce n'est rien entendre, parce que le jugement se fait sur le tout.

Ainsi tout ce qu'on entend est vrai. Quand on se trompe, c'est qu'on n'entend pas; et le faux, qui n'est rien de soi, n'est ni entendu ni intelligible.

Le vrai, c'est ce qui est. Le faux, c'est ce qui n'est pas.

On peut bien ne pas entendre ce qui est, mais jamais on ne peut entendre ce qui n'est pas.

On croit quelquefois l'entendre, et c'est ce qui fait l'erreur; mais, en effet, on ne l'entend pas, puisqu'il n'est pas.

Et ce qui fait qu'on croit entendre ce que l'on n'entend pas, c'est que par les raisons, ou plutôt par les faiblesses que nous avons dites, on ne veut pas considérer. On veut juger cependant, on juge précipitamment, et enfin on veut croire qu'on a entendu, et on s'impose à soi-même.

Nul homme ne veut se tromper; et nul homme aussi ne se tromperait s'il ne voulait des choses qui font qu'il se trompe, parce qu'il en veut qui l'empêchent de considérer et de chercher la vérité sérieusement.

De cette sorte, celui qui se trompe, premièrement, n'entend pas son objet, et secondement ne s'entend pas lui-même; parce qu'il ne veut considérer ni son objet, ni lui-même, ni la précipitation, ni l'orgueil, ni l'impatience, ni la paresse, ni les passions et les préventions qui la causent.

Et il demeure pour certain que l'entendement, purgé de ces vices et vraiment attentif à son objet, ne se trompera jamais; parce qu'alors ou il verra clair, et ce qu'il verra sera certain, ou il ne verra pas clair, et il tiendra pour certain qu'il doit douter jusqu'à ce que la lumière paraisse.

XVII. — Perfection de l'intelligence au-dessus du sens.

Par les choses qui ont été dites, il se voit de combien l'entendement est élevé au-dessus des sens.

Premièrement, le sens est forcé à se tromper à la manière qu'il le peut être. La vue ne peut pas voir un bâton, quelque droit qu'il soit, à travers de l'eau, qu'elle ne le voie tortu, ou plutôt brisé ; et elle a beau s'attacher à cet objet, jamais par elle-même elle ne découvrira son illusion. L'entendement, au contraire, n'est jamais forcé à errer ; jamais il n'erre que faute d'attention ; et s'il juge mal en suivant trop vite les sens, ou les passions qui en naissent, il redressera son jugement, pourvu qu'une droite volonté le rende attentif à son objet et à lui-même.

Secondement, le sens est blessé et affaibli par les objets les plus sensibles ; le bruit, à force de devenir grand, étourdit et assourdit les oreilles. L'aigre et le doux extrême offensent le goût, que le seul mélange de l'un et de l'autre satisfait. Les odeurs ont besoin aussi d'une certaine médiocrité pour être agréables ; et les meilleures, portées à l'excès, choquent autant ou plus que les mauvaises. Plus le chaud et le froid sont sensibles, plus ils incommodent nos sens. Tout ce qui nous touche trop violemment nous blesse. Des yeux trop fixement arrêtés sur le soleil, c'est-à-dire sur le plus visible de tous les objets, et par qui les autres se voient, y souffrent beaucoup, et à la fin s'y aveugleraient. Au contraire, plus un objet est clair et intelligible, plus il est connu comme vrai, plus il contente l'entendement, et plus il le fortifie. La recherche en peut être laborieuse, mais la contemplation en est toujours douce. C'est ce qui a fait dire à Aristote que le sensible le plus fort offense le sens, mais que le parfait intelligible récrée l'entendement et le fortifie. D'où ce philosophe conclut que l'entendement de soi n'est point attaché à un organe corporel, et qu'il est par sa nature séparable du corps ; ce que nous considérerons dans la suite.

Troisièmement, le sens n'est jamais touché de ce qui passe, c'est-à-dire de ce qui se fait et se défait journellement : et ces choses mêmes qui passent, dans le peu de temps qu'elles demeurent, il ne les sent pas toujours de même. La même chose qui chatouille aujourd'hui mon goût, ou ne lui plaît pas toujours, ou lui plaît moins. Les objets de la vue lui paraissent autres au grand jour, au jour médiocre, dans l'obscurité, de loin ou de près, d'un certain point ou d'un autre. Au contraire, ce qui a été une fois entendu ou démontré paraît toujours le même à l'entendement. S'il nous arrive de varier sur cela, c'est que les sens et les passions s'en mêlent ; mais l'objet de l'entendement, ainsi qu'il a été dit, est immuable et éternel : ce qui lui montre qu'au-dessus de lui il y a une vérité éternellement subsistante, comme nous avons déjà dit et que nous le verrons ailleurs plus clairement.

Ces trois grandes perfections de l'intelligence nous feront voir en leur temps qu'Aristote a parlé divinement quand il a dit de l'entendement, et de sa séparation d'avec les organes, ce que nous venons de rapporter.

Quand nous avons entendu les choses, nous sommes en état de vouloir et de choisir ; car on ne veut jamais qu'on ne connaisse auparavant.

XVIII. — La volonté et les actes.

Vouloir est une action par laquelle nous poursuivons le bien, et fuyons le mal, et choisissons les moyens pour parvenir à l'un et éviter l'autre.

Par exemple, nous désirons la santé, et fuyons la maladie ; et pour cela nous choisissons les remèdes propres, et nous nous faisons saigner, ou nous nous abstenons des choses nuisibles, quelque agréables qu'elles soient, et ainsi du reste. Nous voulons être sages, et nous choisissons pour cela, ou de lire, ou de converser, ou d'étudier, ou de méditer en nous-mêmes, ou enfin quelques autres choses utiles pour cette fin.

Ce qui est désiré pour l'amour de soi-même, et à cause de sa propre bonté, s'appelle fin : par exemple, la santé de l'âme et du corps ; et ce qui sert pour y arriver, s'appelle moyen : par exemple, se faire instruire, et prendre une médecine.

Nous sommes déterminés par notre nature à vouloir le bien en général : mais nous avons la liberté de notre choix, à l'égard de tous les biens particuliers. Par exemple, tous les hommes veulent être heureux, et c'est le bien général que la nature demande. Mais les uns mettent leur bonheur dans une chose, les autres dans une autre : les uns dans la retraite, les autres dans la vie commune ; les uns dans les plaisirs et dans les richesses, les autres dans la vertu.

C'est à l'égard de ces biens particuliers que nous avons la liberté de choisir, et c'est ce qui s'appelle le franc arbitre, ou le libre arbitre.

Avoir son franc arbitre, c'est pouvoir choisir une certaine chose plutôt qu'une autre; exercer son franc arbitre, c'est la choisir en effet.

Ainsi le libre arbitre est la puissance que nous avons de faire ou de ne pas faire quelque chose : par exemple, je puis parler, ou ne parler pas; remuer ma main, ou ne la remuer pas; la remuer d'un côté plutôt que d'un autre.

C'est par là que j'ai mon franc arbitre, et je l'exerce quand je prends parti entre les choses que Dieu a mises en mon pouvoir.

Avant que de prendre son parti on raisonne en soi-même sur ce qu'on a à faire, c'est-à-dire qu'on délibère : et qui délibère, sent que c'est à lui à choisir.

Ainsi un homme qui n'a pas l'esprit gâté n'a pas besoin qu'on lui prouve son franc arbitre, car il le sent; et il ne sent pas plus clairement qu'il voit, ou qu'il reçoit les sons, ou qu'il raisonne, qu'il se sent capable de délibérer et de choisir.

De ce que nous avons notre libre arbitre pour faire ou ne pas faire quelque chose, il arrive que, selon que nous faisons bien ou mal, nous sommes dignes de blâme ou de louange, de récompense ou de châtiment; et c'est ce qui s'appelle mérite ou démérite.

On ne blâme ni on ne châtie un enfant d'être boiteux ou d'être laid; mais on le blâme et on le châtie d'être opiniâtre, parce que l'un dépend de sa volonté, et que l'autre n'en dépend pas.

XIX. — La vertu et les vices, la droite raison et la raison corrompue.

Un homme à qui il arrive un mal inévitable s'en plaint comme d'un malheur; mais s'il a pu l'éviter, il sent qu'il y a de sa faute, il se l'impute, et il se fâche de l'avoir commise.

Cette tristesse que nos fautes nous causent a un nom particulier, et s'appelle repentir. On ne se repent pas d'être mal fait, ou d'être malsain : mais on se repent d'avoir mal fait.

De là vient aussi le remords ; et la notion si claire que nous avons de nos fautes est une marque certaine de la liberté que nous avons eue à les commettre.

La liberté est un grand bien ; mais il paraît par les choses qui ont été dites, que nous en pouvons bien et mal user. Le bon usage de la liberté, quand il se tourne en habitude, s'appelle vertu ; et le mauvais usage de la liberté, quand il se tourne en habitude, s'appelle vice.

Les principales vertus sont : la prudence, qui nous apprend ce qui est bon ou mauvais ; la justice, qui nous inspire une volonté invincible de rendre à chacun ce qui lui appartient, et de donner à chacun selon son mérite, par où sont réglés les devoirs de la libéralité, de la civilité et de la bonté ; la force, qui nous fait vaincre les difficultés qui accompagnent les grandes entreprises, et la tempérance, qui nous enseigne à être modérés en tout, principalement dans ce qui regarde les plaisirs des sens. Qui connaîtra ces vertus, connaîtra aisément les vices qui leur sont opposés, tant par excès que par défaut.

Les causes principales qui nous portent au vice sont nos passions, qui, comme nous l'avons dit, nous empêchent de bien juger du vrai et du faux, et nous préviennent trop violemment en faveur du bien sensible : d'où il paraît que le principal devoir de la vertu doit être de les réprimer, c'est-à-dire de les réduire aux termes de la raison.

Le plaisir et la douleur, qui, comme nous avons dit, font naître nos passions, ne viennent pas en nous par raison et par connaissance, mais par sentiment. Par exemple, le plaisir que je ressens dans le boire et le manger se fait en moi indépendamment de toute sorte de raisonnement ; et comme ces sentiments naissent en nous sans raison, il ne faut point s'étonner qu'ils nous portent aussi très-souvent à des choses déraisonnables. Le plaisir de manger fait qu'un malade se tue : le plaisir de se venger fait souvent commettre des injustices effroyables, et dont nous-mêmes nous ressentons les mauvais effets.

Ainsi les passions n'étant inspirées que par le plaisir et par la douleur, qui sont des sentiments où la raison n'a point de part, il s'ensuit qu'elle n'en a non plus dans les passions. Qui est en colère se veut venger, soit qu'il soit raisonnable de le faire ou non. Qui aime veut posséder, soit que la raison le permette ou le défende ; le plaisir est son guide, et non la raison.

Mais la volonté, qui choisit est toujours précédée par la connaissance ; et étant née pour écouter la raison, elle doit se rendre plus forte que les passions, qui ne l'écoutent pas.

Par là les philosophes ont distingué en nous deux appétits; l'un que le plaisir sensible emporte, qu'ils ont appelé sensitif, irraisonnable et inférieur ; l'autre, qui est né pour suivre la raison, qu'ils appellent aussi pour cela raisonnable et supérieur ; et c'est celui que nous appelons proprement la volonté.

Il faut pourtant remarquer, pour ne rien confondre, que le raisonnement peut servir à faire naître les passions. Nous connaissons par la raison le péril qui nous fait craindre, et l'injure qui nous met en colère ; mais, au fond, ce n'est pas cette raison qui fait naître cet appétit violent de fuir ou de se venger ; c'est le plaisir ou la douleur que nous causent les objets ; et la raison, au contraire, d'elle-même tend à réprimer ces mouvements impétueux.

J'entends la droite raison. Car il y a une raison, déjà gagnée par les sens et par leurs plaisirs, qui, bien loin de réprimer les passions, les nourrit et les irrite. Un homme s'échauffe lui-même par de faux raisonnements, qui rendent plus violent le désir qu'il a de se venger ; mais ces raisonnements, qui ne procèdent point par les vrais principes, ne sont pas tant des raisonnements que des égarements d'un esprit prévenu et aveuglé.

C'est pour cela que nous avons dit que la raison qui suit les sens n'est pas une véritable raison mais une raison corrompue, qui au fond n'est non plus raison qu'un homme mort est un homme.

XX. — Récapitulation.

Les choses qui ont été expliquées nous ont fait connaître l'âme dans toutes ses facultés. Les facultés sensitives nous ont paru dans les opérations des sens intérieurs et extérieurs, et dans les passions qui en naissent; et les facultés intellectuelles nous ont aussi paru dans les opérations de l'entendement et de la volonté.

Quoique nous donnions à ces facultés des noms différents par rapport à leurs diverses opérations, cela ne nous oblige pas à les regarder comme des choses différentes. Car l'entendement n'est autre chose que l'âme en tant qu'elle conçoit; la mémoire n'est autre chose que l'âme en tant qu'elle retient et se ressouvient; la volonté n'est autre chose que l'âme en tant qu'elle veut et qu'elle choisit.

De même, l'imagination n'est autre chose que l'âme en tant qu'elle imagine, et se représente les choses à la manière qui a été dite. La faculté visible n'est autre chose que l'âme en tant qu'elle voit et ainsi des autres. De sorte qu'on peut entendre que toutes ces facultés ne sont au fond que la même âme, qui reçoit divers noms à cause de ses différentes opérations.

CHAPITRE DEUXIÈME

DU CORPS.

I. — Ce que c'est que le corps organique

La première chose qui paraît dans notre corps, c'est qu'il est organique, c'est-à-dire composé de parties de différente nature, qui ont différentes fonctions.

Ces organes lui sont donnés pour exercer certains mouvements.

Il y a trois sortes de mouvements: celui de haut en bas, qui nous est commun avec toutes les choses pesantes; celui de nourriture et d'accroissement, qui nous est commun avec les plantes; celui qui est excité par certains objets, qui nous est commun avec les animaux.

L'animal s'abandonne quelquefois à ce mouvement de pesanteur, comme quand il s'assoit ou qu'il se couche; mais le plus souvent il lui résiste, comme quand il se tient droit ou qu'il marche. L'aliment est distribué dans toutes les parties du corps au préjudice du cours qu'ont naturellement les choses pesantes; de sorte qu'on peut dire que les deux derniers mouvement résistent au premier, et que c'est une des différences des plantes et des animaux d'avec les autres corps pesants.

Pour donner des noms à ces trois mouvements divers, nous pouvons nommer le premier, mouvement naturel; le second, mouvement vital; le troisième, mouvement animal. Ce qui n'empêchera pas que le mouvement animal ne soit vital, et que l'un et l'autre ne soient naturels.

Ce mouvement que nous appelons animal est le même qu'on nomme progressif, comme avancer, reculer, marcher de côté et d'autre.

Au reste, il vaut mieux, ce semble, appeler ce mouvement animal que volontaire; à cause que les animaux, qui n'ont ni raison ni volonté, le font comme nous.

Nous pourrions ajouter à ces mouvements le mouvement violent, qui arrive à l'animal, quand on le traîne ou quand on le pousse, et le mouvement convulsif. Mais il a été bon de considérer, avant toutes choses, les trois genres de mouvement qui sont, pour ainsi parler, de la première intention de la nature.

Le premier n'a pas besoin d'organes; et c'est pourquoi nous l'appelons purement naturel, quoique les médecins réservent ce nom au mouvement du cœur. Les deux autres ont besoin d'organes; et il a fallu, pour les exercer, que le corps fût composé de plusieurs parties.

II. — Division des parties du corps, et description des extérieures.

Elles sont extérieures et intérieures.

Entre les parties extérieures, la principale est la tête, qui au dedans enferme le cerveau, et au dehors sur le devant fait paraître le visage, la plus belle partie du corps, où sont toutes les ouvertures par où les objets frappent les sens, c'est-à-dire les yeux, les oreilles, et les autres de même nature.

On y voit entre autres l'ouverture par où entrent les viandes, et par où sortent les paroles, c'est-à-dire la bouche. Elle renferme la langue, qui avec les lèvres cause toutes les articulations de la voix par ses divers battements contre le palais et contre les dents.

La langue est aussi l'organe du goût, c'est par elle qu'on goûte les viandes. Outre qu'elle nous les fait goûter, elle les humecte et les amollit, elle les porte sous les dents pour être mâchées, et aide à les avaler.

On voit ensuite le cou, sur lequel la tête est posée, et qui paraît comme un pivot sur lequel elle tourne.

Après, viennent les épaules, où les bras sont attachés, et qui sont propres à porter les grands fardeaux.

Les bras sont destinés à serrer et à repousser, à remuer ou à transporter, selon nos besoins, les choses qui nous accommodent ou nous embarrassent. Les mains nous servent aux ouvrages les plus forts et les plus délicats. Par elles nous nous faisons des instruments pour faire les ouvrages qu'elles ne peuvent faire elles-mêmes. Par exemple, les mains ne peuvent ni couper ni scier; mais elles font des couteaux, des scies, et d'autres instruments semblables, qu'elles appliquent chacun à leur usage. Les bras et les mains sont en divers endroits divisés par plusieurs articulations, qui, jointes à la fermeté des os, leur servent pour faciliter le mouvement et pour serrer les corps grands et petits. Les doigts, inégaux entre eux, s'égalent pour embrasser ce qu'ils tiennent. Le petit doigt et le pouce servent à fermer fortement et exactement la main. Les mains nous sont données pour nous défendre, et pour éloigner du corps ce qui lui nuit. C'est pourquoi il n'y a pas d'endroit où elles ne puissent atteindre.

On voit ensuite la poitrine, qui contient le cœur et le poumon; les côtes en font et en soutiennent la cavité. Entre la poitrine et le ventre se trouve le diaphragme, qui est une cloison charnue dans son tour, et membraneuse à son centre, dont l'usage est d'allonger la concavité de la poitrine en se bandant, et d'accourcir la même cavité en se relâchant et se voûtant de bas en haut, ce qui fait la meilleure partie de la respiration tranquille.

Au-dessous du diaphragme est le ventre, qui enferme l'estomac, le foie, la rate, les intestins ou les boyaux, par où les excréments se séparent et se déchargent

Toute cette masse est posée sur les cuisses et sur les jambes, brisées en divers endroits, comme les bras, pour la facilité du mouvement et du repos.

Les pieds soutiennent le tout; et quoiqu'ils paraissent petits en comparaison de tout le corps, les proportions en sont si bien prises qu'ils portent sans peine un si grand fardeau. Les doigts des pieds y contribuent, parce qu'ils serrent et appliquent le pied contre la terre ou le pavé.

Le corps aide aussi à se soutenir par la manière dont il se situe; parce qu'il se pose naturellement sur un certain centre de pesanteur, qui fait que les parties se contre-balancent mutuellement, et que le tout se soutient sans peine par ce contre-poids.

Les chairs et la peau couvrent tout le corps, et servent à le défendre contre les injures de l'air.

Les chairs sont cette substance molle et tendre qui couvre les os de tous les côtés. Elles sont composées de divers filets qu'on appelle fibres; tors en différents sens, qui peuvent s'allonger et se raccourcir, et par là tirer, retirer, étendre, fléchir, remuer en diverses sortes les parties du corps, ou les tenir en état. C'est ce qui s'appelle muscles et de là vient la distinction des muscles extenseurs ou fléchisseurs.

Les muscles ont leur origine à certains endroits des os où on les voit attachés, excepté quelques-uns qui servent à l'éjection des excréments, et dont la composition est fort différente des autres.

La partie du muscle qui sort de l'os s'appelle la tête; l'autre extrémité s'appelle la queue, et c'est le tendon. Le milieu s'appelle le ventre, et c'est la plus molle, comme la plus grosse. Les deux extrémités ont plus de force, parce que l'une soutient le muscle, et que par l'autre, c'est-à-dire par le tendon, qui est aussi le plus fort, s'exerce immédiatement le mouvement.

Il y a des muscles qui se meuvent ensemble, en concours et en même sens, pour s'aider les uns les autres; on les peut appeler concurrents. Il y en a d'autres opposés et dont le jeu est contraire; c'est-à-dire que, pendant que les uns se retirent, les autres s'allongent: on les appelle antagonistes. C'est par là que se font les mouvements des parties, et le transport de tout le corps.

On ne peut assez admirer cette prodigieuse quantité de muscles qui se voient dans le corps humain, ni leur jeu si aisé et si commode, non plus que le tissu de la peau qui les enveloppe, si fort et si délicat tout ensemble.

III. — Description des parties intérieures, et premièrement de celles qui sont enfermées dans la poitrine.

Parmi les parties intérieures, celle qu'il faut considérer la première, c'est le cœur. Il est situé au milieu de la poitrine, couché pourtant de manière que la pointe en est tournée et un peu avancée du côté gauche. Il a deux cavités, à chacune desquelles est jointe une artère et une veine, qui de là se répandent par tout le corps. Ces deux cavités, que les anatomistes appellent les deux ventricules du cœur, sont séparées par une substance solide et charnue, à qui notre langue n'a point donné de nom, et que les Latins appellent *septum medium*.

Ce qu'il y a de plus remarquable dans le cœur est son battement continuel, par lequel il se resserre et se dilate. C'est ce qui s'appelle systole et diastole : systole, quand il se resserre ; et diastole, quand il se dilate. Dans la diastole, il s'enfle et s'arrondit ; dans la systole, il s'apetisse et s'allonge. Mais l'expérience a appris que, lorsqu'il s'enfle au dehors, il se resserre au dedans ; et au contraire qu'il se dilate au dedans quand il s'apetisse et s'amenuise au dehors. Ceux qui, pour connaître mieux la nature des parties, ont fait des dissections d'animaux vivants, assurent qu'après avoir fait une ouverture dans le cœur, quand il bat encore, si on y enfonce le doigt, on se sent plus pressé dans la diastole ; et ils ajoutent que la chose doit écessairement arriver ainsi par la seule disposition des parties.

A considérer la composition de toute la masse du cœur, les fibres et les filets dont il est tissu, et la manière dont ils sont tors, on le reconnaît pour un muscle à qui les esprits venus du cerveau causent son battement continuel. Et on prétend que ces fibres ne sont pas mues selon leur longueur prise en droite ligne, mais comme torses de côté ; ce qui fait que le cœur, se ramenant sur lui-même, s'enfle en rond, et en même temps que les parties qui environnent les cavités se compriment au dedans avec grande force.

Cette compression fait deux grands effets sur le sang : l'un, qu'elle le bat fortement, et par la même raison elle l'échauffe ; l'autre, qu'elle le pousse avec force dans les artères après que le cœur, en se dilatant, l'a reçu par les veines.

Ainsi, par une continuelle circulation, le sang doit couler nécessairement des artères dans les veines, des veines dans le cœur, du cœur dans le poumon, où il reprend de l'air et avec l'air une nouvelle vie, du poumon dans le cœur, du cœur dans les artères de la tête et dans celles de tout le corps.

C'est à l'occasion de cette distribution du sang artériel dans la tête que les esprits animaux, ou plutôt la liqueur animale, y est formée pour y être distribuée par les nerfs dans toutes les parties du corps, où elle porte par les nerfs le sentiment, et à l'occasion des nerfs distribue dans les muscles le mouvement.

Il y a beaucoup de chaleur dans le cœur. Mais ceux qui ont ouvert des animaux vivants assurent qu'ils ne la ressentent guère moins grande dans les autres parties.

Le poumon est une partie molle et vésiculaire qui, en se dilatant et se resserrant à la manière d'un soufflet, reçoit et rend l'air que nous respirons. Ce mouvement s'appelle inspiration et expiration, en général respiration.

Les mouvements du poumon se font par le moyen des muscles insérés en divers endroits au dedans du corps, et par lesquels la partie est comprimée et dilatée.

Cette compression et dilatation se fait aussi sentir dans le bas-ventre, qui s'enfle et s'abaisse au mouvement du diaphragme, par le moyen de certains muscles qui font la communication de l'une et de l'autre partie.

Le poumon se répand de part et d'autre dans toute la capacité de la poitrine. Il est autour du cœur pour le rafraîchir par l'air qu'il attire. En rejetant cet air, on dit qu'il pousse au dehors les fumées que le cœur excite par sa chaleur, et qui le suffoqueraient si elles n'étaient évaporées. Cette même fraîcheur de l'air sert aussi à épaissir le sang et à corriger sa trop grande subtilité. Le poumon a encore beaucoup d'autres usages qui s'entendront beaucoup mieux par la suite.

C'est une chose admirable comme l'animal, qui n'a pas besoin de respirer dans le ventre de sa mère, aussitôt qu'il en est dehors, ne peut plus vivre sans respiration. Ce qui vient de la différente manière dont il se nourrit dans l'un et dans l'autre état. Sa mère mange, digère et respire pour lui, et, par les vaisseaux disposés à cet effet, lui envoie le sang tout préparé et conditionné comme il faut pour circuler dans son corps et le nourrir.

Le dedans de la poitrine est tendu d'une peau assez délicate qu'on appelle *pleure*. Elle est fort sensible, et c'est de l'inflammation de cette membrane que nous viennent les douleurs de la pleurésie.

Au-dessous du poumon est l'estomac, qui est un grand sac en forme d'une bourse ou d'une cornemuse, et c'est là que se fait la digestion des viandes.

IV. — Les parties qui sont au-dessous de la poitrine

Du côté droit est le foie. Il enveloppe un côté de l'estomac et aide à la digestion par sa chaleur. Il fait la séparation de la bile d'avec le sang. De là vient qu'il a par-dessous un petit vaisseau, comme une petite bouteille, qu'on appelle la vésicule du fiel, où la bile se ramasse et d'où elle se décharge dans les intestins. Cette humeur âcre, en les picotant, les agite et leur sert comme d'une espèce de lavement naturel pour leur faire jeter les excréments.

La rate est à l'opposite du foie; c'est une espèce de sac spongieux où le sang est apporté par une grosse artère et rapporté par les veines, comme dans toutes les autres parties, sans qu'on puisse remarquer dans ce sang aucune différence d'avec celui qui passe par les autres artères, quoique l'antiquité, trompée par la couleur brune de ce sac, l'ait cru le réservoir de l'humeur mélancolique, et lui ait, par cette raison, attribué ces noirs chagrins dont on peut dire le sujet.

Derrière le foie et la rate, et un peu au-dessous, sont les deux reins, un de chaque côté, où se séparent et s'amassent les sérosités qui tombent dans la vessie par deux petits tuyaux qu'on appelle les uretères, et font les urines.

Au-dessous de toutes ces parties sont les intestins où, par divers détours, les excréments se séparent et tombent dans les lieux où la nature s'en décharge.

Les intestins sont attachés et comme cousus aux extrémités du mésentère; aussi ce mot signifie-t-il le milieu des entrailles.

Le mésentère est la partie qui s'appelle fraise dans les animaux, par le rapport qu'elle a aux fraises qu'on portait autrefois au col.

C'est une grande membrane étendue à peu près en rond, mais repliée plusieurs fois sur elle-même ; ce qui fait que les intestins, qui la bordent dans toute sa circonférence, se replient de la même sorte.

On voit sur le mésentère une infinité de petites veines plus déliées que des cheveux, qu'on appelle des veines lactées, à cause qu'elles contiennent une liqueur semblable au lait, blanche et douce comme lui, dont on verra dans la suite la génération.

Au reste, les veines lactées sont si petites qu'on ne peut les apercevoir dans l'animal qu'en l'ouvrant un peu après qu'il a mangé, parce que c'est alors, comme il sera dit, qu'elles se remplissent de ce suc blanc et qu'elles en prennent la couleur.

Au milieu du mésentère est une glande assez grande. Les veines lactées sortent toutes des intestins et aboutissent à cette glande comme à leur centre.

Il paraît, par la seule situation, que la liqueur dont ces veines sont remplies leur doit venir des entrailles, et qu'elle est portée à cette glande, d'où elle est conduite en d'autres parties qui seront marquées dans la suite.

Tous les intestins ont leur pellicule commune qu'on appelle le *péritoine*, qui les enveloppe et qui contient divers vaisseaux, entre autres les ombilicaux, appelés ainsi parce qu'ils se terminent au nombril. Ce sont ceux par où le sang et la nourriture sont portés au cœur de l'enfant tant qu'il est dans le ventre de sa mère. Ensuite ils n'ont plus d'usage, et aussi se resserrent-ils tellement qu'à peine les peut-on apercevoir dans la dissection.

Toute cette basse région, qui commence à l'estomac, est séparée de la poitrine par une grande membrane musculeuse, ou, pour mieux dire, par un muscle qui s'appelle le diaphragme. Il s'étend d'un côté à l'autre dans toute la circonférence des côtes.

Son principal usage est de servir à la respiration. Pour l'aider, il se hausse et se baisse par un mouvement continuel qui peut être hâté ou ralenti par diverses causes.

En se baissant, il appuie sur les intestins et les presse; ce qui a de grands usages qu'il faudra considérer en leur lieu.

Le diaphragme est percé pour donner passage aux vaisseaux qui doivent s'étendre dans les parties inférieures.

Le foie et la rate y sont attachés. Quand il est secoué violemment, ce qui arrive quand nous rions avec éclat, la rate, secouée en même temps, se purge des humeurs qui la surchargent. D'où vient qu'en certains états on se sent beaucoup soulagé par un ris éclatant.

Voilà les parties principales qui sont renfermées dans la capacité de la poitrine et dans le bas-ventre. Outre cela, il y en a d'autres qui servent de passage pour conduire à celles-là.

V. — Les passages qui conduisent aux parties ci-dessus décrites, c'est-à-dire l'œsophage et la trachée-artère

A l'entrée de la gorge sont attachés l'œsophage, autrement le gosier, et la trachée-artère. Œsophage signifie en grec ce qui porte la nourriture. Trachée-artère et âpre-artère, c'est la même chose. Elle est ainsi appelée, à cause qu'étant composée de divers anneaux, le passage n'en est pas uni

L'œsophage, selon son nom, est le conduit par où les viandes sont portées à l'estomac, qui n'est qu'un allongement, ou, comme parle la médecine, une dilatation de l'extrémité inférieure de l'œsophage. La situation et l'usage de ce conduit font voir qu'il doit traverser le diaphragme.

La trachée-artère est le conduit par où l'air qu'on respire est porté dans le poumon, où elle se répand en une infinité de petites branches qui à la fin deviennent imperceptibles; ce qui fait que le poumon s'enfle tout entier par la respiration.

Le poumon repoussant l'air par la trachée-artère avec effort forme la voix, de la même sorte qu'il se forme un son par un tuyau d'orgue. Avec l'air sont aussi poussées au dehors les humidités superflues qui s'engendrent dans le poumon, et que nous crachons.

La trachée-artère a dans son entrée une petite languette qui s'ouvre pour donner passage aux choses qui doivent sortir par cet endroit-là. Elle s'ouvre plus ou moins ; ce qui sert à former la voix et diversifier les tons.

La même languette se ferme exactement quand on avale ; de sorte que les viandes passent par-dessus pour aller dans l'œsophage, sans entrer dans la trachée-artère, qu'il faut laisser libre à la respiration. Car si l'aliment passait de ce côté-là, on étoufferait. Ce qui paraît par la violence qu'on souffre et par l'effort qu'on fait lorsque, la trachée-artère étant un peu entr'ouverte, il y entre quelques gouttes d'eau qu'on veut repousser.

La disposition de cette languette étant telle qu'on la vient de voir, il s'ensuit qu'on ne peut jamais parler et avaler tout ensemble.

Au bas de l'estomac, et à l'ouverture qui est dans son fond, il y a une languette à peu près semblable qui ne s'ouvre qu'en dehors. Pressée par l'aliment qui sort de l'estomac, elle s'ouvre, mais en sorte qu'elle empêche le retour aux viandes, qui continuent leur chemin le long d'un gros boyau où commence à se faire la séparation des excréments d'avec la bonne nourriture.

VI. — Le cerveau et les organes des sens.

Au-dessus et dans la partie la plus haute de tout le corps, c'est-à-dire dans la tête, est le cerveau, destiné à recevoir les impressions des objets, et tout ensemble à donner au corps les mouvements nécessaires pour les suivre ou les fuir.

Par la liaison qui se trouve entre les objets et le mouvement progressif, il a fallu qu'où se termine l'impression des objets, là se trouvât le principe et la cause de ce mouvement.

Le cerveau a été formé pour réunir ensemble ces deux fonctions.

L'impression des objets se fait par les nerfs qui servent au sentiment, et il se trouve que ces nerfs aboutissent tous au cerveau.

Les esprits coulés dans les muscles par les nerfs répandus dans tous les membres font le mouvement progressif. Et on croit premièrement que les esprits sont portés d'abord du cœur au cerveau, où ils prennent leur dernière forme; et secondement que les nerfs, par où s'en fait la conduite, ont leur origine dans le cerveau, comme les autres.

Il ne faut donc point douter que la direction des esprits, et par là tout le mouvement progressif, n'ait sa cause dans le cerveau. Et en effet, il est constant que le cerveau est attaqué dans les maladies où le corps est entrepris, telles que sont l'apoplexie et la paralysie, et dans celles qui causent ces mouvements irréguliers qu'on appelle convulsions.

Comme l'action des objets sur les organes des sens et l'impression qu'ils font devait être continuée jusqu'au cerveau, il a fallu que la substance en fût tout ensemble assez molle pour recevoir les impressions, et assez ferme pour les conserver. En effet, elle a tout ensemble ces deux qualités.

Le cerveau a divers sinus et anfractuosités; outre cela, diverses cavités qu'on appelle ventricules, choses que les médecins et anatomistes démontrent plus aisément qu'ils n'en expliquent les usages.

Il est divisé en grand et petit, appelé aussi cervelet : le premier vers la partie antérieure, et l'autre vers la partie postérieure de la tête.

La communication de ces deux parties du cerveau est visible par leur structure; mais les dernières observations semblent faire voir que la partie antérieure du cerveau est destinée aux opérations des sens; c'est aussi là que se trouvent les nerfs qui servent à la vue, à l'ouïe, au goût et à l'odorat : au lieu que du cervelet naissent les nerfs qui servent au toucher et aux mouvements, principalement à celui du cœur. Aussi les blessures et les autres maux qui attaquent cette partie sont-ils plus mortels, parce qu'ils vont directement au principe de la vie.

Le cerveau, dans toute sa masse, est enveloppé de deux tuniques déliées et transparentes, dont l'une, appelée *pie-mère*, est l'enveloppe immédiate qui s'insinue aussi dans tous les détours du cerveau; et l'autre est nommée *dure-mère*, à cause de son épaisseur et de sa consistance.

La *dure-mère*, par les artères dont elle est remplie, est en battement continuel, et bat aussi sans cesse le cerveau, dont les parties étant fort pressées, il s'ensuit que le sang et les esprits qui y sont contenus sont aussi fort pressés et fort battus. Ce qui est une des causes de la distribution, et peut-être aussi du raffinement des esprits.

C'est ce battement de la *dure-mère* qu'on ressent si fort dans les maux de tête, et qui cause des douleurs si violentes.

L'artifice de la nature est inexplicable à faire que le cerveau reçoive tant d'impressions, sans en être trop ébranlé. La disposition de cette partie y contribue, parce que par sa mollesse il ralentit le coup et s'en laisse imprimer fort doucement.

La délicatesse extrême des organes des sens aide aussi à produire un si bon effet, parce qu'ils ne pèsent point sur le cerveau, et y font une impression fort tendre et fort douce.

Cela veut dire que le cerveau n'en est point blessé. Car, au reste, cette impression ne laisse pas d'être forte à sa manière et de causer des mouvements assez grands, mais tellement proportionnés à la nature du cerveau qu'il n'en est point offensé.

Ce serait ici le lieu de considérer les parties qui composent l'œil ; ses pellicules appelées tuniques ; ses humeurs de différente nature, par lesquelles se font diverses réfractions des rayons ; les muscles qui tournent l'œil, et le présentent diversement aux objets comme un miroir ; les nerfs optiques, qui se terminent en cette membrane déliée qu'on nomme rétine, qui est tendue sur le fond de l'œil comme un velouté délicat et mince, et qui embrasse l'humeur vitrée, au-devant de laquelle est enchâssée la partie de l'œil qu'on nomme le cristallin, à cause qu'elle ressemble à un beau cristal.

Il faudrait aussi remarquer la construction tant extérieure qu'intérieure de l'oreille, et entre autres choses le petit tambour appelé *tympan*, c'est-à-dire cette pellicule si mince et si bien tendue qui, par un petit marteau d'une fabrique extraordinairement délicate, reçoit le battement de l'air, et le fait passer par ses nerfs jusqu'au dedans du cerveau. Mais cette description, aussi bien que celle des autres organes des sens, serait trop longue, et n'est pas nécessaire pour notre sujet.

VII. — Les parties qui règnent par tout le corps, et premièrement des os.

Outre ces parties qui ont leur région séparée, il y en a d'autres qui s'étendent et règnent par tout le corps, comme sont les os, les artères, les veines et les nerfs.

La plupart des os sont d'une substance sèche et dure, incapable de se courber, et qui peut être cassée plutôt que fléchie. Mais quand ils sont cassés ils peuvent être facilement remis, et la nature y jette une glaire, comme une espèce de soudure, qui fait qu'ils se reprennent plus solidement que jamais. Ce qu'il y a de plus remarquable dans les os, c'est leurs jointures, leurs ligaments et les divers emboîtements des uns dans les autres, par le moyen desquels ils jouent et se meuvent.

Les emboîtements les plus remarquables sont ceux de l'épine du dos, qui règne depuis le chignon du cou jusqu'au croupion. C'est un enchaînement de petits os emboîtés les uns dans les autres, en forme de double charnière, et ouverts au milieu pour donner entrée aux vaisseaux qui doivent y avoir leur passage. Il a fallu faire l'épine du dos de plusieurs pièces, afin qu'on pût courber et dresser le corps, qui serait trop roide si l'épine était d'un seul os.

Le propre des os est de tenir le corps en état, et de lui servir d'appui. Ils font dans l'architecture du corps humain ce que font les pièces de bois dans un bâtiment de charpente. Sans les os tout le corps s'abattrait, et on verrait tomber par pièces toutes les parties. Ils en renferment les unes, comme le crâne, c'est-à-dire l'os de la tête, renferme le cerveau; et les côtes, le poumon et le cœur. Ils en soutiennent les autres, comme les os des bras et des cuisses soutiennent les chairs qui y sont attachées.

Le cerveau est contenu dans plusieurs os joints ensemble, de manière qu'ils ne font qu'une boîte continue. Mais s'il en eût été de même du poumon, cet os aurait été trop grand, par conséquent ou trop fragile ou trop solide, pour

se remuer au mouvement des muscles qui devaient dilater
ou resserrer la poitrine. C'est pourquoi il a fallu faire ce
coffre de la poitrine de plusieurs pièces, qu'on appelle côtes.
Elles tiennent ensemble par les peaux qui leur sont communes, et sont plus pliantes que les autres os, pour être
capables d'obéir aux mouvements que leurs muscles leur
devaient donner.

Le crâne a beaucoup de choses qui lui sont particulières.
Il a en haut ses sutures, où il est un peu entr'ouvert, pour
laisser évaporer les fumées du cerveau, et servir à l'insertion
de l'une de ses enveloppes, c'est-à-dire de la *dure-mère*. Il a
aussi ses deux tables, étant composé de deux couches d'os
posées l'une sur l'autre avec un artifice admirable, entre
lesquelles s'insinuent les artères et les veines qui leur portent
la nourriture.

VIII. — Les artères, les veines et les nerfs.

Les artères, les veines et les nerfs sont joints ensemble,
et se répandent par tout le corps jusques aux moindres
parties.

Les artères et les veines sont des vaisseaux qui portent
par tout le corps, pour en nourrir toutes les parties, cette
liqueur qu'on appelle sang : de sorte qu'elles-mêmes, pour
être nourries, sont pleines d'autres petites artères et d'autres petites veines ; et celles-là d'autres encore, jusques au
terme que Dieu seul peut savoir. Et toutes ces veines et
ces artères composent avec les nerfs, qui se subdivisent
de la même sorte, un tissu vraiment merveilleux et inimi-
table.

Il y a aux extrémités des artères et des veines de secrètes
communications, par où le sang passe continuellement des
unes dans les autres.

Les artères le reçoivent du cœur, et les veines l'y repor-
tent. C'est pourquoi, à l'ouverture des artères et à l'embou-
chure des veines du côté du cœur, il y a des valvules, ou
soupapes qui ne s'ouvrent qu'en un sens, et qui, selon
le sens dont elles sont tournées, donnent le passage ou empêchent le retour. Celles des artères se trouvent disposées
de sorte qu'elles peuvent recevoir le sang en sortant du

cœur; et celles des veines, au contraire, de sorte qu'elles ne peuvent que le rendre au cœur, sans le pouvoir jamais recevoir immédiatement du cœur. Et il y a, par intervalles, le long des artères et des veines, des valvules de même nature qui ne permettent pas au sang, une fois passé, de remonter au lieu d'où il est venu: tellement qu'il est forcé, par le nouveau sang qui survient sans cesse, d'aller toujours en avant, et de rouler sans fin par tout le corps.

Mais ce qui aide le plus à cette circulation, c'est que les artères ont un battement continu et semblable à celui du cœur, et qui le suit. C'est ce qui s'appelle le pouls.

Et il est aisé d'entendre que les artères doivent s'enfler au battement du cœur, qui jette du sang dedans. Mais, outre cela, on a remarqué que par leur composition elles ont, comme le cœur, un battement qui leur est propre.

On peut entendre ce battement, ou en supposant que leurs fibres, une fois enflées par le sang que le cœur y jette, font sur elles-mêmes une espèce de ressort; ou qu'elles sont tournées de sorte qu'elles se remuent comme le cœur même, à la manière des muscles.

Quoi qu'il en soit, l'artère peut être considérée comme un cœur répandu partout pour battre le sang et le pousser en avant; et comme un ressort ou un muscle monté, pour ainsi parler, sur le mouvement du cœur, et qui doit battre en même cadence.

Il paraît donc que, par la structure et le battement de l'artère, le sang doit toujours avancer dans ce vaisseau; et d'ailleurs l'artère, battant sans relâche sur la veine qui lui est conjointe, y doit faire le même effet que sur elle-même quoique non de même force; c'est-à-dire qu'elle y doit battre le sang, et le pousser continuellement de valvule en valvule, sans le laisser reposer un seul moment.

Et par là il a fallu que l'artère, qui devait avoir un battement si continuel et si ferme, fût d'une consistance plus solide et plus dure que la veine; joint que l'artère, qui reçoit le sang comme il vient du cœur, c'est-à-dire plus échauffé et plus vif, a dû encore pour cette raison être d'une structure plus forte, pour empêcher que cette liqueur n'échappât en abondance par son extrême subtilité, et ne rompît ses vaisseaux, à la manière d'un vin fumeux,

Il n'est pas possible de s'empêcher d'admirer la sagesse de la nature, qui ici, comme partout ailleurs, forme les parties de la manière qu'il faut pour les effets auxquels on les voit manifestement destinées.

Il y a, à la base du cœur, deux artères et deux principales veines d'où naissent toutes les autres. La plus grande artère s'appelle l'*aorte*; la plus grande veine s'appelle la *veine cave*. L'aorte porte le sang par tout le corps, excepté le cœur et le poumon; la veine cave le reporte de tout le corps, excepté du cœur et du poumon; l'aorte sort du ventricule gauche, la cave aboutit au ventricule droit: du même ventricule sort l'artère du poumon, moindre dans les adultes que l'aorte; aussi ne porte-t-elle que la portion du sang veinal destiné au poumon. La veine du poumon aboutit au ventricule gauche; aussi ne rapporte-t-elle que le sang veinal destiné au poumon, et par lui rendu artériel par le mélange de l'air respiré dans cette partie.

Le cœur est nourri par une artère particulière qui n'a nulle communication immédiate avec l'aorte, et reçoit le sang dans le ventricule gauche; et le reste du sang, destiné à la nourriture, est rapporté par une veine particulière qui n'a nulle communication immédiate avec le cœur, et rend son sang dans le ventricule droit.

Immédiatement en sortant du cœur, l'aorte et la grande veine envoient une de leurs branches dans le cerveau: et c'est par là que s'y fait ce transport soudain des esprits dont il a été parlé.

Les nerfs sont comme de petites cordes, ou plutôt comme de petits filets, qui commencent par le cerveau, et s'étendent par tout le corps jusqu'aux dernières extrémités.

Partout où il y a des nerfs, il y a quelque sentiment; et partout où il y a du sentiment, il s'y rencontre des nerfs, comme le propre organe des sens.

La cavité des nerfs est remplie d'une certaine moelle qu'on dit être de même nature que le cerveau, à travers de laquelle les esprits peuvent aisément continuer leur cours.

Par là se voient deux usages principaux des nerfs. Ils sont premièrement les organes propres du sentiment. C'est pourquoi à chaque partie qui est le siége de quelqu'un des sens, il y a des nerfs destinés pour servir au sentiment. Par exemple, il y a aux yeux les nerfs optiques, les auditifs aux oreilles, les olfactifs aux narines, et les gustatifs à la langue. Ces nerfs servent aux sens situés dans ces parties ; et comme le toucher se trouve par tout le corps, il y a aussi des nerfs répandus par tout le corps.

Ceux qui vont ainsi par tout le corps en sortant du cerveau, passent le long de l'épine du dos, d'où ils se partagent et s'étendent dans toutes les parties.

Le second usage des nerfs n'est guère moins important. C'est de porter par tout le corps les esprits qui font agir les muscles, et causent tous les mouvements.

Ces mêmes nerfs répandus partout, qui servent au toucher, servent aussi à cette conduite des esprits dans tous les muscles. Mais les nerfs que nous avons considérés comme les propres organes des quatre autres sens n'ont point cet usage.

Et il est à remarquer que les nerfs qui servent au toucher, se trouvent même dans les parties qui servent aux autres sens ; dont la raison est que ces parties-là ont avec leur sentiment propre celui du toucher. Les yeux, les oreilles, les narines et la langue peuvent recevoir les impressions qui ne dépendent que du toucher seul, et d'où naissent des douleurs auxquelles ni les couleurs, ni les sons, ni les odeurs, ni le goût, n'ont aucune part.

Ces parties ont aussi des mouvements qui demandent d'autres nerfs que ceux qui servent immédiatement à leurs sensations particulières. Par exemple, les mouvements des yeux qui se tournent de tant de côtés, et ceux de la langue qui paraissent si divers dans la parole, ne dépendent en aucune sorte des nerfs qui servent au goût et à la vue. Et aussi y en trouve-t-on beaucoup d'autres : par exemple, dans les yeux, les nerfs moteurs, et les autres que démontre l'anatomie.

Les parties que nous venons de décrire ont toutes, ou presque toutes, de petits passages qu'on appelle pores, par où s'échappent et s'évaporent les matières les plus légères et les plus subtiles, par un mouvement qu'on appelle transpiration.

Après avoir parlé des parties qui ont de la consistance, il faut parler maintenant des liqueurs et des esprits.

IX. — Le sang et les esprits.

Il y a une liqueur qui arrose tout le corps, et qu'on appelle sang.

Cette liqueur est mêlée dans toute sa masse de beaucoup d'autres liqueurs, telles que sont la bile et les sérosités. Celle qui est rouge, qu'on voit à la fin se figer dans une palette, et qui en occupe le fond, est celle qu'on appelle proprement le sang.

C'est par cette liqueur que la chaleur se répand et s'entretient. C'est d'elle que se nourrissent toutes les parties; et si l'animal ne se réparait continuellement par cette nourriture, il périrait.

C'est un grand secret de la nature de savoir comment le sang s'échauffe dans le cœur.

Et d'abord on peut penser que, le cœur étant extrêmement chaud, le sang s'y échauffe et s'y dilate comme l'eau dans un vaisseau déjà échauffé.

Et si la chaleur du cœur, qu'on ne trouve guère plus grande que celle des autres parties, ne suffit pas pour cela, on y peut ajouter deux choses : l'une, que le sang soit composé, ou en son tout, ou en partie, d'une matière de la nature de celles qui s'échauffent par le mouvement. Et déjà on le voit fort mêlé de bile, matière si aisée à échauffer; et peut-être que le sang même dans sa propre substance tient de cette qualité. De sorte qu'étant comme il est continuellement battu, premièrement par le cœur, et ensuite par les artères, il vient à un degré de chaleur considérable.

L'autre chose qu'on peut dire est qu'il se fait dans le cœur une fermentation du sang.

On appelle fermentation lorsqu'une matière s'enfle par une espèce de bouillonnement, c'est-à-dire par la dilatation de ses parties intérieures. Ce bouillonnement se fait par le mélange d'une autre matière, qui se répand et s'insinue entre les parties de celle qui est fermentée, et qui, les poussant du dehors au dedans, leur donne une plus grande circonférence. C'est ainsi que le levain enfle la pâte.

On peut donc penser que le cœur mêle dans le sang une matière, quelle qu'elle soit, capable de le fermenter; ou même, sans chercher plus loin, qu'après que l'artère a reçu le sang que le cœur y pousse, quelque partie restée dans le cœur sert de ferment au nouveau sang que la veine y décharge aussitôt après, comme un peu de vieille pâte aigrie fermente et enfle la nouvelle.

Soit donc qu'une de ces causes suffise, soit qu'il faille les joindre toutes ensemble, ou que la nature ait encore quelque autre secret inconnu aux hommes, il est certain que le sang s'échauffe beaucoup dans le cœur, et que cette chaleur entretient la vie.

Car d'un sang refroidi il ne s'engendre plus d'esprits; ainsi le mouvement cesse, et l'animal meurt.

Le sang doit avoir une certaine consistance médiocre; et quand il est ou trop subtil, ou trop épais, il en arrive divers maux à tout le corps.

Il bouillonne quelquefois extraordinairement, et souvent il s'épaissit avec excès; ce qui lui doit arriver par le mélange de quelque liqueur.

Et il ne faut pas croire que cette liqueur qui peut ou épaissir tout le sang, ou le faire bouillonner, soit toujours en grande quantité. L'expérience faisant voir combien peu il faut de levain pour enfler beaucoup de pâte, et que souvent une seule goutte d'une certaine liqueur agite et fait bouillir une quantité beaucoup plus grande d'une autre.

C'est par là qu'une goutte de venin, entrée dans le sang, en fige toute la masse, et nous cause une mort certaine. Et on peut croire de même qu'une goutte de liqueur d'une autre nature fera bouillonner tout le sang. Ainsi ce n'est pas toujours la trop grande quantité de sang, mais c'est souvent son bouillonnement qui le fait sortir des veines, et qui cause le saignement de nez, ou les autres accidents semblables, qu'on ne guérit pas toujours en tirant du sang, mais en trouvant ce qui est capable de le rafraîchir et de le calmer.

Nous avons déjà dit du sang, qu'il a un cours perpétuel du cœur dans les artères, des artères dans les veines, et des veines encore dans le cœur, d'où il est jeté de nouveau dans les artères; et toujours de même tant que l'animal est vivant.

Ainsi c'est le même sang qui est dans les artères et dans les veines, avec cette différence que le sang artériel, sortant immédiatement du cœur, doit être plus chaud, plus subtil et plus vif ; au lieu que celui des veines est plus tempéré et plus épais. Il ne laisse pas d'avoir sa chaleur, mais plus modérée, et se figerait tout à fait s'il croupissait dans les veines et ne venait bientôt se réchauffer dans le cœur.

Le sang artériel a encore cela de particulier, que quand l'artère est piquée, on le voit saillir comme par bouillons, et à diverses reprises, ce qui est causé par le battement de l'artère.

Toutes les humeurs, comme la bile, la lymphe ou sérosité, coulent avec le sang dans les mêmes vaisseaux, et en sont aussi séparées en certaines parties du corps, ainsi qu'il a été dit. Ces humeurs sont de différentes qualités par leur propre nature, selon qu'elles sont diversement préparées et pour ainsi dire criblées. C'est de cette masse commune que sont empreintes et formées la salive, les urines, les sueurs, les eaux contenues dans les vaisseaux lymphatiques qu'on trouve auprès des veines : celles qui remplissent les glandes de l'estomac, par exemple, qui servent tant à la digestion ; ces larmes enfin que la nature fournit à certains tuyaux auprès des yeux pour les humecter.

Les esprits sont la partie la plus vive et la plus agitée du sang, et mettent en action toutes les parties.

X. — Le sommeil, la veille et la nourriture.

Quand les esprits sont épuisés à force d'agir, les nerfs se détendent, tout se relâche, l'animal s'endort et se délasse du travail et de l'action où il est sans cesse pendant qu'il veille.

Le sang et les esprits se dissipent continuellement, et ont aussi besoin d'être réparés.

Pour ce qui est des esprits, il est aisé de concevoir qu'étant si subtils et si agités, ils passent à travers les pores, et se dissipent d'eux-mêmes par leur propre agitation.

On peut aussi aisément comprendre que le sang, à force de passer et de repasser dans le cœur, s'évaporerait à la fin. Mais il y a une raison particulière de la dissipation du sang tirée de la nourriture.

Les parties de notre corps doivent bien avoir quelque consistance. Mais si elles n'avaient aussi quelque mollesse, elles ne seraient pas assez maniables, ni assez pliantes pour faciliter le mouvement. Étant donc, comme elles sont, assez tendres, elles se dissipent et se consument facilement, tant par leur propre chaleur que par la perpétuelle agitation des corps qui les environnent. C'est pour cela qu'un corps mort, par la seule agitation de l'air auquel il est exposé, se corrompt et se pourrit. Car l'air ainsi agité, ébranlant ce corps mort par le dehors, et s'insinuant dans les pores par sa subtilité, à la fin l'altère et le dissout. Le même arriverait à un corps vivant s'il n'était réparé par la nourriture.

Ce renouvellement des chairs et des autres parties du corps paraît principalement dans la guérison des blessures qu'on voit se fermer, et en même temps les chairs revenir par une assez prompte régénération.

Cette réparation se fait par le moyen du sang qui coule dans les artères, dont les plus subtiles parties, s'échappant par les pores, dégouttent sur tous les membres, où elles se prennent, s'y attachent, et les renouvellent. C'est par là que le corps croît et s'entretient, comme on voit les plantes et les fleurs croître et s'entretenir par l'eau de la pluie. Ainsi le sang, toujours employé à nourrir et à réparer l'animal, s'épuiserait aisément s'il n'était lui-même réparé, et la source en serait bientôt tarie.

La nature y a pourvu par les aliments qu'elle nous a préparés, et par les organes qu'elle a disposés pour renouveler le sang, et par le sang tout le corps.

L'aliment commence premièrement à s'amollir dans la bouche par le moyen de certaines eaux épreintes des glandes qui y aboutissent. Ces eaux détrempent les viandes, et font qu'elles peuvent plus facilement être brisées et broyées par les mâchoires; ce qui est un commencement de digestion.

De là elles sont portées par l'œsophage dans l'estomac, où il coule dessus d'autres sortes d'eaux épreintes d'autres glandes qui se voient en nombre infini dans l'estomac même. Par le moyen de ces eaux, et à la faveur de la chaleur du foie, les viandes se cuisent dans l'estomac, à peu près comme elles feraient dans une marmite mise sur le feu. Ce qui se fait d'autant plus facilement, que les eaux de l'estomac sont de la nature des eaux-fortes; car elles ont la vertu d'inciser les viandes, et les coupent si menues qu'il n'y a plus rien de l'ancienne forme,

C'est ce qui s'appelle la digestion, qui n'est autre chose que l'altération que souffre l'aliment dans l'estomac, pour être disposé à s'incorporer à l'animal.

Cette matière digérée blanchit et devient comme liquide. C'est ce qui s'appelle le chyle.

Il est porté de l'estomac au boyau qui est au-dessous, et où se commence la séparation du pur et de l'impur, laquelle se continue tout le long des intestins.

Elle se fait par le pressement continuel que cause la respiration, et le mouvement du diaphragme sur les boyaux. Car étant ainsi pressés, la matière dont ils sont pleins est contrainte de couler dans toutes les ouvertures qu'elle trouve dans son passage; en sorte que les veines lactées, qui sont attachées aux boyaux, ne peuvent manquer d'être remplies par ce mouvement.

Mais comme elles sont fort minces, elles ne peuvent recevoir que les parties les plus délicates, qui, exprimées par le pressement des intestins, se jettent dans ces veines, et y forment cette liqueur blanche qui les remplit et les colore; pendant que le plus grossier, par la force du même pressement, continue son chemin dans les intestins jusqu'à ce que le corps en soit déchargé.

Car il y a quelques valvules disposées d'espace en espace dans les gros boyaux, qui empêchent également la matière de remonter et de descendre trop vite; et on remarque, outre cela, un mouvement vermiculaire de haut en bas, qui détermine la matière à prendre un certain cours.

La liqueur des veines lactées est celle que la nature prépare pour la nourriture de l'animal. Le reste est le superflu, et comme le marc qu'elle rejette, qu'on appelle aussi, par cette raison, excrément.

Ainsi se fait la séparation du liquide d'avec le grossier, et du pur d'avec l'impur, à peu près de la même sorte que le vin et l'huile s'expriment du raisin et de l'olive pressée; ou comme la fleur de farine par un sas plutôt que le son; ou que certaines liqueurs, passées par une chausse, se clarifient, et y laissent ce qu'elles ont de plus grossier.

Les détours des boyaux repliés les uns sur les autres font que la matière, digérée dans l'estomac, séjourne plus longtemps dans les boyaux, et donne tout le loisir nécessaire à la respiration pour exprimer tout le bon suc, en sorte qu'il ne s'en perde aucune partie.

Il arrive aussi par ces détours et par la disposition intérieure des boyaux, que l'animal ayant une fois pris nourriture peut demeurer longtemps sans en prendre de nouvelle, parce que le suc épuré qui le nourrit est longtemps à s'exprimer; ce qui fait durer la distribution, et empêche la faim de revenir sitôt.

Et on remarque que les animaux qu'on voit presque toujours affamés, comme par exemple les loups, ont les intestins fort droits. D'où il arrive que l'aliment digéré y séjourne peu, et que le besoin de manger est pressant et revient souvent.

Comme les entrailles, pressées par la respiration, jettent dans les veines lactées la liqueur dont nous venons de parler, ces veines, pressées par la même force, la poussent au milieu du mésentère dans la glande où nous avons dit qu'elles aboutissent; d'où le même pressement les porte dans un certain réservoir, nommé le *réservoir de Pecquet*, du nom d'un fameux anatomiste de nos jours, qui l'a découvert.

De là il passe dans un long vaisseau qui, par la même raison, est appelé le canal ou le *conduit de Pecquet*. Ce vaisseau, étendu le long de l'épine du dos, aboutit un peu au-dessous du col à une des veines qu'on appelle sous-clavières; d'où il est porté dans le cœur, et là il prend tout à fait la forme du sang.

Il sera aisé de comprendre comme le chyle est élevé à cette veine, si on considère que le long de ce *vaisseau de Pecquet* il y a des valvules disposées par intervalles, qui empêchent cette liqueur de descendre; et que d'ailleurs elle est continuellement poussée en haut, tant par la matière qui vient en abondance des veines lactées que par le mouvement du poumon qui fait monter ce suc en pressant le vaisseau où il est contenu.

Il n'est pas croyable à combien de choses sert la respiration. Elle rafraîchit le cœur et le sang; elle entraîne avec elle et pousse dehors les fumées qu'excite la chaleur du cœur; elle fournit l'air dont se forme la voix et la parole; elle aide, par l'air qu'elle attire, à la génération des esprits;

elle pousse le chyle des entrailles dans les veines lactées, de là dans la glande du mésentère, ensuite dans le *réservoir* et le *canal de Pecquet*, et enfin dans la sous-clavière ; et en même temps elle facilite l'éjection des excréments, toujours en pressant les intestins.

Voilà quelle est à peu-près la disposition du corps et l'usage de ses parties, parmi lesquelles il parait que le cœur et le cerveau sont les principales, et celles, pour ainsi dire, qui mènent toutes les autres.

XI. — Le cœur et le cerveau sont les deux maîtresses-parties.

Ces deux maîtresses-parties influent dans tout le corps. Le cœur y renvoie partout le sang dont il est nourri ; et le cerveau y distribue de tous côtés les esprits par lesquels il est remué.

Au premier, la nature a donné les artères et les veines pour la distribution du sang ; et elle a donné les nerfs au second pour l'administration des esprits.

Nous avons vu que la fabrique des esprits se commence par le cœur, lorsque battant le sang et l'échauffant il en élève les parties les plus subtiles au cerveau, qui les perfectionne, et qui ensuite en renvoie au cœur ce qui est nécessaire pour produire son battement.

Ainsi ces deux maîtresses-parties, qui mettent, pour ainsi dire, tout le corps en action, s'aident mutuellement dans leurs fonctions, puisque, sans le sang que le cœur envoie au cerveau, le cerveau n'aurait pas de quoi former les esprits, et que le cœur aussi n'aurait point de mouvement sans les esprits que le cerveau lui renvoie.

Dans ce secours nécessaire que se donnent ces deux parties, laquelle des deux commence ? C'est ce qu'il est malaisé de déterminer ; et il faudrait pour cela avoir recours à la première formation de l'animal.

Pour entendre ce qu'il y a ici de plus constant, il faut penser, avant toutes choses, que le fœtus ou l'embryon, c'est-à-dire l'animal qui se forme, est engendré d'autres animaux déjà formés et vivants, où il y a par conséquent du sang et des esprits déjà tout faits, qui peuvent se communiquer à l'animal qui commence.

On voit en effet que l'embryon est nourri du sang de la mère qui le porte. On peut donc penser que ce sang, étant conduit dans le cœur de ce petit animal qui commence d'être, s'y échauffe et s'y dilate par la chaleur naturelle à cette partie; que de là passe au cerveau ce sang subtil, qui achève de s'y former en esprits en la matière qui a été dite ; que ces esprits, revenus au cœur par les nerfs, causent son premier battement, qui se continue ensuite à peu près comme celui d'une pendule après une première vibration.

On peut penser aussi, et peut-être plus vraisemblablement, que l'animal étant tiré des semences pleines d'esprits, le cerveau, par sa première conformation, en peut avoir ce qu'il lui en faut pour exciter dans le cœur cette première pulsation, d'où suivent toutes les autres.

Quoi qu'il en soit, l'animal qui se forme venant d'un animal déjà formé, on peut aisément comprendre que le mouvement se continue de l'un à l'autre ; et que le premier ressort, dont Dieu a voulu que tout dépendit, étant une fois ébranlé, ce même mouvement s'entretient toujours.

Au reste, outre les parties que nous venons de considérer dans le corps, il y en a beaucoup d'autres connues et inconnues à l'esprit humain; mais ceci suffit pour entendre l'admirable économie de ce corps, si sagement et si délicatement organisé, et les principaux ressorts par lesquels s'en exercent les opérations.

XII. — La santé, la maladie, la mort ; et à propos des maladies, les passions en tant qu'elles regardent le corps.

Quand le corps est en bon état et dans sa disposition naturelle, c'est ce qui s'appelle santé. La maladie, au contraire, est la mauvaise disposition du tout ou de ses parties. Que si l'économie du corps est tellement troublée que les fonctions naturelles cessent tout à fait, la mort de l'animal s'ensuit.

Cela doit arriver précisément quand les deux maîtresses-pièces, c'est-à-dire le cerveau et le cœur, sont hors d'état d'agir ; c'est-à-dire quand le cœur cesse de battre, et que le cerveau ne peut plus exercer cette action, quelle qu'elle soit, qui envoie les esprits au cœur.

Car encore que le concours des autres parties soit nécessaire pour nous faire vivre, la cessation de leur action nous fait languir, mais ne nous tue pas tout à coup ; au lieu que quand l'action du cerveau ou du cœur cesse tout à fait, on meurt à l'instant.

Or, on peut en général concevoir trois choses capables de causer dans ces deux parties cette cessation : la première, si elles sont ou altérées dans leurs substances, ou dérangées dans leur composition ; la seconde, si les esprits, qui sont, pour ainsi dire, l'âme du ressort, viennent à manquer ; la troisième, si, ne manquant pas et se trouvant préparés, ils sont empêchés par quelque autre cause de couler, ou du cerveau dans le cœur, ou du cœur dans le cerveau.

Et il semble que toute machine doit cesser par une de ces causes ; car ou le ressort se rompt, comme les tuyaux dans un orgue et les roues ou les meules dans un moulin ; ou le moteur cesse, comme si la rivière qui fait aller les roues est détournée, ou que le soufflet qui pousse l'air dans l'orgue soit brisé ; ou, le moteur ou le mobile étant en état, l'action de l'un sur l'autre est empêchée par quelque autre corps, comme si quelque chose au dedans de l'orgue empêche le vent d'y entrer, ou que, l'eau et toutes les roues étant comme il faut, quelque corps interposé en un endroit principal empêche le feu.

Appliquant ceci au corps de l'homme, machine sans comparaison plus composée et plus délicate, mais, en ce que l'homme a de corporel, pure machine, on peut concevoir qu'il meurt, si les ressorts principaux se corrompent ; si les esprits, qui sont le moteur, s'éloignent ; ou si, les ressorts étant en état et les esprits prêts, le jeu en est empêché par quelque autre cause.

S'il arrive, par quelque coup, que le cerveau ou le cœur soient entamés et que la continuité des filets soit interrompue, et, sans entamer la substance, si le cerveau ou se ramollit ou se dessèche excessivement, ou que, par un accident semblable, les fibres du cœur se roidissent ou se relâchent tout à fait ; alors l'action de ces deux ressorts, d'où dépend tout le mouvement, ne subsiste plus, et toute la machine est arrêtée.

Mais quand le cerveau et le cœur demeureraient en leur entier, dès-là que les esprits manquent, les ressorts cessent faute de moteur. Et quand il se formerait des esprits conditionnés comme il faut, si les tuyaux par où ils doivent passer, ou resserrés, ou remplis de quelque autre chose, leur ferment l'entrée ou le passage, c'est de même que s'ils n'étaient plus. Ainsi le cerveau et le cœur, dont l'action et la communication nous font vivre, restent sans force ; le mouvement cesse dans son principe, toute la machine demeure et ne se peut plus rétablir.

Voilà ce qu'on appelle mort ; et les dispositions à cet égard s'appellent maladies.

Ainsi toute altération dans le sang qui l'empêche de fournir pour les esprits une matière louable rend le corps malade. Et si la chaleur naturelle, ou étouffée par la trop grande épaisseur du sang, ou dissipée par son excessive subtilité, n'envoie plus d'esprits, il faut mourir : tellement qu'on peut définir la mort, la cessation du mouvement dans le sang et dans le cœur.

Outre les altérations qui arrivent dans le corps par les maladies, il y en a qui sont causées par les passions, qui, à vrai dire, sont une espèce de maladie. Il serait trop long d'expliquer ici toutes ces altérations ; et il suffit d'observer, en général, qu'il n'y a point de passion qui ne fasse quelque changement dans les esprits, et par les esprits dans le cœur et dans le sang. Et c'est une suite nécessaire de l'impression violente que certains objets font dans le cerveau.

De là il arrive nécessairement que quelques-unes des passions les y excitent et les y agitent avec violence, et que les autres les y ralentissent. Les unes par conséquent les font couler plus abondamment dans le cœur, et les autres moins. Celles qui les font abonder, comme la colère et l'audace, les répandent avec profusion, et les poussent de tous côtés au dedans et au dehors. Celles qui tendent à les supprimer et à les retenir, telles que sont la tristesse et le désespoir, les retiennent serrés au dedans, comme pour les ménager.

De là naissent, dans le cœur et dans le pouls, des battements, les uns plus lents, les autres plus vites ; les uns incertains et inégaux, et les autres plus mesurés ; d'où il arrive dans le sang divers changements, et de là conséquemment de nouvelles altérations dans les esprits. Les membres extérieurs reçoivent aussi de différentes dispositions. Quand on est attaqué, le cerveau envoie plus d'esprits aux bras et aux mains, et c'est ce qui fait qu'on est plus fort dans la colère. Dans cette passion, les muscles s'affermissent, les nerfs se bandent, les poings se ferment, tout se tourne à l'ennemi pour l'écraser, et le corps est disposé à se ruer sur lui de tout son poids. Quand il s'agit de poursuivre un bien ou de fuir un mal pressant, les esprits accourent avec abondance aux cuisses et aux jambes pour hâter la course ; tout le corps, soutenu par leur extrême vivacité, devient plus léger ; ce qui a fait dire au poète, parlant d'Apollon et de Daphné : *Hic speceler, illa timore.* Si un bruit un peu extraordinaire menace de quelque coup, on s'éloigne naturellement de l'endroit d'où vient le bruit, en y jetant l'œil, afin d'esquiver plus facilement ; et quand le coup est reçu, la main se porte aussitôt aux parties blessées pour ôter, s'il se peut, la cause du mal, tant les esprits sont disposés dans les passions à seconder promptement les membres qui ont besoin de se mouvoir.

Par l'agitation du dedans la disposition du dehors est toute changée. Selon que le sang accourt au visage ou s'en retire, il y paraît ou rougeur ou pâleur. Ainsi on voit dans la colère les yeux animés ; on y voit rougir le visage, qui, au contraire, pâlit dans la crainte. La joie et l'espérance en adoucissent les traits, ce qui répand sur le front une image de sérénité. La colère et la tristesse, au contraire, les rendent plus rudes, et leur donnent un air ou plus farouche, ou plus sombre. La voix change aussi en diverses sortes. Car selon que le sang ou les esprits coulent plus ou moins dans le poumon, dans les muscles qui l'agitent et dans la trachée-artère par où il respire l'air, ces parties, ou dilatées, ou pressées diversement, poussent tantôt des sons éclatants, tantôt des cris aigus, tantôt des voix confuses, tantôt de longs gémissements, tantôt des soupirs entrecoupés. Les larmes accompagnent de tels états, lorsque les tuyaux qui en sont la source sont dilatés ou pressés à une certaine mesure. Si le sang refroidi, et par là épaissi, se porte lentement au cerveau, et lui fournit moins de matière d'esprits qu'il ne faut ; ou si, au contraire, étant ému et échauffé plus qu'à l'ordinaire, il en fournit trop, il arrivera tantôt des tremblements et des convulsions, tantôt des langueurs et des défaillances. Les muscles se relâcheront, et on se sentira prêt à tomber. Ou bien les fibres mêmes de la peau qui couvre la tête, faisant alors l'effet des muscles et se resserrant excessivement, la peau, se retirant sur elle-même, fera dresser les cheveux, dont elle renferme la racine, et causera ce mouvement qu'on appelle horreur. Les physiciens expliquent en particulier ces altérations ; mais c'est assez pour notre dessein d'en avoir remarqué en général la nature, les causes, les effets et les signes.

Les passions, à les regarder seulement dans le corps, semblent n'être autre chose qu'une agitation extraordinaire des esprits ou du sang, à l'occasion de certains objets qu'il faut fuir ou poursuivre.

Ainsi la cause des passions doit être l'impression et le mouvement qu'un objet de grande force fait dans le cerveau.

De là suit l'agitation et des esprits et du sang, dont l'effet naturel doit être de disposer le corps de la manière qu'il faut, pour fuir l'objet ou le suivre ; mais cet effet est souvent empêché par accident.

Les signes des passions, qui en sont aussi des effets, mais moins principaux, c'est ce qui en paraît au dehors : tels sont les larmes, les cris et les autres changements, tant de la voix que des yeux et du visage.

Car comme il est de l'institution de la nature que les passions des uns fassent impression sur les autres, par exemple que la tristesse de l'un excite la pitié de l'autre ; que, lorsque l'un est disposé à faire du mal par la colère, l'autre soit disposé, en même temps, ou à la défense, ou à la retraite et ainsi du reste : il a fallu que les passions n'eussent pas seulement de certains effets au dedans, mais qu'elles eussent encore au dedans chacune son propre caractère dont les autres hommes pussent être frappés.

Et cela paraît tellement du dessein de la nature qu'on trouve sur le visage une infinité de nerfs et de muscles dont on ne reconnaît point d'autre usage que d'en tirer en divers sens toutes les parties, et d'y peindre les passions par la secrète correspondance de leurs mouvements avec les mouvements intérieurs.

XIII. — La correspondance de toutes les parties.

Il nous reste encore à considérer le consentement de toutes les parties du corps pour s'entr'aider mutuellement et pour la défense du tout. Quand on tombe d'un côté, la tête, le cou et tout le corps se tournent à l'opposite. De peur que la tête ne se heurte, les mains se jettent devant elle et s'exposent aux coups qui la briseraient. Dans la lutte on voit le coude se présenter comme un bouclier devant le visage, les paupières se ferment pour garantir l'œil. Si on est fortement penché d'un côté, le corps se porte de l'autre pour faire le contre-poids, et se balance lui-même en diverses manières pour prévenir une chute ou pour la rendre moins incommode. Par la même raison, si on porte un grand poids d'un des côtés, on se sert de l'autre pour contre-peser. Une femme qui porte un seau d'eau pendu à la droite étend le bras gauche, et se penche de ce côté-là. Celui qui porte sur le dos se penche en avant ; et, au contraire, quand on porte sur la tête, le corps naturellement se tient droit. Enfin il ne manque jamais de se situer de la manière la plus convenable pour se soutenir ; en sorte que les parties ont toujours un même centre de gravité qu'on prend au juste, comme si on savait la mécanique. A cela on peut rapporter certains effets des passions que nous avons remarqués. Enfin il est visible que les parties du corps sont disposées à se prêter un secours mutuel et à concourir ensemble à la conservation de leur tout.

Tant de mouvements si bien ordonnés et si forts, selon les règles de la mécanique, se font en nous sans science, sans raisonnement et sans réflexion ; au contraire, la réflexion ne ferait ordinairement qu'embarrasser. Nous verrons dans la suite qu'il se fait en nous, sans que nous le sachions ou que nous le sentions, une infinité de mouvements semblables. La prunelle s'élargit ou se rétrécit de la manière la plus convenable à nous donner plus ou moins de jour ; l'œil s'aplatit et s'allonge, selon que nous avons besoin de voir de loin ou de près. La glotte s'élargit ou s'étrécit, selon les tons qu'elle doit former. La bouche se dispose et la langue se remue comme il faut pour les différentes articulations. Un petit enfant, pour tirer des mamelles de sa nourrice la liqueur dont il se nourrit, ajuste aussi bien ses lèvres et sa langue que s'il savait l'art des pompes aspirantes ; ce qu'il fait même en dormant, tant la nature a voulu nous faire voir que ces choses n'avaient pas besoin de notre attention.

Mais moins il y a d'adresse et d'art, de notre côté, dans des mouvements si proportionnés et si justes, plus il en paraît dans celui qui a si bien disposé toutes les parties de notre corps.

XIV. — Récapitulation, où sont ramassées les propriétés de l'âme et du corps.

Par les choses qui ont été dites, il est aisé de comprendre la différence de l'âme et du corps; et il n'y a qu'à considérer les diverses propriétés que nous y avons remarquées.

Les propriétés de l'âme sont : voir, ouïr, goûter, sentir, imaginer ; avoir du plaisir ou de la douleur, de l'amour ou de la haine, de la joie ou de la tristesse, de la crainte ou de l'espérance ; assurer, nier, douter, raisonner, réfléchir et considérer, comprendre, délibérer, se résoudre, vouloir ou ne vouloir pas. Toutes choses qui dépendent du même principe et que nous avons entendues très-distinctement sans nommer le corps, si ce n'est comme l'objet que l'âme aperçoit ou comme l'organe dont elle se sert.

La marque que nous entendons distinctement ces opérations de notre âme, c'est que jamais nous ne prenons l'une pour l'autre. Nous ne prenons point le doute pour l'assurance, ni affirmer pour nier, ni raisonner pour sentir ; nous ne confondons pas l'espérance avec le désespoir, ni la crainte avec la colère, ni la volonté de vivre selon la raison avec celle de vivre selon les sens et les passions.

Ainsi nous connaissons distinctement les propriétés de l'âme. Voyons maintenant celles du corps.

Les propriétés du corps, c'est-à-dire des parties qui le composent, sont d'être étendues plus ou moins, d'être agitées plus vite ou plus lentement, d'être ouvertes ou d'être fermées, dilatées ou pressées, tendues ou relâchées, jointes ou séparées les unes des autres, épaisses ou déliées, capables d'être insinuées en certains endroits plutôt qu'en d'autres.

Choses qui appartiennent au corps et qui en font manifestement la nourriture, l'augmentation, la diminution, le mouvement et le repos.

En voilà assez pour connaître la nature de l'âme et du corps et l'extrême différence de l'un et de l'autre.

CHAPITRE TROISIÈME.

DE L'UNION DE L'AME ET DU CORPS.

I. — L'âme est naturellement unie au corps.

Il a plu néanmoins à Dieu que des natures si différentes fussent étroitement unies. Et il était convenable, afin qu'il y eût de toutes sortes d'êtres dans le monde, qu'il s'y trouvât et des corps qui ne fussent unis à aucun esprit, tels que sont la terre et l'eau et les autres de cette nature; et des esprits qui, comme Dieu même, ne fussent unis à aucun corps, tels que sont les anges; et aussi des esprits unis à un corps, tels qu'est l'âme raisonnable, à qui, comme à la dernière de toutes les créatures intelligentes, il devait échoir en partage ou plutôt convenir naturellement de faire un même tout avec le corps qui lui est uni.

Ce corps, à le regarder comme organique, est un par la proportion et la correspondance de ses parties ; de sorte qu'on peut l'appeler un même organe, de même et à plus forte raison qu'un luth ou un orgue est appelé un seul instrument. D'où il résulte que l'âme lui doit être unie en son tout, parce qu'elle lui est unie comme à un seul organe parfait dans sa totalité.

II. — Deux effets principaux de cette union et deux genres d'opérations dans l'âme.

C'est cette union admirable de notre corps et de notre âme que nous avons à considérer. Et quoiqu'il soit difficile et peut-être impossible à l'esprit humain d'en pénétrer le secret, nous en voyons pourtant quelque fondement dans les choses qui ont été dites.

Nous avons distingué dans l'âme deux sortes d'opérations: les opérations sensitives et les opérations intellectuelles ; les unes attachées à l'altération et au mouvement des organes corporels, les autres supérieures au corps et nées pour le gouverner.

Car il est visible que l'âme se trouve assujettie par ses sensations aux dispositions corporelles; et il n'est pas moins clair que, par le commandement de la volonté, guidée par l'intelligence, elle remue les bras, les jambes, la tête, et enfin transporte tout le corps.

Que si l'âme n'était simplement qu'intellectuelle, elle serait tellement au-dessus du corps qu'on ne saurait par où elle y devrait tenir; mais parce qu'elle est sensitive, c'est-à-dire jointe à un corps, et par là chargée de veiller à sa conservation et à sa défense, elle a dû être unie au corps par cet endroit-là, ou, pour mieux dire, par toute sa substance, puisqu'elle est indivisible et qu'on peut bien en distinguer les opérations, mais non pas la partager dans son fond.

Dès là que l'âme est sensitive, elle est sujette au corps de ce côté-là, puisqu'elle souffre de ses mouvements, et que les sensations, les unes fâcheuses et les autres agréables, y sont attachées.

De là suit que l'âme, qui remue les membres et tout le corps par sa volonté, le gouverne comme une chose qui lui est intimement unie, qui la fait souffrir elle-même, lui cause des plaisirs et des douleurs extrêmement vives.

Or, l'âme ne peut mouvoir le corps que par sa volonté, qui naturellement n'a nul pouvoir sur le corps, comme le corps ne peut naturellement rien sur l'âme pour la rendre heureuse ou malheureuse; les deux substances étant de nature si différente que l'une ne pourrait rien sur l'autre si Dieu, créateur de l'une et de l'autre, n'avait, par sa volonté souveraine, joint ces deux substances par la dépendance mutuelle de l'une à l'égard de l'autre ; ce qui est une espèce de miracle perpétuel, général et subsistant, qui paraît dans toutes les sensations de l'âme et dans tous les mouvements volontaires du corps.

Voilà ce que nous pouvons entendre de l'union de l'âme

avec le corps, et elle se fait remarquer principalement par deux effets.

Le premier est que de certains mouvements du corps suivent certaines pensées ou sentiments dans l'âme ; et le second, réciproquement, qu'à une certaine pensée ou sentiment qui arrive à l'âme sont attachés certains mouvements qui se font en même temps dans le corps : par exemple de ce que les chairs sont coupées, c'est-à-dire séparées les unes des autres, ce qui est un mouvement dans les corps, il arrive que je sens en moi la douleur, que nous avons vu être un sentiment de l'âme ; et de ce que j'ai dans l'âme la volonté que ma main soit remuée, il arrive qu'elle l'est en effet au même moment.

Le premier de ces deux effets paraît dans les opérations où l'âme est assujettie au corps, qui sont les opérations sensitives ; et le second paraît dans les opérations où l'âme préside au corps, qui sont les opérations intellectuelles.

Considérons ces deux effets l'un après l'autre. Voyons, avant toutes les choses, ce qui se fait dans l'âme ensuite des mouvements du corps ; et nous verrons après ce qui arrive dans le corps ensuite des pensées de l'âme.

III. — Les sensations sont attachées à des mouvements corporels qui se font en nous.

Et d'abord il est clair que tout ce qu'on appelle sentiment ou sensation, je veux dire la perception des couleurs, des sons, du bon et du mauvais goût, du chaud et du froid, de la faim et de la soif, du plaisir et de la douleur, suivent les mouvements et l'impression que font les objets sensibles sur nos organes corporels.

Mais pour entendre plus distinctement par quels moyens cela s'exécute, il faut supposer plusieurs choses constantes :

La première, qu'en toute sensation il se fait un contact et une impression réelle et matérielle sur nos organes, qui vient ou immédiatement ou originairement de l'objet.

Et déjà, pour le toucher et le goût, le contact y est palpable et immédiat. Nous ne goûtons que ce qui est immédiatement appliqué à notre langue ; et à l'égard du toucher, le mot l'emporte, puisque toucher et contact c'est la même chose.

Et encore que le soleil et le feu nous échauffent étant éloignés, il est clair qu'ils ne font impression sur notre corps qu'en la faisant sur l'air qui le touche. Le même se doit dire du froid ; et ainsi ces deux sensations appartenantes au toucher se font par l'application et l'attouchement de quelque corps.

On doit croire que si le goût et le toucher demandent un contact réel, il ne sera pas moins dans les autres sens, quoiqu'il y soit plus délicat.

Et l'expérience le fait voir même dans la vue, où le contact des objets et l'ébranlement de l'organe corporel parait le moins ; car on peut aisément sentir, en regardant le soleil, combien ses rayons directs sont capables de nous blesser ; ce qui ne peut venir que d'une trop violente agitation des parties qui composent l'œil. Cette agitation, causée par l'union des rayons dans le cristallin, a un point brûlant qui aveuglerait, c'est-à-dire brûlerait l'organe de la vision, si on s'opiniâtrait à regarder fixement le soleil.

Mais encore que ces rayons nous blessent moins étant réfléchis, le coup en est souvent très-fort, et le seul effet du blanc nous fait sentir que les couleurs ont plus de force que nous ne pensons pour nous émouvoir ; car il est certain que le blanc frappe fortement les nerfs optiques. C'est pourquoi cette couleur blesse la vue ; ce qui parait tellement à ceux qui voyagent parmi les neiges pendant que la campagne en est couverte, qu'ils sont contraints de se défendre contre l'effort que cette blancheur fait sur les yeux en les couvrant de quelque verre, sans quoi ils perdraient la vue. Les ténèbres, qui font sur nous le même effet que le noir, nous font perdre la vue d'une autre sorte, lorsque les nerfs optiques, par une longue désaccoutumance de souffrir la lumière même réfléchie, sont exposés tout à coup à une grande lumière dans un lieu où tout est blanc ; ou lorsque, après une longue captivité dans un lieu parfaitement ténébreux, faute d'exercice, ils s'affaissent et se flétrissent, et par là deviennent immobiles et incapables d'être ébranlés par les objets. On sent aussi, à la longue, qu'un noir trop foncé fait beaucoup de mal ; et par l'effet sensible de ces deux couleurs principales, on peut juger de celui de toutes les autres.

Quant aux sons, l'agitation de l'air et le coup qui en vient à notre oreille sont choses trop sensibles pour être révoquées en doute. On se sert du son des cloches pour dissiper les nuées. Souvent de grands cris ont tellement fendu l'air que les oiseaux en sont tombés; d'autres ont été jetés par terre par le seul vent d'un boulet. Et peut-on avoir peine à croire que les oreilles soient agitées par le bruit, puisque même les bâtiments en sont ébranlés et qu'on les en voit trembler? On peut juger par là de ce que fait une plus douce agitation sur des parties plus délicates.

Cette agitation de l'air est si palpable qu'elle se fait même sentir en d'autres parties du corps. Chacun peut remarquer ce que certains sons, comme celui d'un orgue ou d'une basse de viole, font sur son corps. Les paroles se font sentir aux extrémités des doigts situés d'une certaine façon; et on peut croire que les oreilles, formées pour recevoir cette impression, la recevront aussi beaucoup plus forte.

L'effet des senteurs nous paraît par l'impression qu'elles font sur la tête. De plus, on ne verrait pas les chiens suivre le gibier en flairant les endroits où il a passé, s'il ne restait quelques vapeurs sorties de l'animal poursuivi. Et quand on brûle des parfums, on en voit la fumée se répandre dans toute une chambre, et l'odeur se fait sentir en même temps que la vapeur vient à nous. On doit croire qu'il sort des fumées à peu près de même nature, quoique imperceptibles, de tous les corps odoriférants, et que c'est ce qui cause tant de bons et de mauvais effets dans le cerveau. Car il faut apprendre à juger des choses qui ne se voient pas par celles qui se voient.

IV. — *Les mouvements corporels qui se font en nous dans les sensations viennent des objets par le milieu.*

Il est donc vrai qu'il se fait dans toutes nos sensations une impression réelle et corporelle sur nos organes; mais nous avons ajouté qu'elle vient immédiatement ou originairement de l'objet.

Elle en vient immédiatement dans le toucher et dans le goût, où l'on voit les corps appliqués par eux-mêmes à nos organes. Elle en vient originairement dans les autres sensations où l'application de l'objet n'est pas immédiate, mais où le mouvement qui se fait en vient jusqu'à nous tout à travers de l'air par une parfaite continuité.

C'est ce que l'expérience nous découvre aussi certainement que tout le reste que nous avons dit. Un corps interposé m'empêche de voir le tableau que je regardais. Quand le milieu est transparent, selon la nature dont il est, l'objet vient à moi différemment. L'eau qui rompt la ligne droite le courbe à mes yeux. Les verres, selon qu'ils sont colorés ou taillés, en changent les couleurs, les grandeurs et les figures : l'objet ou se grossit ou s'apetisse, ou se renverse ou se redresse, ou se multiplie. Il faut donc premièrement qu'il se commence quelque chose sur l'objet même, et c'est, par exemple, à l'égard de la vue la réflexion de quelque rayon du soleil ou d'un autre corps lumineux ; il faut secondement que cette réflexion, qui se commence à l'objet, se continue tout à travers de l'air jusqu'à mes yeux ; ce qui montre que l'impression qui se fait sur moi vient originairement de l'objet même.

Il en est de même de l'agitation qui cause les sons et de la vapeur qui excite les senteurs. Dans l'ouïe, le corps résonnant qui cause le bruit doit être agité, et on y sent au doigt, par un attouchement très-léger tant que le bruit dure, un trémoussement qui cesse quand la main presse davantage. Dans l'odorat, une vapeur doit s'exhaler du corps odoriférant ; et dans l'un et dans l'autre sens, si le corps qui agite l'air rompt le coup qui venait à nous, nous ne sentons rien.

Ainsi dans les sensations, à n'y regarder seulement que ce qu'il y a dans le corps, nous trouvons trois choses à considérer: l'objet, le milieu et l'organe même : par exemple, les yeux et les oreilles.

V. — **Les mouvements de nos corps auxquels les sensations sont attachées sont les mouvements des nerfs.**

Mais comme ces organes sont composés de plusieurs parties, pour savoir précisément quelle est celle qui est le propre instrument destiné par la nature pour les sensations, il ne faut que se souvenir qu'il y a en nous certains petits filets qu'on appelle nerfs, qui prennent leur origine dans le cerveau, et qui de là se répandent dans tout le corps.

Souvenons-nous aussi qu'il y a des nerfs particuliers attribués par la nature à chaque sens. Il y en a pour les yeux, pour les oreilles, pour l'odorat, pour le goût; et comme le toucher se répand par tout le corps, il y a aussi des nerfs répandus partout dans les chairs. Enfin il n'y a point de sentiment où il n'y a point de nerfs, et les parties nerveuses sont les plus sensibles. C'est pourquoi tous les philosophes sont d'accord que les nerfs sont le propre organe des sens.

Nous avons vu outre cela que les nerfs aboutissent tous au cerveau, et qu'ils sont pleins des esprits qu'il y envoie continuellement; ce qui doit les tenir toujours tendus en quelque manière pendant que l'animal veille. Tout cela supposé, il sera facile de déterminer le mouvement précis auquel la sensation est attachée; et enfin tout ce qui regarde tant la nature que l'usage des sensations, en tant qu'elles servent au corps et à l'âme.

C'est ce qui sera expliqué en douze propositions, dont les six premières feront voir les sensations attachées à l'ébranlement des nerfs, et les six autres expliqueront l'usage que l'âme fait des sensations, et l'instruction qu'elle en reçoit tant pour le corps que pour elle-même.

VI. — Six propositions qui expliquent comment les sensations sont attachées à l'ébranlement des nerfs.

I. Proposition. — *Les nerfs sont ébranlés par les objets du dehors qui frappent les sens.*

C'est de quoi on ne peut douter dans le toucher, où l'on voit des corps appliqués immédiatement sur le nôtre, qui, étant en mouvement, ne peuvent manquer d'ébranler les nerfs qu'ils trouvent répandus partout. L'air chaud ou froid qui nous environne doit avoir un effet semblable. Il est clair que l'un dilate les parties du corps et que l'autre les resserre; ce qui ne peut être sans quelque ébranlement des nerfs. Le même doit arriver dans les autres sens, où nous avons vu que l'altération de l'organe n'est pas moins réelle. Ainsi les nerfs de la langue seront touchés et ébranllés par le suc exprimé des viandes ; les nerfs *auditifs*, par l'air qui s'agite au mouvement des corps résonnants ; les nerfs de l'odorat, par les vapeurs qui sortent des corps ; les nerfs optiques, par les rayons ou directs ou réfléchis du soleil, ou d'un autre corps lumineux ; autrement les coups que nous recevons non-seulement du soleil trop fixement regardé, mais encore du blanc, ne seraient pas aussi forts que nous les avons remarqués. Enfin, généralement, dans toutes les sensations les nerfs sont frappés par quelque objet ; et il est aisé d'entendre que des filets si déliés et si bien tendus ne peuvent manquer d'être ébranlés aussitôt qu'ils sont touchés avec quelque force.

II. Proposition. — *Cet ébranlement des nerfs frappés par les objets se continue jusqu'au dedans de la tête et du cerveau.*

La raison est que les nerfs sont continués jusque-là ; ce qui fait qu'ils portent au dedans le mouvement et les impressions qu'ils reçoivent du dehors.

Cela s'entend en quelque manière par le mouvement d'une corde ou d'un filet bien tendu, qu'on ne peut mouvoir à une de ses extrémités sans que l'autre soit ébranlée à l'instant, à moins qu'on n'arrête le mouvement au milieu.

Les nerfs sont semblables à cette corde ou à ce filet, avec cette différence qu'ils sont sans comparaison plus déliés et pleins outre cela d'un esprit très-vif et très-vite, c'est-à-dire d'une subtile vapeur qui coule sans cesse au dedans et les tient tendus, de sorte qu'ils sont remués par les moindres impressions du dehors, et les porte fort promptement au dedans de la tête, où est leur racine.

III. Proposition. — *Le sentiment est attaché à cet ébranlement des nerfs.*

Il n'y a point en cela de difficulté. Et puisque les nerfs sont le propre organe des sens, il est clair que c'est à l'impression qui se fait dans cette partie que la sensation doit être attachée.

De là il doit arriver qu'elle s'excite toutes les fois que les nerfs sont ébranlés, qu'elle dure autant que dure l'ébranlement des nerfs ; et au contraire que les mouvements qui n'ébranlent point les nerfs ne sont point sentis : et l'expérience fait voir que la chose arrive ainsi,

Premièrement nous avons vu qu'il y a toujours quelque contact de l'objet, et par là quelque ébranlement dans les nerfs, lorsque la sensation s'excite.

Et sans même qu'aucun objet extérieur frappe nos oreilles, nous y sentons certains bruits qui ne peuvent guère arriver que de ce que, par quelque cause interne que ce soit, le tympan est ébranlé ; ce qui fait sentir des tintements plus ou moins clairs ou des bourdonnements plus ou moins graves, selon que les nerfs sont diversement touchés.

Par une raison semblable, on voit des étincelles de lumière s'exciter au mouvement de l'œil frappé ou de la tête heurtée ; et rien ne les fait paraître que l'ébranlement causé par ces coups dans les nerfs, semblable à celui auquel la perception de la lumière est naturellement attachée.

Et ce qui le justifie, ce sont ces couleurs changeantes que nous continuons de voir, même après avoir fermé les yeux lorsque nous les avons tenus quelque temps arrêtés sur une grande lumière ou sur un objet mêlé de différentes couleurs, surtout quand elles sont éclatantes.

Comme alors l'ébranlement des nerfs optiques a dû être fort violent, il doit durer quelque temps, quoique plus faible, après que l'objet est disparu. C'est ce qui fait que la perception d'une grande et vive lumière se tourne en couleurs plus douces, et que l'objet qui nous avait éblouis par ses couleurs variées nous laisse, en se retirant, quelques restes d'une semblable vision.

Si ces couleurs semblent vaguer au milieu de l'air, si elles s'affaiblissent peu à peu, si enfin elles se dissipent, c'est que le coup que donnait l'objet présent ayant cessé, le mouvement qui reste dans le nerf est moins fixe, qu'il se ralentit, et enfin qu'il cesse tout à fait.

La même chose arrive à l'oreille lorsque, étonnée par un grand bruit, elle en conserve quelque sentiment après même que l'agitation a cessé dans l'air.

C'est par la même raison que nous continuons quelque temps à avoir chaud, dans un air froid, et à avoir froid dans un air chaud, parce que l'impression causée dans les nerfs par la présence de l'objet subsiste encore.

Supposé, par exemple, que l'altération que cause le feu dans ma main et dans les nerfs qu'il y rencontre soit une grande agitation de toutes les parties qui irait enfin à les dissoudre et à les réduire en cendres; et, au contraire, que l'impression qu'y fait le froid soit d'arrêter le mouvement des parties, en les tenant pressées les unes contre les autres, ce qui causerait à la fin un entier engourdissement, il est clair que, tant que dure cette altération, le sentiment du froid et du chaud doit durer aussi, quoique je me sois retiré de l'air glacé et de l'air brûlant.

Mais comme après qu'on a éloigné les objets qui faisaient cette impression sur les organes elle s'affaiblit, et que ces organes reviennent peu à peu à leur état naturel, il doit aussi arriver que la sensation diminue, et la chose ne manque pas de se faire ainsi.

Ce qui fait durer si longtemps la douleur de la goutte ou de la colique, c'est la continuelle régénération de l'humeur mordicante qui la fait naître, et qui ne cesse de picoter ou de tirailler les parties que la présence des nerfs rend sensibles.

La douleur de la faim et de la soif vient d'une cause semblable. Ou le gosier desséché se resserre et tire les nerfs, ou le dissolvant que l'estomac rend par les glandes dont il est comme pavé dans son fond pour y faire la digestion des viandes, se tourne contre lui et pique ses nerfs, jusqu'à ce qu'on leur ait donné, en mangeant, une matière plus propre à recevoir son action.

Pour la douleur d'une plaie si elle se fait sentir longtemps après le coup donné, c'est à cause de l'impression violente qu'il a faite sur la partie, et à cause de l'inflammation et des accidents qui surviennent, par lequel le picotement des nerfs est continué.

Il est donc vrai que le sentiment l'élève par le mouvement du nerf partout où le nerf est ébranlé et dure par la continuation de cet ébranlement. Et il est vrai aussi que les mouvements qui n'ébranlent pas les nerfs ne sont point sentis. Ce qui fait que l'on ne se sent point croître, et qu'on ne sent non plus comment l'aliment s'incorpore à toutes les parties, parce qu'il ne se fait dans ce mouvement aucun ébranlement des nerfs; comme on l'entendra aisément si on considère combien est lente et insensible l'insinuation de l'aliment dans les parties qui le reçoivent.

Ce qui vient d'être expliqué dans cette troisième proposition sera confirmé par les suivantes.

IV. Proposition. — *L'ébranlement des nerfs, auquel le sentiment est attaché, doit être considéré dans toute son étendue, c'est-à-dire en tant qu'il se communique d'une extrémité à l'autre des parties du nerf qui sont frappées au dehors, jusqu'à l'endroit où il sort du cerveau.*

L'expérience le fait voir. C'est pour cela qu'on bande les nerfs au-dessus quand on veut couper au-dessous, afin que le mouvement se porte plus languissamment dans le cerveau et que la douleur soit moins vive. Que si on pouvait tout à fait arrêter le mouvement du nerf au milieu, il n'y aurait point du tout de sentiment.

On voit aussi que, dans le sommeil, on ne sent pas quand on est touché légèrement, parce que les nerfs étant détendus, ou il ne s'y fait aucun mouvement, ou il est trop léger pour se communiquer jusqu'au dedans de la tête.

V. Proposition. — *Quoique le sentiment soit principalement uni à l'ébranlement du nerf au dedans du cerveau, l'âme, qui est présente à tout le corps, rapporte le sentiment qu'elle reçoit à l'extrémité où l'objet frappe.*

Par exemple, j'attribue la vue d'un objet à l'œil tout seul, le goût à la seule langue ou au seul gosier; et si je suis blessé au bout du doigt, je dis que j'ai mal au doigt, sans songer seulement si j'ai un cerveau, ni s'il s'y fait quelque impression.

De là vient qu'on voit souvent que ceux qui ont la jambe coupée ne laissent pas de sentir du mal au bout du pied, de dire qu'il leur démange, et de gratter leur jambe de bois, parce que, le nerf qui répondait au pied et à la jambe étant ébranlé dans le cerveau, il se fait un sentiment que l'âme rapporte à la partie coupée comme si elle subsistait encore.

Et il fallait nécessairement que la chose arrivât ainsi. Car encore que la jambe soit emportée avec les bouts des nerfs qui y étaient, le reste, qui demeure continu avec le cerveau, est capable des mêmes mouvements qu'il avait auparavant, et le cerveau capable d'en recevoir le contre-coup, tant à cause qu'il a été formé pour cela qu'à cause que l'âme est accoutumée à rapporter à certaines parties semblables mouvements. S'il arrive donc que le nerf qui répondait à la jambe, ébranlé par les esprits ou par les humeurs, vienne à faire le mouvement qu'il faisait lorsque la jambe était encore unie au corps, il est clair qu'il se doit exciter en nous un sentiment semblable, et que nous le rapportons encore à la partie à laquelle la nature avait coutume de le rapporter.

Néanmoins cette partie du nerf, issue du cerveau, n'étant plus frappée des objets accoutumés, elle doit perdre insensiblement, et avec le temps, la disposition qu'elle avait à son mouvement ordinaire. Et c'est pourquoi ces douleurs qu'on sent aux parties blessées cessent à la fin. A quoi sert aussi beaucoup la réflexion que nous faisons, que nous n'avons plus ces parties.

Quoi qu'il en soit, cette expérience confirme que le sentiment de l'âme est attaché à l'ébranlement du nerf, en tant qu'il se communique au cerveau, et fait voir aussi que ce sentiment est rapporté naturellement à l'endroit extérieur du corps où se faisait autrefois le contact du nerf et de l'objet.

VI. PROPOSITION. — *Quelques-unes de nos sensations se terminent à un objet; et les autres, non.*

Cette différence des sensations, déjà touchée dans le chapitre de *l'âme*, mérite, par son importance, encore un peu d'explication. Nous n'aurons, pour bien entendre la chose, qu'à écouter nos expériences.

Toutes les fois que l'ébranlement des nerfs vient du dedans, par exemple, lorsque quelque humeur formée au dedans de nous se jette sur quelque partie et y cause de la douleur, nous ne rapportons cette sensation à aucun objet et nous ne savons d'où elle vient.

La goutte nous prend à la main; une humeur âcre picote nos yeux : le sentiment douloureux qui suit de ces mouvements n'a aucun objet.

C'est pourquoi, généralement, dans toutes les sensations que nous rapportons aux parties intérieures de notre corps, nous n'apercevons aucun objet qui les cause; par exemple, les douleurs de tête, ou d'estomac, ou d'entrailles : dans la faim et dans la soif, nous sentons simplement de la douleur en certaines parties; mais une sensation si vive ne nous fait pas regarder un objet, parce que l'ébranlement vient du dedans.

Au contraire, quand l'ébranlement des nerfs vient du dehors, notre sensation ne manque jamais de se terminer à quelque objet qui est hors de nous. Les corps qui nous environnent nous paraissant, dans la vision, comme tapissés par les couleurs ; nous attribuons aux viandes le bon ou le mauvais goût; celui qui est arrêté se sent arrêté par quelque chose, celui qui est battu sent venir les coups de quelque chose qui le frappe. On sent pareillement et les sons et les odeurs comme venus du dehors, et ainsi du reste.

Mais encore que cela s'observe dans toutes ses sensations, ce n'est pas avec la même netteté ; car, par exemple, on ne sent pas si distinctement d'où viennent les sons et les odeurs, qu'on sent d'où viennent les couleurs ou la lumière regardée directement. Donc la raison est que la vision se fait en ligne droite, et que les objets ne viennent à l'œil que du côté où il est tourné; au lieu que les sons et les odeurs viennent de tous côtés indifféremment, et par des lignes souvent rompues au milieu de l'air, qui ne peuvent par conséquent se rapporter à un endroit fixe.

Il faut aussi remarquer, touchant les objets, qu'ordinairement on n'en voit qu'un, quoique le sens ait un double organe. Je dis ordinairement, parce qu'il arrive quelquefois que les deux yeux doublent les objets, et voici sur ce sujet quelle est la règle.

Quand on change la situation naturelle des organes, par exemple, quand on presse l'œil en sorte que les nerfs optiques ne sont point frappés en même sens, alors l'objet paraît double en des lieux différents, quoiqu'en l'un plus obscur qu'en l'autre, de sorte que visiblement il excite deux sensations. Mais quand les deux yeux demeurent dans leur situation, comme deux cordes semblables montées sur un même ton et touchées en même temps ne rendent qu'un même son à notre oreille, ainsi les nerfs des deux yeux, touchés de la même sorte, ne présentent à l'âme qu'un seul objet et ne lui font remarquer qu'une sensation. La raison en est évidente: puisque les deux nerfs touchés de même ont un même rapport à l'objet, ils le doivent par conséquent faire voir tout à fait un, sans aucune diversité ni de couleur, ni de situation, ni de figure.

Il est donc absolument impossible que nous ayons en ce cas deux sensations qui nous paraissent distinctes, parce que leur parfaite ressemblance et leur rapport uniforme au même objet ne permet pas à l'âme de les distinguer; au contraire, elles doivent s'y unir ensemble comme choses qui conviennent en tout point. Et ce qui doit résulter de leur union, c'est qu'elles soient plus fortes étant unies que séparées ; en sorte qu'on voie un peu mieux de deux yeux que d'un, comme l'expérience le montre.

Voilà ce qu'il y avait à considérer sur la nature et les différences des sensations, en temps qu'elles appartiennent au corps et à l'âme et qu'elles dépendent de leur concours. Avant que de passer à l'usage que l'âme en fait pour le corps et pour elle-même, il est bon de recueillir ce qui vient d'être expliqué, et d'y faire un peu de réflexion.

VII. — Réflexions sur la doctrine précédente.

Si nous l'avons bien compris, nous avons vu qu'il se fait en toutes les sensations un mouvement enchaîné qui commence à l'objet et se termine au dedans du cerveau.

Il n'est pas besoin de parler ni du toucher ni du goût, où l'application de l'objet est immédiate, et trop palpable pour être niée. A l'égard des trois autres sens, nous avons dit que dans la vue le rayon doit se réfléchir de dessus l'objet ; que dans l'ouïe le corps résonnant doit être agité; enfin, que dans l'odorat une vapeur doit s'exhaler du corps odoriférant.

Voilà donc un mouvement qui se commence à l'objet; mais ce n'est rien s'il ne continue dans tout le milieu qui est entre l'objet et nous.

C'est ici que nous avons remarqué ce que peuvent les vents et l'eau, et les autres corps interposés, opaques et non transparents, pour empêcher les objets et leur effet naturel.

Mais posons qu'il n'y ait rien dans le milieu qui empêche le mouvement de se continuer jusqu'à moi; ce n'est pas assez. Si je ferme les yeux ou que je bouche les oreilles et les narines, les rayons réfléchis, et l'air agité, et la vapeur exhalée, viendront à moi inutilement. Il faut donc que ce mouvement, qui a commencé à l'objet et s'est étendu dans le milieu, se continue encore dans les organes. Et nous avons reconnu qu'il se pousse le long des nerfs jusques au dedans du cerveau.

Toute cette suite de mouvements enchaînés et continués est nécessaire pour la sensation, et c'est après tout cela qu'elle s'excite dans l'âme.

Mais le secret de la nature, ou, pour mieux parler, celui de Dieu, est d'exciter la sensation où l'enchaînement finit, c'est-à-dire, où le nerf ébranlé aboutit au cerveau, et de faire qu'elle soit rapportée à l'endroit où l'enchaînement commence, c'est-à-dire à l'objet même, comme nous l'avons expliqué.

Par là il sera aisé d'entendre de quoi nous instruisent les sensations et à quoi nous sert cette instruction, tant pour le corps que pour l'âme.

Pour cela remettons-nous bien dans l'esprit les quatre choses que nous venons d'observer dans les sensations, c'est-à-dire, ce qui se fait dans l'objet, ce qui se fait dans le milieu, ce qui se fait dans nos organes, ce qui se fait dans notre âme, c'est-à-dire la sensation elle-même, dont tout le reste a été la préparation.

VIII.—Six propositions, qui font voir de quoi l'âme est instruite par les sensations, et l'usage qu'elle en fait tant pour le corps que pour elle-même.

I. PROPOSITION. — *Ce qui se fait dans les nerfs, c'est-à-dire l'ébranlement auquel le sentiment est attaché, n'est ni senti ni connu.*

Quand nous voyons, quand nous écoutons ou que nous goûtons, nous ne sentons ni ne connaissons en aucune manière ce qui se fait dans notre corps ou dans nos nerfs et dans notre cerveau, ni même si nous avons un cerveau et des nerfs. Tout ce que nous apercevons, c'est qu'à la présence de certains objets il s'excite en nous divers sentiments : par exemple, ou un sentiment de plaisir, ou un sentiment de douleur, ou un bon, ou un mauvais goût ; et ainsi du reste. Ce bon ou ce mauvais goût se trouve attaché à certains mouvements des organes, c'est-à-dire des nerfs ; mais ce bon et ce mauvais goût ne nous fait rien sentir ni apercevoir de ce qui se fait dans les nerfs. Tout ce que nous en savons nous vient du raisonnement, qui n'appartient pas à la sensation et n'y sert de rien.

II. Proposition. — *Non-seulement nous ne sentons pas ce qui se fait dans nos nerfs, c'est-à-dire leur ébranlement ; mais nous ne sentons non plus ce qu'il y a dans l'objet qui le rend capable de les ébranler, ni ce qui se fait dans le milieu par où l'impression de l'objet vient jusqu'à nous.*

Cela est constant par l'expérience. La vue ne nous rapporte pas les diverses réflexions de la lumière qui se font dans les objets, et dont nos yeux sont frappés ; ni comme il faut que l'objet ou le milieu soient faits pour être opaques ou transparents, pour causer les réflexions ou les réfractions et les autres accidents semblables ; ni pourquoi le blanc ébranle si fortement nos nerfs, et ainsi des autres couleurs. L'ouïe ne nous fait sentir ni l'agitation de l'air, ni celle des corps résonnants, que nous pourrions ignorer, si nous ne la savions d'ailleurs ou par les réflexions de notre esprit, ou même par l'ébranlement de tout le corps et par la douleur de l'oreille, comme on éprouve au moment d'un coup de canon tiré de près ; mais alors c'est par le toucher qu'on reçoit cette impression. L'odorat ne nous dit rien des vapeurs qui nous affectent ; ni le goût, des sucs exprimés sur notre langue, ni comment ils doivent être faits pour nous causer du plaisir ou de la douleur, de la douceur ou de l'aigreur, ou de l'amertume. Enfin, le toucher ne nous apprend pas ce qui fait que l'air chaud ou froid dilate ou ferme nos pores, et cause à tout notre corps, principalement à nos nerfs, des agitations si différentes.

Lorsque nous nous sentons enfoncer dans l'eau et dans les corps mous, ce qui nous fait sentir cet enfoncement, c'est que le froid ou le chaud que nous ne sentions qu'à une partie s'étend plus avant ; mais pour savoir ce qui fait que ce corps nous cède, le sens ne nous en dit mot.

Il ne nous dit non plus pourquoi les corps nous résistent ; et, à regarder la chose de près, ce que nous sentons alors c'est seulement la douleur qui s'excite, ou qui se commence par la rencontre des corps durs et mal polis dont la dureté blesse le nôtre plus tendre.

Si l'eau et les corps humides s'attachent à notre peau et s'y font sentir, le sens ne découvre pas la délicatesse de leurs parties, qui les rend capables de mouiller notre peau et de s'y tenir attachées, ni pourquoi les corps secs n'en font autant qu'étant réduits en poussière, ni d'où vient la différence que nous sentons entre la poudre et les gouttes d'eau qui s'attachent à notre main. Tout cela n'est point aperçu précisément par le toucher, et enfin aucun de nos sens ne peut seulement soupçonner pourquoi il est touché par ces objets.

Toutes les choses que je viens de remarquer n'ont besoin pour être entendues que d'une simple exposition. Mais on ne peut se la faire à soi-même trop claire ni trop précise si on veut comprendre la différence du sens et de l'entendement, dont on est sujet à confondre les opérations.

III. PROPOSITION. — *En sentant, nous apercevons seulement la sensation elle-même, mais quelquefois terminée à quelque chose que nous appelons objet.*

Pour ce qui est de la sensation, il n'est pas besoin de prouver qu'elle est aperçue en sentant. Chacun en est à soi-même un bon témoin, et celui qui sent n'a pas besoin d'en être averti.

C'est pourtant par quelque autre chose que la sensation que nous connaissons la sensation. Car elle ne peut pas réfléchir sur elle-même et se tourne toute à l'objet auquel elle est terminée.

Ainsi le vrai effet de la sensation est de nous aider à discerner les objets. En effet, nous distinguons les choses qui nous touchent ou nous environnent par les sensations qu'elles nous excitent ; et c'est comme une enseigne que la nature nous a donnée pour les connaître.

Mais avec tout cela, il paraît, par les choses qui ont été dites, qu'en vertu de la sensation précisément prise, nous ne connaissons rien du tout au fond de l'objet. Nous ne savons ni de quelles parties il est composé, ni quel en est l'arrangement, ni pourquoi il est propre à nous renvoyer les rayons, ou à exhaler certaines vapeurs, ou à exciter dans l'air tant de divers mouvements qui font la diversité des sons, et ainsi du reste. Nous remarquons seulement que nos sensations se terminent à quelque chose hors de nous, dont pourtant nous ne savons rien, sinon qu'à sa présence il se fait en nous un certain effet, qui est la sensation.

Il semblerait qu'une perception de cette nature ne serait

guère capable de nous instruire. Nous recevons pourtant de grandes instructions par le moyen de nos sens ; et voici comment.

IV. Proposition. — *Les sensations servent à l'âme à s'instruire de ce qu'elle doit ou rechercher ou fuir pour la conservation du corps qui lui est uni.*

L'expérience justifie cet usage des sensations ; et c'est peut-être la première fin que la nature se propose en nous les donnant ; mais à cela il faut ajouter ce qui suit :

V. Proposition. — *L'instruction que nous recevons par les sensations serait imparfaite, ou plutôt nulle, si nous n'y joignions la raison.*

Ces deux propositions seront éclaircies toutes deux ensemble, et il ne faut que s'observer soi-même pour les entendre.

La douleur nous fait connaître que tout le corps ou quelqu'une de ses parties est mal disposée, afin que l'âme soit sollicitée à fuir ce qui cause le mal et à y donner remède.

C'est pourquoi il a fallu que la douleur se rapportât, ainsi qu'il a été dit, à la cause externe et à la partie offensée, parce que l'âme est instruite par ce moyen à appliquer le remède où est le mal.

Il en est de même du plaisir ; celui que nous avons à manger et à boire nous sollicite à donner au corps les aliments nécessaires, et nous fait employer à cet usage les parties où nous ressentons le plaisir du goût.

Car les choses sont tellement disposées que ce qui est convenable au corps est accompagné de plaisir, comme ce qui lui est nuisible est accompagné de douleur : de sorte que le plaisir et la douleur servent à intéresser l'âme dans ce qui regarde le corps, et l'obligent à chercher les choses qui en font la conservation.

Ainsi, quand le corps a besoin de nourriture ou de rafraîchissement, il se fait en l'âme une douleur qu'on appelle faim et soif, et cette douleur nous sollicite à manger et à boire.

Le plaisir s'y mêle aussi pour nous y engager plus doucement. Car outre que nous sentons du plaisir à faire cesser la douleur de la faim et de la soif, le manger et le boire nous causent d'eux-mêmes un plaisir particulier qui nous pousse encore davantage à donner au corps les choses dont il a besoin.

C'est en cette sorte que le plaisir et la douleur servent à l'âme d'instruction pour lui apprendre ce qu'elle doit au corps; et cette instruction est utile, pourvu que la raison y préside. Car le plaisir, de lui-même, est un trompeur; et quand l'âme s'y abandonne sans raison, il ne manque jamais de l'égarer, non-seulement en ce qui la touche, comme quand il lui fait abandonner la vertu; mais encore en ce qui regarde le corps, puisque souvent la douceur du goût nous porte à manger et à boire tellement à contre-temps que l'économie du corps en est troublée.

Il y a aussi des choses qui nous causent beaucoup de douleur, et toutefois qui ne laissent pas d'être dans la suite un grand remède à nos maux.

Enfin, toutes les autres sensations qui se font en nous servent à nous instruire; car chaque sensation différente présuppose naturellement quelque diversité dans les objets. Ainsi ce que je vois jaune est autre que ce que je vois vert; ce qui est amer au goût est autre que ce qui est doux; ce que je sens chaud est autre que ce que je sens froid. Et si un objet qui me causait une sensation commence à m'en causer une autre, je connais par là qu'il y est arrivé quelque changement. Si l'eau qui me semble froide commence à me sembler chaude, c'est que depuis elle aura été mise sur le feu. Et cela c'est discerner les objets, non point en eux-mêmes, mais par les effets qu'ils font sur nos sens, comme par une marque posée au dehors. A cette marque l'âme distingue les choses qui sont autour d'elle, et juge par quel endroit elles peuvent faire du bien ou du mal au corps.

Mais il faut encore en cela que la raison nous dirige, sans quoi nos sens pourraient nous tromper. Car le même objet, vu à même distance, me paraît grand dès que je l'estime plus éloigné, et me paraît moindre dès que je l'estime plus près: par exemple, la lune me paraît plus grande vue à l'horizon, et plus petite quand elle est fort élevée, quoiqu'en l'une et en l'autre position elle doit être précisément sous le même angle, c'est-à-dire à même distance. Le même bâton qui me paraît droit dans l'air, me paraît courbe dans l'eau. La même eau, quand elle est tiède, si j'ai la main chaude, me paraît froide ; et si je l'ai froide, me paraît chaude. Tout me paraît vert à travers un verre de cette couleur ; et par la même raison tout me paraît jaune lorsque la bile, jaune elle-même, s'est répandue sur mes yeux. Quand la même humeur se jette sur la langue, tout me paraît amer. Lorsque les nerfs qui servent à la vue et à l'ouïe sont agités au dedans, il se forme des étincelles, des couleurs, des bruits confus, ou des tintements qui ne sont attachés à aucun objet sensible : les illusions de cette sorte sont infinies.

L'âme serait donc souvent trompée si elle se fiait à ses sens, sans consulter la raison. Mais elle peut profiter de leur erreur ; et toujours, quoi qu'il arrive, lorsque nous avons des sensations nouvelles, nous sommes avertis par là qu'il s'est fait quelque changement, ou dans les objets qui nous paraissent, ou dans le milieu par où nous les apercevons, ou même dans les organes de nos sens. Dans les objets, quand ils sont changés, comme quand de l'eau froide devient chaude, ou que des feuilles, auparavant vertes, deviennent pâles étant desséchées. Dans le milieu, quand il est tel qu'il empêche ou qu'il altère l'action de l'objet, comme quand l'eau rompt la ligne du rayon qu'un bâton renvoie à nos yeux. Dans l'organe des sens, quand ils sont notablement altérés par les humeurs qui s'y jettent, ou par d'autres causes semblables.

Au reste, quand quelqu'un de nos sens nous trompe, nous pouvons aisément rectifier ce mauvais jugement, par le rapport des autres sens et par la raison. Par exemple, quand un bâton paraît courbé à nos yeux étant dans l'eau, outre que si on l'en retire la vue se corrigera elle-même, le toucher que nous sentirons affecté comme il a coutume de l'être quand les corps sont droits, et la raison seule qui nous fera voir que l'eau ne peut pas tout d'un coup l'avoir rompu, nous peut redresser. Si tout me paraît amer au goût, ou que tout semble jaune à ma vue, la raison me fera connaître que cette uniformité ne peut pas être venue tout à coup aux choses où auparavant j'ai senti tant de différence ; et ainsi je connaîtrai l'altération de mes organes, que je tâcherai de remettre en leur naturel.

Ainsi nos sensations ne manquent jamais de nous instruire je dis même quand elles nous trompent, et nos deux propositions demeurent constantes.

VI. Proposition. — *Outre les secours que donnent les sens à notre raison pour entendre les besoins du corps, ils l'aident aussi beaucoup à connaître toute la nature.*

Car notre âme a en elle-même des principes de vérité éternelle et un esprit de rapport, c'est-à-dire des règles de raisonnement, et un art de tirer des conséquences. Cette âme ainsi formée, et pleine de ces lumières, se trouve unie à un corps si petit, à la vérité, qu'il est moins que rien à l'égard de cet univers immense, mais qui pourtant a ses rapports avec ce grand tout dont il est une si petite partie. Et il se trouve composé de sorte qu'on dirait qu'il n'est qu'un tissu de petites fibres infiniment déliées, disposées d'ailleurs avec tant d'art que des mouvements très-forts ne les blessent pas, et que toutefois les plus délicats ne laissent pas d'y faire leurs impressions; en sorte qu'il lui en vient de très-remarquables et de la lune et du soleil, et même, au moins à l'égard de la vue, des sphères les plus hautes, quoique éloignées de nous par des espaces incompréhensibles. Or l'union de l'âme et du corps se trouve faite de si bonne main, enfin l'ordre y est si bon et la correspondance si bien établie, que l'âme, qui doit présider, est avertie par ses sensations de ce qui se passe dans ce corps et aux environs, jusqu'à des distances infinies. Car comme ses sensations ont leur rapport à certaines dispositions de l'objet, ou du milieu, ou de l'organe, ainsi qu'il a été dit, à chaque sensation l'âme apprend des choses nouvelles, dont quelques-unes regardent la substance du corps qui lui est uni, et la plupart n'y servent de rien. Car que sert, par exemple, au corps humain la vue de ce nombre prodigieux d'étoiles qui se découvrent à nos yeux pendant la nuit ? Et même, en considérant ce qui profite au corps, l'âme découvre par occasion une infinité d'autres choses; en sorte que, du petit corps où elle est enfermée, elle tient à tout et voit tout l'univers se venir, pour ainsi dire, marquer sur ce corps, comme le cours du soleil se marque sur un cadran. Elle apprend donc, par ce moyen, des particularités considérables, comme le cours du soleil; le flux et le reflux de la mer; la naissance, l'accroissement, les propriétés différentes des animaux, des plantes, des minéraux; et autres choses innombrables, les unes plus grandes, les autres plus petites, mais toutes enchaînées entre elles et toutes même en particulier capables d'annoncer leur Créateur à quiconque le sait bien considérer. De ces particularités elle compose l'histoire de la nature, dont les faits sont toutes les choses qui frappent nos sens. Et par un esprit de rapport, elle a bientôt remarqué combien ces faits sont suivis. Ainsi elle rapporte l'un à l'autre ; elle compte, elle mesure, elle observe les oppositions et le concours, les effets du mouvement et du repos, l'ordre, les proportions, les correspondances, les causes particulières et universelles, celles qui font aller les parties et celle qui tient tout en état. Ainsi joignant ensemble les principes universels qu'elle a dans l'esprit et les faits particuliers qu'elle apprend par le moyen des sens, elle voit beaucoup dans la nature et en sait assez pour juger que ce qu'elle n'y voit pas encore est le plus beau ; tant il a été utile de faire des nerfs qui pussent être touchés de si loin, et d'y joindre des sensations par lesquelles l'âme est avertie de si grandes choses.

IX. — De l'imagination et des passions, et de quelle sorte il les faut considérer.

Voilà ce que nous avions à considérer sur l'union naturelle des sensations avec le mouvement des nerfs. Il faut maintenant entendre à quels mouvements du corps l'imagination et les passions sont attachées.

Mais il faut premièrement remarquer que les imaginations et les passions s'excitent en nous, ou simplement par les sens, ou parce que la raison et la volonté s'en mêlent.

Car souvent nous nous appliquons expressément à imaginer quelque chose, et souvent aussi il nous arrive d'exciter exprès et de fortifier quelque passion en nous-mêmes : par exemple, ou l'audace ou la colère, à force de nous représenter ou nous laisser représenter par les autres les motifs qui nous les peuvent causer.

Comme nos imaginations et nos passions peuvent être excitées et fortifiées par notre choix, elles peuvent aussi par là être ralenties. Nous pouvons fixer par une attention volontaire les pensées confuses de notre imagination dissipée, et arrêter par vive force de raisonnement et de volonté le cours emporté de nos passions.

Si nous regardions cet état mêlé d'imagination, de passion, de raisonnement et de choix, nous confondrions ensemble les opérations sensitives et les intellectuelles, et nous n'entendrions jamais l'effet parfait des unes et des autres. Faisons-en donc la séparation. Et comme, pour mieux entendre ce que feraient par eux-mêmes des chevaux fougueux, il faut les considérer sans bride et sans conducteur qui les pousse ou qui les retienne, considérons l'imagination et les passions purement abandonnées aux sens et à elles-mêmes, sans que l'empire de la volonté ou aucun raisonnement s'y mêle, ou pour les exciter ou pour les calmer. Au contraire, comme il arrive toujours que la partie supérieure est sollicitée à suivre l'imagination et la passion, mettons encore avec elles et regardons comme une partie de leur effet naturel tout ce que la partie supérieure leur donne par nécessité avant qu'elle ait pris sa dernière résolution ou pour ou contre. Ainsi nous découvrirons ce que peuvent par elles-mêmes l'imagination et les passions, et à quelles dispositions du corps elles s'excitent.

X.—De l'imagination en particulier et à quel mouvement du corps elle est attachée.

Et pour commencer par l'imagination, comme elle suit naturellement la sensation, il faut que l'impression que le corps reçoit dans l'une soit attachée à celle qu'il reçoit dans l'autre ; et quoique la seule construction des organes du cerveau ne nous apprenne rien du détail de ce qui s'y passe à cette occasion, nous sommes bien fondés à croire qu'il s'y passe quelque chose à l'occasion de quoi l'âme avertie reçoit de son Créateur telle ou telle idée ; il ne faut que se souvenir que le cerveau est l'origine de tous les nerfs, et que l'ébranlement des nerfs par les objets sensibles aboutit au cerveau.

La chose sera encore moins difficile à entendre, si on regarde toute la substance du cerveau, ou quelques-unes de ses parties principales, comme composées de petits filets qui tiennent aux nerfs, quoiqu'ils soient d'une autre nature : à quoi l'anatomie ne répugne pas, et au contraire l'analogie des autres parties du corps nous porte à le croire.

Car les chairs et les muscles, qui ne paraissent à nos

yeux, au premier aspect, qu'une masse uniforme et inarticulée, paraissent dans une dissection délicate un écheveau de petits cordons, nommés fibres, qui sont elles-mêmes des écheveaux de petits filets parallèles. La peau et les autres membranes sont aussi un composé de filets très-fins, dont le tissu est fait de la manière qui convient à chacune pour son usage, pour donner à tout ce genre de parties la souplesse et la consistance que demandent les besoins du corps.

On peut bien croire que la nature n'aurait pas été moins soigneuse du cerveau, qui est l'instrument principal des fonctions animales, et que la composition n'en sera pas moins industrieuse.

On comprendra donc aisément qu'il sera composé d'une infinité de petits filets, que l'affluence des esprits à cette partie et leur continuel mouvement, tiendront toujours en état: en sorte qu'ils pourront être aisément mus et pliés, à l'ébranlement des nerfs, en autant de manières qu'il faudra

Que si on n'observe pas cette distinction de petits filets dans le cerveau d'un animal mort, il est aisé de concevoir que la mollesse de cette partie, et l'extinction de la chaleur naturelle, d'où suit celle des esprits, en est la cause : joint que dans les autres parties du corps, quoique plus grossières, plus constantes et plus différentes, le tissu n'est aperçu qu'avec beaucoup de travail, et jamais dans toute sa délicatesse.

Car la nature travaille avec tant d'adresse, et réduit les corps à des parties si fines et si déliées, que ni l'art ne la peut imiter, ni la vue la plus perçante la suivre dans des divisions si délicates, quelques secours qu'elle cherche dans les microscopes.

Ces choses présupposées, il est clair que l'impression, ou le coup que les nerfs reçoivent de l'objet, portera nécessairement sur le cerveau ; et comme la sensation se trouve conjointe à l'ébranlement du nerf, l'imagination le sera à l'ébranlement qui se fera sur le cerveau même.

Sans cela, l'imagination doit suivre, mais de fort près, la sensation, comme le mouvement du cerveau doit suivre celui du nerf.

Et comme l'impression qui se fait dans le cerveau doit imiter celle du nerf, aussi avons-nous vu que l'imagination n'est autre chose que l'image de la sensation.

De même aussi que le nerf est d'une nature à recevoir un mouvement plus vite et plus ferme que le cerveau, la sensation aussi est plus vive que l'imagination.

L'imagination dure plus que la sensation, il faut donc qu'il y ait une cause de cette durée; mais si cette cause subsiste dans le cerveau, où, et de quelle manière? ou si elle consiste dans la puissance obédientielle de l'âme une fois touchée de cette idée, et de l'institution de son Créateur tout-puissant, c'est ce qu'il serait inutile de chercher, puisqu'il paraît impossible de parvenir à cette connaissance.

On dit sur cela que, le cerveau ayant tout ensemble assez de mollesse pour recevoir facilement les impressions, et assez de consistance pour les retenir, il y peut demeurer, à peu près comme sur la cire, des marques fixes et durables, qui servent à rappeler les objets et donnent lieu au souvenir. Mais il ne faut qu'approfondir cette idée pour voir combien elle est superficielle, téméraire, insuffisante même en général, et encore infiniment plus en détail.

On peut aisément comprendre que les coups qui viennent ensemble par divers sens portent à peu près au même endroit du cerveau, ce qui fait que divers objets n'en font qu'un seul quand ils viennent dans le même temps.

J'aurai, par exemple, rencontré un lion en passant par les déserts de Libye, et j'en aurai vu l'affreuse figure; mes oreilles auront été frappées de son rugissement terrible; j'aurai senti si vous le voulez, quelque atteinte de ses griffes, dont une main secourable m'aura arraché. Il se fait dans mon cerveau, par ces trois sens divers, trois fortes impressions de ce que c'est qu'un lion : mais parce que ces trois impressions, qui viennent à peu près ensemble, ont porté au même endroit, une seule remuera le tout ; et ainsi il arrivera qu'au seul aspect du lion, à la seule ouïe de son cri, ce furieux animal reviendra tout entier à mon imagination.

Et cela ne s'étend pas seulement à tout l'animal, mais encore au lieu où j'ai été frappé la première fois d'un objet si effroyable. Je ne reverrai jamais le vallon désert où j'en aurai fait la rencontre sans qu'il me prenne quelque émotion ou même quelque frayeur.

Ainsi, de tout ce qui frappe en même temps les sens, il ne s'en compose qu'un seul objet, qui fait son impression dans le même endroit du cerveau et y a son caractère particulier. Et c'est pourquoi, en passant, il ne faut pas s'étonner si un chat frappé d'un bâton au bruit d'un grelot qui y était attaché, est ému après par le grelot seul, qui a fait son impression avec le bâton au même endroit du cerveau.

Toutes les fois que les endroits du cerveau où les marques des objets restent imprimées sont agités, ou par les vapeurs qui montent continuellement à la tête, ou par le cours des esprits, ou par quelque autre cause que ce soit, les objets doivent revenir à l'esprit; ce qui nous cause en veillant tant de différentes pensées qui n'ont point de suite, et en dormant tant de vaines imaginations que nous prenons pour des vérités.

Et parce que le cerveau, composé, comme il a été dit, de tant de parties si délicates, et plein d'esprits si vifs et si prompts, est dans un mouvement continuel, et que d'ailleurs il est agité à secousses inégales et irrégulières, selon que les vapeurs et les esprits montent à la tête, il arrive de là que notre esprit est plein de pensées si vagues, si nous ne le retenons et ne le fixons par l'attention.

Ce qui fait qu'il y a pourtant quelque suite dans ces pensées, c'est que les marques des objets gardent un certain ordre dans le cerveau.

Et il y a une grande utilité dans cette agitation qui ramène tant de pensées vagues, parce qu'elle fait que tous les objets dont notre cerveau retient les traces se représentent devant nous de temps en temps par une espèce de circuit; d'où il arrive que les traces s'en rafraîchissent, et que l'âme choisit l'objet qui lui plaît pour en faire le sujet de son attention.

Souvent aussi les esprits prennent leurs cours si impétueusement et avec un si grand concours vers un endroit du cerveau, que les autres demeurent sans mouvement, faute d'esprits qui les agitent; ce qui fait qu'un certain objet déterminé s'empare de notre pensée, et qu'une seule imagination fait cesser toutes les autres.

C'est ce que nous voyons arriver dans les grandes passions, et lorsque nous avons l'imagination échauffée, c'est-à-dire qu'à force de nous attacher à un objet nous ne pouvons plus nous en arracher, comme nous voyons arriver aux peintres et aux personnes qui composent, surtout aux poëtes, dont l'ouvrage dépend tout entier d'une certaine chaleur d'imagination.

Cette chaleur, qu'on attribue à l'imagination, est en effet une affection du cerveau lorsque les esprits, naturellement ardents, accourus en abondance, l'échauffent en l'agitant avec violence. Et comme il ne prend pas feu tout à coup, son ardeur ne s'éteint aussi qu'avec le temps.

XI. — Des passions, et à quelle disposition du corps elles sont unies.

De cette agitation du cerveau et des pensées qui l'accompagnent, naissent les passions avec tous les mouvements qu'elles causent dans le corps, et tous les désirs qu'elles excitent dans l'âme.

Pour ce qui est des mouvements corporels, il y en a de deux sortes dans les passions : les intérieurs, c'est-à-dire ceux des esprits et du sang ; et les extérieurs, c'est-à-dire ceux des pieds, des mains et de tout le corps, pour s'unir à l'objet ou s'en éloigner, ce qui est le propre effet des passions.

La liaison de ces mouvements intérieurs et extérieurs, c'est-à-dire du mouvement des esprits avec celui des membranes externes, est manifeste, puisque les membres ne se remuent qu'au mouvement des muscles, ni les muscles qu'au mouvement et à la direction des esprits.

Et il faut en général que les mouvements des animaux suivant l'impression des objets dans le cerveau, puisque la fin naturelle de leur mouvement est de les approcher ou de les éloigner des objets mêmes.

C'est pourquoi nous avons vu que pour lier ces deux choses, c'est-à-dire l'impression des objets et le mouvement, la nature a voulu qu'au même endroit où aboutit le dernier coup de l'objet, c'est-à-dire dans le cerveau, commençât le premier branle du mouvement ; et pour la même raison elle a conduit jusqu'au cerveau les nerfs, qui sont tout ensemble et les organes par où les objets nous frappent, et les tuyaux par où les esprits sont portés dans les muscles et les font jouer.

Ainsi, par la liaison qui se trouve naturellement entre l'impression des objets et les mouvements par lesquels le corps est transporté d'un lieu à un autre, il est aisé de comprendre qu'un objet qui fait une impression forte, par là dispose le corps à de certains mouvements, et l'ébranle pour les exercer.

En effet, il ne faut que songer ce que c'est que le cerveau frappé, agité, imprimé, pour ainsi parler, par les objets, pour entendre qu'à ces mouvements quelques passages seront ouverts et d'autres ; et que de là il arrivera que les esprits qui tournent sans cesse avec grande impétuosité dans le cerveau, prendront leur cours à certains endroits plutôt qu'en d'autres, qu'ils rempliront par conséquent certains nerfs plutôt que d'autres, et qu'ensuite le cœur, les muscles, enfin toute la machine, mue, ébranlée en conformité, sera poussée en certains objets ou à l'opposite, selon la convenance ou l'opposition que la nature aura mise entre nos corps et ces objets.

En cela la sagesse de celui qui a réglé tous ces mouvements consistera seulement à construire le cerveau de sorte que le corps soit ébranlé vers les objets convenables, et détourné des objets contraires.

Après cela il est clair que s'il veut joindre une âme à un corps, afin que tout se rapporte, il doit joindre les désirs de l'âme à cette secrète disposition qui ébranle le corps d'un certain côté; puisque même nous avons vu que les désirs sont à l'âme ce que le mouvement progressif est au corps, et que c'est par là qu'elle s'approche ou qu'elle s'éloigne à sa manière.

Voilà donc entre l'âme et le corps une proportion admirable. Les sensations répondent à l'ébranlement des nerfs, les imaginations aux impressions du cerveau, et les désirs, ou les aversions, à ce branle secret que reçoit le corps dans les passions pour s'approcher ou s'éloigner de certains objets.

Et pour entendre ce dernier effet de correspondance, il ne faut que considérer en quelle disposition entre le corps dans les grandes passions, et en même temps combien l'âme est sollicitée à y accommoder ses désirs.

Dans une grande colère, le corps se trouve plus près à insulter l'ennemi et à l'abattre, et se tourne tout à cette insulte ; et l'âme, qui se sent aussi vivement pressée, tourne toutes ses pensées au même dessein.

Au contraire, la crainte se tourne à l'éloignement et à la fuite, qu'elle rend vite et précipitée plus qu'elle ne le serait naturellement, si ce n'est qu'elle devienne si extrême qu'elle dégénère en langueur et en défaillance. Et ce qu'il y a de merveilleux, c'est que l'âme entre aussitôt dans des sentiments convenables à cet état ; elle a autant de désir de fuir que le corps y a de disposition. Que si la frayeur nous saisit, de sorte que le sang se glace si fort que le corps tombe en défaillance, l'âme semble s'affaiblir en même temps, le courage tombe avec les forces, et il n'en reste pas même assez pour pouvoir prendre la fuite.

Il était convenable à l'union de l'âme et du corps que la difficulté du mouvement, aussi bien que la disposition à le faire, eût quelque chose dans l'âme qui lui répondît ; et c'est aussi ce qui fait naître le découragement, la profonde mélancolie et le désespoir.

Contre de si tristes passions, et au défaut de la joie, qu'on a rarement bien pure, l'espérance nous est donnée comme une espèce de charme qui nous empêche de sentir nos maux. Dans l'espérance, les esprits ont de la vigueur, le courage se soutient aussi, et même il s'excite. Quand elle manque, tout tombe, et on se sent comme enfoncé dans un abîme.

Selon ce qui a été dit, on pourra définir la passion, à la prendre en ce qu'elle est dans l'âme, en ce qui regarde les choses corporelles, un désir ou une aversion qui naît dans elle à proportion que le corps est capable au dedans de concourir avec l'âme à poursuivre ou à fuir certains objets ; et dans le corps, une disposition par laquelle il est capable d'exciter dans l'âme des désirs ou des aversions pour certains objets.

Ainsi le concours de l'âme et du corps est visible dans les passions. Mais il est clair que le premier mobile est tantôt dans la pensée de l'âme, tantôt dans le mouvement commencé par la disposition du corps.

Car comme les passions suivent les sensations, et que les

sensations suivent les dispositions du corps dont elles doivent avertir l'âme, il paraît que les passions les doivent suivre aussi; en sorte que le corps doit être ébranlé par un certain mouvement avant que l'âme soit sollicitée à s'y joindre par son désir.

En un mot, en ce qui regarde les sensations, les imaginations et les passions, elle est purement patiente; et il faut toujours penser que, comme la sensation suit l'ébranlement du nerf, et que l'imagination suit l'impression du cerveau, le désir ou l'aversion suivent aussi la disposition où le corps est mis par les objets qu'il faut ou fuir ou chercher.

La raison est que les sensations et tout ce qui en dépend est donné à l'âme pour l'exciter à pourvoir aux besoins du corps, et que tout cela, par conséquent, devait être accommodé à ce qu'il souffre.

Il ne faut, pour nous en convaincre, que nous observer nous-mêmes dans un de nos appétits les plus naturels, qui est celui de manger. Le corps vide de nourriture en a besoin, et l'âme aussi la désire; le corps est altéré par ce besoin, et l'âme ressent aussi la douleur pressante de la faim. Les viandes frappent l'œil ou l'odorat, et en ébranlent les nerfs; les sensations conformes s'excitent, c'est-à-dire que nous voyons et sentons les viandes par l'ébranlement des nerfs; cet objet est imprimé dans le cerveau, et le plaisir de manger remplit l'imagination. A l'occasion de l'impression que les viandes font dans le même cerveau, les esprits coulent dans tous les endroits qui servent à la nutrition, l'eau vient à la bouche, et on sait que cette eau est propre à ramollir les viandes, à en exprimer le suc, à nous les faire avaler; d'autres eaux s'apprêtent dans l'estomac, et déjà elles le picotent; tout se prépare à la digestion, et l'âme dévore déjà les viandes par la pensée.

C'est ce qui fait dire ordinairement que l'appétit facilite la digestion, non qu'un désir puisse de soi-même inciser les viandes, les cuire et les digérer; mais c'est que ce désir vient dans le temps que tout est prêt dans le corps à la digestion.

Et qui verrait un homme affamé, en présence de la nourriture offerte après un long temps, verrait ce que peut l'objet présent, et comme tout le corps se tourne à le saisir, à l'engloutir.

Il est donc de notre corps dans les passions, par exemple, dans une faim, ou dans une colère violente, comme d'un arc bandé, dont toute la disposition tend à décocher le trait ; et on peut dire qu'un arc en cet état ne tend pas plus à tirer que le corps d'un homme en colère tend à frapper l'ennemi. Car, et le cerveau, et les nerfs, et les muscles, le tournent tout entier à cette action, comme les autres passions le tournent aux actions qui leur sont conformes.

Et encore qu'en même temps que le corps est en cet état il s'élève dans notre âme mille imaginations et mille désirs, ce n'est pas tant ces pensées qu'il faut regarder que les mouvements du cerveau auxquels elles se trouvent jointes, puisque c'est par ces mouvements que les passages sont ouverts, que les esprits coulent, que les nerfs et par eux les muscles en sont remplis, et que tout le corps est tendu à un certain mouvement.

Et ce qui fait croire que, dans cet état, il faut moins regarder les pensées de l'âme que les mouvements du cerveau, c'est que dans les passions, comme nous les considérons, l'âme est patiente, et qu'elle ne préside pas aux dispositions du corps, mais qu'elle y sert.

C'est pourquoi il n'entre dans les passions ainsi regardées aucune sorte de raisonnement ou de réflexion. Car nous y considérons ce qui prévient tout raisonnement et toute réflexion, et ce qui suit naturellement la direction des esprits pour causer certains mouvements.

Et encore que nous ayons vu ci-dessus (1) que les passions se diversifient à la présence ou à l'absence des objets, et par la facilité ou par la difficulté de les acquérir ; ce n'est pas qu'il intervienne une réflexion, par laquelle nous concevons l'objet présent ou absent, facile ou difficile à acquérir ; mais c'est que l'éloignement aussi bien que la présence de l'objet ont leurs caractères propres qui se marquent dans les organes et le cerveau ; d'où suivent dans tout le corps les dispositions convenables, et dans l'âme aussi des sentiments et des désirs proportionnés.

Au reste, il est bien certain que les réflexions qui sui-

---

1. Chap. 1, num. VI.

vent après augmentent ou ralentissent les passions : mais ce n'est pas encore de quoi il s'agit. Je ne regarde ici que le premier coup que porte la passion au corps et à l'âme. Et il me suffit d'avoir observé, comme une chose indubitable, que le corps est disposé par les passions à de certains mouvements, et que l'âme est en même temps puissamment portée à y consentir. De là viennent les efforts qu'elle fait, quand il faut, par la vertu, s'éloigner des choses où le corps est disposé. Elle s'aperçoit alors combien elle y tient, et que la correspondance n'est que trop grande.

XII. — Second effet de l'union de l'âme et du corps, où se voient les mouvements du corps assujettis aux actions de l'âme.

Jusques ici nous avons regardé dans l'âme ce qui suit les mouvements du corps. Voyons maintenant dans le corps ce qui suit les pensées de l'âme.

C'est ici le bel endroit de l'homme. Dans ce que nous venons de voir, c'est-à-dire dans les opérations sensuelles, l'âme est assujettie au corps ; mais dans les opérations intellectuelles, que nous allons considérer, non-seulement elle est libre, mais elle commande.

Et il lui convenait d'être la maîtresse, parce qu'elle est la plus noble, et qu'elle est née par conséquent pour commander.

Nous voyons en effet comme nos membres se meuvent à son commandement, et comme le corps se transporte promptement où elle veut.

Un aussi prompt effet du commandement de l'âme ne nous donne plus d'admiration parce que nous y sommes accoutumés ; mais nous en demeurons étonnés, pour peu que nous y fassions de réflexion.

Pour remuer la main, nous avons vu qu'il faut faire agir premièrement le cerveau, et ensuite les esprits, les nerfs et les muscles ; et cependant de toutes ces parties il n'y a souvent que la main qui nous soit connue. Sans connaître toutes les autres ni les ressorts intérieurs qui font mouvoir notre main, ils ne laissent pas d'agir, pourvu que nous voulions seulement la remuer.

Il en est de même des autres membres qui obéissent à la

volonté. Je veux exprimer ma pensée : les paroles convenables me sortent aussitôt de la bouche, sans que je sache aucun des mouvements que doivent faire, pour les former, la langue ou les lèvres ; encore moins ceux du cerveau, du poumon et de la trachée-artère, puisque je ne sais pas même naturellement si j'ai de telles parties, et que j'ai eu besoin de m'étudier moi-même pour le savoir.

Que je veuille avaler, la trachée-artère se ferme infailliblement sans que je songe à la fermer, et sans que je la connaisse ni que je la sente agir.

Que je veuille regarder loin, la prunelle de l'œil se dilate ; et, au contraire, elle se resserre quand je veux regarder de près, sans que je sache qu'elle soit capable de ce mouvement, ou en quelle partie précisément il se fait. Il y a une infinité d'autres mouvements semblables qui se font dans notre corps à notre seule volonté, sans que nous sachions comment, ni pourquoi, ni même s'ils se font.

Celui de la respiration est admirable, en ce que nous le suspendons et l'avançons quand il nous plaît ; ce qui était nécessaire pour avoir le libre usage de la parole : et cependant, quand nous dormons, elle se fait sans que notre volonté y ait part.

Ainsi, par un secret merveilleux, le mouvement de tant de parties dont nous n'avons nulle connaissance ne laisse pas de dépendre de notre volonté. Nous n'avons qu'à nous proposer un certain effet connu, par exemple, de regarder, de parler ou de marcher : aussitôt mille ressorts inconnus, des esprits, des nerfs, des muscles, et le cerveau même qui mène tous ces mouvements, se remuent pour le produire, sans que nous connaissions autre chose sinon que nous le voulons, et qu'aussitôt que nous le voulons l'effet s'ensuit.

Outre tous ces mouvements qui dépendent du cerveau, il faut que nous exercions sur le cerveau même un pouvoir immédiat, puisque nous pouvons être attentifs quand nous le voulons ; ce qui ne se fait pas sans quelque tension du cerveau, comme l'expérience le fait voir.

Par cette même attention, nous mettons volontairement certaines choses dans notre mémoire, que nous nous rappelons aussi quand il nous plaît, avec plus ou moins de peine, suivant que le cerveau est bien ou mal disposé.

Car il en est de cette partie comme des autres, qui, pour être en état d'obéir à l'âme, demande certaines dispositions ; ce qui montre, en passant, que le pouvoir de l'âme sur le corps a ses limites.

Afin donc que l'âme commande avec effet, il faut toujours supposer que les parties soient bien disposées et que le corps soit en bon état. Car quelquefois on a beau vouloir marcher, il se sera jeté telle humeur sur les jambes, ou tout le corps se trouvera si faible par l'épuisement des esprits, que cette volonté sera inutile.

Il y a pourtant certains empêchements dans les parties qu'une forte volonté peut surmonter ; et c'est un grand effet du pouvoir de l'âme sur le corps qu'elle puisse même délier des organes qui, jusque-là, avaient été empêchés d'agir : comme on dit du fils de Crésus, qui, ayant perdu l'usage de la parole, la recouvra quand il vit qu'on allait tuer son père, et s'écria qu'on se gardât bien de toucher à la personne du roi. L'empêchement de sa langue pouvait être surmonté par un grand effort que la volonté de sauver son père lui fit faire

Il est donc indubitable qu'il y a une infinité de mouvements dans le corps qui suivent les pensées de l'âme, et ainsi les deux effets de l'union restent parfaitement établis.

XIII. — L'intelligence n'est attachée par elle-même à aucun organe, ni à aucun mouvement du corps.

Mais afin que rien ne passe sans réflexion, voyons ce que fait le corps et à quoi il sert dans les opérations intellectuelles, c'est-à-dire tant dans celles de l'entendement que dans celles de la volonté.

Et d'abord il faut reconnaître que l'intelligence, c'est-à-dire la connaissance de la vérité n'est pas, comme la sensation et l'imagination, une suite de l'ébranlement de quelque nerf ou de quelque partie du cerveau.

Nous en serons convaincus en considérant les trois propriétés de l'entendement, par lesquelles nous avons vu, dans le chap. I, n° XVII, qu'il est élevé au-dessus des sens et de toutes leurs dépendances.

Car il y paroît que la sensation ne dépend pas seulement

de la vérité de l'objet, mais qu'elle suit tellement des dispositions et du milieu et de l'organe, que par là l'objet vient à nous tout autre qu'il n'est. Un bâton droit devient courbe à nos yeux au milieu de l'eau; le soleil et les autres astres y viennent infiniment plus petits qu'ils ne sont en eux-mêmes. Nous avons beau être convaincus de toutes les raisons par lesquelles on sait et que l'eau n'a pas tout d'un coup rompu ce bâton, et que tel astre, qui ne nous paraît qu'un point dans le ciel, surpasse sans proportion toute la grandeur de la terre; ni le bâton pour cela n'en vient plus droit à nos yeux, ni les étoiles plus grandes. Ce qui montre que la vérité ne s'imprime pas sur le sens, mais que toutes les sensations sont une suite nécessaire des dispositions du corps, sans qu'elles puissent jamais s'élever au-dessus d'elles.

Que s'il en était autant de l'entendement, il pourrait être de même forcé à l'erreur. Or est-il que nous n'y tombons que par notre faute, et pour ne vouloir pas apporter l'attention nécessaire à l'objet dont il faut juger. Car dès lors que l'âme se tourne directement à la vérité, résolue de ne céder qu'à elle seule, elle ne reçoit d'impression que de la vérité même; en sorte qu'elle s'y attache quand elle paraît, et demeure en suspens si elle ne paraît pas; toujours exempte d'erreur en l'un et en l'autre état, ou parce qu'elle connaît la vérité, ou parce qu'elle connaît du moins qu'elle ne peut pas encore la connaître.

Par le même principe, il paraît qu'au lieu que les objets les plus sensibles sont pénibles et insupportables, la vérité, au contraire, plus elle est intelligible, plus elle plaît. Car la sensation n'étant qu'une suite d'un organe corporel, la plus forte doit nécessairement devenir pénible par le coup violent que l'organe aura reçu, tel qu'est celui que reçoivent les yeux par le soleil, et les oreilles par un grand bruit, en sorte qu'on est forcé de détourner les yeux et de boucher les oreilles. De même une forte imagination nous travaille ordinairement, parce qu'elle ne peut pas être sans une commotion trop violente du cerveau. Et si l'entendement avait la même dépendance de corps, le corps ne pourrait manquer d'être blessé par la vérité la plus forte, c'est-à-dire la plus certaine et la plus connue: si donc cette vérité, loin de blesser, plaît et soulage, c'est qu'il n'y a aucune partie qu'elle doive rudement frapper ou émouvoir, car ce qui peut être blessé de cette sorte est un corps; mais qu'elle s'unit paisiblement à l'entendement, en qui elle trouve une entière correspondance, pourvu qu'il ne se soit point gâté lui-même par les mauvaises dispositions que nous avons marquées ailleurs.

Que si cependant nous éprouvons que la recherche de la vérité soit laborieuse, nous découvrirons bientôt de quel côté nous vient ce travail ; mais, en attendant, nous voyons qu'il n'y a point de vérité qui nous blesse par elle-même étant connue, et que plus une âme droite la regarde, plus elle en est contente.

De là vient encore que tant que l'âme s'attache à la vérité, sans écouter les passions et les imaginations, elle la voit toujours la même; ce qui ne pourrait pas être si la connaissance suivait le mouvement du cerveau toujours agité et du corps toujours changeant.

C'est de là aussi qu'il arrive que le sens varie souvent, ainsi que nous l'avons dit au lieu allégué. Car ce n'est point la vérité seule qui agit en lui, mais il s'excite à l'agitation qui arrive dans son organe; au lieu que l'entendement, qui, agissant en son naturel, ne reçoit d'impression que de la seule vérité, la voit aussi toute uniforme.

Car posons, par exemple, quelque vérité clairement connue, comme serait que rien ne se donne l'être à soi-même, ou qu'il faut suivre la raison en tout, et toutes les autres qui suivent de ces beaux principes: nous pouvons bien n'y penser pas; mais tant que nous y serons véritablement attentifs, nous les verrons toujours de même, jamais altérées ni diminuées. Ce qui montre que la connaissance de ces vérités ne dépend d'aucune disposition changeante, et n'est pas, comme la sensation, attachée à un organe altérable.

C'est pourquoi, au lieu que la sensation, qui s'élève au concours momentané de l'objet et de l'organe aussi vite qu'une étincelle au choc de la pierre et du fer, ne nous fait rien apercevoir qui ne passe presque à l'instant; l'entendement, au contraire, voit des choses qui ne passent pas, parce qu'il n'est attaché qu'à la vérité, dont la substance est éternelle.

Ainsi il n'est pas possible de regarder l'intelligence comme une suite de l'altération qui se sera faite dans le corps, ni par conséquent l'entendement comme attaché à un organe corporel dont il suive le mouvement.

XIV. — L'intelligence, par sa liaison avec le sens, dépend en quelque sorte du corps, mais par accident.

Il faut pourtant reconnaître qu'on n'entend point sans imaginer ni sans avoir senti; car il est vrai que, par un certain accord entre toutes les parties qui composent l'homme, l'âme n'agit pas, c'est-à-dire ne pense et ne connaît pas sans le corps, ni la partie intellectuelle sans la partie sensitive

Et déjà, à l'égard de la connaissance des corps, il est certain que nous ne pouvons entendre qu'il y en ait d'existants dans la nature que par le moyen des sens. Car en cherchant d'où nous viennent nos sensations, nous trouvons toujours quelque corps qui a affecté nos organes, et ce nous est une preuve que ces corps existent.

Et en effet, s'il y a des corps dans l'univers, c'est chose de fait, dont nous sommes avertis par nos sens comme des autres faits. Et sans le secours des sens, je ne pourrais non plus deviner s'il y a un soleil que s'il y a un tel homme dans le monde.

Bien plus, l'esprit occupé de choses incorporelles, par exemple, de Dieu et de ses perfections, s'y est senti excité par la considération de ses œuvres, ou par sa parole, ou enfin par quelque autre chose dont les sens ont été frappés.

Et notre vie ayant commencé par de pures sensations, avec peu ou point d'intelligence indépendante du corps, nous avons dès l'enfance contracté une si grande habitude de sentir et d'imaginer, que ces choses nous suivent toujours sans que nous en puissions être entièrement séparés.

De là vient que nous ne pensons jamais ou presque jamais à quelque objet que ce soit que le nom dont nous l'appelons ne nous revienne ; ce qui marque la liaison des choses qui frappent nos sens, telles que sont les noms, avec nos opérations intellectuelles.

On met en question s'il peut y avoir, en cette vie, un pur acte d'intelligence dégagé de toute image sensible; et il n'est pas incroyable que cela puisse être, durant de certains moments, dans les esprits élevés à une haute contemplation et

exercés durant un long temps à se mettre au-dessus des sens;
mais cet état est fort rare, et il faut parler ici de ce qui est
ordinaire à l'entendement.

L'expérience fait voir qu'il se mêle toujours ou presque
toujours à ces opérations quelque chose de sensible, dont
même il se sert pour s'élever aux objets les plus intellectuels.

Aussi avons-nous reconnu que l'imagination, pourvu qu'on
ne la laisse pas dominer et qu'on sache la retenir en certaines bornes, aide naturellement l'intelligence.

Nous avons vu aussi que notre esprit, averti de cette suite
de faits que nous apprenons par nos sens, s'élève au-dessus,
admirant en lui-même et la nature des choses, et l'ordre du
monde. Mais les règles et les principes par lesquels il aperçoit de si belles vérités dans les objets sensibles, sont supérieurs aux sens ; et il en est à peu près des sens et de l'entendement comme de celui qui propose simplement les faits et
de celui qui en juge.

Il y a donc déjà en notre âme une opération, et c'est celle
de l'entendement, qui précisément, et en elle-même, n'est
point attachée au corps, encore qu'elle en dépende indirectement, en tant qu'elle se sert des sensations et des images
sensibles.

XV. — *La volonté n'est attachée à aucun organe corporel; et
loin de suivre les mouvements du corps, elle y préside.*

La volonté n'est pas moins indépendante ; et je le reconnais par l'empire qu'elle a sur les membres extérieurs et sur
tout le corps.

Je sens que je puis vouloir ou tenir ma main immobile, ou
lui donner du mouvement; et cela en haut ou en bas, à
droite ou à gauche, avec une égale facilité : de sorte qu'il
n'y a rien qui me détermine que ma seule volonté.

Car je suppose que je n'ai dessein, en remuant ma main,
de ne m'en servir ni pour prendre, ni pour soutenir, ni pour
approcher, ni pour éloigner quoi que ce soit ; mais seulement
de la mouvoir du côté que je voudrai, ou, si je veux, de la
tenir en repos.

Je fais en cet état une pleine expérience de ma liberté, et
du pouvoir que j'ai sur mes membres, que je tourne où je

veux, et comme je veux, seulement parce que je le veux.

Et parce que j'ai connu que les mouvements de ces membres dépendent tous du cerveau, il faut, par nécessité, que ce pouvoir que j'ai sur mes membres, je l'aie principalement sur le cerveau même.

Il faut donc que ma volonté le domine, tant s'en faut qu'elle puisse être une suite de ses mouvements et de ses impressions.

Un corps ne choisit pas où il se meut, mais il va comme il est poussé; et s'il n'y avait en moi que le corps, ou que ma volonté fût, comme les sensations, attachée à quelqu'un des mouvements du corps, bien loin d'avoir quelque empire, je n'aurais pas même de liberté.

Aussi ne suis-je pas libre à sentir ou ne sentir pas quand l'objet est présent. Je puis bien fermer les yeux ou les détourner, et en cela je suis libre; mais je ne puis, en ouvrant les yeux, empêcher la sensation attachée nécessairement aux impressions corporelles, où la liberté ne peut pas être.

Ainsi l'empire si libre que j'exerce sur mes membres me fait voir que je tiens le cerveau en mon pouvoir, et que c'est là le siége principal de l'âme.

Car, encore qu'elle soit unie à tous les membres et qu'elle les doive tenir tous en sujétion, son empire s'exerce immédiatement sur la partie d'où dépendent tous les mouvements progressifs, c'est-à-dire sur le cerveau.

En dominant cette partie où aboutissent les nerfs, elle se rend arbitre des mouvements, et tient en main, pour ainsi dire, les rênes par où tout le corps est poussé ou retenu.

Soit donc qu'elle ait le cerveau entier immédiatement sous sa puissance, soit qu'elle y ait quelque maîtresse pièce par où elle contienne les autres parties, comme un pilote conduit tout le vaisseau par le gouvernail, il est certain que le cerveau est son siége principal, et que c'est de là qu'elle préside à tous les mouvements du corps.

Et ce qu'il y a ici de merveilleux, c'est qu'elle ne sent point naturellement ni ce cerveau qu'elle meut, ni les mouvements qu'elle y fait pour contenir ou pour ébranler le reste du corps, ni d'où lui vient un pouvoir qu'elle exerce si absolument. Nous connaissons seulement qu'un empire est donné à l'âme, et qu'une loi est donnée au corps, en vertu de laquelle il obéit.

XVI. — **L'empire que la volonté exerce sur les mouvements extérieurs la rend indirectement maîtresse des passions.**

Cet empire de la volonté sur les membres d'où dépendent les mouvements extérieurs est d'une extrême conséquence : car c'est par là que l'homme se rend maître de beaucoup de choses qui par elles-mêmes semblaient n'être point soumises à ses volontés.

Il n'y a rien qui paraisse moins soumis à la volonté que la nutrition ; et cependant elle se réduit à l'empire de la volonté, en tant que l'âme, maîtresse des membres extérieurs, donne à l'estomac ce qu'elle veut, et dans la mesure que la raison prescrit, en sorte que la nutrition est rangée sous cette règle.

Et l'estomac même en reçoit la loi, la nature l'ayant fait propre à se laisser plier par l'accoutumance.

Par ces mêmes moyens, l'âme règle aussi le sommeil et le fait servir à la raison.

En commandant aux membres des exercices pénibles, elle les fortifie, elle les durcit aux travaux, et se fait un plaisir de les assujettir à ses lois.

Ainsi elle se fait un corps plus souple et plus propre aux opérations intellectuelles. La vie des saints religieux en est une preuve.

Elle étend aussi son empire sur l'imagination et les passions, c'est-à-dire, sur ce qu'elle a de plus indocile.

L'imagination et les passions naissent des objets, et, par le pouvoir que nous avons sur les mouvements extérieurs, nous pouvons ou nous approcher, ou nous éloigner des objets.

Les passions, dans l'exécution, dépendent des mouvements extérieurs ; il faut frapper pour achever ce qu'a commencé la colère, il faut fuir pour achever ce qu'a commencé la crainte ; mais la volonté peut empêcher la main de frapper et les pieds de fuir.

Nous avons vu, dans la colère, tout le corps tendu à frapper, comme un arc à tirer son coup. L'objet a fait son impression, les esprits coulent, le cœur bat plus violemment qu'à l'ordinaire, le sang coule avec vitesse, et envoie des esprits et plus abondants et plus vifs ; les nerfs et les muscles en sont remplis, ils sont tendus, les poings en sont fermés, et le bras affermi et prêt à frapper ; mais il faut encore lâcher la corde, il faut que la volonté laisse aller le corps, autrement le mouvement ne s'achève pas.

Ce qui se dit de la colère se dit de la crainte et des autres passions qui disposent tellement le corps aux mouvements qui lui conviennent, que nous ne les retenons que par vive force de raison et de volonté.

On peut dire que ces derniers mouvements, auxquels le corps est si disposé, par exemple, celui de frapper, s'achèverait tout à fait par la force de cette disposition, s'il n'était réservé à l'âme de lâcher ce dernier coup.

Et il en arriverait à peu près de même que dans la respiration, que nous pouvons suspendre par la volonté quand nous veillons, mais qui s'achève, pour ainsi dire, toute seule par la simple disposition du corps quand l'âme le laisse agir naturellement, par exemple, dans le sommeil.

En effet, il arrive quelque chose de semblable dans les premiers mouvements des passions ; et les esprits et le sang s'émeuvent quelquefois si vite dans la colère, que le bras se trouve lâché avant qu'on ait le loisir d'y faire réflexion. Alors la disposition du corps a prévalu, et il ne reste plus à la volonté prévenue qu'à regretter le mal qui s'est fait sans elle.

Mais ces mouvements sont rares, et ils n'arrivent guère à ceux qui s'accoutument de bonne heure à se maîtriser eux-mêmes.

XVII. — La nature de l'attention, et ses effets immédiats sur le cerveau, par où paraît l'empire de la volonté.

Outre la force donnée à la volonté pour empêcher le dernier effet des passions, elle peut encore, en prenant la chose de plus haut, les arrêter et les modérer dans leur principe ; et cela par le moyen de l'attention qu'elle fera volontairement à certains objets, ou dans le temps des passions pour les calmer, ou devant les passions pour les prévenir.

Cette force de l'attention, et l'effet qu'elle a sur le cerveau, et par le cerveau sur tout le corps, et même sur la partie imaginative de l'âme, et par là sur les passions et les appétits, est digne d'une grande considération.

Nous avons déjà observé que la contention de la tête se ressent fort grande dans l'attention, et par là il est sensible qu'elle a un grand effet dans le cerveau.

On éprouve d'ailleurs que cette attention dépend de la volonté, en sorte que le cerveau doit être sous son empire, en tant qu'il sert à l'attention.

Pour entendre tout ceci, il faut remarquer que les pensées naissent dans notre âme quelquefois à l'agitation naturelle du cerveau, et quelquefois par une attention volontaire.

Pour ce qui est de l'agitation du cerveau, nous avons observé qu'elle passe quelquefois d'une partie à une autre. Alors nos pensées sont vagues comme le cours des esprits. Mais quelquefois aussi elle se fait en un seul endroit, et alors nos pensées sont fixes, et l'âme est plus attachée, comme le cerveau est aussi plus fortement et plus uniformément tendu.

Par là nous observons en nous-mêmes une attention forcée : ce n'est pas là toutefois ce que nous appelons attention, nous donnons ce nom seulement à l'attention où nous choisissons notre objet pour y penser volontairement.

Que si nous n'étions capables d'une telle attention, nous ne serions jamais maîtres de nos considérations et de nos pensées, qui ne seraient qu'une suite de l'agitation du cerveau : nous serions sans liberté, et l'esprit serait en tout asservi au corps, toutes choses contraires à la raison et même à l'expérience.

Par ces choses on peut comprendre la nature de l'attention, et que c'est une application volontaire de notre esprit sur un objet.

Mais il faut encore ajouter que nous voulions considérer cet objet par l'entendement, c'est-à-dire raisonner dessus, ou enfin y contempler la vérité. Car s'abandonner volontairement à quelque imagination qui nous plaît, sans vouloir nous en détourner, ce n'est pas attention ; il faut vouloir entendre et raisonner.

C'est donc proprement par l'attention que commencent le raisonnement et les réflexions ; et l'attention commence elle-même par la volonté de considérer et d'entendre.

Et il paraît clairement que, pour se rendre attentif, la première chose qu'il faut faire, c'est d'ôter l'empêchement naturel de l'attention, c'est-à-dire la dissipation et ces pensées vagues qui s'élèvent dans notre esprit; car il ne peut être tout ensemble dissipé et attentif.

Pour faire taire ces pensées qui nous dissipent, il faut que l'agitation naturelle du cerveau soit en quelque sorte calmée car, tant qu'elle durera, nous ne serons jamais maîtres de nos pensées pour avoir de l'attention.

Ainsi, le premier effet du commandement de l'âme est que, voulant être attentive, elle apaise l'agitation naturelle du cerveau.

Et nous avons déjà vu que, pour cela, il n'est pas besoin qu'elle connaisse le cerveau, ou qu'elle ait intention d'agir sur lui: il suffit qu'elle veuille faire ce qui dépend d'elle immédiatement, c'est-à-dire être attentive. Le cerveau, s'il n'est prévenu par quelque agitation trop violente, obéit naturellement, et se calme par la seule subordination du corps à l'âme.

Mais comme les esprits qui tournoient dans le cerveau tendent toujours à l'agiter à leur ordinaire, son mouvement ne peut être arrêté sans quelque effort. C'est ce qui fait que l'attention a quelque chose de pénible et veut être relâchée de temps en temps.

Aussi le cerveau, abandonné aux esprits et aux vapeurs qui le poussent sans cesse, souffrirait un mouvement trop irrégulier; les pensées seraient trop dissipées, et cette dissipation, outre qu'elle tournerait à une espèce d'extravagance, d'elle-même est fatigante. C'est pourquoi il faut nécessairement, même pour son propre repos, brider ces mouvements irréguliers du cerveau.

Voilà donc l'empêchement levé, c'est-à-dire la dissipation ôtée: l'âme se trouve tranquille, et les imaginations confuses sont disposées à tourner en raisonnement et en considération.

XVIII. — L'âme attentive à raisonner se sert du cerveau, par le besoin qu'elle a des images sensibles.

Il ne faut pourtant pas penser qu'elle doive rejeter alors toute imagination et toute image sensible, puisque nous avons reconnu qu'elle s'en aide pour raisonner.

Ainsi, loin de rejeter toutes sortes d'images sensibles, elle songe seulement à rappeler celles qui sont convenables à son sujet et qui peuvent aider son raisonnement.

Mais d'autant que ces images sensibles sont attachées aux impressions ou aux marques qui demeurent dans le cerveau, et qu'ainsi elles ne peuvent revenir sans que le cerveau soit ému dans les endroits où sont les marques, comme il a déjà été remarqué, il faut conclure que l'âme peut, quand elle veut, non-seulement calmer le cerveau, mais encore l'exciter en tel endroit qu'il lui plait, pour rappeler les objets selon ses besoins. L'expérience nous fait voir aussi que nous sommes maîtres de rappeler comme nous voulons les choses confiées à notre mémoire. Et encore que ce pouvoir ait ses bornes, et qu'il soit plus grand dans les uns que dans les autres, il n'y aurait aucun raisonnement, si nous ne pouvions l'exercer jusques à un certain point. Et c'est une nouvelle raison de l'immobilité de l'âme pour montrer combien le cerveau doit être en repos quand il s'agit de raisonner; car, agité et déjà ému, il serait peu en état d'obéir à l'âme, et de faire à point nommé les mouvements nécessaires pour lui présenter les images sensibles dont elle a besoin.

C'est ici que le cerveau peine en tous ceux qui n'ont pas acquis cette heureuse immobilité; car au lieu que son naturel est d'avoir un mouvement libre et incertain, comme le cours des esprits, il est réduit, premièrement, à un repos violent, et puis à des mouvements suivis et réguliers qui le travaillent beaucoup.

Car lorsqu'il est détendu et abandonné au cours naturel des esprits, le mouvement en peu de temps erre en plus de parties, mais il est aussi moins rapide et moins violent; au lieu qu'on a besoin, en raisonnant, de se représenter fort vivement les objets: ce qui ne se peut sans que le cerveau soit fortement remué.

Et il faut, pour faire un raisonnement, tant rappeler d'images sensibles, par conséquent remuer le cerveau fortement en tant d'endroits, qu'il n'y aurait rien à la longue de plus fatigant. D'autant plus qu'en rappelant ces objets divers qui servent au raisonnement l'esprit demeure toujours attaché à l'objet qui en fait le sujet principal; de sorte que le cerveau est en même temps calmé à l'égard de son agitation universelle, tendu et dressé à un point fixe par la considération de l'objet principal, et remué fortement en divers endroits pour rappeler les objets seconds et subsidiaires.

Il faut, pour des mouvements si réguliers et si forts, beaucoup d'esprits; et la tête aussi en reçoit tant dans ses opérations, quand elles sont longues, qu'elle épuise le reste du corps.

De là suit une lassitude universelle et une nécessité indispensable de relâcher son attention.

Mais la nature y a pourvu en nous donnant le sommeil, surtout de la nuit, où les nerfs sont détendus, où les sensations sont éteintes, où le cerveau et tout le corps se repose. Comme donc c'est là le vrai temps du relâchement, le jour doit être donné à l'attention, qui peut être plus ou moins forte, et par là tantôt tendre le cerveau, et tantôt le soulager.

Voilà ce qui doit se faire dans le cerveau durant le raisonnement, c'est-à-dire durant la recherche de la vérité, recherche que nous avons dit devoir être laborieuse; et on aperçoit maintenant que ce travail ne vient pas précisément de l'acte d'entendre, mais des imaginations qui doivent aller en concours, et qui présupposent dans le cerveau un grand mouvement.

Au reste, quand la vérité est trouvée, tout le travail cesse; et l'âme, ravie de la découverte, comme les yeux le seraient d'un beau spectacle, voudrait n'en être jamais arrachée, parce que la vérité ne cause par elle-même aucune altération.

Et lorsqu'elle demeure clairement connue, l'imagination agit peu ou point du tout : de là vient qu'on ne ressent que peu ou point de travail.

Car, dans la recherche de la vérité, où nous procédons par comparaisons, par oppositions, par proportions, par autres choses semblables, pour lesquelles il faut appeler beaucoup d'images sensibles, l'imagination agit beaucoup. Mais quand la chose est trouvée, l'âme fait taire l'imagination autant qu'elle peut, et ne fait plus que tourner vers la vérité un simple regard, en quoi consiste l'acte d'entendre.

Et plus cet acte est démêlé de toute image sensible, plus il est tranquille : ce qui montre que l'acte d'entendre de soi-même ne fait point de peine.

Il en fait pourtant par accident ; parce que, pour y demeurer, il faut arrêter l'imagination, et par conséquent tenir en bride le cerveau contre le cours des esprits.

Ainsi la contemplation, quelque douce qu'elle soit par elle-même, ne peut pas durer longtemps, par le défaut du corps continuellement agité.

Et les seuls besoins du corps, qui sont si fréquents et si grands, font diverses impressions et rappellent diverses pensées auxquelles il est nécessaire de prêter l'oreille ; de sorte que l'âme est forcée de quitter la contemplation.

Par les choses qui ont été dites, on entend le premier effet de l'attention sur le corps. Il regarde le cerveau, qui, au lieu d'une agitation universelle, est fixé à un certain commandement de l'âme quand elle veut être attentive, et, au reste, demeure en état d'être excitée subsidiairement où elle veut.

Il y a un second effet de l'attention qui s'étend sur les passions ; nous allons le considérer. Mais avant que de passer outre, il ne faut pas oublier une chose considérable, qui regarde l'attention prise en elle-même : c'est qu'un objet qui a commencé de nous occuper par une attention volontaire nous tient dans la suite longtemps attachés, même malgré nous, parce que les esprits qui ont pris un certain cours ne peuvent pas aisément être détournés.

Ainsi notre attention est mêlée de volontaire et d'involontaire. Un objet qui nous a occupés par force nous flatte souvent ; de sorte que la volonté s'y donne : de même qu'un objet choisi par une forte application nous devient une occupation inévitable.

Et comme l'agitation naturelle de notre cerveau rappelle beaucoup de pensées qui nous viennent malgré nous, l'attention volontaire de notre âme fait de son côté de grands effets sur le cerveau même ; les traces que les objets y avaient laissées en deviennent plus profondes, et le cerveau est disposé à s'émouvoir plus aisément dans ces endroits-là.

Et par l'accord établi entre le corps et l'âme, il se fait naturellement une telle liaison entre les impressions du cerveau et les pensées de l'âme, que l'un ne manque jamais de ramener l'autre. Et ainsi, quand une forte imagination a causé, par l'attention que l'âme y apporte, un grand mouvement dans le cerveau, en quelque sorte que ce mouvement soit renouvelé, il fait revivre, et souvent dans toute leur force, les pensées qui l'avaient causé la première fois.

C'est pourquoi il faut beaucoup prendre garde de quelles imaginations on se remplit volontairement, et se souvenir que dans la suite elles reviendront souvent malgré nous, par l'agitation naturelle du cerveau et des esprits.

Mais il faut aussi conclure qu'en prenant les choses de loin, et ménageant bien notre attention dont nous sommes maîtres, nous pouvons gagner beaucoup sur les impressions de notre cerveau et le plier à l'obéissance.

XIX. — L'effet de l'attention sur les passions, et comment l'âme les peut tenir en sujétion dans leur principe; où il est parlé de l'extravagance, de la folie et des songes.

Par cet empire sur notre cerveau, nous pouvons aussi tenir en bride les passions, qui en dépendent toutes; et c'est le plus bel effet de l'attention.

Pour l'entendre, il faut observer quelle sorte d'empire nous pouvons avoir sur nos passions.

Premièrement il est certain que nous ne leur commandons pas directement, comme à nos bras et à nos mains. Nous ne pouvons pas élever ou apaiser notre colère, comme nous pouvons ou remuer le bras ou le tenir sans action.

2° Il n'est pas moins clair, et nous l'avons déjà dit, que par le pouvoir que nous avons sur les membres extérieurs nous en avons aussi un très-grand sur les passions, mais indirectement, puisque nous pouvons par là et nous éloigner des objets qui les font naître, et en empêcher l'effet. Ainsi je puis m'éloigner d'un objet odieux qui m'irrite; et, lorsque ma colère est excitée, je lui puis refuser mon bras dont elle a besoin pour se satisfaire.

Mais, pour cela, il le faut vouloir, et le vouloir fortement. Et la grande difficulté est de vouloir autre chose que ce que la passion nous inspire ; parce que, dans les passions, l'âme se trouve tellement portée à s'unir aux dispositions du corps qu'elle ne peut presque se résoudre à s'y opposer.

Il faut donc chercher un moyen de calmer, ou de modérer, ou même de prévenir les passions dans leur principe; et ce moyen est l'attention bien gouvernée.

Car le principe de la passion, c'est l'impression puissante d'un objet dans le cerveau; l'effet de cette impression ne peut être mieux empêché qu'en se rendant attentif à d'autres objets.

En effet, nous avons vu que l'âme attentive fixe le cerveau en un certain état dans lequel elle détermine d'une certaine manière le cours des esprits, et par là elle rompt le coup de la passion, qui, les portant à un autre endroit, causait de mauvais effets dans tout le corps.

C'est pourquoi on dit, il est vrai, que le remède le plus naturel des passions, c'est de détourner l'esprit autant qu'on peut des objets qu'elles lui présentent, et il n'y a rien pour cela de plus efficace que de s'attacher à d'autres objets.

Et il faut ici observer qu'il en est des esprits émus et poussés d'un certain côté à peu près comme d'une rivière, qu'on peut plus aisément détourner que l'arrêter de droit fil. Ce qui fait qu'on réussit mieux dans la passion en pensant à d'autres choses qu'en s'opposant directement à son cours.

Et de là vient qu'une passion violente a souvent servi de frein ou de remède aux autres : par exemple, l'ambition ou la passion de la guerre, à l'amour.

Et il est quelquefois utile de s'abandonner à des passions innocentes pour détourner ou pour empêcher des passions criminelles.

Il sert aussi beaucoup de faire un grand choix des personnes avec qui on converse. Ce qui est en mouvement répand aisément son agitation autour de soi, et rien n'émeut plus les passions que les discours et les actions des hommes passionnés.

Au contraire, une âme tranquille nous tire en quelque façon hors de l'agitation et semble nous communiquer son repos, pourvu toutefois que cette tranquillité ne soit pas insensible et fade. Il faut quelque chose de vif qui s'accorde un peu avec notre mouvement, mais où, dans le fond, il se trouve de la consistance.

Enfin, dans les passions il faut calmer les esprits par une espèce de diversion, et se jeter, pour ainsi dire, à côté, plutôt que de combattre de front; c'est-à-dire qu'il n'est plus temps d'opposer des raisons à une passion déjà émue; car, en raisonnant sur sa passion même pour l'attaquer, on en rappelle l'objet, on en imprime plus fortement les traces, et on irrite plutôt les esprits qu'on ne les calme. Où les sages réflexions sont de grand effet, c'est à prévenir les passions. Il faut donc nourrir son esprit de considérations sensées, et lui donner de bonne heure des attachements honnêtes, afin que les objets des passions trouvent la place déjà prise, les esprits déterminés à un certain cours, et le cerveau affermi.

Car la nature ayant formé cette partie capable d'être occupée par les objets, et aussi d'obéir à la volonté, il est clair que la disposition qui prévient doit l'emporter.

Si donc l'âme s'accoutume de bonne heure à être maîtresse de son attention et qu'elle l'attache à de bons objets, elle sera par ce moyen maîtresse, premièrement du cerveau, par là du cours des esprits, et par là enfin des émotions que les passions excitent.

Mais il faut se souvenir que l'attention véritable est celle qui considère l'objet tout entier. Ce n'est qu'être à demi attentif à un objet, comme serait une femme tendrement aimée, que de n'y considérer que le plaisir dont on est flatté en l'aimant, sans songer aux suites honteuses d'un semblable engagement.

Il est donc nécessaire d'y bien penser, et d'y penser de bonne heure; parce que si on laisse le temps à la passion de faire toute son impression dans le cerveau, l'attention viendra trop tard.

Car, en considérant le pouvoir de l'âme sur le corps, il faut observer soigneusement que ses forces sont bornées et restreintes: de sorte qu'elle ne peut pas faire tout ce qu'elle veut des bras et des mains, et encore moins du cerveau.

C'est pourquoi nous venons de voir qu'elle le perdrait en le poussant trop, et qu'elle est obligée à le ménager.

Par la même raison, il s'y fait souvent des agitations si violentes que l'âme n'en est plus maîtresse, non plus qu'un cocher de chevaux fougueux qui ont pris le frein aux dents.

Quand cette disposition est fixe et perpétuelle, c'est ce qui s'appelle folie: quand elle a une cause qui finit avec le temps, comme un mouvement de fièvre, cela s'appelle délire et rêverie.

Dans la folie et dans le délire, il arrive de deux choses l'une: ou le cerveau est agité tout entier avec un égal dérèglement; alors il s'est fait une parfaite extravagance, et il ne paraît aucune suite dans les pensées ni dans les paroles: ou le cerveau n'est blessé que dans un endroit, alors la folie ne s'attache aussi qu'à un objet déterminé. Tels sont ceux qui s'imaginent être toujours à la comédie et à la chasse, et tant d'autres qui, frappés d'un certain objet, parlent raisonnablement de tous les autres, et assez conséquemment de celui-là même qui fait leur erreur.

La raison est que, n'y ayant qu'un seul endroit du cerveau marqué d'une impression invisible à l'âme, elle demeure maîtresse de tout le reste, et peut exercer ses fonctions sur tout autre objet.

Et l'agitation du cerveau, dans la folie, est si violente qu'elle paraît même au dehors par le trouble qui paraît dans tout le visage, et principalement par l'égarement des yeux.

De là s'ensuit que toutes les passions violentes sont une espèce de folie, parce qu'elles causent des agitations dans le cerveau, dont l'âme n'est pas maîtresse. Aussi n'y a-t-il point de cause plus ordinaire de la folie que les passions portées à un certain excès.

Par là aussi s'expliquent les songes, qui sont une espèce d'extravagance.

Dans le sommeil, le cerveau est abandonné à lui-même et il n'y a point d'attention; car la veille consiste précisément dans l'attention de l'esprit, qui se rend maître de ses pensées.

Nous avons vu que l'attention cause le plus grand travail du cerveau, et que c'est principalement ce travail que le sommeil vient relâcher.

De là il doit arriver deux choses: l'une, que l'imagination doit dominer dans les songes, et qu'il se doit présenter à nous une grande variété d'objets, souvent même avec quelque suite, pour les raisons qui ont été dites en parlant de l'imagination: l'autre, que ce qui se passe dans notre imagination nous paraît réel et véritable, parce qu'alors il n'y a

…int d'attention, par conséquent point de discernement. De tout cela il résulte que la vraie assiette de l'âme est lorsqu'elle est maîtresse des mouvements du cerveau; et que comme c'est par l'attention qu'elle le contient, c'est aussi à son attention qu'elle doit principalement se rendre la maîtresse; mais qu'il s'y faut prendre de bonne heure, et ne pas laisser occuper le cerveau à des impressions trop fortes que le temps rendrait invincibles.

Et nous avons vu, en général, que l'âme, en se servant bien de sa volonté et de ce qui est soumis naturellement à la volonté, peut régler et discipliner tout le reste.

Enfin, des méditations sérieuses, des conversations honnêtes, une nourriture modérée, un sage ménagement de ses forces, rendent l'homme maître de lui-même, autant que cet état de mortalité le peut souffrir.

XX. — L'homme qui a médité la doctrine précédente se connaît lui-même.

Après les réflexions que nous avons faites sur l'âme, sur le corps, sur leur union, nous pouvons maintenant nous bien connaître.

Car si nous ne voyons pas dans le fond de l'âme ce qui lui fait comme demander naturellement d'être unie à un corps, et surtout leur union, il ne faut pas s'en étonner, puisque nous connaissons si peu le fond des substances. Mais si cette union ne nous est pas connue dans son fond, nous la connaissons suffisamment par les deux effets que nous venons d'expliquer et par le bel ordre qui en résulte.

Car, premièrement, nous voyons la parfaite société de l'âme et du corps.

Nous voyons, secondement, que, dans cette société, la partie principale, c'est-à-dire l'âme, est aussi celle qui préside, et que le corps lui est soumis: les bras, les jambes, tous les autres membres, et enfin tout le corps est remué et transporté d'un lieu à un autre au commandement de l'âme. Les yeux et les oreilles se tournent du côté où il lui plaît, les mains exécutent ce qu'elle ordonne, la langue explique ce qu'elle pense et ce qu'elle veut, les sens lui présentent les objets dont elle doit juger et se servir: les parties qui digèrent et distribuent la nourriture, celles qui forment les esprits et qui les envoient où il faut, tiennent les membres extérieurs et tout le corps en état pour lui obéir.

C'est en cela que consiste la bonne disposition du corps. En effet, nous trouvons le corps sain quand il peut exécuter ce que l'âme lui prescrit : au contraire, nous sommes malades quand le corps faible et abattu ne peut plus se tenir debout ni se mouvoir comme nous le souhaitons.

Ainsi, on peut dire que le corps est un instrument dont l'âme se sert à sa volonté, et c'est pourquoi Platon définissait l'homme en cette sorte : L'homme, dit-il, est une âme se servant du corps.

C'est de là qu'il concluait l'extrême différence du corps et de l'âme, parce qu'il n'y a rien de plus différent de celui qui se sert de quelque chose que la chose même dont il se sert.

L'âme donc, qui se sert du bras et de la main comme il lui plait, qui se sert de tout le corps, qu'elle transporte où elle trouve bon, qui l'expose à tels périls qu'il lui plait et à sa ruine certaine, est sans doute d'une nature de beaucoup supérieure à ce corps, qu'elle fait servir en tant de manières et si impérieusement à ses desseins.

Ainsi on ne se trompe pas quand on dit que le corps est comme l'instrument de l'âme. Et il ne se faut pas étonner si, le corps étant mal disposé, l'âme en fait moins bien ses fonctions. La meilleure main du monde, avec une mauvaise plume, écrira mal. Si vous ôtez à un ouvrier ses instruments, son adresse naturelle ou acquise ne lui servira de rien.

Il y a pourtant une extrême différence entre les instruments ordinaires et le corps humain. Qu'on brise le pinceau d'un peintre ou le ciseau d'un sculpteur, il ne sent point les coups dont ils ont été frappés ; mais l'âme sent tous ceux qui blessent le corps, et, au contraire, elle a du plaisir quand on lui donne ce qu'il faut pour s'entretenir.

Le corps n'est donc pas un simple instrument appliqué par le dehors, ni un vaisseau que l'âme gouverne à la manière d'un pilote. Il en serait ainsi si elle n'était simplement qu'intellectuelle ; mais parce qu'elle est sensitive, elle est forcée de s'intéresser d'une façon plus particulière à ce qui le touche, et de le gouverner, non comme une chose étrangère, mais comme une chose naturelle et intimement unie.

En un mot, l'âme et le corps ne font ensemble qu'un tout naturel, et il y a entre les parties une parfaite et nécessaire communication.

Aussi avons-nous trouvé dans toutes les opérations animales quelque chose de l'âme et quelque chose du corps; de sorte que, pour se connaître soi-même, il faut savoir distinguer dans chaque action ce qui appartient à l'une d'avec ce qui appartient à l'autre, et remarquer tout ensemble comment deux parties de différente nature s'entr'aident mutuellement.

XXI. — Pour se bien connaître soi-même il faut s'accoutumer par de fréquentes réflexions à discerner en chaque action ce qu'il y a du corps d'avec ce qu'il y a de l'âme.

Pour ce qui regarde le discernement, on se le rend facile par de fréquentes réflexions. Et comme on ne saurait trop s'exercer dans une méditation si importante, ni trop distinguer son âme d'avec son corps, il sera bon de parcourir dans ce dessein toutes les opérations que nous avons considérées.

Ce qu'il y a du corps quand nous mouvons, c'est un premier branle dans le cerveau, suivi du mouvement et des esprits et des muscles, et enfin du transport, ou de tout le corps, ou de quelqu'une de ses parties : par exemple, du bras ou de la main. Ce qu'il y a du côté de l'âme, c'est la volonté de se mouvoir et le dessein d'aller d'un côté plutôt que d'un autre.

Dans la parole, ce qu'il y a du côté du corps, outre l'action du cerveau qui commence tout, c'est le mouvement du poumon et de la trachée-artère pour pousser l'air, et le battement du même air par la langue et par les lèvres. Et ce qu'il y a du côté de l'âme, c'est l'intention de parler et d'exprimer sa pensée.

Tous ces mouvements, si l'on y prend garde, quoiqu'ils se fassent au commandement de la volonté humaine, pourraient absolument se faire sans elle; de même que la respiration, qui dépend d'elle en quelque sorte, se fait tout à fait sans elle quand nous dormons. Et il nous arrive souvent de proférer en dormant certaines paroles ou de faire d'autres mouvements qu'on peut regarder comme un pur effet de l'agitation du cerveau sans que la volonté y ait part. On peut aussi concevoir qu'il se forme certaines paroles par le battement seul de l'air, comme on voit dans les échos; et c'est ainsi que le poëte faisant parler ce fantôme : *Dat inania verba, dat sine mente sonum.*

Cette considération nous peut servir à observer dans les mouvements et surtout dans la parole ce qui appartient à l'âme et ce qui appartient au corps. Mais continuons à marquer cette différence dans les autres opérations.

Dans la vue, ce qu'il y a du côté du corps, c'est que les yeux soient ouverts, que les rayons du soleil soient réfléchis de dessus la superficie de l'objet à notre œil en droite ligne; qu'ils y souffrent certaines réfractions dans les humeurs; qu'ils peignent et qu'ils impriment l'objet en petit dans le fond de l'œil; que les nerfs optiques soient ébranlés; enfin que le mouvement se communique jusques au dedans du cerveau. Ce qu'il y a du côté de l'âme, c'est la sensation, c'est-à-dire la perception de la lumière et des couleurs, et le plaisir que nous ressentons dans les unes plutôt que dans les autres, ou dans certaines vues agréables plutôt qu'en d'autres.

Dans l'ouïe, ce qu'il y a du côté du corps, c'est que l'air, agité d'une certaine façon, frappe le tympan et ébranle les nerfs jusques au cerveau. Du côté de l'âme c'est la perception du son, le plaisir de l'harmonie, la peine que nous donnent des voix fausses et un son désagréable, et des tons discordants, et les diverses pensées qui naissent en nous par la parole.

Dans le goût et dans l'odorat un certain suc tiré des viandes et mêlé avec la salive ébranle les nerfs de la langue: une vapeur qui sort des fleurs ou des autres corps frappe les nerfs des narines ; tout ce mouvement se communique à la racine des nerfs, et voilà ce qu'il y a du côté du corps. Il y a du côté de l'âme la perception du bon et du mauvais goût, des bonnes et des mauvaises odeurs.

Dans le toucher les parties du corps sont ou agitées par le chaud, ou resserrées par le froid. Les corps que nous touchons, ou s'attachent à nous par leur humidité, ou s'en séparent aisément par leur sécheresse. Notre chair est ou écorchée par quelque chose de rude, ou percée par quelque chose d'aigu. Une humeur âcre et maligne se jette sur quelque partie nerveuse, la picote, la presse, la déchire par ces divers mouvements; les nerfs sont ébranlés dans toute leur longueur et jusques au cerveau : voilà ce qu'il y a du côté du corps. Et il y a du côté de l'âme le sentiment du chaud et du froid, celui de la douleur ou du plaisir.

Dans la douleur nous poussons des cris violents, notre visage se défigure, les larmes nous coulent des yeux. Ni ces cris, ni ces larmes, ni ce changement qui paraît sur notre visage ne sont la douleur. Elle est dans l'âme, à qui elle apporte un sentiment fâcheux et contraire.

Dans la faim et dans la soif nous remarquons, du côté du corps, ces eaux fortes qui picotent l'estomac et les vapeurs dessèchent le gosier; et du côté de l'âme, la douleur que nous cause cette mauvaise disposition des parties et le désir de la réparer par le manger et le boire.

Dans l'imagination et dans la mémoire nous avons, du côté du corps, les impressions du cerveau, les marques qu'il en conserve, l'agitation des esprits qui l'ébranlent en divers endroits; et nous avons, du côté de l'âme, ces pensées vagues et confuses qui s'effacent les unes les autres, et les actes de la volonté, qui recommande certaines choses à la mémoire, et puis les lui redemande, et lui fait rendre à propos.

Pour ce qui est des passions, quand vous concevez les esprits émus, le cœur agité par un battement redoublé, le sang échauffé, les muscles tendus, les bras et tout le corps tourné à l'attaque, vous n'avez pas encore compris la colère parce que vous n'avez dit que ce qui se trouve dans le corps; et il faut encore y considérer, du côté de l'âme, le désir de la vengeance. De même, ni le sang retiré, ni les extrémités froides, ni la pâleur sur le visage, ni les jambes et les pieds disposés à une fuite précipitée, ne sont pas ce qu'on appelle proprement la crainte, c'est ce qu'elle fait dans le corps; dans l'âme, c'est un sentiment par lequel elle s'efforce d'éviter le péril connu; et il en est de même de toutes les autres passions.

En méditant ces choses et se les rendant familières on se

forme une habitude de distinguer les sensations, les imaginations et les passions ou appétits naturels d'avec les dispositions et les mouvements corporels. Et, cela fait, on n'a plus de peine à en démêler les opérations intellectuelles qui, loin d'être assujetties au corps, président à ses mouvements et ne communiquent avec lui que par la liaison qu'elles ont avec le sens, auquel néanmoins nous les avons vues si supérieures.

XXII. — Comment on peut distinguer les opérations sensitives d'avec les mouvements corporels, qui en sont inséparables.

Sur ce qui a été dit de la distinction qu'il faut faire des mouvements corporels d'avec les sensations et les passions, on demandera peut-être comment on peut distinguer des choses qui se suivent de si près, et qui semblent inséparables. Par exemple, comment distinguer la colère d'avec l'agitation des esprits, et du sang? Comment distinguer le sentiment d'avec le mouvement des nerfs, ou, si on veut, des esprits, puisque, ce mouvement étant posé, le sentiment suit aussitôt et que jamais on n'a le sentiment que ce mouvement ne précède?

On demandera encore comment le plaisir et la douleur peuvent appartenir à l'âme, puisqu'on les sent dans le corps? n'est-ce pas dans mon doigt coupé que je sens la douleur de la blessure? et n'est-ce pas dans le palais que je sens le plaisir du goût? On en dira autant de toutes les autres sensations.

A cela il est aisé de répondre que le mouvement dont il s'agit, qui n'est qu'un changement de place, et le sentiment, qui est la perception de quelque chose, sont fort différents l'un de l'autre.

On distingue donc ces choses par leur idée naturelle, qui n'ont rien de commun ensemble, et ne peuvent être confondues que par erreur.

La séparation des parties du bras ou de la main dans une blessure n'est pas d'une autre nature que celle qui se ferait dans un corps mort. Cette séparation ne peut donc être la douleur.

Il faut raisonner de même de tous les autres mouvements

du corps. L'agitation du sang n'est pas d'une autre nature que celle d'une autre liqueur. L'ébranlement du nerf n'est pas d'une autre nature que celui d'une corde, ni le mouvement du cerveau, que celui d'un autre corps : et, pour venir aux esprits, leur cours n'est pas aussi d'une nature différente de celui d'une autre vapeur; puisque les esprits et les nerfs, et les filets dont on dit que le cerveau est composé, pour être déliés, n'en sont pas moins corps ; et que leur mouvement, si vite, si délicat et si subtil qu'on se l'imagine, n'est, après tout, qu'un simple changement de place ; ce qui est très-éloigné de sentir et de désirer.

Et cela se reconnaîtra dans les sensations en reprenant la chose jusques au principe.

Nous y avons remarqué un mouvement enchaîné qui se commence à l'objet, se continue dans le milieu, se communique à l'organe, aboutit enfin au cerveau et y fait son impression.

Il est aisé de comprendre que, tel que le mouvement se commence auprès de l'objet, tel il dure dans le milieu, et tel il se continue dans les organes du corps extérieurs et intérieurs, la proportion toujours gardée.

Je veux dire, que, selon les diverses dispositions du milieu et de l'organe, ce mouvement pourra quelque peu changer ; comme il arrive dans les réfractions ; comme il arrive lorsque l'air, par où doit se communiquer le mouvement du corps résonnant, est agité par le vent : mais cette diversité se fait toujours à proportion du coup qui vient de l'objet ; et c'est selon cette proportion que les organes, tant extérieurs qu'intérieurs, sont frappés.

Ainsi la disposition des organes corporels est au fond de même nature que celle qui se trouve dans les objets mêmes au moment que nous en sommes touchés ; comme l'impression se fait dans la cire, telle et de même nature qu'elle a été faite dans le cachet.

En effet, cette impression, qu'est-ce autre chose qu'un mouvement dans la cire par lequel elle est forcée de s'accommoder au cachet qui se met sur elle ? Et de même, l'impression dans nos organes, qu'est-ce autre chose qu'un mouvement qui se fait en eux, ensuite du mouvement qui se commence à l'objet ?

Je vois que ma main, pressée par un corps pesant et rude, cède et baisse en conformité du mouvement de ce corps qui pèse sur elle; et le même mouvement se continue sur toutes les parties qui sont disposées à le recevoir. Il n'y a personne qui n'entende que si l'agitation qui cause le bruit est un certain trémoussement du corps résonnant, par exemple d'une corde de luth, une pareille trépidation se doit continuer dans l'air; et quand ensuite le tympan viendra à être ébranlé, et le nerf auditif avec lui, et le cerveau même ensuite, cet ébranlement, après tout, ne sera pas d'une autre nature qu'a été celui de la corde : au contraire, ce n'en sera que la continuation. Toutes ces impressions étant de même nature, ou plutôt tout cela n'étant qu'une suite du même ébranlement qui a commencé à l'objet, il n'est pas moins ridicule de dire que l'agitation du tympan et l'ébranlement du nerf et de quelque autre partie puisse être la sensation, que de dire que l'ébranlement de l'air ou celui du corps résonnant le soit.

Il faut donc, pour bien raisonner, regarder toute cette suite d'impression corporelle, depuis l'objet jusques au cerveau, comme chose qui tient à l'objet; et, par la même raison qu'on distingue les sensations d'avec l'objet, il faut les distinguer d'avec les impressions et les mouvements qui les suivent.

Ainsi la sensation est une chose qui s'élève après tout cela et dans un autre sujet; c'est-à-dire non plus dans le corps, mais dans l'âme seule.

Il en faut dire autant et de l'imagination et des désirs qui en naissent. En un mot, tant qu'on ne fera que remuer des corps, c'est-à-dire des choses étendues en longueur, largeur et profondeur, quelque vites et quelque subtils qu'on fasse ces corps, et dût-on les réduire à l'invisible, si leur nature le pouvait permettre, jamais on ne fera une sensation ni un désir.

Car enfin qu'un corps soit plus vite, il arrivera plus tôt; qu'il soit plus mince, il pourra passer par une plus petite ouverture; mais que cela fasse sentir ou désirer, c'est ce qui n'a aucune suite et ne s'entend pas.

De là vient que l'âme, qui connaît si bien et si distinctement ses sensations, ses imaginations et ses désirs, ne connaît la délicatesse et les mouvements ni du cerveau, ni des nerfs, ni des esprits, ni même si ces choses sont dans la nature. Je sais bien que je sens la douleur de la migraine et de la colique, et que je sens du plaisir en buvant et mangeant, et je connais très-distinctement ce plaisir et cette douleur; mais si j'ai une membrane autour du cerveau dont les nerfs soient picotés par une humeur âcre, si j'ai des nerfs à la langue que le suc des viandes remue, c'est ce qu'on ne sait pas. Je ne sais non plus si j'ai des esprits qui errent dans le cerveau et se jettent dans les nerfs, tant pour les tenir tendus que pour se répandre de là dans les muscles. Ce qu, montre qu'il n'y a rien de plus distingué que le sentiment et toutes ces dispositions des organes corporels, puisque l'un est si clairement aperçu et que l'autre ne l'est point du tout.

Ainsi il se trouvera que nous connaissons beaucoup plus de choses de notre âme que de notre corps, puisqu'il se fait dans notre corps tant de mouvements que nous ignorons, et que nous n'avons aucun sentiment que notre esprit n'aperçoive.

Concluons donc que le mouvement des nerfs ne peut pas être un sentiment; que l'agitation du sang ne peut pas être un désir; que le froid qui est dans le sang quand les esprits dont il est plein se retirent vers le cœur ne peut pas être la haine; en un mot, qu'on se trompe en confondant les dispositions et altérations corporelles avec les sensations, les imaginations et les passions.

Ces choses sont unies; mais elles ne sont point les mêmes, puisque leurs natures sont différentes. Et comme se mouvoir n'est pas sentir, sentir n'est pas se mouvoir.

Ainsi, quand on dit qu'une partie du corps est sensible, ce n'est pas que le sentiment puisse être dans le corps, mais c'est que, cette partie étant toute nerveuse, elle ne peut être blessée sans un grand ébranlement des nerfs auquel la nature a joint un vif sentiment de douleur.

Et si elle nous fait rapporter ce sentiment à la partie offensée; si, par exemple, quand nous avons la main blessée nous ressentons de la douleur, c'est un avertissement que la blessure qui cause de la douleur, est dans la main; mais ce n'est pas une preuve que le sentiment, qui ne peut convenir qu'à l'âme, se puisse attribuer au corps.

En effet, quand un homme qui a la jambe emportée croit y ressentir autant de douleur qu'auparavant, ce n'est pas que la douleur soit reçue dans une jambe qui n'est plus, mais c'est que l'âme, qui la ressent seule, la rapporte au même endroit qu'elle avait accoutumé de la rapporter.

Ainsi, de quelque manière qu'on tourne et qu'on remue le corps, que ce soit vite ou lentement, circulairement ou en ligne droite, en masse ou en parcelle séparée, cela ne le fera jamais sentir ; encore moins imaginer, encore moins raisonner, et entendre la nature de chaque chose et la sienne propre : encore moins délibérer et choisir, résister à ses passions, se commander à soi-même, aimer enfin quelque chose jusques à lui sacrifier sa propre vie.

Il y a donc dans le corps humain une vertu supérieure à toute la masse du corps, aux esprits qui l'agitent, aux mouvements et aux impressions qu'il en reçoit. Cette vertu est dans l'âme ; ou plutôt elle est dans l'âme même, qui, quoique d'une nature élevée au-dessus du corps, lui est unie toutefois par la puissance suprême qui a créé l'une et l'autre.

CHAPITRE QUATRIÈME.

DE DIEU, CRÉATEUR DE L'AME ET DU CORPS, ET AUTEUR DE LEUR VIE.

I. — L'homme est un ouvrage d'un grand dessein et d'une sagesse profonde.

Dieu, qui a créé l'âme et le corps, et qui les a unis l'une à l'autre d'une façon si intime, se fait connaître lui-même dans ce bel ouvrage.

Quiconque connaîtra l'homme verra que c'est un ouvrage de grand dessein, qui ne pouvait être ni conçu ni exécuté que par une sagesse profonde.

Tout ce qui montre de l'ordre, des proportions bien prises et des moyens propres à faire de certains effets, montre aussi une fin expresse ; par conséquent, un dessein formé, une intelligence réglée et un art parfait.

C'est ce qui se remarque dans toute la nature. Nous voyons tant de justesse dans ses mouvements et tant de convenance entre ses parties, que nous ne pouvons nier qu'il y ait de l'art. Car s'il en faut pour remarquer ce concert et cette justesse, à plus forte raison pour l'établir. C'est pourquoi nous ne voyons rien, dans l'univers, que nous ne soyons portés à demander pourquoi il se fait, tant nous sentons naturellement que tout a sa convenance et sa fin.

Aussi voyons-nous que les philosophes qui ont le mieux observé la nature nous ont donné pour maxime qu'elle ne fait rien en vain, et qu'elle va toujours à ses fins par les moyens les plus courts et les plus faciles ; il y a tant d'art dans la nature, que l'art même ne consiste qu'à la bien entendre et à l'imiter. Et plus on entre dans ses secrets, plus on la trouve pleine de proportions cachées, qui font tout aller par ordre, et sont la marque certaine d'un ouvrage bien entendu et d'un artifice profond.

Ainsi, sous le nom de nature, nous entendons une sagesse profonde qui développe avec ordre, et selon de justes règles, tous les mouvements que nous voyons.

Mais de tous les ouvrages de la nature, celui où le dessein est le plus suivi, c'est sans doute l'homme.

Et déjà il est d'un beau dessein d'avoir voulu faire de toute sorte d'êtres : des êtres qui n'eussent que l'étendue avec tout ce qui lui appartient, figure, mouvement, repos, tout ce qui dépend de la proportion ou disproportion de ces choses; des êtres qui n'eussent que l'intelligence, et tout ce qui convient à une si noble opération, sagesse, raison, prévoyance, volonté, liberté, vertu ; enfin des êtres où tout fût uni et où une âme intelligente se trouvât jointe à un corps.

L'homme étant formé par un tel dessein, nous pouvons définir l'âme raisonnable : substance intelligente née pour vivre dans un corps et lui être intimement unie.

L'homme tout entier est compris dans cette définition, qui commence par ce qu'il a de meilleur, sans oublier ce qu'il a de moindre, et fait voir l'union de l'un et de l'autre.

A ce premier trait qui figure l'homme, tout le reste est accommodé avec un ordre admirable.

Nous avons vu que, pour l'union, il fallait qu'il se trouvât dans l'âme, outre les opérations intellectuelles, supérieures au corps, des opérations sensitives naturellement engagées dans le corps et assujetties à ses organes. Aussi voyons-nous dans l'âme ces opérations sensitives.

Mais les opérations intellectuelles n'étaient pas moins nécessaires à l'âme, puisqu'elle devait, comme la partie du plus noble composé, gouverner le corps et y présider. En effet, Dieu lui a donné ces opérations intellectuelles, et leur a attribué le commandement.

Il fallait qu'il y eût un certain concours entre toutes les opérations de l'âme, et que la partie raisonnable pût tirer quelque utilité de la partie sensitive. La chose a été ainsi réglée. Nous avons vu que l'âme, avertie et excitée par les sensations, apprend et remarque ce qui se passe autour d'elle, pour ensuite pourvoir aux besoins du corps, et faire ses réflexions sur les merveilles de la nature.

Peut-être que la chose s'entendra mieux en la reprenant d'un peu plus haut.

La nature intelligente aspire à être heureuse. Elle a l'idée du bonheur, elle le cherche; elle a l'idée du malheur, elle l'évite. C'est à cela qu'elle rapporte tout ce qu'elle a fait, et il semble que c'est là son fond. Mais sur quoi doit être fondée la vie heureuse, si ce n'est sur la connaissance de la vérité? Mais on n'est pas heureux simplement pour la connaître; il faut l'aimer, il faut la vouloir. Il y a de la contradiction de dire qu'on soit heureux sans aimer son bonheur et ce qui le fait. Il faut donc, pour être heureux, et connaître le bien, et l'aimer : et le bien de la nature intelligente, c'est la vérité; c'est là ce qui la nourrit et la vivifie. Et si je concevais une nature purement intelligente, il me semble que je n'y mettrais qu'entendre et aimer la vérité, et que cela seul la rendrait heureuse. Mais comme l'homme n'est pas une nature purement intelligente, et qu'il est, ainsi qu'il a été dit, une nature intelligente unie à un corps, il lui faut autre chose, il lui faut les sens. Et cela se déduit du même principe : car, puisqu'elle est unie au corps, le bon état de ce corps doit faire une partie de son bonheur; et, pour achever l'union, il faut que la partie intelligente pourvoie au corps qui lui est unie, la principale à l'intérieure,

Ainsi une des vérités que doit connaître l'âme unie à un corps est ce qui regarde les besoins du corps et les moyens d'y pourvoir. C'est à quoi servent les sensations, comme nous venons de le dire et comme nous l'avons établi ailleurs. Et notre âme étant de telle nature que ses idées intellectuelles sont universelles, abstraites, séparées de toute matière particulière, elle avait besoin d'être avertie par quelque autre chose de ce qui regarde ce corps particulier à qui elle est unie, et les autres corps qui peuvent ou le secourir ou lui nuire; et nous avons vu que les sensations lui sont données pour cela: par la vue, par l'ouïe et par les autres sens, elle discerne par les objets ce qui est propre ou contraire au corps. Le plaisir et la douleur la rendent attentive à ses besoins et ne l'invitent pas seulement, mais la forcent à y pourvoir.

II. — Le corps humain est l'ouvrage d'un dessein profond et admirable.

Voilà quelle devait être l'âme. Et de là il est aisé de déterminer quel devait être le corps.

Il fallait premièrement qu'il fût capable de servir aux sensations, et par conséquent qu'il pût recevoir des impressions de tous côtés; puisque c'était à ces impressions que les sensations devaient être unies.

Mais si le corps n'était en état de prêter ses mouvements aux desseins de l'âme, en vain apprendrait-elle par les sensations ce qui est à rechercher et à fuir.

Il a donc fallu que ce corps, si propre à recevoir les impressions, le fût aussi à exercer mille mouvements divers.

Pour tout cela il fallait le composer d'une infinité de parties délicates, et de plus les unir ensemble, en sorte qu'elles pussent agir en concours pour le bien commun.

En un mot, il fallait à l'âme un corps organique, et Dieu lui en a fait un capable des mouvements les plus forts, aussi bien que des plus délicats et des plus industrieux.

Ainsi tout l'homme est construit avec un dessein suivi et avec un art admirable. Mais si la sagesse de son auteur éclate dans le tout, elle ne paraît pas moins dans chaque partie.

Nous venons de voir que notre corps devait être composé de beaucoup d'organes capables de recevoir les impressions des objets et d'exercer des mouvements proportionnés à ces impressions.

Ce dessein est parfaitement exécuté. Tout est ménagé dans le corps humain avec un artifice merveilleux. Le corps reçoit de tous côtés les impressions des objets sans être blessé. On lui a donné des organes pour éviter ce qui l'offense ou le détruit, et les corps environnants qui font sur lui ce mauvais effet font encore celui de lui causer de l'éloignement. La délicatesse des parties, quoiqu'elle aille à une finesse inconcevable, s'accorde avec la force et avec la solidité. Le jeu des ressorts n'est pas moins aisé que ferme; à peine sentons-nous battre notre cœur, nous qui sentons les moindres mouvements du dehors, si peu qu'ils viennent à nous; les artères vont, le sang circule, les esprits coulent, toutes les parties s'incorporent leur nourriture sans troubler notre sommeil, sans distraire nos pensées, sans exciter tant soit peu notre sentiment: tant Dieu a mis de règle et de proportion, de délicatesse et de douceur dans de si grands mouvements.

Ainsi nous pouvons dire avec assurance que, de toutes les proportions qui se trouvent dans les corps, celles du corps organique sont les plus parfaites et les plus palpables.

Tant de parties si bien arrangées et si propres aux usages pour lesquels elles sont faites; la disposition des valvules, le battement du cœur et des artères, la délicatesse des parties du cerveau et la variété de ses mouvements, d'où dépendent tous les autres; la distribution du sang et des esprits; les effets différents de la respiration qui ont un si grand usage dans le corps: tout cela est d'une économie et s'il est permis d'user de ce mot, d'une mécanique si admirable qu'on ne la peut voir sans ravissement, ni assez admirer la sagesse qui en a établi les règles.

Il n'y a genre de machine qu'on ne trouve dans le corps humain. Pour sucer quelque liqueur les lèvres servent de tuyau et la langue sert de piston. Au poumon est attachée la trachée-artère comme une espèce de flûte douce d'une fabrique particulière qui, s'ouvrant plus ou moins, modifie l'air et diversifie les tons. La langue est un archet qui, battant sur les dents et sur le palais, en tire des sons exquis. L'œil a ses humeurs et son cristallin, les réfractions s'y ménagent avec plus d'art que dans les verres les mieux taillés : il a aussi sa prunelle qui se dilate et se resserre ; tout son globe s'allonge ou s'aplatit selon l'axe de la vision pour s'ajuster aux distances, comme les lunettes à longue vue. L'oreille a son tambour, où une peau aussi délicate que bien tendue résonne au mouvement d'un petit marteau que le moindre bruit agite ; elle a dans un os fort dur des cavités pratiquées pour faire retentir la voix de la même sorte qu'elle retentit parmi les rochers et dans les échos. Les vaisseaux ont leurs soupapes ou valvules tournées en tous sens ; les os et les muscles ont leurs poulies et leurs leviers ; les proportions qui font et les équilibres, et la multiplication des forces mouvantes, y sont observées dans une justesse où rien ne manque. Toutes les machines sont simples ; le jeu en est si aisé et la structure si délicate, que toute autre machine est grossière en comparaison.

À rechercher de près les parties, on y voit de toute sorte de tissus ; rien n'est mieux filé, rien n'est mieux passé, rien n'est serré plus exactement.

Nul ciseau, nul tour, nul pinceau ne peut approcher de la tendresse avec laquelle la nature tourne et arrondit ses sujets.

Tout ce que peut faire la séparation et le mélange des liqueurs, leur précipitation, leur digestion, leur fermentation et le reste est pratiqué si habilement dans le corps humain, qu'auprès de ces opérations la chimie la plus fine n'est qu'une ignorance très-grossière.

On voit à quel dessein chaque chose a été faite : pourquoi le cœur, pourquoi le cerveau, pourquoi les esprits ; pourquoi la bile, pourquoi le sang, pourquoi les autres humeurs. Qui voudra dire que le sang n'est pas fait pour nourrir l'animal ; que l'estomac et les eaux qu'il jette par ses glandes ne sont pas faits pour préparer par la digestion la formation du sang ; que les artères et les veines ne sont pas faites de la manière qu'il faut pour le contenir, pour le porter partout, pour le faire circuler continuellement ; que le cœur n'est pas fait pour donner le branle à cette circulation : qui voudra dire que la langue et les lèvres, avec leur prodigieuse mobilité, ne sont pas faites pour former la voix en mille sortes d'articulations, ou que la bouche n'a pas été mise à la place la plus convenable pour transmettre la nourriture à l'estomac ; que les dents n'y sont pas placées pour rompre cette nourriture et la rendre capable d'entrer ; que les eaux qui coulent dessus ne sont pas propres à la ramollir et ne viennent pas pour cela à point nommé ; ou que ce n'est pas pour ménager les organes et la place que la bouche est pratiquée de manière que tout y sert également à la nourriture et à la parole : qui voudra dire ces choses fera mieux de dire encore qu'un bâtiment n'est pas fait pour loger, et que ses appartements, ou engagés ou dégagés, ne sont pas construits pour la commodité de la vie, ou pour faciliter les ministères nécessaires ; en un mot, il sera un insensé qui ne mérite pas qu'on lui parle.

Si ce n'est peut-être qu'il faille dire que le corps humain n'a point d'architecte, parce qu'on n'en voit pas l'architecte avec les yeux ; et qu'il ne suffit pas de trouver tant de raison et tant de dessein dans la disposition pour entendre qu'il n'est pas fait sans raison et sans dessein.

Plusieurs choses font remarquer combien est grand et profond l'artifice dont il est construit.

Les savants et les ignorants, s'ils ne sont tout à fait stupides, sont également saisis d'admiration en le voyant. Tout homme qui le considère par lui-même trouve faible tout ce qu'il a ouï dire, et un seul regard lui en dit plus que tous les discours et tous les livres.

Depuis tant de temps qu'on regarde et qu'on étudie curieusement le corps humain, quoiqu'on sente que tout y a sa raison, on n'a pu encore parvenir à en pénétrer le fond. Plus on considère, plus on trouve de choses nouvelles plus belles que les premières qu'on avait tant admirées ; et quoiqu'on trouve très-grand ce qu'on a déjà découvert, on voit que ce n'est rien en comparaison de ce qui reste à chercher.

Par exemple, qu'on voie les muscles si forts et si tendres, si unis pour agir en concours, si dégagés pour ne se point mutuellement embarrasser, avec des filets si artistement tissus et si bien tors comme il faut pour faire leur jeu, au reste si bien tendus, si bien soutenus, si proprement placés, si bien insérés où il faut ; assurément on est ravi, et on ne peut quitter un si beau spectacle ; et, malgré qu'on en ait, un si grand ouvrage parle de son artisan. Et cependant tout cela est mort, faute de voir par où les esprits s'insinuent, comment ils tirent, comment ils relâchent, comment le cerveau les forme, et comment il les envoie avec leur adresse fixe. Toutes choses qu'on voit bien qui sont, mais dont le secret principe et le maniement n'est pas connu.

Et parmi tant de spéculations faites par une curieuse anatomie, s'il est arrivé quelquefois à ceux qui s'y sont occupés de désirer que pour plus de commodité les choses fussent autrement qu'ils ne les voyaient, ils ont trouvé qu'ils ne faisaient un si vain désir que faute d'avoir tout vu; et personne n'a encore trouvé qu'un seul os dût être figuré autrement qu'il n'est, ni être articulé autre part, ni être emboîté plus commodément, ni être percé en d'autres endroits, ni donner aux muscles, dont il est l'appui, une place plus propre à s'y enclaver, ni enfin qu'il y eût aucune partie dans tout le corps à qui on pût seulement désirer une autre constitution ou une autre place.

Il ne reste donc à désirer dans une si belle machine sinon qu'elle aille toujours, sans être jamais troublée et sans finir. Mais qui l'a bien entendue en voit assez pour juger que son auteur ne pouvait pas manquer de moyens pour la réparer toujours, et enfin la rendre immortelle; et que maître de lui donner l'immortalité, il a voulu que nous connussions qu'il la peut donner par grâce, l'ôter par châtiment, et la rendre par récompense. La religion qui vient là-dessus nous apprend qu'en effet c'est ainsi qu'il en a usé, et nous apprend tout ensemble à le louer et à le craindre.

En attendant l'immortalité qu'il nous promet, jouissons du beau spectacle des principes qui nous conservent si longtemps; et connaissons que tant de parties, où nous ne voyons qu'une impétuosité aveugle, ne pourraient pas concourir à cette fin si elles n'étaient tout ensemble et dirigées et formées par une cause intelligente.

Le secours mutuel que se prêtent ces parties les unes aux autres, quand la main, par exemple, se présente pour sauver la tête, qu'un côté sert de contre-poids à l'autre que sa pente et sa pesanteur entraîne, et que le corps se situe naturellement de la manière la plus propre à se soutenir: ces actions et les autres de cette nature, qui sont si propres et si convenables à la conservation du corps, dès là qu'elles se font sans que notre raison y ait part, nous montrent qu'elles sont conduites, et les parties disposées par une raison supérieure.

La même chose paraît par cette augmentation de forces qui nous arrive dans les grandes passions. Nous avons vu ce que fait et la colère et la crainte, comme elles nous changent, comme l'une nous encourage et nous arme, et comme l'autre fait de notre corps, pour ainsi dire, un instrument propre à fuir. C'est sans doute un grand secret de la nature (c'est-à-dire de Dieu) d'avoir premièrement proportionné les forces du corps à ses besoins ordinaires : mais d'avoir trouvé le moyen de doubler les forces dans les besoins extraordinairement pressants, et de dissiper tellement le cerveau, le cœur et le sang, que les esprits, d'où dépend toute l'action du corps, devinssent dans les grands périls plus abondants ou plus vifs, et en même temps fussent portés sans que nous le sussions aux parties où ils peuvent rendre la défense plus vigoureuse ou la fuite plus légère, c'est l'effet d'une sagesse infinie.

Et cette augmentation de forces proportionnées à nos besoins nous fait voir que les passions, dans leur fond et dans la première institution de la nature, étaient faites pour nous aider ; et que, si maintenant elles nous nuisent aussi souvent qu'elles font, il faut qu'il soit arrivé depuis quelque désordre.

En effet, l'opération des passions dans le corps des animaux, loin de les embarrasser, les aide à ce que leur état demande (j'excepte certains cas qui ont des causes particulières); et le contraire n'arriverait pas à l'homme s'il n'avait mérité par quelque faute qu'il se fît en lui quelque espèce de renversement.

Que si, avec tant de moyens que Dieu nous a préparés pour la conservation de notre corps, il faut que chaque homme meure, l'univers n'y perd rien, puisque, dans les mêmes principes qui conservent l'homme durant tant d'années, il se trouve encore de quoi en produire d'autres jusqu'à l'infini. Ce qui le nourrit le rend fécond, et rend l'espèce immortelle. Un seul homme, un seul animal, une seule plante, suffit pour peupler toute la terre ; le dessein de Dieu est si suivi, qu'une infinité de générations ne sont que l'effet d'un seul mouvement continué sur les mêmes règles, et en conformité du premier branle que la nature a reçu au commencement.

Quel architecte est celui qui, faisant un bâtiment caduc, y met un principe pour se relever dans ses ruines ! et qui sait immortaliser par tel moyen son ouvrage en général, ne pourra-t-il pas immortaliser quelque ouvrage qu'il lui plaira en particulier?

Si nous considérons une plante qui porte en elle-même la graine d'où il se forme une autre plante, nous serons forcés d'avouer qu'il y a dans cette graine un principe secret d'ordre et d'arrangement, puisqu'on voit les branches, les feuilles, les fleurs et les fruits s'expliquer et se développer de là avec une telle régularité; et nous verrons, en même temps, qu'il n'y a qu'une profonde sagesse qui ait pu renfermer toute une grande plante dans une si petite graine, et l'en faire sortir par des mouvements si réglés.

Mais la formation de nos corps est beaucoup plus admirable, puisqu'il y a sans comparaison plus de justesse, plus de variétés et plus de rapports entre toutes leurs parties.

Il n'y a rien certainement de plus merveilleux que de considérer tout un grand ouvrage dans ses premiers principes, où il est comme ramassé, et où il se trouve tout entier en petit.

On admire avec raison la beauté et l'artifice d'un moule où, la matière étant jetée, il s'en forme un visage fait au naturel, ou quelque autre figure régulière. Mais tout cela est grossier en comparaison des principes d'où viennent nos corps, par lesquels une si belle structure se forme de si petits commencements, se conserve d'une manière si aisée, se répare dans sa chute, et se perpétue par un ordre si immuable.

Les plantes et les animaux, en se perpétuant sans dessein les uns les autres avec une exacte ressemblance, font voir qu'ils ont été une fois formés avec dessein sur un modèle immuable, sur une idée éternelle.

Ainsi nos corps, dans leur formation et dans leur conservation, portent la marque d'une invention, d'un dessein, d'une industrie explicable. Tout y a sa fin, tout y a sa proportion et sa mesure, et par conséquent tout est fait par art.

III. — Dessein merveilleux dans les sensations et dans les choses qui en dépendent.

Mais que servirait à l'âme d'avoir un corps si sagement construit, si elle, qui le doit conduire, n'était avertie de ses besoins ? Aussi l'est-elle admirablement par les sensations, qui lui servent à discerner les objets qui peuvent détruire ou entretenir en bon état le corps qui lui est uni.

Bien plus, il a fallu qu'elle fût obligée à en prendre soin par quelque chose de fort ; c'est ce que font le plaisir et la douleur, qui, lui venant à l'occasion des besoins du corps ou de ses bonnes dispositions, l'engagent à pourvoir à ce qui le touche.

Au reste, nous avons assez observé la juste proportion qui se trouve entre l'ébranlement passager des nerfs et les sensations, entre les impressions permanentes du cerveau et les imaginations qui doivent durer et se renouveler de temps en temps ; enfin entre ces secrètes dispositions du corps qui l'ébranlent pour s'approcher ou s'éloigner de certains objets, et les désirs ou les aversions, par lesquels l'âme s'y unit ou s'en éloigne par la pensée.

Par là s'entend admirablement bien l'ordre que tiennent la sensation, l'imagination et la passion, tant entre elles qu'à l'égard des mouvements corporels d'où elles dépendent. Et ce qui achève de faire voir la beauté d'une proportion si juste, est que la même suite qui se trouve entre trois dispositions du corps se trouve aussi entre trois dispositions de l'âme. Je veux dire que, comme la disposition qu'a le corps, dans les passions, à s'avancer ou se reculer, dépend des impressions du cerveau, et les impressions du cerveau de l'ébranlement des nerfs ; ainsi le désir et les aversions dépendent naturellement des imaginations, comme celles-ci dépendent des sensations.

IV. — La raison nécessaire pour juger des sensations et régler les mouvements extérieurs devait nous être donnée, et ne l'a pas été sans un grand dessein.

Mais quoique l'âme soit avertie des besoins du corps et de la diversité des objets par les sensations et les passions, elle ne profiterait pas de ces avertissements sans ce principe secret de raisonnement par lequel elle comprend les rapports des choses et juge de ce qu'elles lui font expérimenter.

Ce même principe de raisonnement la fait sortir de son corps, pour étendre ses regards sur le reste de la nature, et comprendre l'enchaînement des parties qui composent un si grand tout.

A ces connaissances devait être jointe une volonté maitresse d'elle-même et capable d'user selon la raison des organes, des sentiments et des connaissances mêmes

Et c'était de cette volonté qu'il fallait faire dépendre les membres du corps, afin que la partie principale eût l'empire qui lui convenait sur la moindre.

Aussi voyons-nous qu'il est ainsi. Nos muscles agissent, nos membres remuent, et notre corps est transporté à l'instant que nous le voulons. Cet empire est une image du pouvoir absolu de Dieu, qui remue tout l'univers par sa volonté et y fait tout ce qu'il lui plaît.

Et il a tellement voulu que tous ces mouvements de notre corps servissent à la volonté, que même les involontaires, par où se fait la distribution des esprits et des aliments, tendent naturellement à rendre le corps plus obéissant ; puisque jamais il n'obéit mieux que lorsqu'il est sain, c'est-à-dire quand ses mouvements naturels et intérieurs vont selon leur règle.

Ainsi les mouvements intérieurs, qui sont naturels et nécessaires, servent à faciliter les mouvements extérieurs qui sont involontaires.

Mais en même temps que Dieu a soumis à la volonté les mouvements extérieurs, il nous a laissé deux marques sensibles que cet empire dépendait d'une autre puissance. La première est, que le pouvoir de la volonté a des bornes, et que l'effet en est empêché par la mauvaise disposition des membres, qui devraient être soumis. La seconde, que nous remuons notre corps sans savoir comment, sans connaître aucun des ressorts qui servent à le remuer, et souvent même sans discerner les mouvements que nous faisons, comme il se voit principalement dans la parole.

Il paraît donc que ce corps est un instrument fabriqué, et soumis à notre volonté, par une puissance qui est hors de nous; et toutes les fois que nous nous en servons, soit pour parler, ou pour respirer, ou pour nous mouvoir en quelque façon que ce soit, nous devrions toujours sentir Dieu présent.

V. — L'intelligence a pour objet des vérités éternelles, qui ne sont autre chose que Dieu même, où elles sont toujours subsistantes et toujours parfaitement entendues.

Mais rien ne sert tant à l'âme pour s'élever à son auteur que la connaissance qu'elle a d'elle-même et de ses sublimes opérations, que nous avons appelées intellectuelles.

Nous avons déjà remarqué que l'entendement a pour objet des vérités éternelles.

Les règles des proportions, par lesquelles nous mesurons toutes choses, sont éternelles et invariables.

Nous connaissons clairement que tout se fait dans l'univers par la proportion du plus grand au plus petit, et du plus fort au plus faible; et nous en savons assez pour connaître que ces proportions se rapportent à des principes d'éternelle vérité.

Tout ce qui se démontre en mathématique, et en quelque autre science que ce soit, est éternel et immuable; puisque l'effet de la démonstration est de faire voir que la chose ne peut être autrement qu'elle est démontrée.

Aussi, pour entendre la nature et les propriétés des choses que je connais, par exemple, ou d'un triangle, ou d'un carré, ou d'un cercle, ou les proportions de ces figures et de toutes autres figures entre elles, je n'ai pas besoin de savoir qu'il y en ait de telles dans la nature, et je suis assuré de n'en avoir jamais ni tracé ni vu de parfaites. Je n'ai pas besoin non plus de songer qu'il y ait quelques mouvements dans le monde pour entendre la nature du mouvement même, ou celle des lignes que chaque mouvement décrit, les suites de ce mouvement, et les proportions selon lesquelles il augmente ou diminue dans les graves et les choses jetées. Dès que l'idée de ces choses s'est une fois réveillée dans mon esprit, je connais que, soit qu'elles soient ou qu'elles ne soient pas actuellement, c'est ainsi qu'elles doivent être, et qu'il est impossible qu'elles soient d'une autre nature ou se fassent d'une autre façon.

Et pour venir à quelque chose qui nous touche de plus près, j'entends, par ces principes de vérité éternelle, que quand aucun autre être que l'homme, et moi-même, ne serions pas actuellement ; quand Dieu aurait résolu de n'en créer aucun autre ; le devoir essentiel de l'homme, dès-là qu'il est capable de raisonner, est de vivre selon la raison, et de chercher son auteur, de peur de lui manquer de reconnaissance si, faute de le chercher, il l'ignorait.

Toutes ces vérités, et toutes celles que j'en déduis par un raisonnement certain, subsistent indépendamment de tous les temps : en quelque temps que je mette un entendement humain, il les connaitra ; mais en les connaissant il les trouvera vérités ; il ne les fera pas telles, car ce ne sont pas nos connaissances qui font leurs objets, elles les supposent. Ainsi ces vérités subsistent devant tous les siècles, et devant qu'il y ait eu un entendement humain : et quand tout ce qui se fait par les règles des proportions, c'est-à-dire tout ce que je vois dans la nature, serait détruit, excepté moi, ces règles se conserveraient dans ma pensée ; et je verrais clairement qu'elles seraient toujours bonnes et toujours véritables, quand moi-même je serais détruit, et quand il n'y aurait personne qui fût capable de les comprendre.

Si je cherche maintenant où et en quel sujet elles subsistent éternelles et immuables comme elles sont, je suis obligé d'avouer un être où la vérité est éternellement subsistante, et où elle est toujours entendue ; et cet être doit être la vérité même, et doit être toute vérité ; et c'est de lui que la vérité dérive dans tout ce qui est, et ce qui s'entend hors de lui.

C'est donc en lui, d'une certaine manière qui m'est incompréhensible, c'est en lui, dis-je, que je vois ces vérités éternelles ; et les voir, c'est me tourner à celui qui est immuablement toute vérité, et recevoir ses lumières.

Cet objet éternel, c'est Dieu, éternellement subsistant, éternellement véritable, éternellement la vérité même.

Et, en effet, parmi ces vérités éternelles que je connais, une des plus certaines est celle-ci, qu'il y a quelque chose au monde qui existe d'elle-même, par conséquent qui est éternelle et immuable.

Qu'il y ait un seul moment où rien ne soit, éternellement rien ne sera. Ainsi le néant sera à jamais toute la vérité, et rien ne sera vrai que le néant ; chose absurde et contradictoire.

Il y a donc nécessairement quelque chose qui est avant tous les temps, et de toute éternité ; et c'est dans cet éternel que ces vérités éternelles subsistent.

C'est là aussi que je les vois. Tous les autres hommes les voient comme moi, ces vérités éternelles ; et tous, nous les voyons toujours les mêmes, et nous les voyons être devant nous ; car nous avons commencé, et nous le savons, et nous savons que ces vérités ont toujours été.

Ainsi nous les voyons dans une lumière supérieure à nous-mêmes ; et c'est dans cette lumière supérieure que nous voyons aussi si nous faisons bien ou mal, c'est-à-dire si nous agissons ou non selon ces principes constitutifs de notre être.

Là donc nous voyons, avec toutes les autres vérités, les règles invariables de nos mœurs ; et nous voyons qu'il y a des choses d'un devoir indispensable, et que dans celles qui sont naturellement indifférentes le vrai devoir est de s'accommoder au plus grand bien de la société humaine.

Ainsi un homme de bien laisse régler l'ordre des successions et de la police aux lois civiles, comme il laisse régler le langage et la forme des habits à la coutume ; mais il écoute en lui-même une loi inviolable qui lui dit qu'il ne faut faire tort à personne, et qu'il vaut mieux qu'on nous en fasse que d'en faire à qui que ce soit.

En ces règles invariables, un sujet, qui se sent partie d'un État, voit qu'il doit l'obéissance au prince qui est chargé de la conduite du tout : autrement la paix du monde serait renversée. Et un prince y voit aussi qu'il gouverne mal, s'il regarde ses plaisirs et ses passions plutôt que la raison et le bien des peuples qui lui sont commis.

L'homme qui voit ces vérités, par ces vérités se juge lui-même, et se condamne quand il s'en écarte. Ou plutôt ce sont ces vérités qui le jugent, puisque ce ne sont pas elles qui s'accommodent aux jugements humains, mais les jugements humains qui s'accommodent à elles.

Et l'homme juge droitement lorsque, sentant ses jugements variables de leur nature, il leur donne pour règle ces vérités éternelles.

Ces vérités éternelles, que tout entendement aperçoit toujours les mêmes, par lesquelles tout entendement est régie, sont quelque chose de Dieu, ou plutôt sont Dieu même.

Car toutes ces vérités éternelles ne sont au fond qu'une seule vérité. En effet, je m'aperçois, en raisonnant, que ces vérités sont suivies. La même vérité qui me fait voir que les mouvements ont certaines règles, me fait voir que les actions de ma volonté doivent aussi avoir les leurs. Et je vois ces deux vérités dans cette vérité commune qui me dit que tout a sa loi, que tout a son ordre : ainsi la vérité est une de soi ; qui la connait en partie, en voit plusieurs ; qui les verrait parfaitement, n'en verrait qu'une.

Et il faut nécessairement que la vérité soit quelque part très-parfaitement entendue, et l'homme en est à lui-même une preuve indubitable.

Car, soit qu'il la considère lui-même, ou qu'il étende sa vue sur tous les êtres qui l'environnent, il voit tout soumis à des lois certaines et aux règles immuables de la vérité. Il voit qu'il entend ces lois, du moins en partie, lui qui n'a fait ni lui-même, ni aucune autre partie de l'univers, quelque petite qu'elle soit : il voit bien que rien n'aurait été fait si ces lois n'étaient ailleurs parfaitement entendues ; et il voit qu'il faut reconnaître une sagesse éternelle, où toute loi, tout ordre, toute proportion ait sa raison primitive.

Car il est absurde qu'il y ait tant de suite dans les vérités, tant de proportion dans les choses, tant d'économie dans leur assemblage, c'est-à-dire dans le monde ; et que cette suite, cette proportion, cette économie ne soit nulle part bien entendue : et l'homme, qui n'a rien fait, la connaissant véritablement quoique non pas pleinement, doit juger qu'il y a quelqu'un qui la connait dans sa perfection, et que ce sera celui-là même qui aura tout fait.

VI. — L'âme connait, par l'imperfection de son intelligences, qu'il y a ailleurs une intelligence parfaite

Nous n'avons donc qu'à réfléchir sur nos propres opérations pour entendre que nous venons d'un plus haut principe.

Car dès là que notre âme se sent capable d'entendre, d'affirmer et de nier, et que d'ailleurs elle sent qu'elle ignore beaucoup de choses, qu'elle se trompe souvent, et que souvent aussi, pour s'empêcher d'être trompée, elle est forcée à suspendre son jugement et à se tenir dans le doute; elle voit à la vérité qu'elle a en elle un bon principe, mais elle voit aussi qu'il est imparfait et qu'il y a une sagesse plus haute à qui elle doit son être.

En effet, le parfait est plus tôt que l'imparfait, et l'imparfait le suppose; comme le moins suppose le plus, dont il est la diminution: et comme le mal suppose le bien, dont il est la privation, ainsi il est naturel que l'imparfait suppose le parfait, dont il est, pour ainsi dire, déchu: et si une sagesse imparfaite, telle que la nôtre, qui peut douter, ignorer, se tromper, ne laisse pas d'être; à plus forte raison devons-nous croire que la sagesse parfaite est et subsiste, et que la nôtre n'en est qu'une étincelle.

Car si nous étions tout seuls intelligents dans le monde, nous seuls, nous vaudrions mieux, avec notre intelligence imparfaite, que tout le reste qui serait tout à fait brut et stupide; et on ne pourrait comprendre d'où viendrait, dans ce tout qui n'entend pas, cette partie qui entend, l'intelligence ne pouvant pas naître d'une chose brute et insensée. Il faudrait donc que notre âme, avec son intelligence imparfaite, ne laissât pas d'être par elle-même, par conséquent d'être éternelle et indépendante de toute autre chose; ce que nul homme, quelque fou qu'il soit, n'osant penser de soi-même, il reste qu'il connaisse au-dessus de lui une intelligence parfaite, dont toute autre reçoive la faculté et la mesure d'entendre.

Nous connaissons donc par nous-mêmes, et par notre propre imperfection, qu'il y a une sagesse infinie, qui ne se trompe jamais, qui ne doute de rien, qui n'ignore rien parce qu'elle a une pleine compréhension de la vérité, ou plutôt qu'elle est la vérité même.

Cette sagesse est elle-même sa règle; de sorte qu'elle ne peut jamais faillir, et c'est à elle à régler toutes choses.

Par la même raison, nous connaissons qu'il y a une souveraine bonté qui ne peut jamais faire aucun mal, au lieu que notre volonté imparfaite, si elle peut faire le bien, peut aussi s'en détourner.

De là nous devons conclure que la perfection de Dieu est

infinie, car il a tout en lui-même ; sa puissance l'est aussi, de sorte qu'il n'a qu'à vouloir pour faire tout ce qu'il lui plait.

C'est pourquoi il n'a eu besoin d'aucune matière précédente pour créer le monde. Comme il en trouve le plan et le dessein dans sa sagesse et la source dans sa bonté, il ne lui faut aussi pour l'exécution que sa seule volonté toute-puissante.

Mais quoiqu'il fasse de si grandes choses, il n'en a aucun besoin, et il est heureux en se possédant lui-même.

L'idée même du bonheur nous mène à Dieu ; car si nous avons l'idée du bonheur, puisque d'ailleurs nous n'en pouvons voir la vérité en nous-mêmes, il faut qu'elle nous vienne d'ailleurs ; il faut, dis-je, qu'il y ait ailleurs une nature vraiment bienheureuse ; que si elle est bienheureuse, elle n'a rien à désirer, elle est parfaite ; et cette nature bienheureuse, parfaite, pleine de tout bien, qu'est-ce autre chose que Dieu !

Il n'y a rien de plus existant ni de plus vivant que lui, parce qu'il est et qu'il vit éternellement. Il ne peut pas qu'il ne soit, lui qui possède la plénitude de l'être, ou plutôt qui est l'Être même, selon ce qu'il dit, parlant à Moïse : JE SUIS CELUI QUI SUIS ; CELUI QUI EST *m'envoie à vous*. (*Exode*, III, 14) (1).

VII. — L'âme qui connaît Dieu et se sent capable de l'aimer, sent dès là qu'elle est faite par lui, et qu'elle tient tout de lui.

En la présence d'un Être si grand et si parfait, l'âme se trouve elle-même un pur néant, et ne voit rien en elle-même qui mérite d'être estimé si ce n'est qu'elle est capable de connaître et d'aimer Dieu.

Elle sent par là qu'elle est née pour lui. Car si l'intelli-

---

1. On voit, par une note sur le manuscrit de Bossuet, que son dessein était de donner à cet article un peu d'étendue. Voici ce qu'on y lit : « Quelque « part ici marquer la démonstration de ce qui est, de ce qui est immuable, de « ce qui est éternel, de ce qui est parfait, antérieur à ce qui n'est pas, à ce qui « n'est pas toujours le même, à ce qui n'est pas parfait. Saint Augustin ; Boëce, « saint Thomas. »

gence est pour le vrai, et que l'amour soit pour le bien, le premier vrai a droit d'occuper toute notre intelligence, et le souverain bien a droit de posséder tout notre amour.

Mais nul ne connaît Dieu que celui que Dieu éclaire ; et nul n'aime Dieu que celui à qui il inspire son amour. Car c'est à lui de donner à sa créature tout le bien qu'elle possède, et par conséquent le plus excellent de tous les biens, qui est de le connaître et de l'aimer.

Ainsi le même qui a donné l'être à la créature raisonnable lui a donné le bien-être. Il lui donne la vie, il lui donne la bonne vie ; il lui donne d'être juste, il lui donne d'être saint, il lui donne enfin d'être bienheureux.

VIII. — L'âme connaît sa nature en connaissant qu'elle est faite à l'image de Dieu.

Je commence ici à me connaître mieux que je n'avais jamais fait en me considérant par rapport à celui dont je tiens l'être.

Moïse, qui m'a dit que j'étais fait à l'image et ressemblance de Dieu, en ce seul mot m'a mieux appris quelle est ma nature que ne peuvent faire tous les livres et tous les discours des philosophes.

J'entends et Dieu entend. Dieu entend qu'il est, j'entends que Dieu est et j'entends que je suis. Voilà déjà un trait de cette divine ressemblance. Mais il faut ici considérer ce que c'est qu'entendre à Dieu, et ce que c'est qu'entendre à moi.

Dieu est la vérité même et l'intelligence même ; vérité infinie, intelligence infinie. Ainsi, dans le rapport mutuel qu'ont ensemble la vérité et l'intelligence, l'une et l'autre trouvent en Dieu leur perfection ; puisque l'intelligence qui est infinie comprend la vérité tout entière, et que la vérité infinie trouve une intelligence égale à elle.

Par là donc la vérité et l'intelligence ne font qu'un ; et il se trouve une intelligence, c'est-à-dire Dieu, qui, étant aussi la vérité même, est elle-même son unique objet.

Il n'en est pas ainsi des autres choses qui entendent. Car quand j'entends cette vérité, Dieu est, cette vérité n'est pas mon intelligence. Ainsi l'intelligence et l'objet, en moi, peuvent être deux, en Dieu, ce n'est jamais qu'un. Car il n'entend que lui-même; et il entend tout en lui-même, parce que tout ce qui est, et n'est pas lui, est en lui comme dans sa cause.

Mais c'est une cause intelligente qui fait tout par raison et par art, qui par conséquent a en elle-même, ou plutôt qui est elle-même l'idée et la raison primitive de tout ce qui est.

Et les choses qui sont hors de lui n'ont leur être ni leur vérité que par rapport à cette idée éternelle et primitive.

Car les ouvrages de l'art n'ont leur être et leur vérité parfaite que par le rapport qu'ils ont avec l'idée de l'artisan.

L'architecte a dessiné dans son esprit un palais ou un temple avant que d'en avoir mis le plan sur le papier ; et cette idée intérieure de l'architecte est le vrai plan et le vrai modèle de ce palais ou de ce temple.

Ce palais ou ce temple seront le vrai palais ou le vrai temple que l'architecte a voulu faire, quand ils répondront parfaitement à cette idée intérieure qu'il en a formée.

S'ils n'y répondent pas, l'architecte dira : Ce n'est pas là l'ouvrage que j'ai médité. Si la chose est parfaitement exécutée selon son projet, il dira : Voilà mon dessein au vrai, voilà le vrai temple que je voulais construire.

Ainsi, tout est vrai dans les créatures de Dieu, parce que tout répond à l'idée de cet Architecte éternel, qui fait tout ce qu'il veut, et comme il veut.

C'est pourquoi Moïse l'introduit dans le monde qu'il venait de faire, et il dit qu'après avoir vu son ouvrage il le trouva bon, c'est-à-dire qu'il le trouva conforme à son dessein ; et il le vit bon, vrai et parfait où il avait vu qu'il le fallait faire tel, c'est-à-dire dans son idée éternelle.

Mais ce Dieu, qui avait fait un ouvrage si bien entendu et si capable de satisfaire tout ce qui entend, a voulu qu'il y eût parmi ses ouvrages quelque chose qui entendit et son ouvrage et lui-même.

Il a donc fait des natures intelligentes, et je me trouve être de ce nombre. Car j'entends et que je suis, et que Dieu est, et que beaucoup d'autres choses sont, et que moi et les autres choses ne serions pas si Dieu n'avait pas voulu que nous fussions.

Dès là j'entends les choses comme elles sont : ma pensée leur devient conforme, car je les pense telles qu'elles sont et elles se trouvent conformes à ma pensée, car elles sont comme je les pense.

Voilà donc quelle est ma nature, pouvoir être conforme à tout, c'est-à-dire pouvoir recevoir l'impression de la vérité; en un mot, pouvoir l'entendre.

J'ai trouvé cela en Dieu ; car il entend tout, il sait tout. Les choses sont comme il les voit; mais ce n'est pas comme moi, qui, pour bien penser, dois rendre ma pensée conforme aux choses qui sont hors de moi. Dieu ne rend pas sa pensée conforme aux choses qui sont hors de lui: au-contraire, il rend les choses qui sont hors de lui conformes à sa pensée éternelle. Enfin, il est la règle : il ne reçoit pas de dehors l'impression de la vérité, il est la vérité même ; il est la vérité qui s'entend parfaitement elle-même.

En cela donc je me reconnais fait à son image: non son image parfaite, car je serais comme lui la vérité même; mais fait à son image, capable de recevoir l'impression de la vérité.

IX. — L'âme qui entend la vérité reçoit en elle-même une impression divine qui la rend conforme à Dieu.

Et quand je reçois actuellement cette impression, quand j'entends actuellement la vérité que j'étais capable d'entendre, que m'arrive-t-il, sinon d'être actuellement éclairé de Dieu et rendu conforme à lui ?

D'où me pourrait venir l'impression de la vérité ? Me vient-elle des choses mêmes? Est-ce le soleil qui s'imprime en moi pour le faire connaître ce qu'il est, lui que je vois si petit malgré sa grandeur immense ? Que fait-il en moi, ce soleil si grand et si vaste, par le prodigieux épanchement de ses rayons; que fait-il, que d'exciter dans mes nerfs quelque léger tremblement, d'imprimer quelque petite marque dans mon cerveau? N'ai-je pas vu que la sensation qui s'élève ensuite, ne me représente rien de ce qui se fait, ni dans le soleil ni dans mes organes; et que si j'entends que le soleil est si grand, que ses rayons sont si vifs et traversent en moins d'un clin d'œil un espace immense, je vois ces vérités dans une lumière intérieure, c'est-à-dire dans ma raison, par laquelle je juge et des sens et de leurs organes, et de leurs objets?

Et d'où vient à mon esprit cette impression si pure de la vérité? D'où lui viennent ces règles immuables qui dirigent le raisonnement, qui forment les mœurs, par lesquelles il découvre les proportions secrètes des figures et des mouvements? d'où lui viennent en un mot, ces vérités éternelles que j'ai tant considérées? Sont-ce les triangles, et les carrés, et les cercles que je trace grossièrement sur le papier, qui impriment dans mon esprit leurs proportions et leurs rapports, ou bien y en a-t-il d'autres dont la parfaite justesse fasse cet effet? Où les ai-je vus, ces cercles et ces triangles si justes, moi qui suis assuré de n'avoir jamais vu aucune figure parfaitement régulière et qui entends néanmoins si parfaitement cette régularité? Y a-t-il quelque part, ou dans le monde, ou hors du monde, des triangles ou des cercles subsistants dans cette parfaite régularité, d'où elle serait imprimée dans mon esprit? Et ces règles du raisonnement et des mœurs subsistent-elles aussi en quelque part d'où elles me communiquent leur vérité immuable? Ou bien, n'est-ce pas plutôt que celui qui a répandu partout la mesure, la proportion, la vérité même, en imprime en mon esprit l'idée certaine?

Mais qu'est-ce que cette idée? Est-ce lui-même qui me montre en sa vérité tout ce qu'il lui plaît que j'entende, ou quelque impression de lui-même, ou les deux ensemble?

Et que serait-ce que cette impression? Quoi! quelque chose de semblable à la marque d'un cachet gravé sur la cire? Grossière imagination, qui ferait l'âme corporelle, et la cire intelligente.

Il faut donc entendre que l'âme, faite à l'image de Dieu, capable d'entendre la vérité, qui est Dieu même, se tourne actuellement vers son original, c'est-à-dire vers Dieu, où la vérité lui paraît autant que Dieu la lui veut faire paraître: car il est maître de se montrer autant qu'il veut; et quand il se montre pleinement, l'homme est heureux.

C'est une chose étonnante que l'homme entende tant de vérités, sans entendre en même temps que toute vérité vient de Dieu, qu'elle est en Dieu, qu'elle est Dieu même. Mais c'est qu'il est enchanté par ses sens et par ses passions trompeuses; et il ressemble à celui qui, renfermé dans son cabinet où il s'occupe de ses affaires, se sert de la lumière sans se mettre en peine d'où elle vient.

Enfin donc, il est certain qu'en Dieu est la raison primitive de tout ce qui est et de tout ce qui s'entend dans l'univers; qu'il est la vérité originale, et que tout est vrai par rapport à son idée éternelle; que cherchant la vérité nous le cherchons, que la trouvant nous le trouvons et lui devenons conformes.

X. — L'image de Dieu s'achève en l'âme par une volonté droite.

Nous avons vu que l'âme qui cherche et qui trouve en Dieu la vérité se tourne vers lui pour la concevoir. Qu'est-ce donc que se tourner vers Dieu? Est-ce que l'âme se remue comme un corps et quitte une place pour en prendre une autre? Mais certes un tel mouvement n'a rien de commun avec entendre. Ce n'est pas être transporté d'un lieu à un autre que de commencer à entendre ce qu'on n'entendait pas. On ne s'approche pas, comme on fait d'un corps, de Dieu, qui est toujours et partout invisiblement présent: l'âme l'a toujours en elle-même, car c'est par lui qu'elle subsiste. Mais pour voir, ce n'est pas assez d'avoir la lumière présente; il faut se tourner vers elle, il lui faut ouvrir les yeux: l'âme a aussi sa manière de se tourner vers Dieu, qui est sa lumière, parce qu'il est la vérité; et se tourner à cette lumière, c'est-à-dire à la vérité, c'est, en un mot, vouloir l'entendre.

L'âme est droite par cette volonté, parce qu'elle s'attache à la règle de toutes ses pensées, qui n'est autre que la vérité.

Là s'achève aussi la conformité de l'âme avec Dieu: car l'âme qui veut entendre la vérité aime dès là cette vérité, que Dieu aime éternellement; et l'effet de cet amour de la vérité est de nous la faire chercher avec une ardeur infatigable, de nous y attacher immuablement quand elle nous est connue, et de la faire régner sur tous nos désirs.

Mais l'amour de la vérité en suppose quelque connaissance. Dieu donc, qui nous a faits à son image, c'est-à-dire qui nous a faits pour entendre et pour aimer la vérité à son exemple, commence d'abord à nous en donner l'idée générale, par laquelle il nous sollicite à en chercher la pleine possession, où nous avançons à mesure que l'amour de la vérité s'épure et s'enflamme en nous.

Au reste, la vérité et le bien ne sont que la même chose ; car le souverain bien est la vérité entendue et aimée parfaitement. Dieu donc, toujours entendu et toujours aimé de lui-même, est sans doute le souverain bien ; dès là il est parfait ; et, se possédant lui-même, il est heureux.

Il est donc heureux et parfait, parce qu'il entend et aime sans fin le plus digne de tous les objets, c'est-à-dire lui-même.

Il n'appartient qu'à celui qui seul est de soi, d'être lui-même sa félicité. L'homme, qui n'est rien de soi, n'a rien de soi ; son bonheur et sa perfection est de s'attacher à connaître et à aimer son auteur.

Malheur à la connaissance stérile qui ne se tourne point à aimer, et se trahit elle-même !

C'est donc là mon exercice, c'est là ma vie, c'est là ma perfection et tout ensemble ma béatitude, de connaître et d'aimer celui qui m'a fait.

Par là je reconnais que, tout néant que je suis de moi-même devant Dieu, je suis fait toutefois à son image, puisque je trouve ma perfection et mon bonheur dans le même objet que lui, c'est-à-dire dans lui-même, et dans de semblables opérations, c'est-à-dire en connaissant et en aimant.

XI. — *L'âme attentive à Dieu se connaît supérieure au corps, et apprend que c'est par punition qu'elle en est devenue captive.*

C'est donc en vain que je tâche quelquefois de m'imaginer comment est faite mon âme, et de me la représenter sous quelque figure corporelle. Ce n'est point au corps qu'elle ressemble, puisqu'elle peut connaître et aimer Dieu, qui est un esprit si pur, et c'est à Dieu même qu'elle est semblable.

Quand je cherche en moi-même ce que je connais de Dieu, ma raison me répond que c'est une pure intelligence, qui n'est ni étendue par les lieux ni renfermée dans les temps. Alors s'il se présente à mon esprit quelque idée ou quelque image de corps, je la rejette et je m'élève au-dessus ; par où je vois de combien la meilleure partie de moi-même, qui est faite pour connaître Dieu, est élevée par sa nature au-dessus du corps.

C'est aussi par là que j'entends qu'étant unie à un corps elle devait avoir le commandement, que Dieu en effet lui a donné; et j'ai remarqué en moi-même une force supérieure au corps, par laquelle je puis l'exposer à sa ruine certaine, malgré la douleur et la violence que je souffre en l'y exposant.

Que si ce corps pèse si fort à mon esprit, si ses besoins m'embarrassent et me gênent; si les plaisirs et les douleurs qui me viennent de son côté me captivent et m'accablent; si les sens, qui dépendent tout à fait des organes corporels, prennent le dessus sur la raison même avec tant de facilité; enfin si je suis captif de ce corps, que je devais gouverner; ma religion m'apprend, et ma raison me confirme, que cet état malheureux ne peut être qu'une peine envoyée à l'homme pour la punition de quelque péché et de quelque désobéissance.

Mais je nais dans ce malheur; c'est au moment de ma naissance, dans tout le cours de mon enfance ignorante, que les sens prennent cet empire que la raison, qui vient et trop tardive et trop faible, trouve établi. Tous les hommes naissent comme moi dans cette servitude; et ce nous est à tous un sujet de croire, ce que d'ailleurs la foi nous a enseigné, qu'il y a quelque chose de dépravé dans la source commune de notre naissance.

La nature même commence en nous ce sentiment; je ne sais quoi est imprimé dans le cœur de l'homme pour lui faire reconnaître une justice qui punit les pères criminels sur leurs enfants comme étant une portion de leur être.

De là ces discours des poëtes qui, regardant Rome désolée par tant de guerres civiles, ont dit qu'elle payait bien les parjures de Laomédon et des Troyens, dont les Romains étaient descendus, et le parricide commis par Romulus, leur auteur, en la personne de son frère.

Les poëtes, imitateurs de la nature, et dont le propre est de rechercher dans le fond du cœur humain les sentiments qu'elle y imprime, ont aperçu que les hommes recherchent naturellement les causes de leurs désastres dans les crimes de leurs ancêtres (1). Et par là ils ont ressenti quelque chose de cette vengeance qui poursuit le crime du premier homme sur ses descendants.

Nous voyons même des historiens païens qui (2), considérant la mort d'Alexandre au milieu de ses victoires et dans ses plus belles années, et, ce qui est plus étrange, les sanglantes divisions des Macédoniens, dont la fureur fit périr par des morts tragiques son frère, ses sœurs et ses enfants, attribuent tous ces malheurs à la vengeance divine, qui punissait les impiétés et les parjures de Philippe sur sa famille.

Ainsi, nous portons au fond du cœur une impression de cette justice qui punit les pères dans leurs enfants. En effet, Dieu, l'auteur de l'être, ayant voulu le donner aux enfants, dépendamment de leurs parents, les a mis par ce moyen sous leur puissance, et a voulu qu'ils fussent, et par leur naissance et par leur éducation, le premier bien qui leur appartient. Sur ce fondement, il parait que punir les pères dans leurs enfants, c'est les punir dans leur bien le plus réel ; c'est les punir dans une partie d'eux-mêmes que la nature leur a rendue plus chère que leurs propres membres et même que leur propre vie ; en sorte qu'il n'est pas moins juste de punir un homme dans ses enfants que de le punir dans ses membres et dans sa personne. Et il faut chercher le fondement de cette justice dans la loi primitive de la nature, qui veut que le fils tienne l'être de son père, et que le père revive dans son fils comme dans un autre lui-même.

Les lois civiles ont imité cette loi primordiale ; puisque, selon leurs dispositions, celui qui perd la liberté, ou le droit de citoyen, ou celui de la noblesse, les perd pour toute sa race : tant les hommes ont trouvé juste que ces droits se transmissent avec le sang et se perdissent de même.

Et cela, qu'est-ce autre chose qu'une suite de la loi naturelle, qui fait regarder les familles comme un même corps, dont le père est le chef, qui peut être justement puni aussi bien que récompensé dans ses membres ?

1. Eurip. dans *Thésée*. Hésiode, *Prom*.
2. Pausanias.

Bien plus, parce que les hommes, naturellement sociables, composent des corps politiques qu'on appelle des nations et des royaumes, et se font des chefs et des rois ; tous les hommes unis en cette sorte sont un même tout, et Dieu ne juge pas indigne de sa justice de punir les rois sur leurs peuples, et d'imputer à tout le corps le crime du chef.

Combien plus cette unité se trouvera-t-elle dans les familles, où elle est fondée sur la nature, et qui sont le fondement et la source de toute société !

Reconnaissons donc cette justice qui venge les crimes des pères sur les enfants ; et adorons ce Dieu puissant et juste qui, ayant gravé dans nos cœurs naturellement quelque idée d'une vengeance si terrible, nous en a développé le secret dans son Écriture.

Que si, par la secrète mais puissante impression de cette justice, un poëte tragique introduit Thésée, qui, troublé de l'attentat dont il croyait son fils coupable, et ne sentant rien en sa conscience qui méritât que les dieux permissent que sa maison fût déshonorée par une telle infamie, remonte jusques à ses ancêtres: « Qui de mes pères, dit-il, a commis un crime digne de m'attirer un si grand opprobre ? » nous, qui sommes instruits de la vérité, ne demandons plus, en considérant les malheurs et la honte de notre naissance, qui de nos pères a péché ; mais confessons que, Dieu ayant fait naître tous les hommes d'un seul pour établir la société humaine sur un fondement plus naturel, ce père de tous les hommes, créé aussi heureux que juste, a manqué volontairement à son auteur, qui ensuite a vengé, tant sur lui que sur ses enfants, une rébellion si horrible ; afin que le genre humain reconnût ce qu'il doit à Dieu, et ce que méritent ceux qui l'abandonnent.

Et ce n'est pas sans raison que Dieu a voulu imputer aux hommes, non le crime de tous leurs pères, quoiqu'il le pût, mais le crime du seul premier père qui, contenant en lui-même tout le genre humain, avait reçu la grâce pour tous ses enfants, et devait être puni aussi bien que récompensé en eux tous.

Car s'il eût été fidèle à Dieu, il eût vu sa fidélité honorée dans ses enfants, qui seraient nés aussi saints et aussi heureux que lui,

Mais aussi, dès là que ce premier homme, aussi indignement que volontairement rebelle, a perdu la grâce de Dieu, il l'a perdue pour lui-même et pour toute sa postérité, c'est-à-dire pour tout le genre-humain, qui, avec ce premier homme d'où il est sorti, n'est plus que comme un seul homme justement maudit de Dieu et chargé de toute la haine que mérite le crime de son premier père.

Ainsi les malheurs qui nous accablent, et tant d'indignes faiblesses que nous ressentons en nous-mêmes, ne sont pas de la première institution de notre nature; puisqu'en effet nous voyons dans les livres saints que Dieu, qui nous avait donné une âme immortelle, lui avait aussi uni un corps immortel, si bien assorti avec elle qu'elle n'était ni inquiétée par aucun besoin, ni tourmentée par aucune douleur, ni tyrannisée par aucune passion.

Mais il était juste que l'homme, qui n'avait pas voulu se soumettre à son auteur, ne fût plus maître de soi-même; et que ses passions, révoltées contre sa raison, lui fissent sentir le tort qu'il avait de s'être révolté contre Dieu.

Ainsi, tout ce qu'il y a en moi-même me sert à connaître Dieu. Ce qui me reste de fort et de réglé me fait connaître sa sagesse; ce que j'ai de faible et de déréglé me fait connaître sa justice. Si mes bras et mes pieds obéissent à mon âme quand elle commande, cela est réglé, et me montre que Dieu, auteur d'un si bel ordre est sage. Si je ne puis pas gouverner comme je voudrais mon corps et les désirs qui en suivent les dispositions, c'est en moi un déréglement qui me montre que Dieu, qui l'a ainsi permis pour me punir, est souverainement juste.

XII. — Conclusion de ce chapitre

Que si mon âme connaît la grandeur de Dieu, la connaissance de Dieu m'apprend aussi à juger de la dignité de mon âme, que je ne vois élevée que par le pouvoir qu'elle a de s'unir à son auteur avec le secours de sa grâce.

C'est donc cette partie spirituelle et divine, capable de posséder Dieu, que je dois principalement estimer et cultiver en moi-même. Je dois, par un amour sincère, attacher inmuablement mon esprit au père de tous les esprits, c'est-à-dire à Dieu.

Je dois aussi aimer, pour l'amour de lui, ceux à qui il a donné une âme semblable à la mienne, et qu'il a faits, comme moi, capables de le connaître et de l'aimer.

Car le lien de société le plus étroit qui puisse être entre les hommes, c'est qu'ils peuvent tous en commun posséder le même bien, qui est Dieu.

Je dois aussi considérer que les autres hommes ont, comme moi, un corps infirme, sujet à mille besoins et à mille travaux; ce qui m'oblige à compatir à leurs misères.

Ainsi je me rends semblable à celui qui m'a fait à son image, en imitant sa bonté. A quoi les princes sont d'autant plus obligés, que Dieu, qui les a établis pour le représenter sur la terre, leur demandera compte des hommes qu'il leur a confiés.

CHAPITRE CINQUIÈME

DE LA DIFFÉRENCE ENTRE L'HOMME ET LA BÊTE.

I. — Pourquoi les hommes veulent donner du raisonnement aux animaux. Deux arguments en faveur de cette opinion.

Nous avons vu l'âme raisonnable dégradée par le péché, et par là presque tout à fait assujettie aux dispositions du corps; nous l'avons vue attachée à la vie sensuelle par où elle commence, et par là captive du corps et des objets corporels, d'où lui viennent les voluptés et les douleurs. Elle croit n'avoir à chercher ni à éviter que les corps; elle ne pense, pour ainsi dire, que corps; et, se mêlant tout à fait avec ce corps qu'elle anime, à la fin elle a peine à s'en distinguer. Enfin, elle s'oublie et se méconnaît elle-même.

Son ignorance est si grande qu'elle a peine à connaître combien elle est au-dessus des animaux. Elle leur voit un corps semblable au sien, de mêmes organes et de mêmes mouvements ; elle les voit vivre et mourir, être malades et se porter bien, à peu près comme font les hommes, manger, boire, aller et venir à propos, et, selon que les besoins du corps le demandent, éviter les périls, chercher les commodités, attaquer et se défendre aussi industrieusement qu'on le puisse imaginer, ruser même ; et, ce qui est plus fin encore, prévenir les finesses ; comme il se voit tous les jours à la chasse, où les animaux semblent montrer une subtilité exquise.

D'ailleurs on les dresse, on les instruit ; ils s'instruisent les uns les autres. Les oiseaux apprennent à voler en voyant voler leurs mères. Nous apprenons aux perroquets à parler, et à la plupart des animaux mille choses que la nature ne leur apprend pas.

Ils semblent même se parler les uns aux autres. Les poules, animal d'ailleurs simple et niais, semblent appeler leurs petits égarés, et avertir leurs compagnes, par un certain cri, du grain qu'elles ont trouvé. Un chien nous pousse quand nous ne lui donnons rien, et on dirait qu'il nous reproche notre oubli. On entend gratter ces animaux à une porte qui leur est fermée ; ils gémissent ou crient d'une manière à nous faire connaître leurs besoins ; et il semble qu'on ne puisse leur refuser quelque espèce de langage. Cette ressemblance des actions des bêtes aux actions humaines trompe les hommes ; ils veulent, à quelque prix que ce soit, que les animaux raisonnent ; et tout ce qu'ils peuvent accorder à la nature humaine, c'est d'avoir peut-être un peu trop de raisonnement.

Encore y en a-t-il qui trouvent que ce que nous en avons de plus ne sert qu'à nous inquiéter et qu'à nous rendre plus malheureux. Ils s'estimeraient plus tranquilles et plus heureux s'ils étaient comme les bêtes.

C'est qu'en effet les hommes mettent ordinairement leur félicité dans les choses qui flattent leurs sens ; et cela même les lie au corps, d'où dépendent les sensations. Ils voudraient se persuader qu'ils ne sont que corps ; et ils envient la condition des bêtes, qui n'ont que leur corps à soigner. Enfin, ils semblent vouloir élever les animaux jusques à eux-mêmes, afin d'avoir droit de s'abaisser jusques aux animaux, et de pouvoir vivre comme eux.

Ils trouvent des philosophes qui les flattent dans ces pensées. Plutarque, qui paraît si grave en certains endroits, a fait des traités entiers du raisonnement des animaux, qu'il élève, ou peu s'en faut, au-dessus des hommes. C'est un plaisir de voir Montaigne faire résonner son oie, qui, se promenant dans sa basse-cour, se dit à elle-même que tout est fait pour elle; que c'est pour elle que le soleil se lève et se couche; que la terre ne produit ses fruits que pour la nourrir; que la maison n'est faite que pour la loger; que l'homme est fait pour prendre soin d'elle; et que, si enfin il égorge quelquefois des oies, aussi fait-il bien son semblable.

Par ces beaux discours, il se rit des hommes qui pensent que tout est fait pour leur service. Celse, qui a tant écrit contre le christianisme, est plein de semblables raisonnements. Les grenouilles, dit-il, et les rats, discourent dans leurs marais et dans leurs trous, disant que Dieu a tout fait pour eux, et qu'il est venu en personne pour les secourir. Il veut dire que les hommes, devant Dieu, ne sont que rats et vermisseaux, et que la différence entre eux et les animaux est petite.

Ces raisonnements plaisent par leur nouveauté. On aime à raffiner sur cette matière, et c'est un jeu à l'homme de plaider contre lui-même la cause des bêtes.

Ce jeu serait supportable s'il n'y entrait pas trop de sérieux; mais, comme nous avons dit, l'homme cherche dans ces jeux des excuses à ses désirs sensuels, et ressemble à quelqu'un de grande naissance qui, ayant le courage bas, ne voudrait point se souvenir de sa dignité, de peur d'être obligé à vivre dans les exercices qu'elle demande.

C'est ce qui fait dire à David: « L'homme étant en honneur, « ne l'a pas connu; il s'est comparé lui-même aux animaux « insensés, et s'est fait semblable à eux. » *Psalm.* XLVIII, 21.

Tous les raisonnements qu'on fait ici en faveur des animaux se réduisent à deux, dont le premier est: Les animaux font toutes choses convenablement aussi bien que l'homme; donc ils raisonnent comme l'homme. Le second est: Les animaux sont semblables aux hommes à l'extérieur, tant dans leurs organes que dans la plupart de leurs actions; donc ils agissent par le même principe extérieur, et ils ont du raisonnement.

II. — Réponse au premier argument.

Le premier argument a un défaut manifeste; c'est autre chose de faire tout convenablement, autre chose de connaître la convenance : l'un convient non-seulement aux animaux, mais à tout ce qui est dans l'univers : l'autre est le véritable effet du raisonnement et de l'intelligence.

Dès là que tout le monde est fait par raison tout s'y doit faire convenablement. Car le propre d'une cause intelligente est de mettre de la convenance et de l'ordre dans tous ses ouvrages.

Au-dessus de notre faible raison, restreinte à certains objets, nous avons reconnu une raison première et universelle, qui a tout conçu avant qu'il fût, qui a tout tiré du néant, qui rappelle tout à ses principes, qui forme tout sur la même idée, et fait tout mouvoir en concours.

Cette raison est en Dieu; ou plutôt, cette raison, c'est Dieu même. Il n'est forcé en rien : il est le maître de sa matière, et la tourne comme il lui plaît. Le hasard n'a point de part à ses ouvrages; il n'est dominé par aucune nécessité ; enfin sa raison seule est sa loi. Ainsi, tout ce qu'il fait est suivi, et la raison y paraît partout.

Il y a une raison qui subordonne les causes les unes aux autres; et cette raison fait que le plus grand poids emporte le moindre ; qu'une pierre enfonce dans l'eau plutôt que du bois ; qu'un arbre croît en un endroit plutôt qu'en un autre, et que chaque arbre tire de la terre, parmi une infinité de sucs, celui qui est propre pour le nourrir. Mais cette raison n'est pas dans toutes ces choses, elle est en celui qui les a faites et qui les a ordonnées.

Si les arbres poussent leurs racines autant qu'il est convenable pour les soutenir ; s'ils étendent leurs branches à proportion, et se couvrent d'une écorce si propre à les défendre contre les injures de l'air ; si la vigne, le lière et les autres plantes, qui sont faites pour s'attacher aux grands arbres ou aux rochers, en choisissent si bien les petits creux, et s'entortillent si proprement aux endroits qui sont capables de les appuyer; si les feuilles et les fruits de toutes les plantes se réduisent à des figures si régulières, et s'ils prennent au juste, avec la figure, le goût et les autres qualités qui suivent de la nature de la plante; tout cela se fait par raison, mais certes cette raison n'est pas dans les arbres.

On a beau exalter l'adresse de l'hirondelle, qui se fait un nid si propre, ou des abeilles, qui ajustent avec tant de symétrie leurs petites niches : les grains d'une grenade ne sont pas ajustés moins proprement; et toutefois on ne s'avise pas de dire que les grenades ont de la raison.

Tout se fait, dit-on, à propos dans les animaux; mais tout se fait peut-être encore plus à propos dans les plantes. Leurs fleurs tendres et délicates, et durant l'hiver enveloppées comme dans un petit coton, se déploient dans la saison la plus bénigne; les feuilles les environnent comme pour les garder; elles se tournent en fruits dans leur saison, et ces fruits servent d'enveloppes aux grains d'où doivent sortir de nouvelles plantes. Chaque arbre porte des semences propres à engendrer son semblable, en sorte que d'un orme il vient toujours un orme, et d'un chêne toujours un chêne. La nature agit en cela comme sûre de son effet. Ces semences, tant qu'elles sont vertes et crues, demeurent attachées à l'arbre pour prendre leur maturité; elles se détachent d'elles-mêmes quand elles sont mûres; elles tombent au pied de leurs arbres, et les feuilles tombent dessus. Les pluies viennent; les feuilles pourrissent et se mêlent avec la terre, qui, ramollie par les eaux, ouvre son sein aux semences, que la chaleur du soleil, jointe à l'humidité, fera germer en son temps. Certains arbres, comme les ormeaux et une infinité d'autres, renferment leurs semences dans des matières légères que le vent emporte; la race s'étend bien loin par ce moyen, et peuple les montagnes voisines. Il ne faut donc plus s'étonner si tout se fait à propos dans les animaux, cela est commun à toute la nature; et il ne sert de rien de prouver que leurs mouvements ont de la suite, de la convenance et de la raison; mais s'ils connaissent cette convenance et cette suite; si cette raison est en eux ou dans celui qui les a faits, c'est ce qu'il fallait examiner.

Ceux qui trouvent que les animaux ont de la raison, parce qu'ils prennent, pour se nourrir et se bien porter, les moyens convenables, devraient dire aussi que c'est par raisonnement que se fait la digestion; qu'il y a un principe de discernement qui sépare les excréments d'avec la bonne nourriture, et qui fait que l'estomac rejette souvent les viandes qui lui répugnent pendant qu'il retient les autres pour les digérer.

En un mot, toute la nature est pleine de convenances et de disconvenances, de proportions et de disproportions, selon lesquelles les choses ou s'ajustent ensemble, ou se repoussent l'une l'autre ; ce qui montre, à la vérité, que tout est fait par intelligence, mais non pas que tout soit intelligent.

Il n'y a aucun animal qui s'ajuste si proprement à quoi que ce soit que l'aimant s'ajuste lui-même aux deux pôles. Il en suit l'un, il évite l'autre. Une aiguille aimantée fuit un côté de l'aimant, et s'attache à l'autre avec une plus apparente avidité que celle que les animaux témoignent pour leur nourriture. Tout cela est fondé sans doute sur des convenances et des disconvenances cachées. Une secrète raison dirige tous ces mouvements ; mais cette raison est en Dieu ; ou plutôt, cette raison, c'est Dieu même, qui, parce qu'il est toute raison, ne peut rien faire qui ne soit suivi.

C'est pourquoi, quand les animaux montrent dans leurs actions tant d'industrie, saint Thomas a raison de les comparer à des horloges et aux autres machines ingénieuses, où toutefois l'industrie réside, non dans l'ouvrage, mais dans l'artisan.

Car enfin, quelque industrie qui paraisse dans ce que font les animaux, elle n'approche pas de celle qui paraît dans leur formation, où toutefois il est certain que nulle autre raison n'agit que celle de Dieu. Et il est aisé de penser que ce même Dieu, qui a formé les semences, et qui a mis ce secret principe d'arrangement d'où se développent, par des mouvements si réglés, les parties dont l'animal est composé, a mis aussi, dans ce tout si industrieusement formé, le principe qui le fait mouvoir convenablement à ses besoins et à sa nature.

III. — Second argument en faveur des animaux ; en quoi ils nous sont semblables, et si c'est dans le raisonnement.

On nous arrête pourtant ici, et voici ce qu'on nous objecte. Nous voyons les animaux émus comme nous par certains objets où ils se portent, non moins que les hommes, par les moyens les plus convenables. C'est donc mal à propos que l'on compare leurs actions avec celles des plantes et des autres corps, qui n'agissent point comme touchés de certains objets, mais comme de simples causes naturelles, dont l'effet ne dépend pas de la connaissance.

Mais il faudrait considérer que les objets sont eux-mêmes des causes naturelles, qui, comme toutes les autres, font leurs effets par les moyens les plus convenables.

Car, qu'est-ce que les objets, si ce n'est les corps qui nous environnent, à qui la nature a préparé, dans les animaux, certains organes délicats, capables de recevoir et de porter au dedans du cerveau les moindres agitations du dehors? Nous avons vu que l'air agité agit sur l'oreille, les vapeurs des corps odoriférants sur les narines, les rayons du soleil sur les yeux, et ainsi du reste, aussi naturellement que le feu agit sur l'eau, et par une impression aussi réelle.

Et pour montrer combien il y a loin entre agir par l'impression des objets et agir par raisonnement, il ne faut que considérer ce qui se passe en nous-mêmes.

Cette considération nous fera remarquer, dans les objets, premièrement, l'impression qu'ils font sur nos organes corporels; secondement, les sensations qui suivent immédiatement ces impressions; troisièmement, le raisonnement que nous faisons sur les objets, et le choix que nous faisons de l'un plutôt que de l'autre.

Les deux premières choses se font en nous avant que nous ayons fait la troisième, c'est-à-dire de raisonner. Notre chair a été percée, et nous avons senti de la douleur avant que nous ayons réfléchi et raisonné sur ce qui nous vient d'arriver. Il en est de même de tous les autres objets. Mais, quoique notre raison ne se mêle pas dans ces deux choses, c'est-à-dire dans l'altération corporelle de l'organe et dans la sensation qui s'excite immédiatement après, ces deux choses ne laissent pas de se faire convenablement, par la raison supérieure qui gouverne tout.

Qu'ainsi ne soit, nous n'avons qu'à considérer ce que la lumière fait dans notre œil, ce que l'air agité fait sur notre oreille, en un mot, de quelle sorte le mouvement se communique depuis le dehors jusqu'au dedans; nous verrons qu'il n'y a rien de plus convenable ni de plus suivi.

Nous avons même observé que les objets disposent le corps de la manière qu'il faut pour le mettre en état de les poursuivre ou de les fuir selon le besoin.

De là vient que nous devenons plus robustes dans la colère, et plus vites dans la crainte; chose qui certainement a sa raison, mais une raison qui n'est point en nous.

Et on ne peut assez admirer le secours que donne la crainte à la faiblesse; car, outre qu'étant pressée elle précipite la fuite, elle fait que l'animal se cache et se tapit, qui est la chose la plus convenable à la faiblesse attaquée.

Souvent même il lui est utile de tomber absolument en défaillance, parce que la défaillance supprime la voix et en quelque sorte l'haleine, et empêche tous les mouvements qui attiraient l'ennemi.

On dit ordinairement que certains animaux font les morts pour empêcher qu'on ne les tue : c'est en effet que la crainte les jette dans la défaillance. Cette adresse qu'on leur attribue est la suite naturelle d'une crainte extrême, mais une suite très-convenable aux besoins et aux périls d'un animal faible.

La nature, qui a donné dans la crainte un secours si proportionné aux animaux infirmes, a donné la colère aux autres, et y a mis tout ce qu'il faut pour rendre la défense ferme et l'attaque vigoureuse, sans qu'il soit besoin pour cela de raisonner.

Nous l'éprouvons en nous-mêmes dans les premiers mouvements de la colère; et lorsque sa violence nous ôte toute réflexion, nous ne laissons pas toutefois de nous mieux situer, et souvent même de frapper plus juste dans l'emportement, que si nous y avions bien pensé.

Et généralement quand notre corps se situe de la manière la plus convenable à se soutenir; quand, en tombant, nous éloignons naturellement la tête, et que nous parons le coup avec la main; quand, sans y penser, nous nous ajustons, avec les corps qui nous environnent, de la manière la plus commode pour nous empêcher d'en être blessés, tout cela se fait convenablement et ne se fait pas sans raison; mais nous avons vu que cette raison n'est pas la nôtre.

C'est sans raisonner qu'un enfant qui tette ajuste ses lèvres et sa langue de la manière la plus propre à tirer le lait qui est dans la mamelle; en quoi il y a si peu de discernement qu'il fera le même mouvement sur le doigt qu'on lui mettra dans la bouche, par la seule conformité de la figure du doigt avec celle de la mamelle. C'est sans raisonner que notre prunelle s'élargit pour les objets éloignés, et se resserre pour les autres. C'est sans raisonner que nos lèvres et notre langue font les mouvements divers qui causent l'articulation, et nous n'en connaissons aucun à moins que d'y faire beaucoup de réflexion: ceux enfin qui les ont connus n'ont pas besoin de se servir de cette connaissance pour les produire; elle les embarrasserait.

Toutes ces choses et une infinité d'autres se font si raisonnablement, que la raison en excède notre pouvoir et en surpasse notre industrie.

Il est bon d'appuyer un peu sur la parole. Il est vrai que c'est le raisonnement qui fait que nous voulons parler et exprimer nos pensées; mais les paroles qui viennent ensuite ne dépendent plus du raisonnement, elles sont une suite naturelle de la disposition des organes.

Bien plus, après avoir commencé les choses que nous savons par cœur, nous voyons que notre langue les achève toute seule longtemps après que la réflexion que nous y faisions est éteinte tout à fait; au contraire, la réflexion, quand elle revient, ne fait que nous interrompre, et nous ne récitons plus si sûrement.

Combien de sortes de mouvements doivent s'ajuster ensemble pour opérer cet effet! Ceux du cerveau, ceux du poumon, ceux de la trachée-artère, ceux de la langue, ceux des lèvres, ceux de la mâchoire, qui doit tant de fois s'ouvrir et se fermer à propos. Nous n'apportons point en naissant l'habileté à faire ces choses; elle s'est faite dans notre cerveau et ensuite dans toutes les autres parties, par l'impression profonde de certains objets dont nous avons été souvent frappés; et tout cela s'arrange en nous avec une justesse inconcevable, sans que notre raison y ait part.

Nous écrivons sans savoir comment, après avoir une fois appris. La science en est dans les doigts; et les lettres, souvent regardées, ont fait une telle impression sur le cerveau, que la figure en passe sur le papier sans qu'il soit besoin d'y avoir de l'attention.

Les choses prodigieuses que certains hommes font dans le sommeil montrent ce que peut la disposition du corps, indépendamment de nos réflexions et de nos raisonnements.

Si maintenant nous venons aux sensations, que nous trouvons jointes avec les impressions des objets sur notre corps, nous avons vu combien tout cela est convenable; car il n'y a rien de mieux pensé que d'avoir joint le plaisir aux objets qui sont convenables à notre corps, et la douleur à ceux qui lui sont contraires. Mais ce n'est pas notre raison qui a si bien ajusté ces choses, c'est une raison plus haute et plus profonde.

Cette raison souveraine a proportionné avec les objets les impressions qui se font dans nos corps. Cette même raison a uni nos appétits naturels avec nos besoins; elle nous a forcés par le plaisir et par la douleur à désirer la nourriture, sans laquelle nos corps périraient; elle a mis dans les aliments qui nous sont propres une force pour nous attirer; le bois n'excite pas notre appétit comme le pain; d'autres objets nous causent des aversions souvent invincibles : tout cela se fait en nous par des proportions et des disproportions cachées, et notre raison n'a aucune part ni aux dispositions qui sont dans l'objet, ni à celles qui naissent en nous à sa présence.

Supposons donc que la nature veuille faire faire aux animaux des choses utiles pour leur conservation. Avant que d'être forcée à leur donner pour cela du raisonnement, elle a, pour ainsi parler, deux choses à tenter.

L'une, de proportionner les objets avec les organes, et d'ajuster les mouvements qui naissent des uns avec ceux qui doivent suivre naturellement dans les autres. Un concert admirable résultera de cet assemblage, et chaque animal se trouvera attaché à son objet aussi sûrement que l'aimant l'est à son pôle. Mais alors ce qui semblera finesse et discernement dans les animaux, au fond sera seulement un effet de la sagesse et de l'art profond de celui qui aura construit toute la machine.

Et si l'on veut qu'il y ait quelque sensation jointe à l'impression des objets, il n'y aura qu'à imaginer que la nature aura attaché le plaisir et la douleur aux choses convenables et contraires: les appétits suivront naturellement, et si les actions y sont attachées, tout se fera convenablement dans les animaux, sans que la nature soit obligée à leur donner pour cela du raisonnement.

Ces deux moyens, dont nous supposons que la nature se peut servir, ne sont point des choses inventées à plaisir, car nous les trouvons en nous-mêmes. Nous y trouvons des mouvements ajustés naturellement avec les objets. Nous y trouvons des plaisirs et des douleurs, attachés naturellement aux objets convenables ou contraires. Notre raison n'a pas fait ces proportions, elle les a trouvées faites par une raison plus haute; et nous ne nous trompons pas d'attribuer seulement aux animaux ce que nous trouvons dans cette partie de nous-mêmes qui est animale.

Il n'y a donc rien de meilleur, pour bien juger des animaux, que de s'étudier soi-même auparavant. Car, encore que nous ayons quelque chose au-dessus de l'animal, nous sommes animaux, et nous avons l'expérience tant de ce que fait en nous l'animal que de ce qu'y fait le raisonnement et la réflexion. C'est donc en nous étudiant nous-mêmes, et en observant ce que nous sentons, que nous devenons juges compétents de ce qui est hors de nous, et dont nous n'avons pas d'expérience. Et quand nous aurons trouvé dans les animaux ce qui est en nous d'animal, ce ne sera pas une conséquence que nous devions leur attribuer ce qu'il y a en nous de supérieur.

Or l'animal, touché de certains objets, fait en nous naturellement et sans réflexion des choses très-convenables. Nous devons donc être convaincus par notre propre expérience que ces actions convenables ne sont pas une preuve de raisonnement.

Il faut pourtant lever ici une difficulté, qui vient de ne pas penser à ce que fait en nous la raison.

On dit que cette partie qui agit en nous sans raisonnement commence seulement les choses, mais que la raison les achève: par exemple, l'objet présent excite en nous l'appétit ou de manger, ou de la vengeance; mais nous n'en venons à l'exécution que par un raisonnement qui nous détermine; ce qui est si véritable, que nous pouvons même résister à nos appétits naturels, et aux dispositions les plus violentes de notre corps et de nos organes. Il semble donc, dira-t-on, que la raison doit intervenir dans les fonctions animales, sans quoi elles n'auraient jamais qu'un commencement imparfait.

Mais cette difficulté s'évanouit en un moment, si on considère ce qui se fait en nous-mêmes dans les premiers mouvements qui précèdent la réflexion. Nous avons vu comme alors la colère nous fait frapper juste ; nous éprouvons tous les jours comme un coup qui vient nous fait promptement détourner le corps avant que nous y ayons seulement pensé. Qui de nous peut s'empêcher de fermer les yeux, ou de détourner la tête, quand on feint seulement de nous y vouloir frapper ? Alors, si notre raison avait quelque force, elle nous rassurerait contre un ami qui se joue ; mais, bon gré mal gré, il faut fermer l'œil, il faut détourner la tête, et la seule impression de l'objet opère invinciblement en nous cette action. La même cause, dans les chutes, fait jeter promptement les mains devant la tête. Plus un excellent joueur de luth laisse agir sa main sans y faire de réflexion, plus il touche juste ; et nous voyons tous les jours des expériences qui doivent nous avoir appris que les actions animales, c'est-à-dire celles qui dépendent des objets, s'achèvent par la seule force de l'objet, même plus sûrement qu'elles ne feraient si la réflexion s'y venait mêler.

On dira qu'en toutes ces choses il y a un raisonnement caché : sans doute ; mais c'est le raisonnement ou plutôt l'intelligence de celui qui a tout fait, et non pas la nôtre.

Et il a été de sa providence de faire que la nature s'aidât elle-même, sans attendre nos réflexions trop lentes et trop douteuses, que le coup aurait prévenues.

Il faut donc penser que les actions qui dépendent des objets et de la disposition des organes s'achèveraient en nous naturellement comme d'elles-mêmes, s'il n'avait plu à Dieu de nous donner quelque chose de supérieur au corps et qui devait présider à ses mouvements.

Il a fallu pour cela que cette partie raisonnable pût contenir dans certaines bornes les mouvements corporels, et aussi les laisser aller quand il faudrait.

C'est ainsi que, dans une colère violente, la raison retient le corps tout disposé à frapper par le rapide mouvement des esprits et prêt à lâcher le coup.

Otez le raisonnement, c'est-à-dire ôtez l'obstacle, l'objet nous entrainera et nous déterminera à frapper.

Il en serait de même de tous les autres mouvements, si la partie raisonnable ne se servait pas du pouvoir qu'elle a d'arrêter le corps.

Ainsi, loin que la raison fasse l'action, il ne faut que la retirer pour faire que l'objet l'emporte et achève le mouvement.

Je ne nie pas que la raison ne fasse souvent mouvoir le corps plus industrieusement qu'il ne ferait de lui-même; mais il y a aussi des mouvements prompts, qui pour cela n'en sont pas moins justes et où la réflexion deviendrait embarrassante

Ce sont de tels mouvements qu'il faut donner aux animaux ; et ce qui fait qu'en beaucoup de choses ils agissent plus sûrement et adressent plus juste que nous, c'est qu'ils ne raisonnent pas, c'est-à-dire qu'ils n'agissent pas par une raison particulière, tardive et trompeuse ; mais par la raison universelle dont le coup est sûr.

Ainsi, pour montrer qu'ils raisonnent, il ne s'agit pas de prouver qu'ils se meuvent raisonnablement par rapport à certains objets, puisqu'on trouve cette convenance dans les mouvements les plus bruts ; il faut prouver qu'ils entendent cette convenance, et qu'ils la choisissent.

IV. — Si les animaux apprennent.

Et comment, dira quelqu'un, le peut-on nier ? Ne voyons-nous pas tous les jours qu'on leur fait entendre raison ? Ils sont capables comme nous de discipline. On les châtie, on les récompense : ils s'en souviennent, et on les mène par là comme les hommes. Témoin les chiens qu'on corrige en les battant, et dont on anime le courage pour la chasse d'un animal en leur donnant la curée.

On ajoute qu'ils se font des signes les uns aux autres, qu'ils en reçoivent de nous ; qu'ils entendent notre langage, et nous font entendre le leur. Témoin les cris qu'on fait aux chevaux et aux chiens pour les animer, les paroles qu'on leur dit, et les noms qu'on leur donne, auxquels ils répondent à leur manière, aussi promptement que les hommes

Pour entendre le fond de ces choses et n'être point trompé par les apparences, il faut aller à des distinctions qui, quoique claires et intelligibles, ne sont pas ordinairement considérées.

Par exemple, pour ce qui regarde l'instruction et la discipline qu'on attribue aux animaux, c'est autre chose d'apprendre, autre chose d'être plié et forcé à certains effets contre ses premières dispositions.

L'estomac, qui sans doute ne raisonne pas quand il digère les viandes, s'accoutume à la fin à celles qui auparavant lui répugnaient, et les digère comme les autres. Tous les ressorts s'ajustent d'eux-mêmes et facilitent leur jeu par leur exercice, au lieu qu'ils semblent s'engourdir et devenir paresseux quand on cesse de s'en servir. L'eau se facilite son passage, et, à force de couler, elle ajuste elle-même son lit de la manière la plus convenable à sa nature.

Le bois se plie peu à peu, et semble s'accoutumer à la situation qu'on veut lui donner. Le fer même s'adoucit dans le feu et sous le marteau, et corrige son aigreur naturelle. En général, tous les corps sont capables de recevoir certaines impressions contraires à celles que la nature leur avait données.

Il est donc aisé d'entendre que le cerveau, dont la nature a été si bien mêlée de mollesse et de consistance, est capable de se plier en une infinité de façons nouvelles; d'où, par la correspondance qu'il a avec les nerfs et les muscles, il arrivera aussi mille sortes de différents mouvements.

Toutes les autres parties se forment de la même sorte à certaines choses, et acquièrent la facilité d'exercer les mouvements qu'elles exercent souvent.

Et comme tous les objets font une grande impression sur le cerveau, il est aisé de comprendre qu'en changeant les objets aux animaux on changera naturellement les impressions de leur cerveau, et qu'à force de leur présenter les mêmes objets on en rendra les impressions et plus fortes et plus durables.

Le cours des esprits suivra pour les causes que nous avons vues en leur lieu; et, par-la même raison que l'eau facilite son cours en coulant, les esprits se feront aussi à eux-mêmes des ouvertures plus commodes; en sorte que ce qui était auparavant difficile devient aisé dans la suite.

Nous ne devons avoir aucune peine d'entendre ceci dans les animaux, puisque nous l'éprouvons en nous-mêmes.

C'est ainsi que se forment les habitudes : et la raison a si peu de part dans leur exercice, qu'on distingue agir par raison d'avec agir par habitude.

C'est ainsi que la main se rompt à écrire, ou à jouer d'un instrument; c'est-à-dire qu'elle corrige une roideur qui tenait les doigts comme engourdis.

Nous n'avions pas naturellement cette souplesse; nous n'avions pas naturellement dans notre cerveau les vers que nous récitons sans y penser. Nous les y mettons peu à peu à force de les répéter; et nous sentons que pour faire cette impression il sert beaucoup de parler haut, parce que l'oreille frappée porte au cerveau un coup plus ferme.

Si, pendant que nous dormons, cette partie du cerveau où résident ces impressions vient à être fortement frappée par quelque épaisse vapeur ou par le cours des esprits, il nous arrivera souvent de réciter ces vers, dont nous serons entêtés.

Puisque les animaux ont un cerveau comme nous, un sang comme le nôtre fécond en esprits et des muscles de même nature, il faut bien qu'ils soient capables de ce côté-là des mêmes impressions.

Celles qu'ils apportent en naissant se pourront fortifier par l'usage, et il en pourra naître d'autres par le moyen des nouveaux objets.

De cette sorte, on verra en eux une espèce de mémoire qui ne sera autre chose qu'une impression durable des objets, et une disposition dans le cerveau qui le rendra capable d'être réveillé à la présence des choses dont il a accoutumé d'être frappé.

Ainsi, la curée donnée aux chiens fortifiera naturellement la disposition qu'ils ont à la chasse; et, par la même raison, les coups qu'on leur donnera à propos, à force de les retenir, les rendront immobiles à certains objets qui naturellement les auraient émus.

Car nous avons vu par l'anatomie que les coups vont au cerveau quelque part qu'ils donnent; et quand on frappe les animaux en certains temps et à la présence de certains objets, on unit dans le cerveau l'impression qu'y fait le coup avec celle qu'y fait l'objet, et par là on en change la disposition.

Par exemple, si on bat un chien à la présence d'une perdrix qu'il allait manger, il se fait dans le cerveau une autre impression que celle que la perdrix y avait faite naturellement. Car le cerveau est formé de sorte que, des corps qui agissent sur lui en concours, comme la perdrix et le bâton, il ne s'en fait qu'un seul objet total qui a son caractère particulier, par conséquent son impression propre, d'où suivent des actions convenables.

C'est ainsi que les coups retiennent et poussent les animaux, sans qu'il soit besoin qu'ils raisonnent; et par la même raison ils s'accoutument à certaines voix et à certains sons. Car la voix a sa manière de frapper; le coup donne à l'oreille et le contre-coup au cerveau.

Il n'y a personne qui puisse penser que cette manière d'apprendre ou d'être touché du langage demande de l'entendement; et on ne voit rien dans les animaux qui oblige à y reconnaître quelque chose de plus excellent.

V. — Suite où on montre encore plus particulièrement ce que c'est que dresser les animaux et que leur parler.

Bien plus, si nous venons à considérer ce que c'est qu'apprendre, nous découvrirons bientôt que les animaux en sont incapables.

Apprendre suppose qu'on puisse savoir; et savoir suppose qu'on puisse avoir des idées universelles et des principes universels qui, une fois pénétrés, nous fassent toujours tirer de semblables conséquences.

J'ai en mon esprit l'idée d'une horloge ou de quelque autre machine. Pour la faire, je ne me propose aucune matière déterminée : je la ferai également de bois ou d'ivoire, de cuivre ou d'argent. Voilà ce qui s'appelle une idée universelle, qui n'est astreinte à aucune matière particulière.

J'ai mes règles pour faire mon horloge. Je la ferai également bien sur quelque matière que ce soit. Aujourd'hui, demain, dans dix ans, je la ferai toujours de même. C'est là avoir un principe universel que je puis également appliquer à tous les faits particuliers, parce que je sais tirer de ce principe des conséquences toujours uniformes.

Loin d'avoir besoin, pour mes desseins, d'une matière particulière et déterminée, j'imagine souvent une machine que je ne puis exécuter, faute d'avoir une matière assez propre; et je vais tâtant toute la nature et remuant toutes les inventions de l'art pour voir si je trouverai la matière que je cherche.

Voyons si les animaux ont quelque chose de semblable, et si la conformité qui se trouve dans leurs actions leur vient de regarder intérieurement un seul et même modèle.

Le contraire paraît manifestement. Car faire la même chose, parce qu'on reçoit toujours et à chaque fois la même impression, ce n'est pas ce que nous cherchons.

Je regarde cent fois le même objet, et toujours il fait dans ma vue un effet semblable. Cette perpétuelle uniformité ne vient nullement d'une idée intérieure à laquelle je m'étudie de me conformer; c'est que je suis toujours frappé du même objet matériel; c'est que mon organe est toujours également ému, et que la nature a uni la même sensation à cette émotion sans que je puisse en empêcher l'effet.

Il en est de même des choses convenables ou contraires à la vie. Elles ont toutes leur caractère particulier, qui fait son impression sur mon corps. A cela sont attachés naturellement la volupté et la douleur, l'appétit et la répugnance.

Or il me semble que tout le mieux qu'on puisse faire pour les animaux c'est de leur accorder des sensations. Du moins est-il assuré qu'on ne leur met rien dans la tête que par des impressions palpables. Un homme peut être touché des idées immatérielles, de celles de la vérité, de celles de la vertu, de celles de l'ordre et des proportions, et des règles immuables qui les entretiennent, choses manifestement incorporelles. Au contraire, qui dresse un chien, lui présente du pain à manger, prend un bâton à la main, lui enfonce, pour ainsi parler, les objets matériels sur tous ses organes, et le dresse à coups de bâton comme on forge le fer à coups de marteau.

Qui veut entendre ce que c'est véritablement qu'apprendie, et la différence qu'il y a entre enseigner un homme et dresser un animal, n'a qu'à regarder de quel instrument on se sert pour l'un et pour l'autre.

Pour l'homme on emploie la parole, dont la force ne dépend point de l'impression corporelle. Car ce n'est point par cette impression qu'un homme en entend un autre. S'il n'est averti, s'il n'est convenu, en un mot s'il n'entend la langue, la parole ne lui fait rien ; et au contraire, s'il entend dix langues, dix sortes d'impressions sur les oreilles et sur son cerveau n'exciteront en lui que la même idée ; et ce qu'on lui explique par tant de langues, on le peut encore expliquer en autant de sortes d'écritures. Et on peut substituer à la parole et à l'écriture mille autres sortes de signes : car quelle chose dans la nature ne peut pas servir de signal ? En un mot, tout est bon pour avertir l'homme, pourvu qu'on s'entende avec lui. Mais à l'animal, avec qui on ne s'entend pas, rien ne sert que les impressions réelles et corporelles ; il faut les coups et le bâton. Et si on emploie la parole, c'est toujours la même qu'on inculque aux oreilles de l'animal comme son, et non comme signe. Car on ne veut pas s'entendre avec lui, mais le faire venir à son point.

Avec un homme avec qui nous parlons, ou que nous avons à instruire, nous ne cessons pas jusques à ce que nous sentions qu'il entre dans notre pensée. Il n'en est pas ainsi des animaux. A proprement parler, nous nous en servons comme d'instruments : des chiens, comme d'instruments à chasser : des chevaux, comme d'instruments à nous porter, à nous servir à la guerre, et ainsi du reste. Comme en accordant un instrument nous tâtons la corde à diverses fois jusques à ce que nous l'ayons mise à notre point ; ainsi nous tâtons un chien que nous dressons à la chasse jusques à ce qu'il fasse ce que nous voulons, sans songer à le faire entrer dans notre pensée, non plus que la corde ; car nous ne lui sentons point de pensée ni de réflexion qui répondent aux nôtres.

Que si les animaux sont incapables de rien apprendre des hommes qui s'appliquent expressément à les dresser, à plus forte raison ne faut-il pas croire qu'ils apprennent les uns des autres.

Il est vrai qu'ils reçoivent les uns des autres de nouvelles impressions et dispositions ; mais si cela était apprendre, toute la nature apprendrait ; et rien ne serait plus docile que la cire, qui retient si bien tous les traits du cachet qu'on appuie sur elle.

C'est ainsi qu'un oiseau reçoit dans le cerveau une impression du vol de sa mère ; et cette impression se trouvant semblable à celle qui est dans la mère, il fait nécessairement la même chose.

Les hommes appellent cela apprendre, parce que, lorsqu'ils apprennent, il se fait quelque chose de pareil en eux. Car ils ont un cerveau de même nature que celui des animaux ; et ils font plus facilement les mouvements qui se font souvent en leur présence, sans doute parce que leur cerveau, imprimé du caractère de ce mouvement, est disposé par là à en produire un semblable. Mais cela n'est pas apprendre ; c'est recevoir une impression dont on ne sait ni les raisons, ni les causes, ni les convenances.

C'est ce qui paraît clairement dans le chant, et même dans la parole. Laissons-nous aller à nous-mêmes, nous parlerons du même ton dont on nous parle. Un écho en fait bien autant. Qu'on mette deux cordes de luth à l'unisson, l'une sonne quand on touche l'autre. Il se fait quelque chose de semblable en nous quand nous chantons sur le même ton dont on commence. Un maître de musique nous le fait faire ; mais ce n'est pas lui qui nous l'apprend ; la nature nous l'a appris avant lui, quand elle a mis une si grande correspondance entre l'oreille qui reçoit les sons et la trachée-artère qui les forme. Ceux qui savent l'anatomie connaissent les nerfs et les muscles qui font cette correspondance, et elle ne dépend point du raisonnement.

C'est ce qui fait que les rossignols se répondent les uns aux autres, que les sansonnets et les perroquets répètent les paroles dont ils sont frappés. Ce sont comme des échos ou plutôt ce sont de ces cordes montées sur le même ton, qui se répondent nécessairement l'une à l'autre.

Nous ne sommes pas seulement disposés à chanter sur le même ton que nous écoutons, mais encore tout notre corps s'ébranle en cadence, pour peu que nous ayons l'oreille juste ; et cela dépend si peu de notre choix, qu'il faudrait nous forcer pour faire autrement : tant il y a de proportion entre les mouvements de l'oreille et ceux des autres parties.

Il est maintenant aisé de connaître la différence qu'il y a entre imiter naturellement et apprendre par art. Quand nous chantons simplement après un autre, nous l'imitons naturellement ; mais nous apprenons à chanter quand nous nous rendons attentifs aux règles de l'art, aux mesures, aux temps, aux différences des tons, à leurs accords, et aux choses semblables.

Et pour recueillir en deux mots tout ce qui vient d'être dit, il y a, dans l'instruction, quelque chose qui ne dépend que de la conformation des organes, et de cela les animaux en sont capables comme nous ; et il y a ce qui dépend de la réflexion et de l'art, dont nous ne voyons en eux aucune marque.

Par là demeure expliqué tout ce qui se dit de leur langage. C'est autre chose d'être frappé du son ou de la parole, en tant qu'elle agite l'air, et ensuite les oreilles et le cerveau ; autre chose de la regarder comme un signe dont les hommes sont convenus, et rappeler en son esprit les choses qu'elle signifie. Ce dernier, c'est ce qui s'appelle entendre le langage ; et il n'y en a dans les animaux aucun vestige.

C'est aussi une fausse imagination qui nous persuade qu'ils nous font des signes. C'est autre chose de faire un signe pour se faire entendre ; autre chose d'être mu de telle manière qu'un autre puisse entendre nos dispositions.

La fumée nous est un signe du feu, et nous fait prévenir les embrasements. Les mouvements d'une aiguille nous marquent les heures, et règlent notre journée. Le rouge au visage et le feu aux yeux sont un signe de la colère, comme l'éclair qui nous avertit d'éviter la foudre. Les cris d'un enfant nous sont un signe qu'il souffre ; et par là il nous invite, sans y penser, à le soulager. Mais de dire que pour cela ou le feu, ou une montre, ou un enfant, et même un homme en colère, nous fassent signe de quelque chose, c'est s'abuser trop visiblement.

VI. — Extrême différence de l'homme et de la bête.

Cependant, sur ces légères ressemblances, les hommes se comparent aux animaux. Ils leur voient un corps comme à eux, et des mouvements corporels semblables aux leurs. Ils sont d'ailleurs attachés à leurs sens, et par leurs sens à leurs corps. Tout ce qui n'est point corps leur paraît un rien ; ils oublient leur dignité, et, contents de ce qu'ils ont de commun avec les bêtes, ils mènent aussi une vie toute bestiale.

C'est une chose étrange qu'ils aient besoin d'être réveillés sur cela. L'homme, animal superbe, qui veut s'attribuer à lui-même tout ce qu'il connaît d'excellent, et qui ne veut rien céder à son semblable, fait des efforts pour trouver que les bêtes le valent bien, ou qu'il y a peu de différence entre lui et elles.

Une si étrange dépravation, qui nous fait voir d'un côté combien notre orgueil nous enfle, et de l'autre combien notre sensualité nous ravilit, ne peut être corrigée que par une sérieuse considération des avantages de notre nature. Voici donc ce qu'elle a de grand, et dont nous ne voyons dans les animaux aucune apparence.

La nature humaine connaît Dieu ; et voilà déjà, par ce seul mot, les animaux au-dessous d'elle jusques à l'infini. Car qui serait assez insensé pour dire qu'ils aient seulement le moindre soupçon de cette excellente nature, qui a fait toutes les autres, ou que cette connaissance ne fasse pas la plus grande de toutes les différences ?

La nature humaine, en connaissant Dieu, a l'idée du bien et du vrai, d'une sagesse infinie, d'une puissance absolue, d'une droiture infaillible, en un mot de la perfection

La nature humaine connaît l'immutabilité et l'éternité, et sait que ce qui est toujours, et ce qui est toujours de même, doit précéder tout ce qui change ; et qu'en comparaison de ce qui est toujours, ce qui change ne mérite pas qu'on le compte parmi les êtres.

La nature humaine connaît des vérités éternelles, et elle ne cesse de les chercher au milieu de tout ce qui change, puisque son génie est de rappeler tous les changements à des règles immuables.

Car elle sait que tous les changements qui se voient dans l'univers se font avec mesure et par des proportions cachées, en sorte qu'à prendre l'ouvrage dans son tout on n'y peut rien trouver d'irrégulier.

C'est là qu'elle aperçoit l'ordre du monde, la beauté incomparable des astres, la régularité de leurs mouvements, les grands effets du cours du soleil, qui ramène les saisons et donne à la terre tant de différentes parures. Notre raison se promène par tous les ouvrages de Dieu, où voyant, et dans le détail et dans le tout, une sagesse d'un côté si éclatante, et de l'autre si profonde et si cachée, elle est ravie et se perd dans cette contemplation.

Alors s'apparaît à elle la belle et véritable idée d'une vie hors de cette vie, d'une vie qui se passe toute dans la contemplation de la vérité ; et elle voit que la vérité, éternelle par elle-même, doit mesurer une telle vie par l'éternité qui lui est propre.

La nature humaine connaît que le hasard n'est qu'un nom inventé par l'ignorance, et qu'il n'y en a point dans le monde. Car elle sait que la raison s'abandonne le moins qu'elle peut au hasard, et que, plus il y a de raison dans une entreprise ou dans un ouvrage, moins il y a de hasard ; de sorte qu'où préside une raison infinie, le hasard ne peut y avoir lieu.

La nature humaine connaît que ce Dieu, qui préside à tous les corps et qui les meut à sa volonté, ne peut pas être un corps : autrement il serait changeant, mobile, altérable, et ne serait point la raison éternelle et immuable par qui tout est fait.

La nature humaine connaît la force de la raison, et comment une chose doit suivre d'une autre. Elle aperçoit en elle-même cette force invincible de la raison. Elle connaît les règles certaines par lesquelles il faut qu'elle arrange toutes ses pensées. Elle voit dans tout bon raisonnement une lumière éternelle de vérité, et voit, dans la suite enchaînée des vérités, que dans le fond il n'y en a qu'une seule, où toutes les autres sont comprises.

Elle voit que la vérité, qui est une, ne demande naturellement qu'une seule pensée pour la bien entendre ; et dans la multiplicité des pensées qu'elle sent naître en elle-même, elle sent aussi qu'elle n'est qu'un léger écoulement de celui qui, comprenant toute vérité dans une seule pensée, pense aussi éternellement la même chose.

Ainsi, elle connaît qu'elle est une image et une étincelle de cette raison première, qu'elle doit s'y conformer et vivre pour elle.

Pour imiter la simplicité de celui qui pense toujours la même chose, elle voit qu'elle doit réduire toutes ses pensées à une seule, qui est celle de servir fidèlement ce Dieu, dont elle est l'image.

Mais en même temps elle voit qu'elle doit aimer, pour l'amour de lui, tout ce qu'elle trouve honoré de cette divine ressemblance, c'est-à-dire tous les hommes.

Là elle découvre les règles de la justice, de la bienséance, de la société, ou, pour mieux parler, de la fraternité humaine ; et sait que, si dans tout le monde, parce qu'il est fait par la raison, rien ne se fait que de convenable, elle, qui entend la raison, doit bien plus se gouverner par les lois de la convenance.

Elle sait que qui s'éloigne volontairement de ces lois est digne d'être réprimé et châtié par leur autorité toute-puissante, et que qui fait du mal en doit souffrir.

Elle sait que le châtiment répare l'ordre du monde blessé par l'injustice, et qu'une action injuste qui n'est point réparée par l'amendement ne le peut être que par le supplice.

Elle voit donc que tout est juste dans le monde, et par conséquent que tout y est beau, parce qu'il n'y a rien de plus beau que la justice.

Par ces règles, elle connaît que l'état de cette vie, où il y a tant de maux et de désordres, doit être un état pénal, auquel doit succéder un autre état, où la vertu soit toujours avec le bonheur, et où le vice soit toujours avec la souffrance.

Elle connaît donc par des principes certains ce que c'est que châtiment et récompense, et on voit comment elle doit s'en servir pour les autres, et en profiter pour elle-même.

C'est sur cela qu'elle fonde les sociétés et les républiques, et qu'elle réprime l'inhumanité et la barbarie.

Dire que les animaux aient le moindre soupçon de toutes ces choses, c'est s'aveugler volontairement, et renoncer au bon sens.

Après cela, concluons que l'homme qui se compare aux animaux, ou les animaux à lui, s'est tout à fait oublié, et ne peut tomber dans cette erreur que par le peu de soin qu'il prend de cultiver en lui-même ce qui raisonne et qui entend.

VII. — Les animaux n'inventent rien.

Qui verra seulement que les animaux n'ont rien inventé de nouveau depuis l'origine du monde, et qui considérera d'ailleurs tant d'inventions, tant d'arts et tant de machines par lesquelles la nature humaine a changé la face de la terre, verra aisément par là combien il y a de grossièreté d'un côté, et combien de génie de l'autre.

Ne doit-on pas être étonné que ces animaux, à qui on veut attribuer tant de ruses, n'aient encore rien inventé ; pas une arme pour se défendre, pas un signal pour se rallier et s'entendre contre les hommes, qui les font tomber dans tant de piéges ? S'ils pensent, s'ils raisonnent, s'ils réfléchissent, comment ne sont-ils pas encore convenus entre eux du moindre signe ? Les sourds et les muets trouvent l'invention de se parler par leurs doigts. Les plus stupides le font parmi les hommes ; et si on voit que les animaux en sont incapables, on peut voir combien ils sont au-dessous du dernier degré de stupidité, et que ce n'est pas connaître la raison que de leur en donner la moindre étincelle.

Quand on entend dire à Montaigne qu'il y a plus de différence de tel homme à tel homme que de tel homme à telle bête, on a pitié d'un si bel esprit, soit qu'il dise sérieusement une chose si ridicule, soit qu'il raille sur une matière qui d'elle-même est si sérieuse.

Y a-t-il un homme si stupide qui n'invente du moins quelque signe pour se faire entendre ? Y a-t-il une bête si rusée qui ait jamais rien trouvé ? Et qui ne sait que la moindre des inventions est d'un ordre supérieur à tout ce qui ne fait que suivre ?

Et, à propos du raisonnement qui compare les hommes stupides avec les animaux, il y a deux choses à remarquer : l'une, que les hommes les plus stupides ont des choses d'un ordre supérieur au plus parfait des animaux ; l'autre, que tous les hommes étant sans contestation de même nature, la perfection de l'âme humaine doit être considérée dans toute la capacité où l'espèce se peut étendre ; et qu'au contraire ce qu'on ne voit dans aucun des animaux n'a son principe ni dans aucune des espèces ni dans tout le genre.

Et parce que la marque la plus convaincante que les animaux sont poussés par une aveugle impétuosité est l'uniformité de leurs actions, entrons dans cette matière, et recherchons les causes profondes qui ont introduit une telle variété dans la vie humaine.

VIII. — De la première cause des inventions et de la variété de la vie humaine, qui est la réflexion.

Représentons-nous donc que les corps vont naturellement un même train, selon les dispositions où on les a mis.

Ainsi, tant que notre corps demeure dans la même disposition, ses mouvements vont toujours de même.

Il en faut dire autant des sensations, qui, comme nous avons dit, sont attachées nécessairement aux dispositions des organes corporels.

Car, encore que nous ayons vu que nos sensations demandent nécessairement un principe distingué du corps, c'est-à-dire une âme, nous avons vu en même temps que cette âme, en tant qu'elle sent, est assujettie au corps, en sorte que les sensations en suivent le mouvement.

Jamais donc nous n'inventerons rien par les sensations, qui vont toujours à la suite des mouvements corporels, et ne sortent jamais de cette ligne.

Et ce qu'on dit des sensations se doit dire des imaginations, qui ne sont que des sensations continuées.

Ainsi, quand on attribue les inventions à l'imagination, c'est en tant qu'il s'y mêle des réflexions et du raisonnement, comme nous verrons tout à l'heure. Mais, de soi, l'imagination ne produirait rien, puisqu'elle n'ajoute rien aux sensations que la durée.

Il en est de même de ces appétits ou aversions naturelles que nous appelons passions. Car elles suivent les sensations, et suivent principalement le plaisir et la douleur.

Si donc nous n'avions qu'un corps et des sensations ou

ce qui les suit, nous n'aurions rien d'inventif; mais deux choses font naître les inventions : 1° nos réflexions; 2° notre liberté.

Car au-dessus des sensations, des imaginations et des appétits naturels, il commence à s'élever en nous ce qui s'appelle réflexion; c'est-à-dire que nous remarquons nos sensations, nous les comparons avec leurs objets, nous recherchons les causes de ce qui se fait en nous et hors de nous; en un mot, nous entendons et nous raisonnons, c'est-à-dire que nous connaissons la vérité et que d'une vérité nous allons à l'autre.

De là donc nous commençons à nous élever au-dessus des dispositions corporelles; et il faut ici remarquer que, dès que dans ce chemin nous avons fait un premier pas, nos progrès n'ont plus de bornes. Car le propre des réflexions c'est de s'élever les unes sur les autres ; de sorte qu'on réfléchit sur ses réflexions jusqu'à l'infini.

Au reste, quand nous parlons de ces retours sur nous-mêmes, il n'est plus besoin d'avertir que ce retour ne se fait pas à la manière de celui des corps. Réfléchir n'est pas exercer un mouvement circulaire ; autrement, tout corps qui tourne s'entendrait lui-même et son mouvement. Réfléchir c'est recevoir au-dessus des mouvements corporels, et au-dessus même des sensations, une lumière qui nous rend capables de chercher la vérité jusque dans sa source.

C'est pourquoi, en passant, ceux-là s'abusent qui, voulant donner aux bêtes du raisonnement, croient pouvoir le renfermer dans de certaines bornes. Car, au contraire, une réflexion en attire une autre; et la nature des animaux pourra s'élever à tous dès qu'elle pourra sortir de la ligne droite.

C'est ainsi que d'observations en observations les inventions humaines se sont perfectionnées. L'homme, attentif à la vérité, a connu ce qui était propre ou malpropre à ses desseins, et s'est trouvé l'imagination remplie, par les sensations, d'une infinité d'images. Par cette force qu'il a de réfléchir, il les a assemblées, il les a disjointes; il s'est en cette manière formé des desseins; il a cherché des matières propres à l'exécution. Il a vu qu'en fondant le bas il pouvait élever le haut : il a bâti, il a occupé de grands espaces dans l'air, et a étendu sa demeure naturelle. En étudiant la nature, il a trouvé des moyens de lui donner de nouvelles formes : il s'est fait des instruments ; il s'est fait des armes ; il a élevé les eaux qu'il ne pouvait pas aller puiser dans le fond où elles étaient. Il a changé toute la face de la terre ; il en a creusé, il en a fouillé les entrailles, et il y a trouvé de nouveaux secours. Ce qu'il n'a pas pu atteindre, de si loin qu'il a pu l'apercevoir, il l'a tourné à son usage. Ainsi les astres le dirigent dans ses navigations et dans ses voyages ; ils lui marquent les saisons et les heures. Après six mille ans d'observations, l'esprit humain n'est pas épuisé ; il cherche, et il trouve encore, afin qu'il connaisse qu'il peut trouver jusques à l'infini, et que la seule paresse peut donner des bornes à ses connaissances et à ses inventions.

Qu'on me montre maintenant que les animaux aient ajouté quelque chose, depuis l'origine du monde, à ce que la nature leur avait donné, j'y reconnaîtrai de la réflexion et de l'invention. Que s'ils vont toujours un même train, comme les eaux et comme les arbres, c'est folie de leur donner un principe dont on ne voit parmi eux aucun effet.

Et il faut ici remarquer que les animaux à qui nous voyons faire les ouvrages les plus industrieux ne sont pas ceux où d'ailleurs nous nous imaginons le plus d'esprit. Ce que nous voyons de plus ingénieux parmi les animaux sont les réservoirs des fourmis, si l'observation en est véritable ; les toiles des araignées, et les filets qu'elles tendent aux mouches ; les rayons de miel des abeilles ; la coque des vers à soie ; les coquilles des limaçons et des autres animaux semblables dont la bave forme autour d'eux des bâtiments si ornés et d'une architecture si bien entendue. Et toutefois ces animaux n'ont d'ailleurs aucune marque d'esprit ; et ce serait une erreur de les estimer plus ingénieux que les autres, puisqu'on voit que leurs ouvrages ont en effet tant d'esprit, qu'ils les passent et doivent sortir d'un principe supérieur.

Aussi la raison nous persuade que ce que les animaux font de plus industrieux se fait de la même sorte que les fleurs, les arbres et les animaux eux-mêmes, c'est-à-dire avec art du côté de Dieu, et sans art qui réside en eux.

IX. — Seconde cause des inventions et de la variété de la vie humaine, la liberté.

Mais du principe de réflexion qui agit en nous naît une seconde chose, c'est la liberté, nouveau principe d'invention et de variété parmi les hommes; car l'âme, élevée par la réflexion au-dessus du corps et au-dessus des objets, n'est point entraînée par leurs impressions, et demeure libre et maîtresse des objets et d'elle-même. Ainsi elle s'attache à ce qui lui plaît, et considère ce qu'elle veut pour s'en servir selon les fins qu'elle se propose.

Cette liberté va si loin que l'âme, s'y abandonnant, sort quelquefois des limites que la raison lui prescrit; et ainsi, parmi les mouvements qui diversifient en tant de manières la vie humaine, il faut compter les égarements et les fautes.

De là sont nées mille inventions: les lois, les instructions, les récompenses, les châtiments, et les autres moyens qu'on a inventés pour contenir ou pour redresser la liberté égarée.

Les animaux ne s'égarent pas en cette sorte, c'est pourquoi on ne les blâme jamais. On les frappe bien de nouveau, par la même raison qui fait qu'on retouche souvent à la corde qu'on veut monter sur un certain ton; mais les blâmer, ou se fâcher contre eux, c'est comme quand, de colère, on rompt sa plume qui ne marque pas, ou qu'on jette à terre un couteau qui refuse de couper.

Ainsi la nature humaine a une étendue, en bien et en mal, qu'on ne trouve point dans la nature animale; et c'est pourquoi les passions, dans les animaux, ont un effet plus simple et plus certain: car les nôtres se compliquent par nos réflexions, et s'embarrassent mutuellement. Trop de vues, par exemple, mêleront la crainte avec la colère, ou la tristesse avec la joie. Mais comme les animaux, qui n'ont point de réflexion, n'ont que les objets naturels, leurs mouvements sont moins détournés.

Joint que l'âme, par sa liberté, est capable de s'opposer aux passions avec une telle force, qu'elle en empêche l'effet. Ce qui étant une marque de raison dans l'homme, le contraire est une marque que les animaux n'ont point de raison.

Car partout où la passion domine sans résistance, le corps

et ses mouvements y font et y peuvent tout, et ainsi la raison n'y peut pas être.

Mais le grand pouvoir de la volonté sur le corps consiste dans ce prodigieux effet que nous avons remarqué, que l'homme est tellement maitre de son corps, qu'il peut même le sacrifier à un plus grand bien qu'il se propose. Se jeter au milieu des coups, et s'enfoncer dans les traits par une impétuosité aveugle, comme il arrive aux animaux, ne marque rien au-dessus du corps : car un verre se brise bien en tombant d'en haut de son propre poids. Mais se déterminer à mourir avec connaissance et par raison, malgré toute la disposition du corps qui s'oppose à ce dessein, marque un principe supérieur au corps; et parmi tous les animaux, l'homme est le seul où se trouve ce principe.

La pensée d'Aristote est belle ici, que l'homme seul a la raison parce que seul il peut vaincre et la nature et la coutume.

X. — Combien la sagesse de Dieu paraît dans les animaux.

Par les choses qui ont été dites, il paraît manifestement qu'il n'y a dans les animaux ni art, ni réflexion, ni invention, ni liberté ; mais moins il y a de raison en eux, plus il y en a dans celui qui les a faits.

Et certainement c'est l'effet d'un art admirable d'avoir si industrieusement travaillé la matière, qu'on soit tenté de croire qu'elle agit par elle-même, et par une industrie qui lui est propre.

Les sculpteurs et les peintres semblent animer les pierres, et faire parler les couleurs, tant ils représentent vivement les actions extérieures qui marquent la vie. On peut dire, à peu près dans le même sens, que Dieu fait raisonner les animaux, parce qu'il imprime dans leurs actions une image si vive de raison, qu'il semble d'abord qu'ils raisonnent.

Il semble, en effet, que Dieu ait voulu nous donner, dans les animaux, une image de raisonnement, une image de finesse; bien plus, une image de vertu et une image de vie; une image de piété dans le soin qu'ils montrent tous pour leurs petits, et quelques-uns pour leurs pères ; une image de prévoyance, une image de fidélité, une image de flatterie, une image de jalousie et d'orgueil, une image de cruauté, une image de fierté et de courage. Ainsi les animaux nous sont un spectacle, où nous voyons nos devoirs et nos manquements dépeints. Chaque animal est chargé de sa représentation. Il étale, comme un tableau, la ressemblance qu'on lui a donnée; mais il n'ajoute, non plus qu'un tableau, rien à ses traits. Il ne montre d'autre invention que celle de son auteur, et il est fait, non pour être ce qu'il nous paraît, mais pour nous en rappeler le souvenir.

Admirons donc, dans les animaux, non point leur finesse et leur industrie, car il n'y a point d'industrie où il n'y a pas d'invention; mais la sagesse de celui qui les a construits avec tant d'art, qu'ils semblent même agir avec art.

XI. — Les animaux sont soumis à l'homme, et n'ont pas même le dernier degré de raisonnement.

Il n'a pas voulu toutefois que nous fussions déçus par cette apparence de raisonnement que nous voyons dans les animaux. Il a voulu, au contraire, que les animaux fussent des instruments dont nous nous servons, et que cela même fût un jeu pour nous.

Nous domptons les animaux les plus forts, et venons à bout de ceux qu'on imagine les plus rusés. Et il est bon de remarquer que les hommes les plus grossiers sont ceux que nous employons à conduire les animaux; ce qui montre combien ils sont au-dessous du raisonnement, puisque le dernier degré de raisonnement suffit pour les conduire comme on veut.

Une autre chose nous fait voir encore combien les bêtes sont loin de raisonner; car on n'en a jamais vu qui fussent touchées de la beauté des objets qui se présentent à leurs yeux, ni de la douceur des accords, ni des autres choses semblables qui consistent en proportions et en mesures; c'est-à-dire qu'elles n'ont pas même cette espèce de raisonnement qui accompagne toujours en nous la sensation, et qui est le premier effet de la réflexion.

Qui considérera toutes ces choses s'apercevra aisément que c'est l'effet d'une ignorance grossière, ou de peu de réflexion, de confondre les animaux avec l'homme, ou de croire qu'ils ne diffèrent que du plus au moins ; car on doit avoir aperçu combien il y a d'objets dont les animaux ne peuvent être touchés, et qu'il n'y en a aucun dont on puisse juger vraisemblablement qu'ils entendent la nature et les convenances.

XII. — Réponse à l'objection tirée de la ressemblance des organes.

Et quand on croit pouvoir prouver la ressemblance du principe intérieur par celle des organes, on se trompe doublement. Premièrement, en ce qu'on croit l'intelligence absolument attachée aux organes corporels ; ce que nous avons vu être très-faux. Et le principe dont se servent les défenseurs des animaux devrait leur faire tirer une conséquence opposée à celle qu'ils tirent : car s'ils soutiennent, d'un côté, que les organes sont communs entre les hommes et les bêtes, comme d'ailleurs il est clair que les hommes entendent des objets dont on ne peut pas même soupçonner que les animaux aient la moindre lumière, il faudrait conclure nécessairement que l'intelligence de ces objets n'est point attachée aux organes et qu'elle dépend d'un autre principe.

Mais, secondement, on se trompe quand on assure qu'il n'y a point de différence d'organes entre les hommes et les animaux. Car les organes ne consistent pas dans cette masse grossière que nous voyons et que nous touchons. Ils dépendent de l'arrangement des parties délicates et imperceptibles, dont on aperçoit quelque chose en y regardant de près, mais dont toute la finesse ne peut être sentie que par l'esprit.

Or personne ne peut savoir jusqu'où va dans le cerveau cette délicatesse d'organes. On dit seulement que l'homme, à proportion de sa grandeur, contient dans sa tête, sans comparaison, plus de cervelle qu'aucun animal quel qu'il soit.

Et nous pouvons juger de la délicatesse des parties de notre cerveau, par celle de notre langue. Car la langue de la plupart des animaux, quelque semblable qu'elle paraisse à la nôtre dans sa masse extérieure, est incapable d'articulation. Et pour faire que la nôtre puisse articuler distinctement tant de sons divers, il est aisé de juger de combien de muscles délicats elle a dû être composée.

Maintenant il est certain que l'organisation du cerveau doit être d'autant plus délicate, qu'il y a sans comparaison plus d'objets dont il peut recevoir les impressions qu'il n'y a de sons que la langue puisse articuler.

Mais, au fond, c'est une méchante preuve de raisonnement que celle qu'on tire des organes, puisque nous avons vu si clairement combien il est impossible que le raisonnement y soit attaché et assujetti de lui-même.

Ce qui fait raisonner l'homme n'est pas l'arrangement des organes ; c'est un rayon et une image de l'Esprit divin ; c'est une impression, non point des objets, mais des vérités éternelles qui résident en Dieu comme dans leur source ; de sorte que vouloir voir les marques du raisonnement dans les organes, c'est chercher à mettre tout l'esprit dans le corps.

Et il n'y a rien assurément de plus mauvais sens que de conclure qu'à cause que Dieu nous a donné un corps semblable aux animaux, il ne nous a rien donné de meilleur qu'à eux. Car, sous les mêmes apparences, il a pu cacher divers trésors ; et ainsi il en faut croire autre chose que les apparences.

Ce n'est pas en effet par la nature ou par l'arrangement de nos organes que nous connaissons notre raisonnement. Nous le connaissons par expérience, en ce que nous nous sentons capables de réflexion : nous connaissons un pareil talent dans les hommes nos semblables, parce que nous voyons par mille preuves, et surtout par le langage, qu'ils pensent et qu'ils réfléchissent comme nous ; et comme nous n'apercevons dans les animaux aucune marque de réflexion, nous devons conclure qu'il n'y a en eux aucune étincelle de raisonnement.

Je ne veux point ici exagérer ce que la figure humaine a de singulier, de noble, de grand, d'adroit et de commode au-dessus de tous les animaux : ceux qui l'étudieront le découvriront aisément ; et ce n'est pas cette différence de l'homme d'avec la bête que j'ai eu dessein d'expliquer.

XIII. — Ce que c'est que l'instinct qu'on attribue ordinairement aux animaux. Deux opinions sur ce point.

Mais, après avoir prouvé que les bêtes n'agissent point par raisonnement, examinons par quel principe on doit croire qu'elles agissent. Car il faut bien que Dieu ait mis quelque chose en elles pour les faire agir convenablement comme elles font, et pour les pousser aux fins auxquelles il les a destinées. Cela s'appelle ordinairement instinct. Mais comme il n'est pas bon de s'accoutumer à dire des mots qu'on n'entende pas, il faut voir ce qu'on peut entendre par celui-ci.

Le mot d'instinct, en général, signifie impulsion. Il est opposé à choix; et on a raison de dire que les animaux agissent par impulsion plutôt que par choix.

Mais qu'est-ce que cette impulsion et cet instinct? Il y a sur cela deux opinions qu'il est bon de rapporter en peu de paroles.

La première veut que l'instinct des animaux soit un sentiment. La seconde n'y reconnait autre chose qu'un mouvement semblable à celui des horloges et autres machines.

Ce dernier sentiment est presque né dans nos jours. Car quoique Diogène le Cynique eût dit, au rapport de Plutarque, que les bêtes ne sentaient pas à cause de la grossièreté de leurs organes, il n'avait point eu de sectateurs. Du temps de nos pères, un médecin espagnol (1) a enseigné la même doctrine au siècle passé sans être suivi, à ce qu'il paraît, de qui que ce soit. Mais depuis peu M. Descartes a donné un peu plus de vogue à cette opinion, qu'il a aussi expliquée par de meilleurs principes que tous les autres.

La première opinion, qui donne le sentiment pour instinct, remarque 1° que notre âme a deux parties, la sensitive et la raisonnable. Elle remarque 2° que, puisque ces deux parties ont en nous des opérations si distinctes, on peut les séparer entièrement; c'est-à-dire que, comme on comprend qu'il y a des substances purement intelligentes, comme sont les anges, il y en aura de purement sensitives, comme sont les bêtes.

Ils y mettent donc tout ce qu'il y a en nous qui ne raisonne

---

1. Gomesius Pereira, dans l'ouvrage intitulé du nom de son père et de sa mère : *Antoniana Margarita*.

pas, c'est-à-dire non-seulement le corps et les organes, mais encore les sensations, les imaginations, les passions; enfin tout ce qui suit les dispositions corporelles, et qui est dominé par les objets.

Mais comme nos imaginations et nos passions ont souvent beaucoup de raisonnement mêlé, ils retranchent tout cela aux bêtes; et, en un mot, ils n'y mettent que ce qui se peut faire sans réflexion.

Il est maintenant aisé de déterminer ce qui s'appelle instinct dans cette opinion; car, en donnant aux bêtes tout ce qu'il y a en nous de sensitif, on leur donne par conséquent le plaisir et la douleur, les appétits ou les aversions qui les suivent; car tout cela ne dépend point du raisonnement.

L'instinct des animaux ne sera donc autre chose que le plaisir et la douleur que la nature aura attachés, en eux comme en nous, à certains objets et aux impressions qu'ils font dans le corps.

Et il semble que le poëte ait voulu expliquer cela lorsque, parlant des abeilles, il dit qu'elles ont soin de leurs petits, touchées par une certaine douceur.

Ce sera donc par le plaisir et par la douleur que Dieu poussera et incitera les animaux aux fins qu'il s'est proposées. Car à ces deux sensations sont joints naturellement les appétits convenables.

A ces appétits seront jointes, par un ordre de la nature, les actions extérieures, comme s'approcher ou s'éloigner; et c'est ainsi, disent-ils, que, poussés par le sentiment d'une douleur violente, nous retirons promptement, et avant toute réflexion, notre main du feu.

Et si la nature a pu attacher les mouvements extérieurs du corps à la volonté raisonnable, elle a pu aussi les attacher à ces appétits brutaux dont nous venons de parler.

Telle est la première opinion touchant l'instinct. Elle paraît d'autant plus vraisemblable qu'en donnant aux animaux le sentiment et ses suites, elle ne leur donne rien dont nous n'ayons l'expérience en nous-mêmes; et que d'ailleurs elle sauve parfaitement la dignité de la nature humaine, en lui réservant le raisonnement.

Elle a pourtant ses inconvénients comme toutes les opinions humaines. Le premier est que la sensation, par toutes les choses qui ont été dites, et par beaucoup d'autres, ne peut pas être une affection des corps. On peut bien les subtiliser, les rendre plus déliés, les réduire en vapeurs et en esprits ; par là ils deviendront plus vites, plus mobiles, plus insinuants, mais cela ne les fera pas sentir.

Toute l'École en est d'accord. Et aussi, en donnant la sensation aux animaux, elle leur donne une âme sensitive distincte du corps.

Cette âme n'a point d'étendue ; autrement elle ne pourrait pas pénétrer tout le corps, ni lui être unie, comme l'École le suppose.

Cette âme est indivisible, selon saint Thomas, toute dans le tout, et toute dans chaque partie. Toute l'École le suit en cela, du moins à l'égard des animaux parfaits ; car, à l'égard des reptiles et des insectes, dont les parties séparées ne laissent pas de vivre, c'est une difficulté à part sur laquelle l'École même est fort partagée, et qu'il ne s'agit pas ici de traiter.

Que si l'âme qu'on donne aux bêtes est distincte du corps ; si elle est sans étendue et indivisible, il semble qu'on ne peut pas s'empêcher de la reconnaître pour spirituelle.

Et de là naît un autre inconvénient. Car si cette âme est distincte du corps, si elle a son être à part, la dissolution du corps ne doit point la faire périr ; et nous retombons par là dans l'erreur des Platoniciens, qui mettaient toutes les âmes immortelles, tant celles des hommes que celles des animaux.

Voilà deux grands inconvénients, et voici par où on en sort.

Et premièrement, saint Thomas et les autres docteurs de l'École ne croient pas que l'âme soit spirituelle précisément pour être distincte du corps, ou pour être indivisible.

Pour cela, il faut entendre ce qu'on appelle proprement spirituel.

Spirituel, c'est immatériel. Et saint Thomas appelle immatériel ce qui non-seulement n'est pas matière, mais qui de soi est indépendant de la matière.

Cela même, selon lui, est intellectuel. Il n'y a que l'intelligence qui d'elle-même soit indépendante de la matière, et qui ne tienne à aucun organe corporel.

Il n'y a donc proprement en nous d'opération spirituelle que l'opération intellectuelle. Les opérations sensitives ne s'appellent point de ce nom, parce qu'en effet nous les avons vues tout à fait assujetties à la matière et au corps. Elles servent à la partie spirituelle, mais elles ne sont pas spirituelles; et aucun auteur, que je sache, ne leur a donné ce nom.

Tous les philosophes, même les païens, ont distingué en l'homme deux parties: l'une raisonnable, qu'ils appellent νοῦς, *mens*; en notre langue, esprit, intelligence; l'autre qu'ils appellent sensitive et irraisonnable.

Ce que les philosophes païens ont appelé νοῦς, *mens*, partie raisonnable et intelligente, c'est à quoi les saints Pères ont donné le nom de spirituel; en sorte que, dans leur langage, nature spirituelle et nature intellectuelle, c'est la même chose.

Ainsi le premier de tous les esprits, c'est Dieu souverainement intelligent.

La créature spirituelle est celle qui est faite à son image, qui est née pour entendre, et encore pour entendre Dieu selon sa portée.

Tout ce qui n'est point intellectuel n'est ni l'image de Dieu ni capable de Dieu: dès là il n'est pas spirituel.

De cette sorte, l'intellectuel et le spirituel, c'est la même chose.

Notre langue s'est conformée à cette notion. Un esprit, selon nous, est quelque chose d'intelligent; et nous n'avons point de mot plus propre, pour expliquer celui de νοῦς et de *mens*, que celui d'esprit.

En cela nous suivons l'idée du mot d'esprit et de spirituel qui nous est donnée dans l'Ecriture, où tout ce qui s'appelle esprit, au sens dont il s'agit, est intelligent, et où les seules opérations qui sont nommées spirituelles sont les intellectuelles.

C'est en ce sens que saint Paul appelle Dieu le père de tous les esprits, c'est-à-dire de toutes les créatures intellectuelles capables de s'unir à lui.

Dieu est esprit, dit Notre-Seigneur, *et ceux qui l'ado-*

rent doivent l'adorer en esprit et en vérité; c'est-à-dire que cette suprême intelligence doit être adorée par l'intelligence.

Selon cette notion, les sens n'appartiennent pas à l'esprit.

Quand l'Apôtre distingue l'homme animal d'avec l'homme spirituel, il distingue celui qui agit par les sens d'avec celui qui agit par l'entendement et s'unit à Dieu.

Quand le même apôtre dit que la chair convoite contre l'esprit, et l'esprit contre la chair, il entend que la partie intelligente combat la partie sensitive; que l'esprit, capable de s'unir à Dieu, est combattu par le plaisir sensible attaché aux dispositions corporelles.

Le même apôtre, en séparant les fruits de la chair d'avec les fruits de l'esprit, par ceux-ci entend les vertus intellectuelles, et par ceux-là entend les vices qui nous attachent aux sens et à leurs objets.

Et encore que, parmi les fruits de la chair, il range beaucoup de vices qui semblent n'appartenir qu'à l'esprit, tels que sont l'orgueil et la jalousie, il faut remarquer que ces sentiments vicieux s'excitent principalement par les marques sensibles de préférence que nous désirons nous-mêmes et que nous envions aux autres; ce qui donne lieu de les ranger parmi les vices qui tirent leur origine des objets sensibles.

Il se voit donc que les sensations d'elles-mêmes ne font point partie de la nature spirituelle, parce qu'en effet elles sont totalement assujetties aux objets corporels et aux dispositions corporelles.

Ainsi la spiritualité commence en l'homme où la lumière de l'intelligence et de la réflexion commence à poindre, parce que c'est là que l'âme commence à s'élever au-dessus du corps; et non-seulement à s'élever au-dessus, mais encore à le dominer et à s'attacher à Dieu, c'est-à-dire au plus spirituel et au plus parfait de tous les objets.

Quand donc on aura donné les sensations aux animaux, il paraît qu'on ne leur aura rien donné de spirituel. Leur âme sera de même nature que leurs opérations, lesquelles en nous-mêmes, quoiqu'elles viennent d'un principe qui n'est pas un corps, passent pourtant pour charnelles et corporelles par leur assujettissement total aux dispositions du corps.

De cette sorte, ceux qui donnent aux bêtes des sensations et une âme qui en soit capable, interrogés si cette âme est un esprit ou un corps, répondront qu'elle n'est ni l'un ni l'autre. C'est une nature mitoyenne qui n'est pas un corps, parce qu'elle n'est pas étendue en longueur, largeur et profondeur; qui n'est pas un esprit, parce qu'elle est sans intelligence, incapable de posséder Dieu et d'être heureuse.

Ils résoudront par le même principe l'objection de l'immortalité. Car encore que l'âme des bêtes soit distincte du corps, il n'y a point d'apparence qu'elle puisse être conservée séparément, parce qu'elle n'a point d'opération qui ne soit totalement absorbée par le corps et par la matière. Et il n'y a rien de plus injuste ni de plus absurde aux Platoniciens, que d'avoir égalé l'âme des bêtes, où il n'y a rien qui ne soit dominé absolument par le corps, à l'âme humaine, où l'on voit un principe qui s'élève au-dessus de lui, qui le pousse jusques à sa ruine pour contenter la raison, et qui s'élève jusques à la plus haute vérité, c'est-à-dire jusqu'à Dieu même.

C'est ainsi que la première opinion sort des deux inconvénients que nous avons remarqués. Mais la seconde croit se tirer encore plus nettement d'affaire; car elle n'est point en peine d'expliquer comment l'âme des animaux n'est ni spirituelle ni immortelle, puisqu'elle ne leur donne pour toute âme que le sang et les esprits.

Elle dit donc que les mouvements des animaux ne sont point administrés par les sensations, et qu'il suffit, pour les expliquer, de supposer seulement l'organisation des parties, l'impression des objets sur le cerveau et la direction des esprits, pour faire jouer les muscles.

C'est en cela que consiste l'instinct, selon cette opinion; et ce ne sera autre chose que cette force mouvante par laquelle les muscles sont ébranlés et agités.

Au reste, ceux qui suivent cette opinion observent que les esprits peuvent changer de nature par diverses causes. Plus de bile mêlée dans le sang les rendra plus impétueux et plus vifs. Le mélange d'autres liqueurs les fera plus tempérés. Autres seront les esprits d'un animal repu, autres ceux d'un animal affamé. Il y aura aussi de la différence entre les esprits d'un animal qui aura sa vigueur entière et ceux d'un animal déjà épuisé et recru. Les esprits pourront être plus ou moins abondants, plus ou moins vifs, plus grossiers ou plus atténués; et ces philosophes prétendent qu'il n'en faut pas davantage pour expliquer tout ce qui se fait dans les animaux, et les différents états où ils se trouvent.

Avec ce raisonnement, cette opinion jusqu'ici entre peu dans l'esprit des hommes. Ceux qui la combattent concluent de là qu'elle est contraire au sens commun; et ceux qui la défendent répondent que peu de personnes les entendent, à cause que peu de personnes prennent la peine de s'élever au-dessus des préventions des sens et de l'enfance.

Il est aisé de comprendre, par ce qu'il vient d'être dit, que ces derniers conviennent avec l'École, non-seulement que le raisonnement, mais encore que la sensation ne peut jamais précisément venir du corps; mais ils ne mettent la sensation qu'où ils mettent le raisonnement, parce que la sensation, qui d'elle-même ne connaît point la vérité, selon eux, n'a aucun usage que d'exciter la partie qui la connaît.

Et ils soutiennent que les sensations ne servent de rien à expliquer ni à faire les mouvements corporels, parce que, loin de les causer, elles les suivent; en sorte que, pour bien raisonner, il faut dire: Tel mouvement est, donc telle sensation s'ensuit; et non pas: Telle sensation est, donc tel mouvement s'ensuit.

Pour ce qui est de l'immortalité de l'âme humaine, elle n'a aucune difficulté, selon leurs principes. Car dès là qu'ils ont établi, avec toute l'École, qu'elle est distincte du corps, parce qu'elle sent, parce qu'elle entend, parce qu'elle veut, en un mot parce qu'elle pense; ils disent qu'il n'y a plus qu'à considérer que Dieu, qui aime ses ouvrages, conserve généralement à chaque chose l'être qu'il lui a une fois donné. Les corps peuvent bien être dissous, leurs parcelles peuvent bien être séparées et jetées deçà et delà, mais pour cela ils ne sont pas anéantis. Si donc l'âme est une substance distincte du corps, par la même raison, ou à plus forte raison, Dieu lui conservera son être; et n'ayant point de parties, elle doit subsister éternellement dans toute son intégrité.

XIV. — Conclusion de ce Traité, où l'excellence de la nature humaine est de nouveau démontrée.

Voilà les deux opinions que soutiennent, touchant les bêtes, ceux qui ont aperçu qu'on ne peut sans absurdité ni leur donner du raisonnement ni faire sentir la matière. Mais, laissant à part les opinions, rappelons à notre mémoire les choses que nous avons constamment trouvées et observées dans l'âme raisonnable.

Premièrement, outre les opérations sensitives, toutes engagées dans la chair et dans la matière, nous y avons trouvé les opérations intellectuelles si supérieures au corps et si peu comprises dans ses dispositions, qu'au contraire elles le dominent, le font obéir, le dévouent à la mort et le sacrifient.

Nous avons vu aussi que, par notre entendement, nous apercevons des vérités éternelles, claires et incontestables. Nous savons qu'elles sont toujours les mêmes, et nous sommes toujours les mêmes à leur égard, toujours également ravis de leur beauté et convaincus de leur certitude; marque que notre âme est faite pour les choses qui ne changent pas, et qu'elle a en elle un fond qui aussi ne doit pas changer.

Car il faut ici observer que ces vérités éternelles sont l'objet naturel de notre entendement. C'est par elles qu'il rapporte naturellement toutes les actions humaines à leur règle, tous les raisonnements aux premiers principes connus par eux-mêmes comme éternels et invariables; tous les ouvrages de l'art et de la nature, toutes les figures, tous les mouvements, aux proportions cachées, qui en font et la beauté et la force; enfin, toutes choses généralement aux décrets de la sagesse de Dieu et à l'ordre immuable qui les fait aller en concours. Que si ces vérités éternelles sont l'objet naturel de l'entendement humain par la convenance qui se trouve entre les objets et les puissances, on voit quelle est sa nature, et qu'étant né conforme à des choses qui ne changent point, il a en lui un principe de vie immortelle.

Et parmi ces vérités éternelles qui sont l'objet naturel de l'entendement, celle qu'il aperçoit comme la première, en laquelle toutes les autres subsistent et se réunissent, c'est qu'il y a un premier être qui entend tout avec certitude, qui fait tout ce qu'il veut, qui est lui-même sa règle, dont la volonté est notre loi, dont la vérité est notre vie.

Nous savons qu'il n'y a rien de plus impossible que le contraire de ces vérités, et qu'on ne peut jamais supposer, sans avoir le sens renversé, ou que ce premier Être ne soit pas, ou qu'il puisse changer, ou qu'il puisse y avoir une créature intelligente qui ne soit pas faite pour entendre et pour aimer ce principe de son être.

C'est par là que nous avons vu que la nature de l'âme est d'être formée à l'image de son auteur; et cette conformité nous y fait entendre un principe divin et immortel.

Car s'il y a quelque chose, parmi les créatures, qui mérite de durer éternellement, c'est sans doute la connaissance et l'amour de Dieu, et ce qui est né pour exercer ces divines opérations.

Quiconque les exerce les voit si justes et si parfaites, qu'il voudrait les exercer à jamais; et nous avons, dans cet exercice, l'idée d'une vie éternelle et bienheureuse.

Les histoires anciennes et modernes font foi que cette idée de vie immortelle se trouve confusément dans toutes les nations qui ne sont pas tout à fait brutes; mais ceux qui connaissent Dieu l'ont très-claire et très-distincte. Car ils voient que la créature raisonnable peut vivre éternellement heureuse, en admirant les grandeurs de Dieu, les conseils de sa sagesse et la beauté de ses ouvrages.

Et nous avons quelque expérience de cette vie, lorsque quelque vérité illustre nous apparait, et que, contemplant la nature, nous admirons la sagesse qui a tout fait dans un si bel ordre.

Là nous goûtons un plaisir si pur, que tout autre plaisir ne nous paraît rien en comparaison. C'est ce plaisir qui a transporté les philosophes, et qui leur a fait souhaiter que la nature n'eût donné aux hommes aucunes voluptés sensuelles, parce que ces voluptés troublent en nous le plaisir de goûter la vérité toute pure.

Qui voit Pythagore, ravi d'avoir trouvé les carrés des côtés d'un certain triangle, avec le carré de sa base, sacrifier une hécatombe en actions de grâces; qui voit Archimède, attentif à quelque nouvelle découverte, en oublier le boire et le manger; qui voit Platon célébrer la félicité de ceux qui contemplent le beau et le bon, premièrement dans les arts, secondement dans la nature, et enfin dans leur source et dans leur principe qui est Dieu; qui voit Aristote louer ces heureux moments, où l'âme n'est possédée que de l'intelligence de la vérité, et juger une telle vie seule digne d'être éternelle, et d'être la vie de Dieu; mais qui voit les saints tellement ravis de ce divin exercice, de connaître, d'aimer et de louer Dieu, qu'ils ne le quittent jamais, et qu'ils éteignent, pour le continuer durant tout le cours de leur vie, tous les désirs sensuels; qui voit, dis-je, toutes ces choses, reconnaît dans les opérations intellectuelles un principe et un exercice de vie éternellement heureuse.

Et le désir d'une telle vie s'élève et se fortifie d'autant plus en nous que nous méprisons davantage la vie sensuelle et que nous cultivons avec plus de soin la vie de l'intelligence.

Et l'âme qui entend cette vie, et qui la désire, ne peut comprendre que Dieu, qui lui a donné cette idée et lui a inspiré ce désir, l'ait faite pour une autre fin.

Et il ne faut s'imaginer qu'elle perde cette vie en perdant son corps: car nous avons vu que les opérations intellectuelles ne sont pas, à la manière des sensations, attachées à des organes corporels. Et encore que, par la correspondance qui se doit trouver entre toutes les opérations de l'âme, l'entendement se serve des sens et des images sensibles, ce n'est pas en se tournant de ce côté-là qu'il se remplit de la vérité, mais en se tournant vers la vérité éternelle.

Les sens n'apportent pas à l'âme la connaissance de la vérité; ils l'excitent, ils la réveillent, ils l'avertissent de certains effets: elle est sollicitée à chercher les causes; mais elle ne les découvre, elle n'en voit les liaisons, ni les principes qui font tout mouvoir, que dans une lumière supérieure qui vient de Dieu ou qui est Dieu même.

Dieu est donc la vérité; d'elle-même toujours présente à tous les esprits, et la vraie source de l'intelligence. C'est de ce côté qu'elle voit le jour; c'est par là qu'elle respire et qu'elle vit.

Ainsi, autant que Dieu restera à l'âme (et de lui-même jamais il ne manque à ceux qu'il a faits pour lui, et sa lumière bienfaisante ne se retire jamais que de ceux qui s'en détournent volontairement), autant, dis-je, que Dieu restera à l'âme, autant vivra notre intelligence; et quoi qu'il arrive de nos sens et de notre corps, la vie de notre raison est en sûreté.

Que s'il faut un corps à notre âme, qui est née pour lui être unie, la loi de la Providence veut que le plus digne l'emporte; et Dieu rendra à l'âme son corps immortel, plutôt que de laisser l'âme, faute de corps, dans un état imparfait.

Mais réduisons ces raisonnements en peu de paroles. L'âme, née pour considérer ces vérités immuables, et Dieu où se réunit toute vérité, par là se trouve conforme à ce qui est éternel.

En connaissant et en aimant Dieu, elle exerce les opérations qui méritent le mieux de durer toujours.

Dans ces opérations elle a l'idée d'une vie éternellement bienheureuse, et elle en conçoit le désir. Elle s'unit à Dieu, qui est le vrai principe de l'intelligence, et ne craint point de le perdre en perdant le corps; d'autant plus que la sagesse éternelle, qui fait servir le moindre au plus digne, si l'âme a besoin d'un corps pour vivre dans sa naturelle perfection, lui rendra plutôt le sien que de laisser défaillir son intelligence par ce manquement.

C'est ainsi que l'âme connaît qu'elle est née pour être heureuse à jamais, et aussi que, renonçant à ce bonheur éternel, un malheur éternel sera son supplice.

Il n'y a donc plus de néant pour elle, depuis que son auteur l'a une fois tirée du néant pour jouir de sa vérité et de sa bonté. Car comme qui s'attache à cette vérité et à cette bonté mérite plus que jamais de vivre dans cet exercice et de le voir durer éternellement, celui aussi qui s'en prive et qui s'en éloigne mérite de voir durer dans l'éternité la peine de sa défection.

Ces raisons sont solides et inébranlables à qui les sait pénétrer; mais le chrétien a d'autres raisons qui sont le vrai fondement de son espérance; c'est la parole de Dieu et ses promesses immuables. Il promet la vie éternelle à ceux qui le servent, et condamne les rebelles à un supplice éternel. Il est fidèle à sa parole et ne change point; et comme il a accompli aux yeux de toute la terre ce qu'il a promis de son Fils et de son Église, l'accomplissement de ces promesses nous assure la vérité de celle de la vie future.

Vivons donc dans cette attente; passons dans le monde sans nous y attacher. Ne regardons pas ce qui se voit, mais ce qui ne se voit pas; parce que, comme dit l'Apôtre, ce qui se voit est passager, et ce qui ne se voit pas dure toujours.

TRAITÉ

DU

LIBRE ARBITRE

CHAPITRE PREMIER

Définition de la liberté dont il s'agit. Différence entre ce qui est permis, ce qui est volontaire, et ce qui est libre.

Nous appelons quelquefois libre ce qui est permis par les lois ; mais la notion de liberté s'étend encore plus loin, puis qu'il ne nous arrive que trop de faire même beaucoup de choses que les lois ni la raison ne permettent pas.

On appelle encore faire librement ce qu'on fait volontairement et sans contrainte. Ainsi nous voulons tous être heureux, et ne pouvons pas vouloir le contraire ; mais comme nous le voulons sans peine et sans violence, on peut dire, en un certain sens, que nous le voulons librement. Car on prend souvent pour la même chose liberté et volonté, volontaire et libre. *Liberè*, d'où vient *libertas*, semble vouloir dire la même chose que *velle*, d'où vient *voluntas*; et on peut confondre en ce sens la liberté et la volonté, ce qu'on fait *libentissimè* avec ce qu'on fait *liberrimè*.

On ne doute pas de la liberté en ces deux sens. On convient qu'il y a des choses permises, et en ce sens libres; comme il y a des choses commandées, et en cela nécessaires. On est aussi d'accord qu'on veut quelque chose, et on ne doute non plus de sa volonté que de son être. La question est de savoir s'il y a des choses qui soient tellement en notre pouvoir et en la liberté de notre choix, que nous puissions ou les choisir, ou ne les choisir pas.

CHAPITRE DEUXIÈME

Que cette liberté est dans l'homme; et que nous connaissons cela naturellement.

Je dis que la liberté ou le libre arbitre considéré en ce sens est certainement en nous, et que cette liberté nous est évidente :

1° Par l'évidence du sentiment et de l'expérience ;

2° Par l'évidence du raisonnement ;

3° Par l'évidence de la révélation, c'est-à-dire parce que Dieu nous l'a clairement révélé par son Écriture.

Quant à l'évidence du sentiment, que chacun de nous s'écoute et se consulte soi-même, il sentira qu'il est libre, comme il sentira qu'il est raisonnable. En effet, nous mettons grande différence entre la volonté d'être heureux et la volonté d'aller à la promenade. Car nous ne songeons pas seulement que nous puissions nous empêcher de vouloir être heureux, et nous sentons clairement que nous pouvons nous empêcher de vouloir aller à la promenade. De même nous délibérons et nous consultons en nous-mêmes si nous irons à la promenade ou non, et nous résolvons comme il nous plait ou l'un ou l'autre ; mais nous ne mettons jamais en délibération si nous voudrons être heureux ou non : ce qui montre que comme nous sentons que nous sommes nécessairement déterminés par notre nature même à désirer d'être heureux, nous sentons aussi que nous sommes libres à choisir les moyens de l'être.

Mais parce que dans les délibérations importantes il y a toujours quelque raison qui nous détermine, et qu'on peut croire que cette raison fait dans notre volonté une nécessité secrète dont notre âme ne s'aperçoit pas, pour sentir évidemment notre liberté il en faut faire l'épreuve dans les choses où il n'y a aucune raison qui nous penche d'un côté plutôt que d'un autre. Je sens, par exemple, que levant ma main, je puis ou vouloir la tenir immobile, ou vouloir lui donner du mouvement; et que me résolvant à la mouvoir, je puis ou la mouvoir à droite ou à gauche avec une égale facilité; car la nature a tellement disposé les organes du mouvement, que je n'ai ni plus de peine, ni plus de plaisir à l'une de ces actions qu'à l'autre ; de sorte que plus je considère sérieusement et profondément ce qui me porte à celui-là plutôt qu'à celui-ci, plus je ressens clairement qu'il n'y a que ma volonté qui m'y détermine, sans que je puisse trouver aucune autre raison de le faire.

Je sais que quand j'aurai dans l'esprit de prendre une chose plutôt qu'une autre, la situation de cette chose me fera diriger de son côté le mouvement de ma main; mais quand je n'ai aucun autre dessein que celui de mouvoir ma main d'un certain côté, je ne trouve que ma seule volonté qui me porte à ce mouvement plutôt qu'à l'autre.

Il est vrai que remarquant en moi-même cette volonté qui me fait choisir un des mouvements plutôt que l'autre, je ressens que je fais par là une épreuve de ma liberté, où je trouve de l'agrément; et cet agrément peut être la cause qui me porte à me vouloir mettre en cet état. Mais premièrement, si j'ai du plaisir à éprouver et à goûter ma liberté, cela suppose que je la sens. Secondement, ce désir d'éprouver ma liberté me porte bien à me mettre en état de prendre parti entre ces deux mouvements, mais ne me détermine point à commencer plutôt par l'un que par l'autre ; puisque j'éprouve également ma liberté, quelque soit celui des deux que je choisisse.

Ainsi j'ai trouvé en moi-même une action où, n'étant attiré par aucun plaisir, ni troublé par aucune passion, ni embarrassé d'aucune peine que je trouve en l'un des partis plutôt qu'en l'autre, je puis connaître distinctement, surtout y pensant comme je fais, tous les motifs qui me portent à agir de cette façon plutôt que de la contraire. Que si, plus je recherche en moi-même la raison qui me détermine, plus je sens que je n'en ai aucune autre que ma seule volonté, je sens par là clairement ma liberté, qui consiste uniquement dans un tel choix,

C'est ce qui me fait comprendre que je suis fait à l'image de Dieu; parce que n'y ayant rien dans la matière qui le détermine à la mouvoir plutôt qu'à la laisser en repos, ou à la mouvoir d'un côté plutôt que d'un autre, il n'y a aucune raison d'un si grand effet que la seule volonté, par où il me paraît souverainement libre.

C'est ce qui fait voir en passant que cette liberté dont nous parlons, qui consiste à pouvoir faire ou ne faire pas, ne procède précisément ni d'irrésolution, ni d'incertitude, ni d'aucune autre imperfection; mais suppose que celui qui l'a au souverain degré de perfection, est souverainement indépendant de son objet, et a sur lui une pleine supériorité.

C'est par là que nous connaissons que Dieu est parfaitement libre en tout ce qu'il fait au dehors, corporel ou spirituel, sensible ou intelligible, et qu'il l'est en particulier à l'égard de l'impression du mouvement qu'il peut donner à la matière. Mais tel qu'il est à l'égard de toute la matière et de tout son mouvement, tel a-t-il voulu que je fusse à l'égard de cette petite partie de la matière et du mouvement qu'il a mis dans la dépendance de ma volonté. Car je puis, avec une égale facilité, faire un tel mouvement ou ne pas le faire; mais comme l'un de ces mouvements n'est pas en soi meilleur que l'autre, ni n'est pas aussi meilleur pour moi en l'état où je viens de me considérer; je vois par là qu'on se trompe quand on cherche dans la matière un certain bien qui détermine Dieu à l'arranger ou à la mouvoir en un sens plutôt qu'en un autre. Car le bien de Dieu, c'est lui-même; et tout le bien qui est hors de lui vient de lui seul; de sorte que quand on dit que Dieu veut toujours ce qu'il y a de mieux, ce n'est pas qu'il y ait un mieux dans les choses qui précèdent en quelque sorte sa volonté, et qui l'attirent; mais c'est que tout ce qu'il veut par là devient le meilleur; à cause que sa volonté est cause de tout le bien et de tout le mieux qui se trouve dans la créature.

J'ai donc un sentiment clair de ma liberté, qui sert à me faire entendre la souveraine liberté de Dieu, et comme il m'a fait à son image.

Au reste, ayant une fois trouvé en moi-même, et dans une seule de mes actions, ce principe de liberté, je conclus qu'il se trouve dans toutes les actions, même dans celles où je suis plus passionné, quoique la passion qui me trouble ne me permette pas peut-être de l'y apercevoir d'abord si clairement.

Aussi vois-je que tous les hommes sentent en eux cette liberté. Toutes les langues ont des mots et des façons de parler très-claires et très-précises pour l'expliquer; tous distinguent ce qui est en nous, ce qui est en notre pouvoir, ce qui est remis à notre choix, d'avec ce qui ne l'est pas; et ceux qui nient la liberté ne disent point qu'ils n'entendent pas ces mots, mais ils disent que la chose qu'on veut signifier par là n'existe pas.

C'est sur cela que je fonde l'évidence du raisonnement qui nous démontre notre liberté. Car nous avons une idée très-claire et une notion très-distincte de la liberté dont nous parlons; d'où il s'ensuit que cette notion est très-véritable, et par conséquent que la chose qu'elle représente est très-certaine. Et nous n'avons pas seulement l'idée de la souveraine liberté de Dieu, qui consiste en son indépendance absolue; mais encore d'une liberté qui ne peut convenir qu'à la créature, puisque nous connaissons clairement que nous pouvons choisir si mal, que nous commettrons une faute; ce qui ne peut convenir qu'à la créature. Il n'y a personne qui ne conçoive qu'il ferait un crime exécrable d'ôter la vie à son bienfaiteur, et encore plus à son propre père. Tous les jours nous reconnaissons en nous-mêmes que nous faisons quelque faute dont nous avons de la douleur; et quiconque y voudra penser de bonne foi verra clairement qu'il met grande différence entre la douleur que lui cause une colique, ou la fâcherie que lui donne quelque perte de ses biens et quelque défaut naturel de sa personne, et cette autre sorte de douleur qu'on appelle se repentir. Car cette dernière espèce de douleur nous vient de l'idée d'un mal qui n'est pas inévitable et qui ne nous arrive que par notre faute; ce qui nous fait entendre que nous sommes libres à nous déterminer d'un côté plutôt que d'un autre, et que si nous prenons un mauvais parti, nous devons nous l'imputer à nous-mêmes.

Il n'y a personne qui ne remarque la différence qu'il y a entre l'aversion que nous avons pour certains défauts naturels des hommes, et le blâme que nous donnons à leurs mauvaises actions. On voit aussi que c'est autre chose de priser un homme comme bien disposé, que de louer une action humaine comme bien faite; car le premier peut convenir à une pierrerie et à un animal aussi bien qu'à un homme; et le second ne peut convenir qu'à celui qu'on reconnait libre, qui se peut par là rendre digne et de blâme et de louange, en usant bien ou mal de la liberté.

On remarque aussi facilement qu'il y a de la différence entre frapper un cheval qui a fait un faux pas, parce que l'expérience fait voir que cela sert à le redresser; et châtier un homme qui a failli, parce qu'on veut lui faire connaitre sa faute pour le corriger, ou se servir de lui pour donner exemple aux autres; et quoique les hommes grossiers frappent quelquefois un cheval avec un sentiment à peu près semblable à celui qu'ils ont en frappant leur valet, il n'y a personne qui, pensant sérieusement à ce qu'il fait, puisse attribuer une faute ou un crime à un autre qu'à celui à qui il attribue une liberté.

Outre cela, l'obligation que nous croyons tous avoir de consulter en nous-mêmes si nous ferons une chose plutôt que l'autre, nous est une preuve certaine de la liberté de notre choix. Car nous ne consultons point sur les choses que nous croyons nécessaires: comme, par exemple, si nous aurons un jour à mourir; en cela nous nous laissons entraîner au cours naturel et inévitable des choses, et nous en userions de même à l'égard de tous les objets qui se présentent, si nous ne connaissions distinctement qu'il y a des choses à quoi nous devons aviser, parce que nous y devons agir et nous y déterminer par notre choix. De là je conclus que nous sommes libres à l'égard de tous les sujets sur lesquels nous pouvons douter et délibérer. C'est pourquoi nous sommes libres, même à l'égard du bien véritable, qui est la vertu; parce que, quelque bien que nous y voyions selon la raison, nous ne sentons pas toujours un plaisir actuel en la suivant, et que, par conséquent, toute l'idée que nous avons du bien ne s'y trouve pas; de sorte que nous ne pouvons être nécessairement et absolument déterminés à aimer un certain objet, si le bien essentiel, qui est Dieu, ne nous paraît en lui-même.

En ce cas seulement nous cesserons de consulter et de

choisir; mais à l'égard de tous les biens particuliers, et même du bien suprême connu imparfaitement, comme nous le connaissons en cette vie, nous avons la liberté de notre choix; et jamais nous ne la perdrons, tant que nous serons en état de balancer un bien avec l'autre; parce que notre volonté, trouvant partout une idée de son objet, c'est-à dire la raison du bien, aura toujours à choisir entre les uns et les autres, sans que son objet la puisse déterminer tout seul.

Ainsi nous avons des idées très-claires, non-seulement de notre liberté, mais encore de toutes les choses qui la doivent suivre. Car non-seulement nous entendons ce que c'est que choisir librement, mais nous entendons encore que celui qui peut choisir, s'il ne voit pas tout d'abord, doit délibérer, et qu'il fait mal s'il ne délibère, et qu'il fait encore plus mal si, après avoir consulté, il prend un mauvais parti, et que par là il mérite et le blâme et le châtiment; comme au contraire il mérite, s'il use bien de sa liberté, et la louange et la récompense de son bon choix. Par conséquent nous avons des idées très-claires de plusieurs choses qui ne peuvent convenir qu'à un être libre; et il y en a parmi celles-là que nous ne pouvons attribuer qu'à un être capable de faillir; et nous trouvons tout cela si clairement en nous-mêmes, que nous ne pouvons non plus douter de notre liberté que de notre être.

Nous voyons donc l'existence de la liberté, en ce qu'il faut admettre nécessairement qu'il y a des êtres connaissants qui ne peuvent être précisément déterminés par leurs objets, mais qui doivent s'y porter par leur propre choix. Nous trouvons en même temps que le premier libre c'est Dieu, parce qu'il possède en lui-même tout son bien; et n'ayant besoin d'aucun des êtres qu'il fait, il n'est porté à les faire, ni à faire qu'ils soient de telle façon, que par la seule volonté indépendante. Et nous trouvons en second lieu que nous sommes libres aussi, parce que les objets qui nous sont proposés ne nous emportent pas tout seuls par eux-mêmes, et que nous demeurerions à leur égard sans action si nous ne pouvions choisir.

Nous trouvons encore que ce premier libre ne peut jamais ni aimer, ni faire autre chose que ce qui est un bien véritable, parce qu'il est lui-même par son essence le bien essentiel qui influe le bien dans tout ce qu'il fait. Et nous trouvons au contraire que tous les êtres libres qu'il fait, pouvant n'être pas, sont capables de faillir, parce qu'étant sortis du néant ils peuvent aussi s'éloigner de la perfection de leur être. De sorte que toute créature sortie des mains de Dieu peut faire bien et mal, jusqu'à ce que Dieu l'ayant menée, par la claire vision de son essence, à la source même du bien, elle soit si bien possédée d'un tel objet, qu'elle ne puisse plus désormais s'en éloigner.

Ainsi nous avons connu notre liberté, et par une expérience certaine, et par un raisonnement invincible. Il ne reste plus qu'à y ajouter l'évidence de la révélation divine, à laquelle ne désirant pas m'attacher quant à présent, je me contenterai de dire que, cette persuasion de notre liberté étant commune à tout le genre humain, l'Écriture, bien loin de reprendre un sentiment si universel, se sert au contraire de toutes les expressions par lesquelles les hommes ont accoutumé d'exprimer et leur liberté, et toutes ses suites, et en parle, non de la manière dont elle use en nous obligeant de croire les mystères qui nous sont cachés, mais toujours comme d'une chose que nous sentons en nous-mêmes, aussi bien que nos raisonnements et nos pensées.

CHAPITRE TROISIÈME

Que nous connaissons naturellement que Dieu gouverne notre liberté, et ordonne de nos actions.

Sur cela il s'élève une seconde question, savoir, si nous devons croire, selon la raison naturelle, que Dieu ordonne de nos actions, et gouverne notre liberté en la conduisant certainement aux fins qu'il s'est proposées ; ou s'il faut penser au contraire que, dès qu'il a fait une créature libre, il la laisse aller où elle veut, sans prendre autre part en sa conduite que de la récompenser si elle fait bien, ou de la punir si elle fait mal.

Mais la notion que nous avons de Dieu résiste à ce dernier

sentiment. Car nous concevons Dieu comme un être qui sait tout, qui prévoit tout, qui pourvoit à tout, qui gouverne tout, qui fait ce qu'il veut de ses créatures, et à qui se doivent rapporter tous les événements du monde. Que si les créatures libres ne sont pas comprises dans cet ordre de la Providence divine, on lui ôte la conduite de ce qu'il y a de plus excellent dans l'univers, c'est-à-dire des créatures intelligentes. Il n'y a rien de plus absurde que de dire qu'il ne se mêle point du gouvernement des peuples, de l'établissement ni de la ruine des États, comment ils sont gouvernés, par quels princes et par quelles lois ; toutes lesquelles choses s'exécutant par la liberté des hommes, si elle n'est en la main de Dieu, en sorte qu'il ait des moyens certains de la tourner où il lui plait, il s'ensuit que Dieu n'a point de part en tous ces événements, et que cette partie du monde est entièrement indépendante.

Il ne suffit pas de dire que la créature libre est dépendante de Dieu : 1° en ce qu'elle est ; 2° en ce qu'elle est libre ; 3° en ce que, selon l'usage qu'elle fait de sa liberté, elle est heureuse ou malheureuse ; car il ne faut pas seulement que quelques effets soient rapportés à la volonté de Dieu, mais, comme elle est la cause universelle de tout ce qui est, il faut que tout ce qui est, en quelque manière qu'i soit, vienne de lui ; et il faut par conséquent que l'usage de la liberté, avec tous les effets qui en dépendent, soit compris dans l'ordre de sa providence ; autrement on établit une sorte d'indépendance dans la créature, et on y reconnaît un certain ordre dont Dieu n'est point la première cause.

Et on ne sauve point la souveraineté de Dieu en disant que c'est lui-même qui a voulu cette indépendance de la liberté humaine ; car il est de la nature d'une souveraineté aussi universelle et aussi absolue que celle de Dieu, que nulle partie de ce qui est ne lui puisse être soustraite, ou exemptée, en quelque façon que ce soit, de sa direction ; et avec la même raison qu'on dit que Dieu, ayant fait un certain genre de créatures, les laisse se gouverner elles-mêmes sans s'en mêler, on pourrait dire encore que les ayant créées il les laisse se conserver, ou qu'ayant fait la matière il la laisse mouvoir et arranger au gré de quelque autre.

Cette fausse imagination est détruite par la claire notion

qu'on a de Dieu, parce qu'elle nous fait connaître que, comme il ne se peut rien ôter de ce qui fait la perfection de l'Être divin, il ne se peut aussi rien ôter à la créature de ce qui fait la dépendance de l'être créé.

Mais ne pourrait-on pas dire que cette dépendance de l'être créé se doit entendre seulement des choses mêmes qui sont et non pas des modes ou des façons d'être ? Nullement ; car les façons d'être, en ce qu'elles tiennent de l'être, puisqu'en effet elles sont à leur manière, doivent nécessairement venir du premier Être. Par exemple, qu'un corps soit d'une telle figure et dans une telle situation, cela sans doute appartient à l'être ; car il est vrai qu'il est ainsi disposé, et cette disposition étant en lui quelque chose de véritable et de réel, elle doit avoir pour première cause la cause universelle de tout ce qui est. Et quand on dit que Dieu est la cause de tout ce qui est, s'il fallait restreindre la proposition aux seules substances, sans y comprendre les manières d'être, il faudrait dire qu'à la vérité les corps viennent de lui, mais non leurs mouvements, ni leurs assemblages, ni leurs divers arrangements, qui font néanmoins tout l'ordre du monde. Que s'il faut qu'il soit l'auteur de l'assemblage et de l'arrangement de certains corps qui font les astres et les éléments, comment peut-on penser qu'il ne faille pas rapporter au même principe l'assemblage et l'arrangement qui se voit parmi les hommes, c'est-à-dire leurs sociétés, leurs républiques, et leur mutuelle dépendance, où consiste tout l'ordre des choses humaines ? Ainsi la raison fait voir que non-seulement tout être subsistant, mais tout l'ordre des êtres subsistants, doit venir de Dieu, et à plus forte raison que l'ordre des choses humaines doit sortir de là, puisque les créatures libres étant sans aucun doute la plus noble portion de l'univers, elles sont par conséquent les plus dignes que Dieu les gouverne.

En effet, tout homme qui reconnaîtra qu'il y a un Dieu infiniment bon, reconnaîtra en même temps que les lois, la paix publique, la bonne conduite et le bon ordre des choses humaines doivent venir de ce principe. Car comme parmi les hommes il n'y a rien de meilleur que ces choses, il n'y a rien par conséquent qui marque mieux la main de celui qui est le bien par excellence. Puis donc que toutes ces choses s'établissent par la volonté des hommes, et qu'elles sont le sujet ordinaire sur lequel ils exercent leur liberté, si on n'avoue que Dieu la dirige à la fin qu'il lui plaît, on sera forcé de dire qu'en même temps qu'il nous a faits libres il s'est ôté le moyen de faire de si grands biens au genre humain, et que loin qu'il faille penser que des choses si excellentes puissent être appelées des bienfaits divins, on doit penser au contraire qu'il n'est pas possible que Dieu nous les donne.

Car ce n'est pas les donner d'une manière digne de lui que de ne pouvoir pas s'assurer qu'elles seront quand il voudra ; il faut donc qu'il soit assuré qu'en les voulant donner aux peuples et aux nations, il saura faire servir à ses volontés les hommes par qui il les veut donner ; et par conséquent que leur liberté sera conduite certainement à l'effet qu'il en prétend, puisque ce n'est pas dans le projet, mais dans l'effet même, que consiste le bien de toutes ces choses.

Ce serait une mauvaise réponse de dire que Dieu pourrait s'assurer des hommes en leur ôtant la liberté qu'il leur a donnée. Car c'est le faire contraire à lui-même que de dire qu'il ait mis en l'homme quand il l'a fait libre, un obstacle éternel à ses desseins, et un obstacle si grand, qu'il n'aura aucun moyen de le vaincre qu'en détruisant ses premiers conseils et en retirant ses premiers dons. Joint que, si on ôte aux hommes leur liberté dans les choses dont nous venons de parler qui en font l'exercice le plus naturel, elle ne trouvera désormais aucune place dans la vie humaine, et les expériences que nous en faisons seront toutes vaines, ce qui nous a paru insoutenable.

Que si tant de bons effets qui s'accomplissent par la liberté des hommes se rapportent toutefois si visiblement à la volonté de Dieu, il faut croire que tout l'ordre des choses humaines est compris dans celui des décrets divins. Et loin de s'imaginer que Dieu ait donné la liberté aux créatures raisonnables pour les mettre hors de sa main, on doit juger au contraire qu'en créant la liberté même il s'est réservé des moyens certains pour la conduire où il lui plaît.

Autrement on lui ôte ce que personne de ceux qui le connaissent tant soit peu ne lui veut ôter ; car personne sans doute ne lui veut ôter les châtiments et les récompenses, ou des peuples entiers, ou des particuliers; et cependant ces choses s'exerçant ou s'exécutant ordinairement sur les hommes par les hommes mêmes, on les ôte clairement à Dieu, à moins qu'on ne laisse en sa main la liberté de l'homme pour l'attirer où il veut par les moyens qui lui sont connus.

Bien plus, sans cela on ôte à Dieu la prescience des choses humaines. En effet, si l'on reconnaît que Dieu, ayant des moyens certains de s'assurer des volontés libres, résout à quoi il les veut porter, on n'a point de peine à entendre sa prescience éternelle, puisqu'on ne peut douter qu'il ne connaisse et ce qu'il veut dès l'éternité, et ce qu'il doit faire dans le temps. C'est la raison que rend saint Augustin de la prescience divine: *Novit procul dubio quæ fuerat ipse facturus.* Mais si on suppose au contraire que Dieu attend simplement quel sera l'événement des choses humaines sans s'en mêler, on ne sait plus où il les peut voir dès l'éternité, puisqu'elles ne sont encore ni en elles-mêmes, ni dans la volonté des hommes, et encore moins dans la volonté divine, dans les décrets de laquelle on ne veut pas qu'elles soient comprises. Et pour démontrer cette vérité par un principe plus essentiel à la nature divine, je dis qu'étant impossible que Dieu emprunte rien du dehors, il ne peut avoir besoin que de lui-même pour connaître tout ce qu'il connaît; d'où il s'ensuit qu'il faut qu'il voie tout, ou dans son essence, ou dans ses décrets éternels, et en un mot qu'il ne peut connaître que ce qu'il est ou ce qu'il opère par quelque moyen que ce soit. Que si on supposait dans le monde quelque substance, ou quelque qualité, ou quelque action dont Dieu ne fût pas l'auteur, elle ne serait en aucune sorte l'objet de sa connaissance, et non-seulement il ne pourrait point la prévoir, mais il ne pourrait pas la voir quand elle serait réellement existante. Car le rapport de cause à effet étant le fondement essentiel de toute la communication qu'on peut concevoir entre Dieu et la créature, tout ce qu'on supposera que Dieu ne fait pas demeurera éternellement sans aucune correspondance avec lui, et n'en sera connu en aucune sorte. En effet, quelque connaissant que soit un être, un objet même existant n'en est connu que par l'une de ces manières, ou parce que cet objet fait quelque impression sur lui, ou parce qu'il a fait cet objet, ou parceque celui qui l'a fait lui en donne la connaissance. Car il faut établir la correspondance entre la chose connue et la chose connaissante, sans quoi elles seront à l'égard l'une de l'autre comme n'étant point du tout. Maintenant il est certain que Dieu n'a rien au-dessus de lui qui puisse lui faire connaître quelque chose. Il n'est pas moins assuré que les choses ne peuvent faire aucune impression sur lui, ni produire en lui aucun effet. Reste donc qu'il les connaisse à cause qu'il en est l'auteur, de sorte qu'il ne verra pas dans la créature ce qu'il n'y aura pas mis ; et s'il n'a rien en lui-même par où il puisse causer en nous les volontés libres, il ne les verra pas quand elles seront, bien loin de les prévoir avant qu'elles soient.

Il ne sert de rien, pour expliquer la prescience, de mettre un concours général de Dieu dont l'action et l'effet soient déterminés par notre choix. Car ni le concours ainsi entendu, ni la volonté de le donner, n'ont rien de déterminé, et par conséquent ne servent de rien à faire entendre comme Dieu connaît les choses particulières ; de sorte que, pour fonder la prescience universelle de Dieu, il faut lui donner des moyens certains par lesquels il puisse tourner notre volonté à tous les effets particuliers qu'il lui plaira d'ordonner.

Que si, pour combattre le principe : que Dieu ne connaît que ce qu'il opère, on objecte qu'il s'ensuivrait de-là que le péché lui serait inconnu puisqu'il n'en est pas la cause, il ne faut que se souvenir que le mal n'est point un être, mais un défaut ; qu'il n'a point par conséquent de cause efficiente, et ne peut venir que d'une cause qui étant tirée du néant, soit par là sujette à faillir. Au reste, on voit clairement que Dieu, sachant la mesure et la quantité du bien qu'il met dans sa créature, connaît le mal où il voit que manque ce bien, comme il connaîtrait un vide dans la nature en connaissant jusqu'où tous les corps s'étendent.

Et quand on serait en peine d'où vient le mal, on ne peut douter du moins que tout le bien et toute la perfection qui se trouve dans la créature ne vienne de Dieu. Car il est le souverain bien de qui tout bien prend son origine. Ainsi le bon usage du libre arbitre étant le plus grand bien et la dernière perfection de la créature raisonnable, cela doit par conséquent lui venir de Dieu. Autrement on pourrait dire que nous nous serions faits meilleurs et plus parfaits que Dieu ne nous aurait faits, et que nous nous donnerions à nous-mêmes quelque chose qui vaut mieux que l'être, puisqu'il vaut mieux pour la créature raisonnable qu'elle ne soit point du tout que de ne pas user de son libre arbitre selon la raison et la loi de Dieu.

Et si l'on dit que cette perfection qui vient à la créature raisonnable par le bon usage de sa liberté n'est qu'une perfection morale qui, par conséquent, n'égale pas la perfection physique de l'être, il faut songer que ce bien moral est la véritable perfection de la nature de l'homme, et que cette perfection est tellement désirable que l'homme la doit souhaiter plus que l'être même; de sorte qu'on ne peut rien penser de moins raisonnable que d'attribuer à Dieu ce qui vaut le moins, c'est-à-dire l'être, en lui ôtant ce qui vaut le plus, c'est-à-dire le bien-être et le bien vivre.

Que si on est obligé d'attribuer à Dieu le bien dont la créature peut abuser, c'est-à-dire la liberté, à plus forte raison doit-on lui attribuer le bon usage du libre arbitre, qui est un bien si grand et si pur qu'on ne peut jamais en user mal, puisqu'il est essentiellement le bon usage de soi-même et de toutes choses.

Ainsi on ne peut nier que Dieu, en créant la créature raisonnable, n'ait réservé, dans la plénitude de sa science et de sa puissance, des moyens certains pour la conduire aux fins qu'il a résolues sans lui ôter la liberté qu'il lui a donnée.

Et il semble que ce sentiment n'est pas moins gravé dans l'esprit des hommes que celui de leur liberté, puisqu'ils comprennent dans les vœux qu'ils font et dans les actions de grâces qu'ils rendent à la Divinité plusieurs choses qui ne leur arrivent que par leur liberté ou celle des autres. Ils attribuent aussi à la justice divine plusieurs événements qui ne s'accomplissent que par les conseils humains. *Id scio* dit ce jeune homme dans le poëte comique, *deos mihi satis infensos qui tibi auscultaverim.* Ce langage, si commun dans les comédies et dans les histoires, fait voir que c'est le sentiment du genre humain que ce qui se fait le plus librement par les hommes est dirigé par les ordres secrets de la divine Providence.

Mais si ce sentiment n'est pas assez clair ni assez développé dans les écrits des auteurs profanes, il est expliqué nettement dans les saintes Écritures, où on peut remarquer presque à chaque page que les conseils des hommes sont attribués à la volonté de Dieu en mêmes termes que les autres événements du monde, ce que je remets à considérer à un autre temps. Pour maintenant je conclus que deux choses nous sont évidentes par la seule raison naturelle: l'une, que nous sommes libres, au sens dont il s'agit entre nous; l'autre, que les actions de notre liberté sont comprises dans les décrets de la divine Providence, et qu'elle a des moyens certains de les conduire à ses fins.

CHAPITRE QUATRIÈME

Que la raison seule nous oblige à croire ces deux vérités, quand même nous ne pourrions trouver le moyen de les accorder ensemble.

Rien ne peut nous faire douter de ces deux importantes vérités, parce qu'elles sont établies l'une et l'autre par des raisons que nous ne pouvons contredire; car quiconque connaît Dieu ne peut douter que sa providence aussi bien que sa prescience ne s'étende à tout, et quiconque fera un peu de réflexion sur lui-même connaitra sa liberté avec une telle évidence que rien ne pourra obscurcir l'idée et le sentiment qu'il en a; et on verra clairement que deux choses qui sont établies sur des raisons si nécessaires ne peuvent se détruire l'une l'autre: car la vérité ne détruit point la vérité; et, quoiqu'il se pût bien faire que nous ne sussions pas trouver les moyens d'accorder ces choses, ce que nous ne connaitrions pas dans une matière si haute ne devrait pas affaiblir en nous ce que nous en connaissons si certainement.

En effet, si nous avions à détruire ou la liberté par la Providence, ou la Providence par la liberté, nous ne saurions par où commencer, tant ces deux choses sont nécessaires, et tant sont évidentes et indubitables les idées que nous en avons; car s'il me semble que la raison nous fasse paraître plus nécessaire ce que nous avons attribué à Dieu, nous avons plus d'expérience de ce que nous avons attribué à l'homme; de sorte que toutes choses bien considérées, ces deux vérités doivent passer pour également incontestables.

Donc, au lieu de les détruire l'une par l'autre, nous devons si bien conduire nos pensées que rien n'obscurcisse l'idée très-distincte que nous avons de chacune d'elles. Et il ne faudrait pas s'étonner que nous ne sussions peut-être pas si bien les concilier ensemble; car cela viendrait de ce que nous ne saurions pas le moyen par lequel Dieu conduit notre liberté: chose qui le regarde, et non pas nous, et dont il a pu se réserver le secret sans nous faire tort. Car il suffit que nous sachions ce qui est utile à notre conduite, et nous n'avons rien à désirer pour cela quand nous savons d'un côté que nous sommes libres, et de l'autre que Dieu sait conduire notre liberté. Car l'un de ces sentiments suffit pour nous faire veiller sur nous-mêmes, et l'autre suffit aussi pour nous empêcher de nous croire indépendants du premier être par quelque endroit que ce soit. Et si nous y prenons garde, nous trouverons que toute la religion, toute la morale, tous les actes de piété et de vertu dépendent de la connaissance de ces deux vérités principales, qui sont aussi tellement empreintes dans notre cœur, que rien ne les en peut arracher qu'une extrême dépravation de notre jugement.

En effet, si on pense bien aux dispositions où les hommes sont naturellement sur ces deux vérités, on verra qu'ils ne trouvent aucune difficulté à les avouer séparément, mais qu'ils s'embarrassent souvent quand ils veulent se tourmenter à les concilier ensemble. Or la droite raison leur fait voir qu'ils devraient plutôt s'appliquer au soin de profiter de la connaissance de l'une et de l'autre qu'à celui de les accorder entre elles. Car leur obligation essentielle est de profiter, pour bien vivre, des connaissances que Dieu leur donne en leur laissant ce secret de sa conduite; et ils doivent tenir à grande grâce qu'il ait tellement imprimé en eux ces deux vérités qu'il leur soit presque impossible d'en effacer entièrement les idées. Car cet homme qui nie sa liberté ne laissera pas à chaque moment de consulter ce qu'il a à faire, et de se blâmer lui-même s'il fait mal. Et pour ce qui est du sentiment de la Providence, nous ne le perdrons jamais tant que nous conserverons celui de Dieu. Toutes les fois que nos passions nous donneront quelque relâche, nous reconnaîtrons au fond du cœur que quelque cause supérieure et divine préside aux choses humaines, en prévoit et en règle les événements. Nous lui rendrons grâces du bien que nous ferons; nous lui demanderons secours contre nous-mêmes pour éviter le mal que nous pourrions faire. Et encore que ces sentiments n'aient pas été assez vifs ni assez suivis dans les païens, parce que la connaissance de la Divinité y était fort obscurcie, nous y en voyons des vestiges qui ne nous permettent pas d'ignorer ce que la nature nous inspirerait si elle n'avait pas été corrompue par les mauvaises coutumes.

Tenons donc ces deux vérités pour indubitables, sans en pouvoir jamais être détournés par la peine que nous aurons à les concilier ensemble. Car deux choses sont données à notre esprit: de juger, et de suspendre son jugement. Il doit pratiquer la première où il voit clair, sans préjudice de la suspension, dont il doit commencer d'user seulement où la lumière lui manque. Et pour aider ceux qui ne peuvent pas tenir ce juste milieu, montrons-leur en d'autres matières que souvent des choses très-claires sont embarrassées de difficultés invincibles.

Il est clair que tout corps est fini; nous en voyons et nous en touchons les bornes certaines; cependant nous n'en trouvons plus, et il faut que nous allions jusqu'à l'infini, quand nous voulons en désigner toutes les parties. Car nous ne trouverons jamais aucun corps qui ne soit étendu, et nous ne trouverons rien d'étendu, où nous ne puissions entendre deux parties: et ces deux parties seront encore étendues, et jamais nous ne finirons, quand nous voudrons les subdiviser par la pensée.

Je dis par la pensée, pour faire voir que la difficulté que je propose subsisterait tout entière, quand même on supposerait, avec quelques-uns, qu'un corps ne peut souffrir en effet aucune division. Car, sans m'informer à présent si cela se peut entendre ou non, toujours ne peut-on nier que la grandeur des corps n'est pas renfermée sous de certains termes, non plus que sous une certaine figure. Il ne répugne point à un corps d'être plus grand ou plus petit qu'un autre; et comme la grandeur peut être conçue, s'augmenter jusqu'à l'infini sans détruire la raison du corps, il faut juger de même de la petitesse. Donc un corps ne peut-être donné si petit, qu'il ne puisse y en avoir d'autres qu'il surpassera de moitié, et cela ira jusqu'à l'infini : de sorte que tout corps, si petit qu'il soit en aura une infinité au-dessous de lui. Que s'il ne peut s'en trouver aucun qui ne soit de moitié plus grand qu'un autre, il pourra aussi y en avoir un qui ne sera pas plus grand que cette moitié, et un autre qui ne sera pas plus grand que la moitié de cette moitié ; et cette subdivision, dans des bornes si resserrées, ne trouvera jamais de bornes. Je ne sais pas si quelqu'un peut entendre cette infinité dans un corps fini ; mais pour moi j'avoue que cela me passe. Que si ceux qui soutiennent l'indivisibilité absolue des corps, disent que c'est pour éviter cet inconvénient qu'ils rejettent l'opinion commune de la divisibilité jusqu'à l'infini, et qu'au reste cette infinité de parties que je viens de remarquer ne les doit point embarrasser, parce qu'elle ne met rien dans la chose même, n'étant que par la pensée : je les prie de considérer que ces divisions et subdivisions que nous venons de faire par la pensée, allant, comme il a été dit, jusqu'à l'infini, elles présupposent nécessairement une infinité véritable dans leur sujet. Car enfin toutes ces parties que j'assigne par la pensée, sont elles-mêmes comprises comme étendues ; et en effet il peut se trouver un corps qui n'aura pas plus d'étendue qu'elles en ont : de sorte qu'on ne peut nier qu'elles ne fassent le même effet dans le corps que si elles étaient réellement divisibles.

Et même, pour dire un mot de cette indivisibilité prétendue, j'avoue que nous concevons naturellement que tout être, et par conséquent tout corps doit avoir son unité, et par conséquent son individuité. Car ce qui est un proprement n'est pas divisible, et jamais ne peut être deux. Cela paraît fort évident ; et toutefois, quand nous cherchons cette unité dans les corps, nous ne savons où la trouver. Car nous y trouvons toujours deux parties assignables par la pensée, que nous ne pouvons comprendre être en effet la même chose, puisque nous en avons des idées si distinctes, si nettes et si précises, que nous pourrions même concevoir un corps en qui nous ne concevrions distinctement autre chose que ce que nous avons compris dans cette partie. Ainsi nous pouvons bien nous forcer nous-mêmes à appeler ce corps un d'une parfaite unité, mais nous ne pouvons comprendre en quoi précisément elle consiste.

Nous ne laisserons pas toutefois, si nous voulons bien raisonner, de dire qu'un corps est un, et de dire qu'il est fini; encore que nous ne puissions nier qu'il ne soit possible d'y assigner des parties toujours moindres, jusqu'à l'infini. Mais nous dirons en même temps que ce qui fait en cela notre embarras, c'est qu'encore que nous connaissions clairement qu'il y a des corps étendus, il ne nous est pas donné de connaître précisément toute la raison de l'étendue, ni quelle sorte d'unité convient au corps; et encore moins ce qu'opère en eux cette infinité que nous y trouvons par des raisons si certaines, sans toutefois pouvoir dire comment elle y est.

Dans le mouvement local, n'y a-t-il pas plusieurs choses claires qu'on ne peut concilier ensemble? On sait que le même corps peut parcourir le même espace, tantôt plus lentement, tantôt plus vite. Si le mouvement est continu, comment y peut-on comprendre cette différence? Et s'il est interrompu de morules, quelle est la cause qui suspend le cours d'un corps une fois agité? Il ne répugne pas au mouvement d'être continu; le mouvement ne cesse point de lui-même, et un corps une fois ébranlé tend toujours, pour ainsi parler, à continuer son mouvement. De plus, n'est-il pas certain que dans les rayons d'une roue, les parties qui sont le plus proche du centre du mouvement, et celles qui en sont le plus loin, parcourent en même temps deux espaces inégaux, et ensuite, que le mouvement est moins rapide vers le milieu de la roue que vers la circonférence? Cependant toutes les parties se meuvent en même temps; et le mouvement se faisant par la même impulsion, et tout d'une pièce, sans rien briser, on ne peut comprendre ni comment une partie pourrait s'arrêter pendant que l'autre se meut; ni comment l'une peut aller plus vite que l'autre, si toutes ne cessent de se mouvoir, ou si elles se meuvent et se reposent en même temps; ni enfin pourquoi il arrive que l'impression du mouvement soit plus forte à la partie la plus éloignée du lieu où l'ébranlement commence.

Quand on pourrait trouver la raison de toutes les choses que je viens de dire, et le moyen certain de les expliquer, toujours est-il véritable que plusieurs l'ignorent, et que ceux qui prétendraient l'avoir trouvé ont été quelque temps à le chercher. Doutaient-ils des deux vérités qu'il faut ici concilier ensemble, pendant qu'ils ne savaient pas encore le secret de les concilier ? L'évidence de ces vérités ne permet pas un tel doute. On voit donc que ces deux vérités peuvent être claires à notre esprit, lors même qu'il ne peut pas les concilier ensemble.

Pour passer maintenant du corps aux opérations de l'âme, nous savons qu'une pensée est véritable quand elle est conforme à son objet. Par exemple, je connais au vrai la hauteur et la longueur d'un portique, lorsque je l'imagine telle qu'elle est, et je ne puis l'imaginer telle qu'elle est, sans avoir une idée qui lui soit conforme ; jusque-là qu'on connaîtrait la vérité de l'objet, en connaissant la pensée qui le représente. Par exemple, on connaîtrait la forme et la disposition d'une maison dans la pensée de l'architecte, si on le voyait clairement ; tant il est vrai qu'il y a quelque conformité entre ces choses, et par conséquent quelque ressemblance. Cependant il se trouvera plusieurs personnes qui ne seront pas capables d'entendre quelle sorte de ressemblance il peut y avoir entre une pensée et un corps, entre une chose étendue et une chose qui ne le peut être. Dirons-nous par cette raison, malgré les sens et l'expérience, que l'âme ne peut connaître l'étendue ? ou détruirons-nous pour l'entendre la spiritualité de l'âme, qui est d'ailleurs si bien établie par la seule définition de l'âme et du corps ? Que gagnerions-nous à la détruire, puisque nous n'entendrions pas davantage pour cela cette ressemblance que nous tâcherions d'expliquer ? Car si la connaissance de l'étendue se faisait par l'étendue même, tout corps étendu s'entendrait lui-même, et entendrait tous les autres corps étendus ; ce qui est faux visiblement. Et quand on aurait supposé que nous connaîtrions l'étendue qui est dans les corps par l'étendue qui serait dans l'âme, il resterait toujours à expliquer comment cette petite étendue qu'on aurait mise dans l'âme pourrait lui faire comprendre et imaginer l'étendue mille fois plus grande d'un portique. Ce qui montre, d'un côté, que la connaissance ne peut consister ni dans l'étendue ni dans rien de matériel ; et de l'autre, qu'il se trouve entre les esprits et les corps quelque ressemblance qui ne laisse pas d'être certaine, quoiqu'elle ait quelque chose d'incompréhensible.

On peut dire le même de la connaissance que nous avons du mouvement et du corps. Car la bonne philosophie nous enseigne, d'un côté, qu'il n'y a rien dans l'âme qui ressemble à l'un ni à l'autre. Et cependant, puisqu'on conçoit l'un et l'autre, il faut bien que nous ayons une idée qui leur soit conforme. Car, comme il a été dit, nulle pensée n'est véritable que celle qui nous représente la chose telle qu'elle est, et par conséquent qui lui est semblable.

Que personne ne soit si grossier, que de mettre pour cela dans l'âme un véritable mouvement ou un véritable repos. Car, outre l'absurdité d'une telle proposition, qui confond les propriétés de deux genres si divers, il aurait encore le malheur que sa présupposition ne le sortirait point d'affaire. Car s'il met l'entendre dans le mouvement, jamais il n'expliquera comment l'âme entend le repos; mais aussi, s'il le met dans le repos, comment connaîtra-t-elle le mouvement? que s'il met dans le mouvement la connaissance du mouvement, et au contraire celle du repos dans le repos, comment ne voit-il pas que l'âme n'agit ni plus ni moins, ni d'une autre sorte en concevant l'un que l'autre, et qu'il est absurde de penser qu'elle travaille davantage en connaissant le mouvement qu'en connaissant le repos? De plus si l'âme connaît le repos en se reposant, et le mouvement en se mouvant, il faudra aussi qu'elle connaisse le mouvement de droite à gauche en se mouvant de droite à gauche, et tous les autres mouvements en les exerçant les uns après les autres; autrement on n'a point trouvé la ressemblance qu'on cherche. Ainsi on croira avoir expliqué ce qu'il y a de particulier et de propre dans la nature de l'âme, en ne lui donnant autre chose que ce qui lui serait commun avec tous les corps; et enfin on croira la faire entendre à force d'entasser sur elle ce qui convient aux êtres qui n'entendent pas. Qui ne voit qu'il faut raisonner d'une manière toute contraire, et que, pour lui faire entendre le mouvement et le repos, il faut lui attribuer quelque chose qui soit distinct, et au-dessus de l'un et de l'autre? Nous voyons en effet que nous connaissons et le mouvement et le repos, sans songer que nous exercions ou l'un ou l'autre ; et l'idée que nous avons de ces deux choses n'entre nullement dans celle que nous avons de nos connaissances. Il faut donc nécessairement que nos connaissances soient autre chose en nous que le mouvement ou le repos. Elles nous le représentent toutefois par des idées très-distinctes et très-conformes à l'objet même. Qu'on nous dise en quoi consiste cette ressemblance.

Quelques-uns se contenteront peut-être de dire que toute la ressemblance qui se trouve entre les êtres intelligents et les êtres étendus, c'est que les derniers sont tels que les premiers les connaissent, et prétendent que cela est intelligible de soi-même. A la bonne heure ; mais s'il se trouve quelqu'un qui ne soit pas encore parvenu à une manière d'entendre les choses si pure et si simple, ou qui ne puisse comprendre quelle conformité il peut y avoir entre l'image que nous nous formons d'un portique, selon toutes ses dimensions, et ces dimensions elles-mêmes, s'ensuivra-t-il pour cela qu'il doive nier que ce qu'il en a imaginé soit véritable ? Nullement ; il demeurera convaincu qu'il se représente la chose au vrai, encore qu'il ne sache pas expliquer de quelle sorte il se la représente ni par quelle espèce de ressemblance.

Cela montre que nous ne pouvons pas toujours accorder des choses qui nous sont très-claires, avec d'autres qui ne le sont pas moins. Nous ne devons pas pour cela douter de tout, et rejeter la lumière même sous prétexte qu'elle n'est pas infinie, mais nous en servir ; de sorte que nous allions où elle nous mène, et sachions nous arrêter où elle nous quitte, sans oublier pour cela les pas que nous avons déjà faits sûrement à sa faveur.

Demeurons donc persuadés et de notre liberté et de la providence qui la dirige, sans que rien nous puisse arracher l'idée très-claire que nous avons de l'une et de l'autre Que s'il y a quelque chose en cette matière où nous soyons obligés de demeurer court, ne détruisons pas pour cela ce que nous aurons clairement connu ; et sous prétexte que nous ne connaissons pas tout, ne croyons pas pour cela que nous ne connaissons rien ; autrement nous serions ingrats envers celui qui nous éclaire.

Quand il nous aurait caché le moyen dont il se sert pour conduire notre liberté, s'ensuivrait-il qu'on dût pour cela ou nier qu'il la conduise, ou dire qu'il la détruise en la conduisant? Ne voit-on pas, au contraire, que la difficulté que nous souffrons ne venant ni de l'une ni de l'autre chose, mais seulement de ce moyen, nous devons faire arrêter notre doute précisément à l'endroit qui nous est obscur, et non le faire rétrograder jusque sur les endroits où nous voyons clair?

Faut-il s'étonner que ce premier être se réserve, et dans sa nature et dans sa conduite, des secrets qu'il ne veuille pas nous communiquer? N'est-ce pas assez qu'il nous communique ceux qui nous sont nécessaires? Il n'y a qu'un moment qu'en considérant les choses qui nous environnent, je dis les plus claires et les plus certaines, nous trouvions des difficultés invincibles à les concilier ensemble. Nous sommes sortis de cet embarras, en suspendant notre jugement à l'égard des choses douteuses, sans préjudice de celles qui nous ont paru certaines. Que si nous sommes obligés à user de cette belle et de cette sage réserve à l'égard des choses les plus communes, combien plus la devons-nous pratiquer en raisonnant des choses divines, et des conduites profondes de la Providence.

La connaissance de Dieu est la plus certaine, comme elle est la plus nécessaire de toutes celles que nous avons par raisonnement; et toutefois, comme il y a dans ce premier être mille choses incompréhensibles, nous perdons insensiblement tout ce que nous en connaissons, si nous ne sommes bien résolus à ne laisser jamais échapper ce que nous aurons une fois connu, quelque difficile que nous paraisse ce que nous rencontrerons en avançant.

Nous concevons clairement qu'il y a un être parfait, c'est-à-dire un Dieu: car les êtres imparfaits ne seraient pas s'il n'y en avait un parfait pour leur donner l'être, puisqu'enfin s'ils l'avaient d'eux-mêmes ils ne seraient pas imparfaits.

Nous voyons avec la même clarté que cet être parfait, qui fait tous les autres, les doit avoir tirés du néant. Car, outre que, s'il est parfait, il n'a besoin que de lui-même et de sa propre vertu pour agir, il paraît encore que, s'il y avait une matière qu'il n'eût point faite, cette matière, qui aurait déjà de soi tout son être, ni n'aurait besoin de rien, ni ne pourrait jamais dépendre d'un autre, ni ne serait susceptible d'aucun changement, et qu'enfin elle serait Dieu, égalant Dieu, même en ce qu'il a de principal, qui est d'être de soi. Et on voit bien en effet que, ne dépendant de Dieu en aucune sorte dans son fond, elle serait absolument hors de son pouvoir, et hors de toute atteinte de son action. Car ce qui a l'être de soi a de soi tout ce qu'il peut avoir, n'y ayant aucune raison à penser que ce qui est si parfait qu'il est de lui-même, ait besoin d'un autre pour avoir le reste, qui serait moindre que l'être. Joint que si on présuppose que la matière existe de soi-même, comme on doit présupposer que dès qu'elle existe elle a sa situation, il s'ensuit qu'elle l'a aussi d'elle-même. Que si elle a d'elle-même sa situation, elle ne la peut perdre ni changer, non plus que son être; ainsi on ne peut plus comprendre ce que Dieu ferait de la matière, qu'il ne pourrait ni mouvoir, ni arranger, ni par conséquent rien faire en elle ni d'elle. C'est pourquoi, dès qu'on conçoit Dieu auteur et architecte du monde, on conçoit qu'il l'a tiré du néant; sans quoi il faudrait penser qu'il ne l'a ni fait, ni construit, ni ordonné. Et par la même raison, il faut qu'il l'ait fait librement: car il ne peut être obligé à le faire, ni par aucun autre, étant le premier; ni par son propre besoin, étant parfait; ni par le besoin du monde, qui, n'étant rien, ne pouvait certainement exiger de son auteur qu'il le fît. Le monde n'a donc d'autre cause que la seule volonté de Dieu, qui, ne trouvant hors de lui-même que le seul néant, n'y voit rien par conséquent qui l'attire à faire, et ne fait rien que ce qu'il veut et parce qu'il veut; en quoi il est parfaitement libre. Et qui ne voit pas en Dieu cette liberté, n'y voit pas son indépendance ni sa souveraineté absolue; car celui qui est obligé nécessairement à donner n'est pas le maître de son don; et si le monde a l'être dépendamment, il ne le peut avoir nécessairement; puisque toute nécessité absolue et invincible enferme toujours en soi quelque chose d'indépendant.

Nous connaissons clairement toutes les vérités que nous venons de considérer. C'est renverser les fondements de tout bon raisonnement que de les nier, et enfin tout est ébranlé si on les révoque en doute. Et toutefois oserons-nous dire que ces vérités incontestables n'aient aucune difficulté? Entendons-nous aussi clairement que de rien il se puisse faire quelque chose, et que ce qui n'est pas puisse commencer d'être, que nous savons qu'il faut nécessairement que la chose soit ainsi? Nous est-il aussi aisé d'accorder la souveraine liberté de Dieu avec sa souveraine immutabilité, qu'il nous est aisé d'entendre séparément l'une et l'autre? Et faudra-t-il que nous tenions en suspens ces premières vérités que nous avons vues, sous prétexte qu'en passant plus outre nous trouvons des choses que nous avons peine à concilier avec elles? Raisonner de cette sorte, c'est se servir de sa raison pour tout confondre. Concluons donc enfin que nous pouvons trouver, dans les choses les plus certaines, des difficultés que nous ne pourrons vaincre ; et nous ne savons plus à quoi nous tenir si nous révoquons en doute toutes les vérités connues que nous ne pourrons concilier ensemble, puisque toutes les difficultés que nous trouvons en raisonnant ne peuvent venir que de cette source, et qu'on ne peut combattre la vérité que par quelque principe qui vienne d'elle.

Je ne sais si nous pouvons croire qu'il y ait quelque vérité dont nous ayons une si parfaite compréhension, que nous la pénétrions dans toutes ses suites sans y trouver aucun embarras que nous ne puissions démêler : mais, quand il y en aurait quelques-unes qu'on pénétrât de cette sorte, on serait assurément trop téméraire si on présumait qu'il en fût ainsi de toutes nos connaissances. Et on n'aurait pas moins de tort si on rejetait toute connaissance aussitôt qu'on trouverait quelque chose qui arrêterait l'esprit ; puisque telle est sa nature, qu'il doit passer par degrés de ce qui est clair pour entendre ce qui est obscur, et de ce qui est certain pour entendre ce qui est douteux ; et non pas détruire l'un aussitôt qu'il aura rencontré l'autre

Quand donc nous nous mettons à raisonner, nous devons d'abord poser comme indubitable, que nous pouvons connaitre très-certainement beaucoup de choses dont toutefois nous n'entendons pas toutes les dépendances ni toutes les suites. C'est pourquoi la première règle de notre logique, c'est qu'il ne faut jamais abandonner les vérités une fois connues, quelque difficulté qui survienne, quand on veut les concilier ; mais qu'il faut, au contraire, pour ainsi parler, tenir toujours fortement comme les deux bouts de la chaîne, quoiqu'on ne voie pas toujours le milieu, par où l'enchaînement se continue.

On peut toutefois chercher les moyens d'accorder ces vérités pourvu qu'on soit résolu à ne les pas laisser perdre, quoi qu'il arrive de cette recherche, et qu'on n'abandonne pas le bien qu'on tient pour n'avoir pas réussi à trouver celui qu'on poursuit. *Disputare vis, nec obest, si certissima præcedat fides*, disait saint Augustin. Nous allons examiner, dans cette pensée, les moyens de concilier notre liberté avec les décrets de la Providence. Nous rapporterons les diverses opinions des théologiens, pour avoir si nous y pourrons trouver quelque chose qui nous satisfasse.

CHAPITRE CINQUIÈME

Divers moyens pour accorder ces deux vérités. Premier moyen : mettre dans le volontaire l'essence de la liberté. Raisons décisives qui combattent cette opinion.

Quelques-uns croient que pour accorder notre liberté avec ces décrets éternels, il n'y a point d'autre expédient que de mettre dans le volontaire l'essence de la liberté ; et ensuite de soutenir que les décrets de Dieu, ne nous ôtant pas le vouloir, ne nous ôtent pas aussi la liberté, qui consiste dans le vouloir même. Quand on demande à ceux-là s'ils veulent donc tout à fait détruire la liberté, selon l'idée que nous en avons ici donnée, ils disent que cette idée est très-véritable, mais qu'il ne la faut chercher en sa perfection que dans l'origine de notre nature, c'est-à-dire lorsqu'elle était innocente et sainte : ajoutant aussi que, dans cet état, Dieu laissait absolument la volonté à elle-même ; de sorte qu'il n'y a point à se mettre en peine comment on accordera cette liberté avec les décrets de Dieu, puisque cet état ne reconnaît point de décrets divins où les actes particuliers de la volonté soient compris.

Il n'en est pas de même, selon eux, de l'état où la nature

est à présent après le péché. Ils avouent que Dieu y règle par un décret absolu ce qui dépend de nos volontés, et nous fait vouloir ce qui lui plaît d'une manière toute-puissante : mais ils nient aussi que dans cet état il faille entendre la liberté sous la même notion qu'auparavant. Il suffit en cet état, disent-ils, pour sauver la liberté, de sauver le volontaire : de sorte qu'ils n'ont aucune peine à sauver la liberté de l'homme ; parce que dans l'état où ils le mettent, avec la liberté de son choix, ils n'y reconnaissent ni les décrets absolus ni des moyens efficaces pour nous faire vouloir ; et qu'au contraire, dans l'état où ils admettent ces choses, ils ne posent pas cette sorte de liberté, mais une autre qui ne cause ici aucun embarras.

Deux raisons décisives combattent cette opinion.

La première, c'est qu'en cet état où nous sommes présentement, nous éprouvons la liberté dont il s'agit ; et, en effet, les auteurs de l'opinion que nous réfutons ne nient pas, dans l'état présent, cette liberté de choix à l'égard des actions purement civiles et naturelles. C'est toutefois en cet état que nous croyons que Dieu règle tous les événements de notre vie, même ceux qui dépendent le plus du libre arbitre ; par conséquent, c'est hors de propos qu'on a recours à un autre état, puisque c'est dans celui-ci qu'il s'agit de sauver la liberté.

Secondement, il paraît, par les choses qui ont été dites, que ces décrets absolus de la Providence divine, qui enferment tout ce qui dépend de la liberté, ni ces moyens efficaces de la conduire, ne doivent pas être attribués à Dieu par accident, et en conséquence d'un certain état particulier ; mais doivent être établis en tout état, comme des suites essentielles de la souveraineté de Dieu et de la dépendance de la créature. En tout état Dieu doit régler tous les événements particuliers, parce qu'en tout état il est tout-puissant et tout sage. En tout état il doit tout prévoir, et par conséquent il doit tout ensemble et tout résoudre et tout faire ; parce qu'il ne voit rien hors de lui que ce qu'il y fait, et ne le connaît qu'en lui-même dans son essence infinie, et dans l'ordre de ses conseils, où tout est compris. Enfin il doit être en tout état la cause de tout le bien qui se trouve dans sa créature, quelle qu'elle soit ; et le doit être par conséquent du bon usage du libre arbitre, qui est un bien si précieux et une si grande perfection de la créature.

En effet, si toutes ces choses ne sont pas attribuées à Dieu précisément parce qu'il est Dieu, il n'y a aucune raison de les lui attribuer dans l'état où nous nous trouvons à présent. Car encore qu'on doive croire que l'homme malade ait besoin d'un plus grand secours que l'homme sain, il ne s'ensuit pas pour cela que Dieu doive se rendre maître de nos volontés plus qu'il ne l'était, puisqu'il peut si bien mesurer son secours avec notre faiblesse, que les choses, pour ainsi dire, viennent à l'égalité par le contre-poids, et que ce soit toujours notre liberté qui fasse seule, pour ainsi dire, pencher la balance, sans que Dieu s'en mêle, non plus qu'il faisait auparavant. Si donc on veut à présent qu'il se mêle dans nos conseils, qu'il en règle les événements, qu'il en fasse prendre les résolutions par des moyens efficaces, ce n'est point la condition particulière de l'état présent qui l'y oblige, mais c'est que sa propre souveraineté et l'état essentiel de la créature l'exigent ainsi.

On dira que l'homme, ayant abusé de la liberté de son choix, a mérité de perdre cette liberté à l'égard du bien; et que Dieu, qui avait permis que, lorsqu'il était en son entier, il pût s'attribuer à lui-même le bon usage de son libre arbitre, ne veut plus présentement qu'il le doive à autre chose qu'à sa grâce, afin que celui qui a présumé de lui-même ne trouve plus désormais de gloire ni de salut qu'en son auteur. Mais certes je ne comprends pas que la différence qu'il y a entre l'homme sain et l'homme malade puisse jamais opérer qu'il doive, en un état plutôt qu'en l'autre, n'attribuer pas à Dieu le bien qu'il a, et par conséquent celui qu'il fait : quelque noble que soit l'état d'une créature, jamais il ne suffira pour l'autoriser à se glorifier en elle-même ; et l'homme qui doit à Dieu maintenant la guérison de sa maladie, lui aurait dû, en persévérant, la conservation de sa santé, par la raison générale qu'il n'a aucun bien qu'il ne lui doive.

Ainsi la direction qu'il faut attribuer à Dieu sur le libre arbitre, pour le conduire à ses fins par des moyens assurés, convient à ce premier être par son être même, et par conséquent en tout état; et si on pouvait penser que cela ne lui convient pas en tout état, nulle raison ne convainc qu'il lui doive convenir en celui-ci.

Aussi voyons-nous que l'Écriture, qui seule nous a appris ces deux états de notre nature, n'attribue en aucun droit, à celui-ci plutôt qu'à l'autre, ni ces décrets absolus ni ces moyens efficaces. Elle dit généralement que Dieu fait tout ce qui lui plait dans le ciel et dans la terre; que tous ses conseils tiendront, et que toutes ses volontés auront leur effet; que tout bien doit venir de lui comme de sa source. C'est sur ces principes généraux qu'elle veut que nous rapportions à sa bonté tout le bien qui est en nous et que nous faisons, et à l'ordre de sa providence tous les événements des choses humaines. Par où elle nous fait voir qu'elle attache ce sentiment à des idées qui sont clairement comprises dans la simple notion que nous avons de Dieu : de sorte que les moyens par lesquels il sait s'assurer de nos volontés ne sont pas d'un certain état où notre nature soit tombée par accident, mais sont du premier dessein de notre création.

Au reste, nous n'avons pas entrepris dans cette dissertation d'examiner les sentiments de saint Augustin, à qui on attribue l'opinion que je viens de rapporter; parce que, encore qu'il y eût beaucoup de choses à dire sur cela, nous n'avons pas eu dessein de disputer ici par autorité.

CHAPITRE SIXIÈME

Deuxième moyen pour accorder notre liberté avec la certitude des décrets de Dieu : la science moyenne ou conditionnée. Faible de cette opinion.

Poursuivons donc notre ouvrage, et considérons l'opinion de ceux qui croient sauver tout ensemble, et la liberté de l'homme et la certitude des décrets de Dieu, par le moyen d'une science moyenne ou conditionnée qu'ils lui attribuent. Voici quels sont leurs principes :

1° Nulle créature libre n'est déterminée par elle-même au bien ou au mal, car une telle détermination détruirait la notion de la liberté;

2° Il n'y a aucune créature qui, prise en un certain temps et en certaines circonstances, ne se déterminât librement à faire le bien ; et prise en un autre temps et en d'autres circonstances, ne se déterminât avec la même liberté à faire le mal ; car s'il y en avait quelques-unes qui en tout temps et en toutes circonstances dussent mal faire, il s'ensuivrait, contre le principe posé, que l'une par elle-même serait déterminée au bien et l'autre au mal ;

3° Dieu connaît de toute éternité tout ce que la créature fera librement, en quelque temps qu'il la puisse prendre et en quelque circonstance qu'il la puisse mettre, pourvu seulement qu'il lui donne ce qui lui est nécessaire pour agir ;

4° Ce qu'il en connaît éternellement ne change rien dans la liberté, puisque ce n'est rien changer dans la chose de dire qu'on la connaisse ; ni dans le temps telle qu'elle est, ni dans l'éternité telle qu'elle doit être ;

5° Il est au pouvoir de Dieu de donner ses inspirations et ses grâces en tel temps et en telles circonstances qu'il lui plaît ;

6° Sachant ce qui arrivera, s'il les donne en un temps plutôt qu'en l'autre, il peut par ce moyen, et savoir et déterminer les événements sans blesser la liberté humaine.

Une seule demande faite aux auteurs de cette opinion en découvrira le faible. Quand on présuppose que Dieu voit ce que fera l'homme, s'il le prend en un temps et en un état plutôt qu'en l'autre, ou on veut qu'il le voie dans son décret et parce qu'il l'a ainsi ordonné, ou on veut qu'il le voie dans l'objet même comme considéré hors de Dieu, et indépendamment de son décret. Si on admet le dernier, on suppose des choses futures sous certaines conditions, avant que Dieu les ait ordonnées, et on suppose encore qu'il les voit hors de ses conseils éternels, ce que nous avons montré impossible. Que si on dit qu'elles sont futures sous telles conditions, parce que Dieu les a ordonnées sous ces mêmes conditions, on laisse la difficulté en son entier, et il reste toujours à examiner comment ce que Dieu ordonne peut demeurer libre.

Joint que ces manières de connaître sous condition ne peuvent être attribuées à Dieu que par ce genre de figures qui lui attribuent improprement ce qui ne convient qu'à l'homme, et que toute science précise réduit en propositions absolues toutes les propositions conditionnées.

CHAPITRE SEPTIÈME

Troisième moyen pour accorder notre liberté avec les décrets de Dieu : la contempération et la suavité ; ou la délectation qu'on appelle victorieuse. Insuffisance de ce moyen.

Une autre opinion pose pour principe que notre volonté est libre dans le sens dont il s'agit ; mais qu'il ne s'ensuit pas que, pour être libre, elle soit invincible à la raison ni incapable d'être gagnée par les attraits divins. Or, ce que Dieu peut faire pour nous attirer se peut réduire à trois choses 1° à la proposition ou disposition des objets ; 2° aux pensées qu'il nous peut mettre dans l'esprit ; 3° aux sentiments qu'il peut nous exciter dans le cœur, et aux diverses inclinations qu'il peut inspirer à la volonté, semblables à celles que nous voyons, par lesquelles les hommes se trouvent portés à une profession ou à un exercice plutôt qu'à un autre.

Toutes ces choses ne nuisent pas à la liberté, qui peut s'élever au-dessus : mais, disent les auteurs de cette opinion, Dieu, en ménageant tout cela avec cette plénitude de sagesse et de puissance qui lui est propre, trouvera des moyens de s'assurer de nos volontés.

Par la disposition des objets, il fera qu'une passion corrigera l'autre : une crainte extrême survenue modérera une espérance téméraire qui nous emportait ; une grande douleur nous fera oublier un grand plaisir. Le courant impétueux de ce mouvement sera suspendu, et par là perdra sa force ; l'occasion échappera pendant ce temps-là ; l'âme un peu reposée reviendra à son bon sens ; l'amour, que la seule beauté d'une femme aura excité, sera éteint par une maladie qui la défigure tout-à-coup. Dieu modérera une ambition que la faveur trop déclarée d'un prince aura fait naître, en lui inspirant du dégoût pour nous, ou bien en l'ôtant du monde, ou enfin en changeant en mille façons les choses extérieures qui sont absolument en sa puissance.

Par l'inspiration des pensées, il nous convaincra pleinement de la vérité ; il nous donnera des lumières nettes et certaines pour la découvrir ; il nous la tiendra toujours présente, et dissipera comme une ombre les apparences de raison qui nous éblouissent.

Il fera plus : comme la raison n'est pas toujours écoutée lorsque nos inclinations y résistent, parce que notre inclination est elle-même souvent la plus pressante raison qui nous émeuve, Dieu saura nous prendre encore de ce côté-là ; il donnera à notre âme une pente douce d'un côté plutôt que d'un autre. La pleine compréhension de notre inclination et de nos humeurs lui fera trouver certainement la raison qui nous détermine en chaque chose. Car, encore que notre âme soit libre, elle n'agit jamais sans raison dans les choses un peu importantes : elle en a toujours une qui la détermine. Que je sache jusqu'à quel point un de mes amis est déterminé à me plaire, je saurai certainement jusqu'à quel point je pourrai disposer de lui. En effet, il y a des choses où je ne me tiens pas moins assuré des autres que de moi-même ; et cependant en cela je ne leur ôte non plus leur liberté que je me l'ôte à moi-même, en me convainquant des choses que je dois ou rechercher ou fuir. Or, ce que je puis pousser à l'égard des autres jusqu'à certains effets particuliers, qui doute que Dieu ne le puisse étendre universellement à tout ? Ce que je ne sais que par conjectures, il le voit avec une pleine certitude. Je ne puis rien que faiblement ; il n'y a rien que le Tout-Puissant ne puisse faire concourir à ses desseins. Si donc il veut tout ensemble et gagner ma volonté et la laisser libre, il pourra ménager l'un et l'autre. Enfin, quand on voudrait supposer que l'homme lui résisterait une fois, il reviendrait à la charge, disent ces auteurs, et tant de fois, et si vivement, que l'homme, qui par faiblesse et à force d'être importuné se laisse aller si souvent même à des choses fâcheuses, ne résistera point à celles que Dieu aura entrepris de lui rendre agréables.

C'est ainsi que ces auteurs expliquent comment Dieu est cause de notre choix. Il fait, disent-ils, que nous choisissons par les préparations et par les attraits qu'on vient de voir, qui, nous mettant en de certaines dispositions, nous inclinent aussi doucement qu'efficacement à une chose plutôt qu'à l'autre. Voilà ce qu'on appelle l'opinion de la contempération, qui en cela ne diffère pas beaucoup, ou qui enferme en elle-même celle qui fait l'efficace des secours divins dans une certaine suavité qu'on appelle victorieuse. Cette suavité est un plaisir qui prévient toute détermination de la volonté : et comme de deux plaisirs qui attirent, celui-là, dit-on, l'emporte toujours dont l'attrait est supérieur et plus abondant, il n'est pas malaisé à Dieu de faire prévaloir le plaisir du côté d'où il a le dessein de nous attirer. Alors, ce plaisir victorieux de l'autre engagera par sa douceur notre volonté, qui ne manque jamais de suivre ce qui lui plaît davantage. Plusieurs de ceux qui suivent cette opinion disent que ce plaisir supérieur et victorieux se fait suivre de l'âme par nécessité, et ne lui laisse que la liberté, qui consiste dans le volontaire. En cela ils diffèrent de l'opinion de la contempération, qui veut que la volonté, pour être libre, puisse résister à l'attrait, quoique Dieu fasse en sorte qu'elle n'y résiste pas et qu'elle s'y rende. Mais, au reste, si on considère la nature de cette suavité supérieure et victorieuse, on verra qu'elle est composée de toutes les choses que la contempération nous a expliquées.

CHAPITRE HUITIÈME

Quatrième et dernier moyen pour accorder notre liberté avec les décrets de Dieu : la prémotion et la prédétermination physique. Elle sauve parfaitement notre liberté et notre dépendance de Dieu.

Jusqu'ici la volonté humaine est comme environnée de tous côtés par l'opération divine ; mais cette opération n'a rien encore qui aille immédiatement à notre dernière détermination, et c'est à l'âme seule à donner ce coup. D'autres passent encore plus avant et avouent les trois choses qui ont été expliquées ; ils ajoutent que Dieu fait encore immédiatement en nous-mêmes que nous nous déterminons d'un tel côté ; mais que notre détermination ne laisse pas d'être libre, parce que Dieu veut qu'elle soit telle : car, disent-ils, lorsque Dieu, dans le conseil éternel de sa providence, dispose des choses humaines et en ordonne toute la suite, il ordonne par le même décret ce qu'il veut que nous souffrions par nécessité, et ce qu'il veut que nous fassions librement. Tout suit, et tout se fait, et dans le fond et dans la manière, comme il est porté par ce décret. Et, disent ces théologiens, il ne faut point chercher d'autres moyens que celui-là pour concilier notre liberté avec les décrets de Dieu ; car, comme la volonté de Dieu n'a besoin que d'elle-même pour accomplir tout ce qu'elle ordonne, il n'est pas besoin de rien mettre entre elle et son effet : elle l'atteint immédiatement et dans son fond et dans toutes les qualités qui lui conviennent. Et on se tourmente vainement en cherchant à Dieu des moyens par lesquels il fasse ce qu'il veut, puisque, dès là qu'il veut, ce qu'il veut existe. Ainsi dès qu'on présuppose que Dieu ordonne dès l'éternité qu'une chose soit dans le temps, dès là, sans autre moyen, elle sera : car quel meilleur moyen peut-on trouver, pour faire qu'une chose soit, que sa propre cause ? Or, la cause de tout ce qui est, c'est la volonté de Dieu ; et nous ne concevons rien en lui par où il fasse tout ce qui lui plaît, si ce n'est que sa volonté est d'elle-même très-efficace. Cette efficace est si grande, que non-seulement les choses sont absolument dès là que Dieu veut qu'elles soient, mais encore qu'elles sont telles dès que Dieu veut qu'elles soient telles et qu'elles ont une telle suite et un tel ordre dès que Dieu veut qu'elles l'aient : car il ne veut pas les choses en général seulement ; il les veut dans tout leur état, dans toutes leurs propriétés, dans tout leur ordre. Comme donc un homme est dès là que Dieu veut qu'il soit, il est libre dès là que Dieu veut qu'il soit libre, et il agit librement dès là que Dieu veut qu'il agisse librement, et il fait librement telle et telle action dès là que Dieu le veut ainsi. Car toutes les volontés et des hommes et des anges, sont comprises dans la volonté de Dieu, comme dans leur cause première et universelle ; et elles ne sont libres que parce qu'elles y sont comprises comme libres. Par la même raison, toutes les résolutions que les hommes et les anges prendront jamais, en tout ce qu'elles ont de bien et d'être, sont comprises dans les décrets éternels de Dieu, où tout ce qui est a sa raison primitive; et le moyen infaillible de faire non-seulement qu'elles soient, mais qu'elles soient librement, c'est que Dieu veuille non-seulement qu'elles soient, mais qu'elles soient librement: parce qu'étant maître souverain de tout ce qui est ou libre ou non libre, tout ce qu'il veut est comme il le veut. Dieu donc veut le premier, parce qu'il est le premier être et le premier libre; et tout le reste veut après lui, et veut à la manière que Dieu veut qu'il veuille : car c'est le premier principe et la loi de l'univers qu'après que Dieu a parlé dans l'éternité, les choses suivent dans le temps marqué, comme d'elles-mêmes; et, ajoutent les mêmes auteurs, en ce peu de mots sont compris tous les moyens d'accorder la liberté de nos actions avec la volonté absolue de Dieu. C'est que la cause première et universelle, d'elle-même et par sa propre efficace, s'accorde avec son effet, parce qu'elle y met tout ce qui y est, et qu'elle met par conséquent dans les actions humaines, non-seulement leur être tel qu'elles l'ont, mais encore leur liberté même. Car, poursuivent ces théologiens, la liberté convient à l'âme, non-seulement dans le pouvoir qu'elle a de choisir, mais encore lorsqu'elle choisit actuellement; et Dieu, qui est la cause immédiate de notre liberté, la doit produire dans son dernier acte : si bien que, le dernier acte de la liberté consistant dans son exercice, il faut que cet exercice soit encore de Dieu, et que comme tel il soit compris dans la volonté divine: car il n'y a rien dans la créature qui tienne tant soit peu de l'être, qui ne doive à ce même titre tenir de Dieu tout ce qu'il a. Comme donc, plus une chose est actuelle, plus elle tient de l'être; il s'ensuit que, plus elle est actuelle, plus elle doit tenir de Dieu.

Ainsi notre âme conçue comme exerçant sa liberté, étant plus en acte que conçue comme pouvant l'exercer, elle est par conséquent davantage sous l'action divine dans son exercice actuel qu'elle ne l'était auparavant, ce qui ne se peut entendre si on ne dit que cet exercice vient immédiatement de Dieu. En effet, comme Dieu fait en toutes choses ce qui est être et perfection; si être libre est quelque chose et quelque perfection dans chaque acte, Dieu y fait cela même qu'on appelle libre; et l'efficace infinie de son action, c'est-à-dire de sa volonté, s'étend, s'il est permis de parler ainsi, jusqu'à cette formalité. Et il ne faut pas objecter que le propre de l'exercice de la liberté, c'est de venir seulement de la liberté même ; car cela serait véritable, si la liberté de l'homme était une liberté première et indépendante, et non une liberté découlée d'ailleurs. Mais, comme il a été dit, toute volonté créée est comprise, comme dans sa cause, dans la volonté divine; et c'est de là que la volonté humaine a d'être libre. Ainsi, étant véritable que toute notre liberté vient en son fond immédiatement de Dieu, celle qui se trouve dans notre action doit venir de la même source ; parce que notre liberté n'étant pas une liberté de soi indépendamment de Dieu, elle ne peut donner à son action d'être libre de soi indépendamment de Dieu: au contraire, cette action ne peut être libre qu'avec la même dépendance qui convient essentiellement à son principe. D'où il s'ensuit que la liberté vient toujours de Dieu, comme de sa cause, soit qu'on la considère dans son fond, c'est-à-dire dans le pouvoir de choisir; soit qu'on la considère dans son exercice, et comme appliquée à tel acte.

N'importe que notre choix soit une action véritable que nous faisons, Car par là même elle doit encore venir immédiatement de Dieu, qui étant, comme premier être, cause immédiate de tout être, comme premier agissant doit être cause de toute action, tellement qu'il fait en nous l'agir même comme il y a fait le pouvoir agir. Et de même que l'être créé ne laisse pas d'être, pour être d'un autre, c'est-à-dire pour être de Dieu; au contraire, il est ce qu'il est à cause qu'il est de Dieu: il faut entendre de même que l'agir créé ne laisse pas, si on peut parler de la sorte, d'être un agir, pour être de Dieu; au contraire, il est d'autant plus agir que Dieu lui donne de l'être. Tant s'en faut donc que Dieu, en causant l'action de la créature, lui ôte d'être action, qu'au contraire il le lui donne, parce qu'il faut qu'il lui donne tout ce qu'elle a et tout ce qu'elle est; et plus l'action de Dieu sera conçue comme immédiate, plus elle sera conçue comme donnant immédiatement, et à chaque créature, et à chaque action de la créature, toutes les propriétés qui leur conviennent. Ainsi, loin qu'on puisse dire que l'action de Dieu sur la nôtre lui ôte sa liberté; au contraire, il faut conclure que notre action est libre *à priori*, à cause que

Dieu l'a fait être libre. Que si on attribuait à un autre qu'à notre Auteur de faire en nous notre action, on pourrait croire qu'il blesserait notre liberté et romprait, pour ainsi dire en le remuant, un ressort si délicat qu'il n'aurait point fait ; mais Dieu n'a garde de rien ôter à son ouvrage par son action, puisqu'il y fait au contraire tout ce qui y est jusqu'à la dernière précision ; et qu'il fait par conséquent non-seulement notre choix, mais encore dans notre choix la liberté même.

Pour mieux entendre ceci, il faut remarquer que, selon ce qui a été dit, Dieu ne fait pas notre action comme une chose détachée de nous ; mais que, faire notre action, c'est faire que nous agissions ; et faire dans notre action sa liberté, c'est faire que nous agissions librement et le faire, c'est vouloir que cela soit ; car faire à Dieu c'est vouloir. Ainsi pour entendre que Dieu fait en nous nos volontés libres, il faut entendre seulement qu'il veut que nous soyons libres. Mais il ne veut pas seulement que nous soyons libres en puissance, il veut que nous soyons libres en exercice ; et il ne veut pas seulement en général que nous exercions notre liberté, mais il veut que nous l'exercions par tel et tel acte. Car lui, dont la science et la volonté vont toujours jusqu'à la dernière précision des choses, ne se contente pas de vouloir qu'elles soient en général ; mais il descend à ce qui s'appelle tel et tel, c'est-à-dire à ce qu'il y a de plus particulier, et tout cela est compris dans ses décrets. Ainsi Dieu veut dès l'éternité tout l'exercice futur de la liberté humaine en tout ce qu'il a de bon et de réel. Qu'y a-t-il de plus absurde que de dire qu'il n'est pas à cause que Dieu veut qu'il soit ? Ne faut-il pas dire, au contraire, qu'il est parce que Dieu le veut et que, comme il arrive que nous sommes libres par la force du décret qui veut que nous soyons libres, il arrive aussi que nous agissons librement en tel et tel acte, par la force du même décret qui descend à tout ce détail ?

Ainsi ce décret divin sauve parfaitement notre liberté car la seule chose qui suit en nous en vertu de ce décret, c'est que nous fassions librement tel et tel acte. Et il n'est pas nécessaire que Dieu, pour nous rendre conformes à son décret, mette autre chose en nous que notre propre détermination, ou qu'il l'y mette par autre que par nous. Comme donc il serait absurde de dire que notre propre détermination nous ôtât notre liberté, il ne le serait pas moins de dire que Dieu nous l'ôtât par son décret; et comme notre volonté, en se déterminant elle-même à choisir une chose plutôt que l'autre, ne s'ôte pas le pouvoir de choisir entre les deux, il faut conclure de même que ce décret de Dieu ne nous l'ôte pas. Car le propre de Dieu c'est de vouloir, et en voulant, de faire dans chaque chose et dans chaque acte ce que cette chose et cet acte sera et doit être. Et comme il ne répugne pas à notre choix et à notre détermination de se faire par notre volonté, puisqu'au contraire telle est sa nature, il ne lui répugne non plus de se faire par la volonté de Dieu qui la veut, et la fera être telle qu'elle serait si elle ne dépendait que de nous. En effet, nous pouvons dire que Dieu nous fait tels que nous serions nous-mêmes si nous pouvions être de nous-mêmes parce qu'il nous fait dans tous les principes et dans tout l'état de notre être. Car, à parler proprement, l'état de notre être, c'est d'être tout ce que Dieu veut que nous soyons. Ainsi, il fait être homme ce qui est homme, et corps ce qui est corps, et pensée ce qui est pensée, et passion ce qui est passion, et action ce qui est action, et nécessaire ce qui est nécessaire, et libre ce qui est libre, et libre en acte et en exercice ce qui est libre en acte et en exercice; car c'est ainsi qu'il fait tout ce qu'il lui plaît dans le ciel et dans la terre, et que dans sa seule volonté suprême est la raison *à priori* de tout ce qui est.

On voit par cette doctrine comment toutes choses dépendent de Dieu : c'est qu'il ordonne premièrement, et tout vient après; et les créatures libres ne sont pas exceptées de cette loi, le libre n'étant pas en elles une exception de la commune dépendance, mais une différente manière d'être rapporté à Dieu. En effet, leur liberté est créée, et elles dépendent de Dieu même comme libres : d'où il s'ensuit qu'elles en dépendent même dans l'exercice de leur liberté. Et il ne suffit pas de dire que l'exercice de la liberté dépend de Dieu parce qu'il est en son pouvoir de nous l'ôter, car ce n'est pas ainsi que nous entendons que Dieu est maître des choses; et nous concevons mal sa souveraineté absolue si nous ne disons qu'il est le maître et de les empêcher d'être et de les faire être, et c'est parce qu'il peut les faire être qu'il peut aussi les empêcher d'être. Il peut donc également et empêcher d'être et faire être l'exercice de la liberté, et il n'a pour cela qu'à le vouloir. Car il le faut dire souvent : à Dieu, faire, c'est vouloir qu'une chose soit ; après quoi il n'y a rien à craindre pour nous dans l'action toute-puissante de Dieu, puisque, son décret qui fait tout enfermant notre liberté et son exercice, si par l'événement il la détruisait, il ne serait pas moins contraire à lui-même qu'à elle.

Ainsi concluent les théologiens dont nous expliquons les sentiments : pour accorder le décret et l'action toute-puissante de Dieu avec notre liberté, on n'a pas besoin de lui donner un concours qui soit prêt à tout indifféremment, et qui devienne ce qu'il nous plaira ; encore moins de lui faire attendre à quoi notre volonté se portera, pour former ensuite à jeu sûr son décret sur nos résolutions. Car sans ce faible ménagement, qui brouille en nous toute l'idée de première cause, il ne faut que considérer que la volonté divine, dont la vertu infinie atteint tout, non-seulement dans le fond, mais dans toutes les manières d'être, s'accorde par elle-même avec l'effet tout entier, où elle met tout ce que nous y concevons, en ordonnant qu'il sera avec toutes les propriétés qui lui conviennent.

Au reste, le fondement principal de toute cette doctrine est si certain, que toute l'École en est d'accord. Car, comme on ne peut poser qu'il y ait un Dieu, c'est-à-dire une cause première et universelle, sans croire en même temps qu'elle ordonne tout et qu'elle fait tout immédiatement, de là vient qu'on a établi un concours immédiat de Dieu qui atteint en particulier toutes les actions de la créature, même les plus libres, et le peu de théologiens qui s'opposent à ce concours sont condamnés de témérité par tous les autres. Mais si on embrasse ce sentiment pour sauver la notion de cause première, il la faut donc sauver en tout ; c'est-à-dire que, dès qu'on nomme la cause première, il faut la faire partout aller devant ; et si on songe à l'accorder avec son effet, il faut fonder cet accord sur ce qu'elle est cause ; et cause encore qui, n'agissant pas avec une impétuosité aveugle, ne fait ni plus ni moins qu'elle veut ; ce qui fait qu'elle ne craint pas de prévenir son effet en tout et partout ; parce qu'assurée de sa propre vertu, elle sait qu'ayant commencé, tout suivra précisément comme elle l'ordonne, sans qu'elle ait besoin pour cela de consulter autre chose qu'elle-même.

Tel est le sentiment de ceux qu'on appelle Thomistes; voilà ce que veulent dire les plus habiles d'entre eux par ces termes de *prémotion* et *prédétermination physique*, qui semblent si rudes à quelques-uns; mais qui, étant entendus, ont un si bon sens. Car enfin ces théologiens conservent dans les actions humaines l'idée tout entière de la liberté que nous avons donnée au commencement: mais ils veulent que l'exercice de la liberté, ainsi défini, ait Dieu pour cause première, et qu'il l'opère non-seulement par les attraits qui le précèdent, mais encore dans ce qu'il a de plus intime; ce qui leur paraît d'autant plus nécessaire qu'il y a plusieurs actions libres, comme il a été remarqué, où nous ne sentons aucun plaisir, ni aucune suavité, ni enfin aucune autre raison qui nous y porte que notre seule volonté; ce qui ôterait ces actions à la providence, et même à la prescience divine, selon les principes que nous avons établis, si on ne reconnaissait que Dieu atteint, pour ainsi parler, toute action de nos volontés dans son fond, donnant immédiatement et intimement à chacune tout ce qu'elle a d'être.

CHAPITRE NEUVIÈME

Objections, et réponse, où l'on compare l'action libre de la volonté avec les autres actions qu'on attribue à l'âme, et avec celles qu'on attribue aux corps.

Si cela est, disent quelques-uns, la volonté sera purement passive; et lorsque nous croyons si bien sentir notre liberté, il nous sera arrivé la même chose que lorsque nous avons cru sentir que c'était nous-mêmes qui mouvions nos corps; ou que ces corps se mouvaient eux-mêmes en tombant, par exemple, de haut en bas; ou qu'ils se mouvaient les uns les autres en se poussant mutuellement; cependant, quand nous y avons mieux pensé, nous avons enfin reconnu qu'un corps n'a aucune action, ni pour se mouvoir lui-même ni pour mouvoir un autre corps, et que notre âme n'en a point aussi pour mouvoir nos membres; mais que c'est le moteur universel de tous les corps qui, selon les règles qu'il a établies, meut un certain corps à l'occasion du mouvement de l'autre, et meut aussi nos membres à l'occasion de nos volontés. Nous pouvons penser, dit-on, que nous sommes trompés en croyant que nous sommes libres, comme en croyant que nous sommes mouvants ou même que les corps le sont; et à la fin il faudra dire qu'il n'y a que Dieu seul qui agisse, et, par conséquent, que lui seul de libre; comme il n'y a que lui seul qui soit le moteur de tous les corps.

Il faut ici démêler toutes les idées que nous avons sur la cause du mouvement. Premièrement, nous sentons que nos corps se meuvent, et il n'y a personne qui ne croie faire quelque action en se remuant. Nous trompons-nous en cela? Nullement: car il est vrai que nous voulons, et que vouloir c'est une action véritable. Mais nous croyons que cette action a son effet sur nos corps. Nous avons raison de le croire, puisqu'en effet nos membres se meuvent ou se reposent au commandement de la volonté. Mais que faut-il penser d'une certaine faculté motrice qui a dans l'âme, selon quelques-uns, son action particulière distincte de la volonté? Qu'on la croie si on peut l'entendre, je n'ai pas besoin ici de m'y opposer; mais il faut du moins qu'on m'avoue que, quand on pourrait trouver par raisonnement une telle faculté motrice, toujours est-il véritable que nous ne sentons en nous-mêmes ni elle ni son action, et que dans les mouvements de nos membres, nous n'avons d'idée distincte d'aucune action que de notre volonté et de notre choix. Mais si quelqu'un s'en veut tenir là, sans rien admettre de plus, pourra-t-il dire que notre volonté meut nos membres ou qu'elle est la cause de leur mouvement? Il le pourra dire sans difficulté; car tout le langage humain appelle cause ce qui, étant une fois posé, on voit suivre aussitôt un certain effet: ainsi nous connaissons distinctement qu'en mouvant nos membres nous faisons une certaine action, qui est de vouloir, et que de cette action suit le mouvement. Si nous n'entendons autre chose quand nous disons que nos volontés sont la cause du mouvement de nos membres, ce sentiment est très-véritable. On trouvera les idées que nous avons de la liberté aussi claires que celles-là, et par conséquent aussi certaines. On les peut donc raisonnablement comparer ensemble; mais si on compare à l'idée de la liberté celle que quelques-uns se veulent former d'une certaine faculté motrice distincte de la volonté, on comparera une chose claire et dont on ne peut douter, avec une chose confuse dont on n'a aucun sentiment ni aucune idée.

Au reste, quand nous sentons la pesanteur de nos membres, nous voyons clairement par là qu'ils sont entraînés par le mouvement universel du monde, et par conséquent qu'ils ont pour moteur celui qui agite toute la machine. Que si nous leur pouvons donner un mouvement détaché de l'ébranlement universel, et même qui lui soit contraire, en poussant par en haut, par exemple, notre bras que l'impression commune de toute la machine tire en bas; on voit bien qu'il n'est pas possible qu'une si petite partie de l'univers, c'est-à-dire l'homme, puisse prévaloir d'elle-même sur l'effort du tout. On voit aussi, par les convulsions et les autres mouvements involontaires, combien peu nous sommes maîtres de nos membres ; de sorte qu'on doit penser que le même Dieu qui meut tous les corps selon de certaines lois, en exempte cette petite partie de la masse qu'il a voulu unir à notre âme, et qu'il lui plaît de mouvoir en conformité de nos volontés.

Voilà ce que nous pouvons connaître clairement touchant le mouvement de nos membres. Je n'empêche pas qu'outre cela on n'admette, si on veut, dans l'âme une certaine faculté de mouvoir le corps, et qu'on ne lui donne une action particulière : il me suffit que, soit qu'on admette, soit qu'on rejette cette action, cela ne fait rien à la liberté. Car ceux qui admettent dans nos âmes cette action qu'ils n'entendent pas, admettront bien plus facilement l'action de la liberté, dont ils ont une idée si claire ; et ceux qui ne voudront pas reconnaître cette faculté motrice ni son action, seront d'un très-mauvais raisonnement s'ils sont tentés de rejeter la connaissance de leur liberté qu'ils ont si distincte, parce qu'ils se seront défaits de l'impression confuse d'une faculté et d'une action de leur âme qu'ils n'ont jamais ni sentie ni entendue.

Il faut dire la même chose touchant l'action que quelques-uns attribuent aux corps pour se mouvoir les uns les autres. Ceux qui ne peuvent concevoir qu'un corps tombe sans agir sur lui-même, ni qu'il se fasse céder la place sans agir sur celui qu'il pousse, concevront beaucoup moins que l'âme choisisse sans exercer quelque action : et comme ils veulent que les corps ne laissent pas d'être conçus comme agissants, quoique le premier moteur soit la cause de leur action, ils n'auront garde de conclure que l'âme n'agisse pas, sous prétexte que son action reconnaît Dieu pour la cause. Car ils tiennent pour assuré que deux causes peuvent agir subordonnément, et que l'action de Dieu n'empêche pas celle des causes secondes. Nous n'avons donc ici à nous défendre que contre ceux qui rejettent l'action des corps avec Platon et nous dirons à ceux-là ce que nous leur avons déjà dit quand ils comparaient leur liberté avec une certaine faculté motrice de leur âme inconnue à elle-même. Puisqu'ils ne rejettent cette action des corps que parce qu'ils soutiennent qu'elle n'est pas intelligible; devant que de pousser leur conséquence jusqu'à l'action de la volonté, ils doivent considérer auparavant s'il n'est pas certain qu'ils l'entendent. Mais afin de les aider dans cette considération, en leur montrant la prodigieuse différence qu'il y a entre l'action que quelques-uns attribuent aux corps et celle que nous attribuons à nos volontés, examinons dans le détail ce que nous concevons distinctement dans les corps; après quoi nous repasserons sur ce que nous avons connu distinctement dans nos âmes.

Nous voyons qu'un certain corps étant mû selon les lois de la nature, il faut qu'un autre corps le soit aussi. Nous voyons dans un corps que d'avoir une certaine figure, par exemple, d'être aigu, le dispose à communiquer à un autre corps une certaine espèce de mouvement, par exemple, d'être divisé. Nous ne nous trompons point en cela; et, pour exprimer cette vérité, nous disons que d'être aigu dans un couteau est la cause de ce qu'il coupe, et qu'être continuellement agité dans l'eau est la cause de ce que la roue d'un moulin tourne sans cesse, et que c'est à cause des trous qui sont dans un crible que certains grains peuvent passer à travers. Tout cela est très-véritable, et ne veut dire autre chose sinon que le corps est tellement disposé, ou par sa figure, ou par son mouvement, que de son mouvement ou de sa figure il s'ensuit qu'un tel corps et non un autre est mû de telle manière plutôt que d'une autre. Voilà ce que nous entendons clairement dans les corps. Que si nous passons de là à y vouloir mettre une certaine vertu active, distincte de leur étendue, de leur figure et de leur mouvement, nous dirons plus que nous n'entendons. Car nous ne concevons rien dans un corps par où il soit entendu en mouvoir un autre, si ce n'est son mouvement. Quand une pierre jetée emporte une feuille ou un fruit qu'elle atteint, ce n'est que par son mouvement qu'elle l'atteint et l'emporte. C'est en vain qu'on voudrait s'imaginer que le mouvement soit une action dans la pierre plutôt que dans la feuille, puisqu'il est partout de même nature, et que la pierre, qui est ici considérée comme mouvante, en effet est elle-même jetée. Et non-seulement la roue du moulin, mais la rivière elle-même doit recevoir son mouvement d'ailleurs. Que si on dit que la rivière fait aller la roue; c'est qu'on regarde par où la matière commence à s'ébranler et par où le mouvement se communique. Ainsi, en considérant cette roue qui tourne, on voit bien que ce n'est pas elle qui donne lieu au mouvement de l'eau, mais, au contraire, que c'est la rapidité de l'eau qui donne lieu au mouvement de la roue. En ce sens, on peut regarder la rivière comme la cause et le mouvement de la roue comme l'effet. Mais en remontant plus haut à la source du mouvement, on trouve que tout ce qui se meut est mû d'ailleurs, et que toute la matière demande un moteur; de sorte qu'en elle-même elle est toujours purement passive, comme Platon l'a dit expressément; et qu'encore qu'un mouvement particulier donne lieu à l'autre, tout le mouvement en général n'a d'autre cause que Dieu. Et on se trompe visiblement quand on s'imagine que tout ce qu'on exprime par le verbe actif soit également actif. Car, quand on dit que la terre pousse beaucoup d'herbe ou qu'une branche a poussé un grand rejeton, si peu qu'on approfondisse on voit bien qu'on ne veut dire autre chose sinon que la terre est pleine de sucs, et qu'elle est disposée de sorte que, les rayons du soleil donnant dessus, il faut que ces sucs s'élèvent. Et ces rayons pour cela n'en sont pas plus agissants d'une action proprement dite, non plus que la pierre jetée dans l'eau n'est pas véritablement agissante quand elle la fait rejaillir en donnant dessus, car on voit manifestement qu'elle est poussée par la main; et on ne la doit pas trouver plus agissante quand elle tombe par sa pesanteur, puisqu'elle n'est pas moins poussée dans ce mouvement pour être poussée par une cause qui ne paraît pas.

Ceux donc qui mettent dans les corps des vertus actives ou des actions véritables n'en ont aucune idée distincte; et ils verront, s'ils regardent de près, que, trouvant en eux-mêmes une action quand ils se meuvent, c'est-à-dire l'action de la volonté, par là ils prennent l'habitude de croire que tout ce qui est mû sans cause apparente exerce quelque action semblable à la leur. C'est ainsi qu'on s'imagine qu'un corps qui en presse d'autres et peu à peu s'y fait un passage, fait un effort tout semblable à celui que nous faisons pour passer à travers une multitude; ce qui est vrai en ce qui est purement du corps: mais notre imagination nous abuse quand elle prend occasion de là de mettre quelque action dans les corps; et on voit bien que cette pensée ne vient d'autre chose sinon qu'étant accoutumés à trouver en nous une véritable action, c'est-à-dire notre volonté, jointe aux mouvements que nous faisons, nous transportons ce qui est en nous aux corps qui nous environnent.

Ainsi dans l'action que nous attribuons aux corps nous ne trouvons rien de réel sinon que leurs figures et leurs mouvements donnent lieu à certains effets. Tout ce qu'on veut dire au delà n'est ni entendu ni défini; mais il n'en est pas de même de l'action que nous avons mise dans notre âme. Nous entendons clairement qu'elle veut son bien et qu'elle veut être heureuse; nous savons très-certainement qu'elle ne délibère jamais si elle veut son bonheur, mais que toute la consultation se tourne aux moyens de parvenir à cette fin. Nous sentons qu'elle délibère sur ces moyens et qu'elle en choisit l'un plutôt que l'autre. Ce choix est bien entendu, et il enferme dans sa notion une action véritable. Nous avons même une notion d'un action de cette nature qui ne peut convenir qu'à un être créé, puisque nous avons une idée distincte d'une liberté qui peut pécher, et que nous nous attribuons à nous-mêmes les fautes que nous faisons. Nous concevons donc en nous une liberté qui se trouve dans notre fond, c'est-à-dire dans l'âme même, et dans nos actions particulières ; car elles sont faites librement, et nous avons défini en termes très-clairs la liberté qui leur convient. Mais pour avoir bien entendu cette liberté qui est dans nos actions, il ne s'ensuit pas pour cela que nous la devions entendre comme une chose qui n'est pas de Dieu. Car tout ce qui est hors de lui, en quelque manière qu'il soit, vient de cette cause ; et parce qu'il fait en chaque chose tout ce qui lui convient par sa définition, il faut dire que, comme il fait dans le mouvement tout ce qui est compris dans la définition du mouvement, il fait dans la liberté de notre action tout ce que contient la définition d'une action de cette nature. Il y est donc, puisque Dieu l'y fait ; et l'efficace toute-puissante de l'opération divine n'a garde de nous ôter notre liberté, puisqu'au contraire elle la fait et dans l'âme et dans ses actes. Ainsi on peut dire que c'est Dieu qui nous fait agir sans craindre que pour cela notre liberté soit diminuée, puisqu'enfin il agit en nous comme un principe intime et conjoint ; et qu'il nous fait agir comme nous nous faisons agir nous-mêmes, ne nous faisant agir que par notre propre action, qu'il veut et fait, en voulant que nous l'exercions avec toutes les propriétés que sa définition enferme.

Il ne faut donc pas changer la définition de notre action en la faisant venir de Dieu, non plus qu'il ne faut changer la définition de l'homme en lui donnant Dieu pour sa cause : car Dieu est cause, au contraire, de ce que l'homme est avec tout ce qui lui convient par sa définition ; et il faut comprendre, de même, qu'il est la cause immédiate de ce que notre action est avec tout ce qui lui convient par son essence.

CHAPITRE DIXIÈME

La différence des deux états de la nature humaine, innocente et corrompue, assignée selon les principes posés.

Cela étant, on doit comprendre que la différence de l'état où nous sommes avec celui de la nature innocente ne consiste pas à faire dépendre de la volonté divine les actes de la volonté humaine en l'un de ces états plutôt qu'en l'autre, puisque ce n'est pas le péché qui établit en nous cette dépendance; et qu'elle est en l'homme, non par sa blessure, mais par sa première institution et par la condition essentielle de son être; et c'est en vain qu'on dirait que Dieu agit davantage dans la nature corrompue que dans la nature innocente, puisqu'au contraire il faut concevoir qu'étant la source du bien et de l'être, il agit toujours plus où il y a plus de l'un que de l'autre.

Il ne faut non plus établir la différence de ces deux états dans l'efficace des décrets divins, ni dans la certitude des moyens dont Dieu se sert pour les accomplir. Car la volonté divine est en tout état efficace par elle-même, et contient en elle-même tout ce qu'il faut pour accomplir ses décrets. En un mot, l'état du péché ne fait pas que la volonté de Dieu soit plus efficace ou plus absolue, et l'état d'innocence ne fait pas que la volonté de l'homme soit moins dépendante. Ce n'est donc pas de ce côté-là qu'il faut aller rechercher la différence des deux états, qui en cela conviennent ensemble; mais il faut considérer précisément les dispositions qui sont changées par la maladie, et juger par là de la nature du remède que Dieu y apporte; et quoique ce ne soit pas notre dessein de traiter à fond cette différence, nous remarquerons en passant que le changement le plus essentiel que le péché ait fait dans notre âme, c'est qu'un attrait indélibéré du plaisir sensible prévient tous les actes de nos volontés. C'est en cela que consiste notre langueur et notre faiblesse, dont nous ne serons jamais guéris que Dieu ne nous ôte cet attrait sensible, ou du moins ne le modère par un autre attrait indélibéré du plaisir intellectuel. Alors, si

27.

par la douceur du premier attrait notre âme est portée au bien sensible, par le moyen du second elle sera rappelée à son véritable bien, et disposée à se rendre à celui de ces deux attraits qui sera supérieur. Elle n'avait pas besoin, quand elle était saine, de cet attrait prévenant qui, avant toute délibération de la volonté, l'incline au bien véritable, parce qu'elle ne sentait pas cet autre attrait qui, avant toute délibération, l'incline toujours au bien apparent. Elle était née maîtresse absolue des sens; connaissant parfaitement son bien, qui est Dieu ; munie de toutes les grâces qui lui étaient nécessaires pour s'élever à ce bien suprême; l'aimant librement de tout son cœur, et se plaisant d'autant plus dans son amour qu'il lui venait de son propre choix. Mais ce choix, pour lui être propre, n'en était pas moins de Dieu, de qui vient tout ce qui est propre à la créature; qui fait même qu'une telle chose lui est propre plutôt qu'une autre, et que rien ne lui est plus propre que ce qu'elle fait si librement.

En cet état où nous regardons la volonté humaine, on voit bien qu'elle n'a rien en elle-même qui l'applique à une chose plutôt qu'à l'autre que sa propre détermination; qu'il ne faut point, pour la faire libre, la rendre indépendante de Dieu, parce qu'étant le maître absolu de tout ce qui est, il n'a qu'à vouloir pour faire que les êtres libres agissent librement, et pour faire que les corps qui ne sont pas libres soient mus par nécessité.

C'est ainsi que raisonnent ces théologiens; et l'abrégé de leur doctrine, c'est que Dieu, parce qu'il est Dieu, doit mettre par sa volonté, dans sa créature libre, tout ce en quoi consiste essentiellement sa liberté tant dans le principe que dans l'exercice; sans qu'on pense que pour cela cette liberté soit détruite, puisqu'il n'y a rien qui convienne moins à celui qui fait que de ruiner et de détruire.

Cette manière de concilier le libre arbitre avec la volonté de Dieu paraît la plus simple, parce qu'elle est tirée seulement des principes essentiels qui constituent la créature, et ne suppose autre chose que les notions précises que nous avons de Dieu et de nous-mêmes.

CHAPITRE ONZIÈME

Des actions mauvaises, et de leurs causes.

On peut entendre, ce me semble, par ces principes ce que Dieu fait dans les mauvaises actions de la créature; car il fait tout le bien et tout l'être qui s'y trouve : de sorte qu'il y fait même le fond de l'action, puisque, le mal n'étant autre chose que la corruption du bien et de l'être, son fond est par conséquent dans le bien et dans l'être même.

C'est de quoi toute la théologie est d'accord. Ceux qui admettent le concours que l'École appelle simultané reconnaissent cette vérité, aussi bien que ceux qui donnent à Dieu une action prévenante; et pour entendre distinctement tout le bien que ce premier être opère en nous, il ne faut que considérer tout ce qu'il y a de bon dans le mal que nous faisons. Le plaisir que nous recherchons et qui nous fait faire tant de mal est bon de soi, et il est donné à la créature pour un bon usage. Ne vouloir manquer de rien, ne vouloir avoir aucun mal, ni rien par conséquent qui nous nuise, tout cela est bon visiblement et fait partie de la félicité pour laquelle nous sommes nés; mais ce bien recherché mal à propos est la cause qui nous pousse à la vengeance et à mille autres excès. Si on maltraite un homme, si on le tue, cette action peut être commandée par la justice, et par conséquent peut être bonne. Commander est bon, être riche est bon : et ces bonnes choses, mal prises et mal désirées, font néanmoins tout le mal du monde.

Si toutes ces choses sont bonnes, il est clair que le désir de les avoir enferme quelque bien. Qu'un ange se soit admiré et aimé lui-même, il a admiré et aimé une bonne chose. En quoi donc pèche-t-il dans cette admiration et dans cet amour, si ce n'est qu'il ne l'a point rapporté à Dieu? Que s'il a cru que c'était un souverain plaisir de s'aimer soi-même sans se rapporter à un autre, il ne s'est point trompé en cela; car ce plaisir en effet est si grand que c'est le plaisir de Dieu. L'ange devait donc aimer ce plaisir, non en lui-même, mais en Dieu, se plaisant en son Auteur par un amour aussi sincère que reconnaissant, et faisant sa félicité de la félicité d'un être si parfait et si bienfaisant. Et quand cet ange, puni de son orgueil, commence à haïr Dieu qui le châtie et à souhaiter qu'il ne soit pas, c'est qu'il veut vivre sans peine; et il a raison de le vouloir, car il a été fait pour cela et pour être heureux. Ainsi tout le mal qui est dans les créatures a son fond dans quelque bien. Le mal ne vient donc pas de ce qui est, mais de ce que ce qui est n'est ni ordonné comme il faut, ni rapporté où il faut, ni aimé et estimé où il doit être. Et il est si vrai que le mal a tout son fond dans le bien, qu'on voit souvent une action qui n'est point mauvaise le devenir en y joignant une chose bonne. Un homme fait une chose qu'il ne croit pas défendue: cette ignorance peut être telle qu'on l'excusera de tout crime; et pour y mettre du crime il ne faut qu'ajouter à la volonté la connaissance du mal. Cependant la connaissance du mal est bonne, et cette connaissance, qui est bonne, ajoutée à la volonté, la rend mauvaise, elle qui étant seule pourrait être bonne: tant il est vrai que le mal de tout côté suppose le bien. Et si on demande par où le mal peut trouver entrée dans la créature raisonnable au milieu de tant de bien que Dieu y met, il ne faut que se souvenir qu'elle est libre et qu'elle est tirée du néant. Parce qu'elle est libre, elle peut bien faire; et parce qu'elle est tirée du néant, elle peut faillir; car il ne faut pas s'étonner que, venant, pour ainsi dire, et de Dieu et du néant, comme elle peut par sa volonté s'élever à l'un, elle puisse aussi par sa volonté retomber dans l'autre, faute d'avoir tout son être, c'est-à-dire toute sa droiture. Or le manquement volontaire de cette partie de sa perfection, c'est ce qui s'appelle péché, que la créature raisonnable ne peut jamais avoir que d'elle-même: parce que telle est l'idée du péché qu'il ne peut avoir pour sa cause qu'un être libre tiré du néant.

Telle est la cause du péché, si toutefois le péché peut avoir une véritable cause. Mais, pour parler plus proprement, comme, le néant n'en a point, le péché, qui est un défaut et une espèce de néant, n'en a point aussi; et comme, si la créature n'est rien d'elle-même, c'est de son propre fonds et non pas de Dieu qu'elle a cela, elle ne peut aussi avoir que d'elle-même et d'être capable de faillir et de faillir en effet : mais elle a le premier nécessairement et le second librement, parce que Dieu, l'ayant trouvée capable de faillir par sa nature, la rend capable de bien faire par sa grâce.

Ainsi nous avons fait voir qu'à la réserve du péché, qui ne peut par son essence être attribué qu'à la créature, tout le reste de ce qu'elle a dans son fond, dans sa liberté, dans ses actions, doit être attribué à Dieu; et que la volonté de Dieu qui fait tout, bien loin de rendre tout nécessaire, fait, au contraire, dans le nécessaire aussi bien que dans le libre, ce qui fait la différence de l'un et de l'autre.

ÉLÉVATIONS A DIEU

SUR LES MYSTÈRES
DE LA RELIGION CHRÉTIENNE

1.

L'être de Dieu.

De toute éternité Dieu est; Dieu est parfait; Dieu est heureux; Dieu est un. L'impie demande : Pourquoi Dieu est-il? Je lui réponds : Pourquoi Dieu ne serait-il pas? Est-ce à cause qu'il est parfait, et la perfection est-elle un obstacle à l'être : Erreur insensée! au contraire, la perfection est la raison d'être. Pourquoi l'imparfait serait-il, et le parfait ne serait-il pas? c'est-à-dire pourquoi ce qui tient plus du néant serait-il, et que ce qui n'en tient rien du tout ne serait pas? Qu'appelle-t-on parfait? Un être à qui rien ne manque. Qu'appelle-t-on imparfait? Un être à qui quelque chose manque. Pourquoi l'être à qui rien ne manque ne serait-il pas plutôt que l'être à qui quelque chose manque? D'où vient que quelque chose est, et qu'il ne se peut pas faire que le rien soit, si ce n'est parce que l'être vaut mieux que le rien, et que le rien ne peut pas prévaloir sur l'être ni empêcher l'être d'être? Mais, par la même raison, l'imparfait ne peut valoir mieux que le parfait, ni être plutôt que lui, ni l'empêcher d'être. Qui donc peut empêcher que Dieu ne soit, et pourquoi le néant de Dieu que l'impie veut

---

1. 1ʳᵉ semaine, 1ʳᵉ élévation.

imaginer dans son cœur insensé (1); pourquoi, dis-je, ce néant de Dieu l'emporterait-il sur l'être de Dieu, et vaut-il mieux que Dieu ne soit pas que d'être?

O Dieu! on se perd dans un si grand aveuglement. L'impie se perd dans le néant de Dieu, qu'il veut préférer à l'être de Dieu; et lui-même, cet impie, ne songe pas à se demander à lui-même pourquoi il est. Mon âme, âme raisonnable, mais dont la raison est si faible, pourquoi veux-tu être et que Dieu ne soit pas? Hélas! vaux-tu mieux que Dieu? Ame faible, âme ignorante, dévoyée, pleine d'erreur et d'incertitude dans ton intelligence, pleine dans ta volonté de faiblesse, d'égarement, de corruption, de mauvais désirs, faut-il que tu sois, et que la certitude, la compréhension, la pleine connaissance de la vérité, et l'amour immuable de la justice et de la droiture ne soit pas?

II.[2]

La perfection et l'éternité de Dieu.

On dit: Le parfait n'est pas; le parfait n'est qu'une idée de notre esprit qui va s'élevant de l'imparfait qu'on voit de ses yeux jusqu'à une perfection qui n'a de réalité que dans la pensée. C'est le raisonnement que l'impie voudrait faire dans son cœur insensé, qui ne songe pas que le parfait est le premier, et en soi et dans nos idées, et que l'imparfait en toutes façons n'en est qu'une dégradation. Dis, mon âme, comment entends-tu le néant, sinon par l'être? Comment entends-tu la privation, si ce n'est par la forme dont elle prive? Comment l'imperfection, si ce n'est par la perfection dont elle déchoit? Mon âme, n'entends-tu pas que tu as une raison, mais imparfaite, puisqu'elle ignore, qu'elle doute, qu'elle erre et qu'elle se trompe? Mais comment entends-tu l'erreur, si ce n'est comme privation de la vérité; et comment le doute ou l'obscurité, si ce n'est que comme pri-

1. Ps. XIII, 2.
2. 1re semaine, 2e élévation.

vation de l'intelligence et de la lumière; ou comment enfin l'ignorance, si ce n'est comme privation du savoir parfait; comment, dans la volonté, le déréglement et le vice, si ce n'est comme privation de la règle, de la droiture et de la vertu? Il y a donc primitivement une intelligence, une science certaine, une vérité, une fermeté, une inflexibilité dans le bien, une règle, un ordre, avant qu'il y ait une déchéance de toutes ces choses : en un mot, il y a une perfection avant qu'il y ait un défaut; avant tout déréglement, il faut qu'il y ait une chose qui est elle-même sa règle, et qui, ne pouvant se quitter soi-même, ne peut non plus ni faillir ni défaillir. Voilà donc un être parfait; voilà Dieu, nature parfaite et heureuse. Le reste est incompréhensible; et nous ne pouvons même pas comprendre jusqu'où il est parfait et heureux, pas même jusqu'à quel point il est incompréhensible.

D'où vient donc que l'impie ne connaît point Dieu, et que tant de nations, ou plutôt que toute la terre ne l'a pas connu, puisqu'on en porte l'idée en soi-même avec celle de la perfection? D'où vient cela, si ce n'est par un défaut d'attention et parce que l'homme, livré aux sens et à l'imagination, ne veut pas ou ne peut pas se recueillir en soi-même, ni s'attacher aux idées pures dont son esprit, embarrassé d'images grossières, ne peut porter la vérité simple?

L'homme ignorant croit connaître le changement avant l'immutabilité, parce qu'il exprime le changement par un terme positif, et l'immutabilité par la négation du changement même; et il ne veut pas songer qu'être immuable c'est être, et que changer c'est n'être pas; or l'être est, et il est connu avant la privation, qui est le non-être. Avant donc qu'il y ait des choses qui ne sont pas toujours les mêmes, il y en a une qui, toujours la même, ne souffre point de déclin; et celle-là non-seulement est, mais encore elle est toujours connue, quoique non toujours démêlée ni distinguée faute d'attention. Mais quand, recueillis en nous-mêmes, nous nous rendrons attentifs aux immortelles idées dont nous portons en nous-mêmes la vérité, nous trouverons que la perfection est ce que l'on connaît le premier, puisque, comme nous avons vu, on ne connaît le défaut que comme une déchéance de la perfection.

III[1].

Encore de l'être de Dieu et de son éternelle béatitude.

Je suis celui qui suis. Celui qui est m'envoie à vous. C'est ainsi que Dieu se définit lui-même. C'est-à-dire que Dieu est celui en qui le non-être n'a point de lieu, qui par conséquent est toujours, et toujours le même; par conséquent immuable, par conséquent éternel, tous termes qui ne sont qu'une explication de celui-ci: Je suis celui qui est. Et c'est Dieu qui donne lui-même cette explication par la bouche de Malachie, lorsqu'il dit chez ce prophète: Je suis le Seigneur, et je ne change pas (2).

Dieu est donc une intelligence qui ne peut ni rien ignorer, ni douter de rien, ni rien apprendre, ni perdre, ni acquérir aucune perfection; car tout cela tient du non-être. Or, Dieu est celui qui est, celui qui est par essence. Comment donc peut-on penser que celui qui est ne soit pas, ou que l'idée qui comprend tout l'être ne soit pas réelle, ou que, pendant qu'on voit que l'imparfait est, on puisse dire, on puisse penser, en entendant ce qu'on pense, que le parfait ne soit pas?

Ce qui est parfait est heureux, car il connaît sa perfection, puisque connaître sa perfection est une partie trop essentielle de la perfection pour manquer à l'être parfait. O Dieu! vous êtes bien heureux! O Dieu! je me réjouis de votre éternelle félicité. Toute l'Écriture nous prêche: Que l'homme qui espère en vous est heureux (3). A plus forte raison êtes-vous heureux vous-même, ô Dieu, en qui on espère! Aussi saint Paul vous appelle-t-il expressément bienheureux. Je vous annonce ces choses selon le glorieux Évangile de Dieu bienheureux (4). Et encore: C'est ce que nous montrera en son temps celui qui est bienheureux, et le seul puissant, roi des rois et seigneur des seigneurs, qui seul possède l'immortalité et habite une lumière inaccessi-

---

1. 1re semaine, 3e élévation.
2. Mal., III, 6.
3. Psalm. XXXIII, 9.
4. I. Tim., I, 11.

ble, à qui appartient la gloire et un empire éternel (1). Amen.

O Dieu bienheureux ! je vous adore dans votre bonheur. Soyez loué à jamais de me faire connaître et savoir que vous êtes éternellement et immuablement bienheureux. Il n'y a d'heureux que vous seul et ceux qui, connaissant votre éternelle félicité, y mettent la leur. Amen, amen.

IV[2].

L'unité de Dieu

Écoute, Israël : le Seigneur notre Dieu est le seul Seigneur (3), car il est celui qui est. Celui qui est, est indivisible : tout ce qui n'est pas le parfait dégénère de la perfection. Ainsi le Seigneur ton Dieu, étant le parfait, est seul, et il n'y a point un autre Dieu que lui (4). Tout ce qui n'est pas celui qui est par essence et par sa nature, n'est pas et ne sera pas éternellement, si celui qui est seul en lui donne l'être.

S'il y avait plus d'un seul Dieu, il y en aurait une infinité. S'il y en avait une infinité, il n'y en aurait point. Car chaque dieu n'étant que ce qu'il est, serait fini ; et il n'y en aurait point à qui l'infini ne manquât, ou il en faudrait entendre un qui contînt tout, et qui dès là serait seul. Écoute, Israël, écoute dans ton fond ; n'écoute pas à l'endroit où se forgent les fantômes ; écoute à l'endroit où la vérité se fait entendre, où se recueillent les pures et simples idées. Écoute là, Israël ; et là, dans ce secret de ton cœur, où la vérité se fait entendre, là retentira sans bruit cette parole : Le Seigneur notre Dieu est un seul Seigneur. Devant lui les cieux ne sont pas ; tout est devant lui comme n'étant point : tout est réputé comme un néant (5), comme

---

1. Tim., VI, 15, 16.
2. 1re semaine. 4e élévation.
3. Deut., VI, 4.
4. Ibid., III, 24 ; IV, 35, 39.
5. Ibid., VI, 1. — Is., XL, 17, 22, 23. — Psalm. XXXVIII, 6,

un vide, comme une pure inanité ; parce qu'il est celui qui est, qui voit tout, qui sait tout, qui fait tout, qui ordonne tout, et qui appelle ce qui n'est pas comme ce qui est (1).

V[2].

La béatitude de l'âme, image de celle de Dieu heureux dans la Trinité de ses personnes.

Quand Dieu m'a fait à son image et ressemblance, il m'a fait pour être heureux comme lui, autant qu'il peut convenir à une créature ; et c'est pourquoi il me fait trouver en moi ces trois choses, moi-même qui suis fait pour être heureux, l'idée de mon bonheur, et l'amour ou le désir du même bonheur ; trois choses que je trouve inséparables en moi-même, puisque je ne suis jamais sans être une chose qui est faite pour être heureuse, et par conséquent qui porte en soi-même et l'idée de son bonheur, et le désir d'en jouir provenant nécessairement de cette idée.

Qu'on me demande laquelle de ces trois choses je voudrais perdre plutôt que l'autre, je ne saurais que répondre. Car, premièrement, je ne veux point perdre mon être ; je veux, pour ainsi parler, encore moins perdre mon bonheur, puisque sans bonheur il vaudrait mieux pour moi que je ne fusse pas, conformément à cette parole du Sauveur sur son malheureux disciple : Il vaudrait mieux à cet homme de n'avoir jamais été (3). Je ne veux donc non plus perdre mon bonheur que mon être, ni non plus perdre l'idée et l'amour de mon bonheur que mon bonheur, puisqu'il n'y a point de bonheur sans cette idée et cet amour.

S'il y a quelque chose en moi qui ait toujours été avec moi-même, c'est cette idée et cet amour de mon bonheur, car je ne puis jamais avoir été sans fuir ce qui me nuisait et désirer ce qui m'était convenable, ce qui ne peut

---

1. Rom., IV, 17.
2. 2e semaine. 9e élévation.
3. Matth., XXVI, 24.

provenir que du désir d'être heureux et de la crainte de ne l'être pas. Ce sentiment commence à paraître dès l'enfance ; et, comme on l'apporte en venant au monde, on doit l'avoir eu, quoique plus obscurément et plus sourdement, jusque dans le sein de la mère.

Voilà donc une idée qui naît en nous, avec nous, et un sentiment qui nous vient avec cette idée ; et tout cela est en nous avant tout raisonnement et toute réflexion.

Quand la raison commence à poindre, elle ne fait autre chose que de chercher les moyens bons ou mauvais de nous rendre heureux, ce qui montre que cette idée et cet amour du bonheur est dans le fond de notre raison.

D'une certaine façon, cette idée qui nous fait connaître notre bonheur et ce sentiment qui nous le fait aimer font de tout temps notre seule idée et notre seul sentiment. Pour le sentiment, il est clair, puisque tous nos autres sentiments se rapportent à celui-là ; et pour l'idée du bonheur, il n'est pas moins clair que c'en est une suite, puisque ce n'est que pour remplir celle-là que nous nous rendons attentifs à toutes les autres. Supposons donc que Dieu, qui nous donne tout et peut aussi nous ôter ce qui lui plaît, nous ôte tout, excepté notre être et l'idée de notre bonheur, et le désir qui nous presse de le rechercher, nous serons quelque chose de fort simple ; mais, dans notre simplicité, nous aurons trois choses qui ne diviseront point notre unité simple, mais plutôt qui concourront toutes trois à sa perfection.

Alors serons-nous heureux ? Hélas ! point du tout. Nous désirerons seulement de l'être, et par conséquent nous ne le serons pas, puisque le bonheur ne peut consister avec le besoin dont le désir est la preuve.

Que faut-il donc ajouter à tout cela pour nous rendre heureux ? Il faut ajouter à l'idée confuse que j'ai du bonheur la connaissance distincte de l'objet où il consiste, et en même temps changer le désir confus du bonheur en la possession actuelle de ce qui le fait.

Mais où peut consister mon bonheur que dans la chose la plus parfaite que je connaîtrai, si je la puis posséder ? Ce que je connais le plus parfait, c'est Dieu sans doute, puisque même je ne puis trouver en moi-même d'autre idée de perfection que celle de Dieu. Il reste à savoir si je le puis posséder. Mais qu'est-ce que le posséder, si ce n'est le connaître? Se possède-t-il autrement lui-même qu'en connaissant sa perfection? Je suis donc capable de le posséder, puisque je suis capable de le connaître, pourvu qu'en le connaissant je me porte aussi à l'aimer, puisque le connaître sans l'aimer c'est le méconnaître en effet.

Après cette heureuse addition qui s'est faite à la connaissance et à l'idée que j'avais de mon bonheur, serai-je heureux? Point du tout. Mais quoi! je connais et j'aime Dieu, et cela même, avons-nous dit, c'est le posséder, et c'est posséder ce que je connais de meilleur; et nous avons dit que cela c'est être heureux : je le suis donc. Cependant, si j'étais heureux, je n'aurais rien à désirer. Puis-je dire que je n'ai rien à désirer? Loin de nous cet aveuglement : je ne suis donc pas heureux.

Il faut donc encore chercher en moi-même ce qui me manque. Je connais Dieu, je l'avoue, mais très-imparfaitement, ce qui fait que mon amour pour lui est trop faible : et de là aussi me vient la faiblesse de désirer tant de choses bonnes ou mauvaises. J'ai donc à désirer de connaître Dieu plus parfaitement que je ne fais; de le connaître, comme dit saint Paul, ainsi que j'en suis connu (1); de le connaître à nu, à découvert (2), en un mot de le voir face à face, sans ombre, sans voile, sans obscurité. Que Dieu m'ajoute cela, qu'il me dise comme à Moïse : Je te montrerai tout bien (3); alors je dirai avec saint Philippe : Maître, cela nous suffit (4). Mais cela n'est pas de cette vie; quand ce bonheur nous arrivera, nous n'aurons rien à désirer pour la connaissance. Mais pour l'amour, que sera-ce? Quand nous verrons Dieu face à face, pourrons-nous faire quelque chose de plus que l'aimer? Non, sans doute; et saint Paul (5) a dit que l'amour demeure éternellement sans jamais se perdre. Qu'aura donc de plus notre amour dans cette éternelle et bienheureuse occupation, sinon qu'il sera parfait, venant d'une

---

1. I. Cor., xiii, 12.
2. II. Cor., iii, 18.
3. Exod., xxxiii, 19.
4. Joan., xiv, 8.
5. I. Cor., xiii, 8.

parfaite connaissance? Et il ne pourra plus changer comme il peut changer en cette vie ; et il absorbera toutes nos volontés dans une seule qui sera celle d'aimer Dieu. Il n'y aura plus de gémissements, et nos larmes seront essuyées pour jamais (1), et nos désirs s'en iront avec nos besoins. Alors donc nous serons réduits à la parfaite unité et simplicité ; mais dans cette simplicité nous porterons la parfaite image de la Trinité, puisque Dieu uni au fond de notre être, et se manifestant lui-même, produira en nous la vision bienheureuse qui sera en un sens Dieu même, lui seul en étant l'objet comme la cause ; et par cette vision bienheureuse il produira un éternel et insatiable amour qui ne sera encore autre chose en un certain sens que Dieu même vu et possédé ; et Dieu sera tout en tous (2), et il sera tout en nous-mêmes, un seul Dieu uni à notre fond, se produisant en nous par la vision, et se consumant en un avec nous par un éternel et parfait amour.

Alors s'accomplira notre parfaite unité en nous-mêmes et avec tout ce qui possédera Dieu avec nous ; et ce qui nous fera tous parfaitement un, c'est que nous serons, et nous verrons, et nous aimerons ; et tout cela sera en nous tous une seule et même vie. Et alors s'accomplira ce que dit le Sauveur : Comme vous, mon Père, êtes en moi, et moi en vous, ainsi ils seront un en nous (3), un en eux-mêmes, et un avec tous les membres du corps de l'Église qu'ils composent.

Formons donc en nous la Trinité sainte, unis à Dieu, connaissant Dieu, aimant Dieu ; et comme notre connaissance qui, à présent, est imparfaite et obscure s'en ira, et que l'amour est en nous la seule chose qui ne s'en ira jamais et ne se perdra point, aimons, aimons, aimons ; faisons sans fin ce que nous ferons sans fin ; faisons sans fin dans le temps ce que nous ferons sans fin dans l'éternité. O que le temps est incommode ! que de besoins accablants le temps nous apporte ! Qui pourrait souffrir les distractions, les interruptions, les tristes nécessités du sommeil, de la nourriture, des autres besoins ? Mais celles des tentations,

---

1. Apoc., vii, 17.
2. 1. Cor., xv, 28.
3. Joan., xvii, 21.

des mauvais désirs, qui n'en serait honteux autant qu'affligé ? Malheureux homme que je suis, qui me délivrera de ce corps de mort (1)? O Dieu ! que le temps est long, qu'il est pesant, qu'il est assommant ! O Dieu éternel, tirez-moi du temps, fixez-moi dans votre éternité ! En attendant, faites-moi prier sans cesse, et passer les jours et les nuits dans la contemplation de votre loi, de vos vérités, de vous-même qui êtes toute vérité et tout bien. Amen, amen.

VI[2].

Dieu n'en est pas plus grand ni plus heureux pour avoir créé l'univers.

Recueilli en moi-même, ne voyant en moi que péché, imperfection et néant, je vois en même temps au-dessus de moi une nature heureuse et parfaite; et je lui dis en moi-même avec le Psalmiste : Vous êtes mon Dieu; vous n'avez pas besoin de mes biens; vous n'avez besoin d'aucuns biens (3). Que me sert, dites-vous par votre prophète, la multitude de vos victimes (4)? Tout est à moi, mais je n'ai pas besoin de tout ce qui est à moi; il me suffit d'être, et je trouve en moi toutes choses. Je n'ai pas besoin de vos louanges; les louanges que vous me donnez vous rendent heureux, mais ne me le rendent pas, et je n'en ai pas besoin. Mes œuvres me louent (5). Mais encore n'ai-je pas besoin de la louange que me donnent mes œuvres : tout me loue imparfaitement, et nulle louange n'est digne de moi que celle que je me donne moi-même en jouissant de moi-même et de ma perfection.

Je suis celui qui suis (6). C'est assez que je sois : tout le reste m'est inutile. Oui, Seigneur, tout le reste vous est

---

1. Rom., VII, 24.
2. 3ᵉ semaine. 1ʳᵉ élévation.
3. Ps. XV, 2.
4. Is., I, 11.
5. Ps. XVIII, 1.
6. Exod., III, 14.

inutile et ne peut faire aucune partie de votre grandeur : vous n'êtes pas plus grand avec tout le monde, avec mille millions de mondes, que vous l'êtes seul. Quand vous avez fait le monde, c'est par votre bonté et non par besoin. Il vous convient de pouvoir créer tout ce qui vous plaît; car il est de la perfection de votre être et de l'efficace de votre volonté, non-seulement que vous soyez, mais que tout ce que vous voulez soit, qu'il soit dès que vous le voulez, autant que vous le voulez, quand vous le voulez. Et quand vous le voulez, vous ne commencez pas à le vouloir; de toute éternité vous voulez ce que vous voulez, sans jamais changer. Rien ne commence en vous, et tout commence hors de vous par votre ordre éternel. Vous manque-t-il quelque chose, parce que vous ne faites pas tant de choses que vous pouvez faire? Tout cet univers que vous avez fait n'est qu'une petite partie de ce que vous pouviez faire, et après tout n'est rien devant vous. Si vous n'aviez rien fait, l'être manquerait aux choses que vous n'auriez pas voulu faire : mais rien ne vous manquerait, parce qu'indépendamment de toutes choses, vous êtes celui qui est, et qui est tout ce qu'il faut être pour être heureux et parfait.

O Père, éternellement et indépendamment de toute autre chose, votre Fils et votre Esprit-Saint sont avec vous. Vous n'avez pas besoin de société, en voilà une en vous-même, éternelle et inséparable de vous. Content de cette infinie et éternelle communication de votre parfaite et bienheureuse essence à ces deux personnes qui vous sont égales, qui ne sont point votre ouvrage, mais vos coopérateurs, ou, pour mieux dire, avec vous un seul et même créateur de tous vos ouvrages; qui sont comme vous, non par votre commandement ou par un effet de votre toute-puissance, mais par la seule perfection et plénitude de votre être. Toute autre communication est incapable de rien ajouter à votre grandeur, à votre perfection, à votre félicité.

VII[1].

Avant la création, rien n'était que Dieu

Puisque j'ai commencé, je continuerai de parler à mon Seigneur, quoique je ne sois que poussière et cendre (1). Et de quoi vous parlerai-je, Seigneur? Par où puis-je mieux commencer à vous parler que par où vous avez vous-même commencé à parler aux hommes? J'ouvre votre Écriture, et j'y trouve d'abord: Au commencement Dieu a créé le ciel et la terre (3). Je ne trouve point que Dieu, qui a créé toutes choses, ait eu besoin comme un ouvrier vulgaire de trouver une matière préparée sur laquelle il travaillât, et de laquelle il fît son ouvrage; mais, n'ayant besoin pour agir que de lui-même et de sa propre puissance, il a fait tout son ouvrage. Il n'est point un simple faiseur de formes et de figures dans une matière préexistante; il a fait et la matière et la forme, c'est-à-dire son ouvrage dans son tout. Autrement son ouvrage ne lui doit pas tout, et dans son fond il est indépendamment de son ouvrier. Mais il n'en est pas ainsi d'un ouvrier aussi parfait que Dieu. Lui qui est la forme des formes et l'acte des actes, il a fait tout ce qui est selon ce qu'il est, autant qu'il est; c'est-à-dire que, comme il a fait la forme, il a fait aussi ce qui était capable d'être formé, parce que cela même c'est quelque chose qui, ne pouvant avoir de soi-même d'être formé, ne peut non plus avoir de soi-même d'être formable.

C'est pourquoi je lis ainsi dans votre Écriture toujours véritable: Au commencement Dieu a créé le ciel et la terre. Et la terre était inutile, informe, vide, invisible, confuse; et les ténèbres couvraient la face de l'abîme (4), qui était la mer. Et l'esprit de Dieu, le Saint-Esprit en figure, selon la première signification de la lettre, un vent, un air que Dieu agitait, était porté sur les eaux, ou posait sur elles. Voilà

---

1. 3e semaine. 2e élévation.
2. Gen., XVIII, 27.
3. Gen., I, 2.
4. Ibid.

cette matière confuse, sans ordre, sans arrangement, sans forme distincte. Voilà ce chaos, cette confusion, dont la tradition s'est conservée dans le genre humain, et se voit encore dans les poëtes les plus anciens. Car c'est ce que veulent dire ces ténèbres, cet abîme immense dont la terre était couverte, ce mélange confus de toutes choses, cette infôrmité, si l'on peut parler de cette sorte, de la terre vide et stérile. Mais, en même temps, tout cela n'est pas sans commencement; tout cela est créé de Dieu. Au commencement Dieu a créé le ciel et la terre. Cet esprit, cet air ténébreux qui se portait sur les eaux, venait de Dieu, et n'était fait ni agité que de sa main. En un mot, toute cette masse, quoique informe, était néanmoins sa créature, le commencement et l'ébauche, mais toujours de la même main, de son grand ouvrage.

O Dieu, quelle a été l'ignorance des sages du monde qu'on a appelés philosophes, d'avoir cru que vous, parfait architecte et absolu formateur de tout ce qui est, vous aviez trouvé sous vos mains une matière qui vous était coéternelle, informe néanmoins, et qui attendait de vous sa perfection! Aveugles! qui n'entendaient pas que d'être capable de formes, c'est déjà quelque forme; c'est quelque perfection que d'être capable de perfection; et si la matière avait elle-même ce commencement de perfection et de forme, elle en pourrait aussitôt avoir d'elle-même l'entier accomplissement.

Aveugles conducteurs d'aveugles, qui tombez dans le précipice et y jetez ceux qui vous suivent (1)! Dites-moi, qui a assujetti à Dieu ce qu'il n'a pas fait, ce qui est de soi aussi bien que Dieu, qui est indépendamment de Dieu même? Par où a-t-il trouvé prise sur ce qui lui est étranger et indépendant de sa puissance, et par quel art et par quel pouvoir se l'est-il soumis? Comment s'y prendra-t-il pour le mouvoir? Ou, s'il se meut de lui-même, quoique encore confusément et irrégulièrement, comme on veut se l'imaginer dans ce chaos, comment donnera la règle à ces mouvements celui qui ne donne pas la force mouvante? Cette nature indomptable échapperait à ses mains, et, ne s'y prêtant jamais tout entière, elle ne pourrait être formée tou-

, Matth., xv, 14.

entière selon l'art et la puissance de son ouvrier. Mais qu'est-ce, après tout, que cette matière si parfaite qu'elle ait d'elle-même ce fond de son être, et si imparfaite qu'elle attende sa perfection d'un autre? Son ornement et sa perfection ne sera que son accident, puisqu'elle est éternellement informe. Dieu aura fait l'accident, et n'aura pas fait la substance? Dieu aura fait l'arrangement des lettres qui composent les mots, et n'aura pas fait dans les lettres la capacité d'être arrangées? O chaos et confusion dans les esprits, plus encore que dans cette matière et ces mouvements qu'on imagine éternellement irréguliers et confus! Ce chaos, cette erreur, cet aveuglement, était pourtant dans tous les esprits, et il n'a été dissipé que par ces paroles : Au commencement, Dieu a créé le ciel et la terre; et par celles-ci : Dieu a vu toutes les choses qu'il avait faites, et elles étaient très-bonnes (1), parce que lui seul en avait fait toute la bonté; toute la bonté, encore un coup, et non-seulement la perfection et la fin, mais encore le commencement

VIII [2].

Dieu n'a eu besoin de trouver ni un lieu pour placer le monde, ni un temps pour y assigner le commencement de toutes choses.

Faible et imbécile que je suis, qui ne vois que des artisans mortels dont les ouvrages sont soumis au temps, et qui désignent par certains moments le commencement et la fin de leur travail, qui aussi ont besoin d'être en quelque lieu pour agir, et de trouver une place pour y fabriquer et y poser leur ouvrage! Je veux imaginer la même chose, ou quelque chose de semblable, dans ce tout-puissant ouvrier qui a fait le ciel et la terre; sans songer que, s'il a tout fait, il a fait le temps et le lieu; et que ces deux choses, que tout autre ouvrier que lui doit trouver faites, font elles-mêmes partie de son ouvrage.

1. Gen., I, 31.
2. 3e semaine, 3e élévation.

Cependant je veux m'imaginer, il y a six ou sept mille ans, et avant que le monde fût, comme une succession infinie de révolutions et de moments entre-suivis, dont le Créateur en ait choisi un pour y fixer le commencement du monde ; et je ne veux pas comprendre que Dieu, qui fait tout, ne trouve rien de fait dans son ouvrage avant qu'il agisse : qu'ainsi avant le commencement du monde, il n'y avait rien du tout que Dieu seul, et que dans le rien il n'y a ni succession, ni durée, ni rien qui soit, ni rien qui demeure, ni rien qui passe ; parce que le rien est toujours rien, et qu'il n'y a rien hors Dieu que ce que Dieu fait.

Élevez donc ma pensée au-dessus de toute image des sens et de la coutume, pour me faire entendre, dans votre éternelle vérité, que vous, qui êtes celui qui est, êtes toujours le même, sans succession ni changement, et que vous faites le changement et la succession partout où elle est. Vous faites par conséquent tous les mouvements et toutes les circulations dont le temps peut être la mesure. Vous voyez dans votre éternelle intelligence toutes les circulations différentes que vous pouvez faire, et les nommant, pour ainsi dire, toutes par leur nom, vous avez choisi celles qu'il vous a plu pour les faire aller les unes après les autres. Ainsi la première révolution que vous avez faite du cours du soleil a été la première année, et le premier mouvement que vous avez fait dans la matière a été le premier jour. Le temps a commencé selon ce qu'il vous a plu, et vous en avez fait le commencement tel qu'il vous a plu ; comme vous en avez fait la suite et la succession, que vous ne cessez de développer du centre immuable de votre éternité.

Vous avez fait le lieu de la même sorte que vous avez fait le temps. Pour vous, ô Dieu de gloire et de majesté ! vous n'avez besoin d'aucun lieu ; vous habitez en vous-même tout entier ; sans autre étendue que celle de vos connaissances, vous savez tout ; ou celle de votre puissance, vous pouvez tout ; ou celle de votre être, de toute éternité vous êtes tout. Vous êtes tout ce qui est nécessairement ; et ce qui peut ne pas être, et qui n'est pas éternellement comme vous, n'ajoute rien à la perfection et à la plénitude de l'être que vous possédez seul. Qu'ajouterait à votre science, à votre puissance, à votre grandeur quelque espèce d'étendue locale que ce soit ?

Rien du tout. Vous êtes dans vos ouvrages par votre vertu, qui les forme et qui les soutient ; et votre vertu, c'est vous-même, c'est votre substance. Quand vous cesseriez d'agir, vous ne seriez pas moins tout ce que vous êtes, sans avoir le soin ni de vous étendre, ni d'être dans vos créatures, ni dans quelque lieu ou espace que ce soit. Car le lieu ou l'espace est une étendue ; et un espace ou étendue des proportions, des distances, des égalités, ne sont pas un rien ; et si on veut que vous trouviez toutes faites ces distances, ces étendues, ces proportions, sans les avoir faites vous-même, on retombe dans l'erreur de ceux qui mettent quelque chose hors de vous qui vous soit nécessairement coéternel et ne soit pas votre ouvrage.

O Dieu ! dissipez ces fausses idées de l'esprit de vos serviteurs ! Faites-leur entendre que, sans avoir besoin d'être nulle part ou de vous faire une demeure, vous vous étiez tout à vous-même ; et que lorsqu'il vous a plu, sans aucune nécessité, de faire le monde, vous avez fait le monde, et le temps, et le lieu, toute étendue, toute succession, toute distance ; et enfin que de toute éternité, et avant le commencement, il n'y avait rien du tout que vous seul ; vous seul encore une fois, vous seul n'ayant besoin que de vous-même. Tout le reste n'était pas : il n'y avait ni temps ni lieu, puisque le temps et le lieu sont quelque chose ; il n'y avait qu'une pure possibilité de la créature que vous vouliez faire, et cette possibilité ne subsistait que dans votre toute-puissance.

Vous êtes donc éternellement ; et parce que vous êtes parfait, vous pouvez tout ce que vous voulez ; et parce que vous pouvez tout ce que vous voulez, tout vous est possible ; et il n'est possible radicalement et originairement que parce que vous le pouvez.

Je vous adore, ô celui qui pouvez tout ! et je me soumets à votre toute-puissance, pour ne vouloir éternellement que ce que vous voulez de moi, et ne me réserver de puissance que pour l'accomplir.

XI[1].

Efficace et liberté du commandement divin.

Dieu dit : Que la lumière soit ; et la lumière fut (1). Le roi dit : Qu'on marche, et l'armée marche ; qu'on fasse telle évolution, et elle se fait. Toute une armée se remue au seul commandement d'un prince, c'est-à-dire à un seul petit mouvement de ses lèvres. C'est parmi les choses humaines l'image la plus excellente de la puissance de Dieu ; mais au fond, que cette image est défectueuse ! Dieu n'a point de lèvres à remuer ; Dieu ne frappe point l'air avec une langue pour en tirer quelque son ; Dieu n'a qu'à vouloir en lui-même, et tout ce qu'il veut éternellement s'accomplit comme il l'a voulu, et au temps qu'il a marqué.

Il dit donc : Que la lumière soit, et elle fut ; qu'il y ait un firmament, et il y en eut un ; que les eaux s'assemblent, et elles furent assemblées ; qu'il s'allume deux grands luminaires, et ils s'allumèrent ; qu'il sorte des animaux, et il en sortit (3) ; et ainsi du reste. Il a dit, et les choses ont été faites ; il a commandé, et elles ont été créées (4). Rien ne résiste à sa voix (5), et l'ombre ne suit pas plus vite le corps que tout suit au commandement du Tout-Puissant.

Mais les corps jettent leur ombre nécessairement ; le soleil envoie de même ses rayons ; les eaux bouillonnent d'une source comme d'elles-mêmes, sans que la source les puisse retenir ; la chaleur, pour ainsi parler, force le feu à la produire ; car tout cela est soumis à une loi et à une cause qui les domine. Mais vous, ô loi suprême ! ô cause des causes ! supérieur à vos ouvrages, maître de votre action, vous n'agissez hors de vous qu'autant qu'il vous plaît. Tout est également rien devant vos yeux ; vous ne devez rien à personne, vous n'avez besoin de personne, vous ne produisez nécessairement que ce qui vous est égal ; vous produisez tout le reste

---

1. 3ᵉ semaine. 4ᵉ élévation.
2. Gen. I, 3.
3. Ibid., 6, 9, 14, 20.
4. Ps. XXXII, 9.
5. Judith, XVI, 17.

par pure bonté, par un commandement libre; non de cette liberté changeante et irrésolue qui est le partage de vos créatures, mais par une éternelle supériorité que vous exercez sur les ouvrages, qui ne vous font ni plus grand ni plus heureux, et dont aucun ni tous ensemble n'ont droit à l'être que vous leur donnez.

Ainsi, mon Dieu, je vous dois tout. Je devrais moins à votre bonté si vous me deviez quelque chose, si votre libéralité était nécessaire. Je veux vous devoir tout, je veux être à vous de la manière la plus absolue et la plus entière ; c'est celle qui convient mieux à votre suprême perfection, à votre perfection absolue. Je consacre à votre empire libre et souverain tout ce que vous m'avez donné de liberté.

TRAITÉ
DE
LA CONCUPISCENCE
OU
EXPOSITION
DE CES PAROLES DE SAINT JEAN

N'AIMEZ PAS LE MONDE, NI CE QUI EST DANS LE MONDE, ETC.
1 Joan., ii, 15, 16, 17.

CHAPITRE PREMIER

Paroles de l'apôtre saint Jean contre le monde, conférées avec d'autres paroles du même apôtre, et de Jésus-Christ. Ce que c'est que le monde que cet apôtre nous défend d'aimer.

(1) « N'aimez pas le monde, ni ce qui est dans le monde. Celui qui aime le monde, l'amour du Père n'est pas en lui, parce que tout ce qui est dans le monde est concupiscence de la chair, et concupiscence des yeux, et orgueil de la vie ; laquelle concupiscence n'est pas du Père, mais elle est du monde. Or, le monde passe, et la concupiscence du monde passe » avec lui ; « mais celui qui fait la volonté de Dieu demeure éternellement. »

Les dernières paroles de cet apôtre nous font voir que le monde dont il parle ici, sont ceux qui préfèrent les choses visibles et passagères aux invisibles et éternelles.

Il faut maintenant considérer à qui il adresse cette parole ; et pour cela il n'y a qu'à lire les paroles qui précèdent celles-

. I. Joan., ii, 15, 16, 17.

ci: (1) « Je vous écris, mes petits enfants, que tous vos péchés vous sont remis au nom de Jésus-Christ. Je vous écris, pères, que vous avez connu celui qui dès le commencement, » celui qui est le vrai Père de toute éternité. « Je vous écris, jeunes gens, » qui êtes au commencement de votre jeunesse, « que vous avez surmonté le mauvais; je vous écris, petits enfants, qui avez reconnu votre Père: je vous écris, jeunes gens, » qui êtes dans la force de l'âge, « que vous êtes courageux, et que la parole de Dieu est en vous, et que vous avez vaincu le mauvais. » A quoi il ajoute aussitôt après : « N'aimez pas le monde, » et le reste que nous venons de rapporter.

Cela est conforme à ce que dit le même apôtre au commencement de son Evangile en parlant de Jésus-Christ: (2) « Il était dans le monde, et le monde a été fait par lui, et le monde ne l'a point connu. » Et la source de tout cela est dans ces paroles du Sauveur: (3) « Je vous donnerai l'esprit de vérité que le monde ne peut recevoir parce qu'il ne le veut pas, et ne le reçoit pas, et ne le connait pas; » ou il ne sait pas qui il est. Et encore: (4) « Si le monde vous hait, sachez qu'il m'a haï le premier: si vous eussiez été du monde, le monde aimerait ce qui est à lui; mais parce que vous n'êtes pas du monde, et que je vous ai élus du milieu du monde, » je vous en ai tirés, « c'est pour cela que le monde vous hait. »

Et encore: (5) « Vous aurez de l'affliction dans le monde mais prenez courage ; j'ai vaincu le monde. » Et enfin: (6) « J'ai manifesté mon nom aux hommes que vous avez tirés du monde pour me les donner. (7) Je ne prie pas pour le monde, mais pour ceux que vous m'avez donnés, parce qu'ils sont à vous: (8) Je ne suis plus dans le monde, » je retourne à vous, et l'heure d'aller à vous est arrivée; « pour eux, ils

---

1. 1. Joan., II, 12, 13, 14.
2. Joan., I, 10.
3. Ibid., XIV, 17.
4. Ibid., XV, 18, 19.
5. Ibid., XVI, 33.
6. Ibid., XVII, 6.
7. Ibid., 9.
8. Ibid., 11.

sont dans le monde; mais, pour moi, je viens à vous. (1) Je leur ai donné votre parole, et le monde les a haïs, parce qu'ils ne sont pas du monde; et je ne suis pas du monde. Je ne vous prie pas de les tirer du monde, mais de les garder du mal, » ou de les garder du mauvais. « Ils ne sont pas du monde, comme je ne suis pas du monde. Sanctifiez-les en vérité. (2) Mon Père juste, le monde ne vous connaît pas ; mais moi je vous connais, et ceux-ci ont connu que vous m'avez envoyé.

Toutes ces paroles de notre Sauveur font voir que tous ceux qui font profession d'être ses disciples sont tirés du monde, parce qu'ils sont sanctifiés en vérité ; que la parole de Dieu est en eux, qu'ils le connaissent, pendant que le monde ne le connaît pas, et qu'ils connaissent Jésus-Christ, le suivent et l'imitent. La vie du monde est donc la vie éloignée de Dieu et de Jésus-Christ, et la vie chrétienne, la vie des disciples de Jésus-Christ, est la vie conforme à sa doctrine et à ses exemples. C'est ce que saint Jean nous explique plus en détail par ces tendres paroles : (3) « Mes petits enfants, jeunes et vieux, je vous l'écris, » je vous le répète, « n'aimez pas le monde ; » n'aimez pas ceux qui s'attachent aux choses sensibles, aux biens périssables ; ne les aimez pas dans leur erreur ; ne les suivez pas dans leur égarement ; aimez-les pour les en tirer, comme Jésus-Christ a aimé ses disciples qu'il a tirés du milieu du monde, du milieu de la corruption, mais gardez-vous bien de les aimer comme amateurs du monde, d'entrer dans leur commerce, dans leur société, dans leurs maximes, et d'imiter leurs exemples, parce qu'il n'y a parmi eux que corruption. Et en voici les trois sources : (4) « c'est qu'il n'y a dans le monde que concupiscence de la chair, que concupiscence des yeux et orgueil de la vie, » qui sont toutes choses trompeuses, inconstantes, périssables, et qui perdent ceux qui s'y attachent. Je le crois, il est ainsi : c'est le Saint-Esprit qui le dit par la bouche d'un apôtre ; mais il faut encore tâcher de l'entendre, afin de haïr le monde avec plus de connaissance.

1. Joan., 14, 15, 16, 17.
2. Joan., XVII, 25.
3. I. Joan., II, 15.
4. Ibid., 16.

CHAPITRE DEUXIÈME

Ce que c'est que la concupiscence de la chair, et combien le corps pèse à l'âme.

La concupiscence de la chair est ici d'abord l'amour des plaisirs des sens, car ces plaisirs nous attachent à ce corps mortel dont saint Paul disait : (1) « Malheureux homme que je suis ! qui me délivrera du corps de cette mort ? » et nous en rendent l'esclave. Ce qui fait dire au même saint Paul : « Qui me délivrera ? » qui m'affranchira de sa tyrannie ? qui en brisera les liens ? qui m'ôtera un joug si pesant ? »

(2) « Les pensées des mortels sont timides, » et pleines de faiblesses, « et nos prévoyances incertaines, parce que le corps qui se corrompt appesantit l'âme, et que notre demeure terrestre opprime l'esprit qui est fait pour beaucoup penser : et la connaissance même des choses qui sont sur la terre nous est difficile, nous ne pénétrons qu'à peine et avec travail les choses qui sont devant nos yeux ; mais pour celles qui sont dans le ciel qui de nous les pénétrera ? » Le corps rabat la sublimité de nos pensées, et nous attache à la terre, nous qui ne devrions respirer que le ciel. Ce poids nous accable ; (3) « et c'est là cet empêchement qui a été créé pour tous les hommes, et le joug pesant qui a été mis sur tous les enfants d'Adam, depuis le jour qu'ils sont sortis du sein de leur mère, jusqu'à celui où ils rentrent, par la sépulture, à la mère commune, qui est la terre. » Ainsi l'amour des plaisirs des sens, qui nous attache au corps, qui par sa mortalité est devenu le joug le plus accablant que l'âme puisse porter, est la cause la plus manifeste de sa servitude et de ses faiblesses

---

1. Rom., VII, 24.
2. Sap., IX, 14, 15, 16.
3. Eccli., L, 1.

CHAPITRE TROISIÈME

Ce que c'est, selon l'Écriture, que la pesanteur du corps, et qu'elle est dans les misères et les passions qui nous viennent de cette source.

Ce joug pesant qui accable les enfants d'Adam n'est autre chose, comme on vient de voir, que les infirmités de leur chair mortelle, lesquelles l'Ecclésiastique raconte en ces termes : (1) « Ils ont les inquiétudes, les terreurs d'un cœur » continuellement agité, « les inventions de leurs espérances » trompeuses et trop engageantes, « et le jour terrible de la mort. Tous ces maux sont répandus sur tous les hommes, « depuis celui qui est assis sur le trône, jusqu'à celui qui couche sur la terre, et dans la poussière, » par sa pauvreté, « ou sur la cendre » dans son affliction et dans sa douleur: « depuis celui qui est revêtu de pourpre et qui porte la couronne, jusqu'à celui qui est habillé du linge le plus grossier, La fureur, la jalousie, le tumulte » des passions, « l'agitation de l'esprit, la crainte de la mort, la colère, et les longs tourments qu'elle nous attire par sa durée, les querelles, » et tous les maux qui les suivent ; tout cela se répand partout. « Dans le temps du repos et dans le lit, où on répare ses forces par le sommeil, » le trouble nous suit, « les songes pendant la nuit changent nos pensées: nous goûtons pendant un moment un peu de repos, et tout d'un coup il nous vient des soins, comme durant le jour, par les songes : on est troublé dans les visions de son cœur, comme si l'on venait d'éviter les périls d'un jour de combat ; dans le temps où l'on est le plus en sûreté, on se lève comme en sursaut, et on s'étonne d'avoir eu pour rien tant de terreur. » Tous ces troubles sont l'effet d'un corps agité et d'un sang ému qui envoie à la tête de tristes vapeurs; « c'est pourquoi ces agitations, » tant celles des passions que celles des songes, « se trouvent dans toute chair, depuis l'homme jusqu'à la bête, et se trouvent sept fois davantage sur les pécheurs, » où les terreurs de la conscience se joignent aux communes

1, Eccli., L, 2-17.

infirmités de la nature. « A quoi il faut ajouter les morts violentes, le sang répandu, les combats, l'épée, les oppressions, les famines, les mortalités et tous les autres fléaux de Dieu. Toutes ces choses, » qui dans l'origine ne devaient pas se trouver parmi les hommes, « ont été créées pour la punition des méchants, et c'est pour eux qu'est arrivé le déluge. » Et la source de tous ces maux, « c'est que tout ce qui sort de la terre retourne à la terre, comme toutes les eaux de la mer viennent de la mer et y retournent. »

En un mot, la mortalité, introduite par le péché, a attiré sur le genre humain cette inondation de maux, cette suite infinie de misères d'où naissent les agitations et les troubles des passions qui nous tourmentent, nous trompent, nous aveuglent. Nous qui dans notre innocence devions être semblables aux anges de Dieu, sommes devenus comme les bêtes, et, comme disait David, nous avons perdu le premier honneur de notre nature : (1) « *Homo cum in honore esset, non intellexit*, etc. » Pendant que l'homme était en honneur dans son institution primitive, il n'a pas connu cet avantage; il s'est égalé aux animaux insensés et leur a été rendu semblable. Répétons une et deux fois ce verset avec le Psalmiste. Nous ne saurions trop déplorer les misères et les passions insensées où nous jette notre corps mortel; et tout ce qui nous y attache, comme fait l'amour du plaisir des sens, nous fait aimer la source de nos maux, et nous attache à l'état de servitude où nous sommes.

CHAPITRE QUATRIÈME

Que l'attache que nous avons au plaisir des sens est mauvaise et vicieuse.

Pour connaître encore plus à fond la raison de la défense que nous fait saint Jean de nous laisser entraîner à la concupiscence de la chair, c'est-à-dire à l'attache au plaisir des sens, il faut entendre que cette attache est en nous un mal

---

1. Ps., XLVIII, 25.

qu'il faut ôter, un vice qu'il faut vaincre, une maladie qu'il faut guérir; ou l'on cède et on se livre tout à fait à ce violent amour du plaisir des sens, et on se rend criminel et esclave de la chair et du péché; ou on combat, ce qu'on ne se croirait pas obligé de faire si elle n'était mauvaise. Et ce qui la rend visiblement telle, c'est qu'elle nous porte au mal, puisqu'elle nous porte à des excès terribles, à la gourmandise, à l'ivrognerie, à toutes sortes d'intempérances. Ce qui faisait dire à saint Paul : (1) « Je sais que le bien n'habite point en moi, c'est-à-dire dans ma chair. » Et encore : (2) « Je trouve en moi une loi de rébellion » et d'intempérance qui me fait apercevoir, « lorsque je m'efforce à faire le bien, que le mal m'est attaché » et inhérent à mon fond.

Ainsi le mal est en nous, et attaché à nos entrailles d'une étrange sorte, soit que nous cédions au plaisir, soit que nous le combattions par une continuelle résistance, puisque, comme dit saint Augustin, pour ne point tomber dans l'excès, il faut combattre le mal dans son principe; pour éviter le consentement, qui est le mal consommé, il faut continuellement résister au désir, qui en est le commencement : « *Ut non fiat malum excedendi, resistendum est malo concupiscendi.* »

Nous faisons une terrible épreuve de ce combat dans le besoin que nous avons de nous soutenir par la nourriture. La sagesse du Créateur, non contente de nous forcer à ce soutien nécessaire, par la douleur violente de la faim et de la soif, et par les défaillances insupportables qui les accompagnent, nous y invite même par le plaisir qu'elle a attaché aux fonctions naturelles de boire et de manger. Elle a rempli de bien toute la nature : (3) « Envoyant, » comme dit saint Paul, « la pluie et le beau temps, et les saisons qui rendent la terre féconde en toutes sortes de fruits, remplissant nos cœurs de joie par une nourriture convenable. » Et par là, comme dit le même saint Paul, « Dieu rend lui-même témoignage » à sa providence et à sa bonté paternelle, qui nourrit les hommes comme les animaux, et sauve les uns et les autres de la manière qui convient à chacun.

1. Rom., VII, 18.
2. Ibid., 21.
« Act., XIV, 16.

Mais les hommes ingrats et charnels ont pris occasion de ce plaisir pour s'attacher à leur corps plutôt qu'à Dieu qui l'avait fait, et ne cessait de le sustenter par des moyens si agréables. Le plaisir de la nourriture les captive : au lieu de manger pour vivre, « ils semblent, comme disait cet ancien, et après lui saint Augustin, « ne vivre que pour manger. » Ceux-là même qui savent régler leurs désirs, et sont amenés au repas par la nécessité de la nature, trompés par le plaisir, et engagés plus avant qu'il ne faut par ses appas, sont transportés au delà des justes bornes ; ils se laissent insensiblement gagner à leur appétit, et ne croient jamais avoir satisfait entièrement au besoin tant que le boire et le manger flattent leur goût. Ainsi, dit saint Augustin, la convoitise ne sait jamais où finit la nécessité : « *Nescit cupiditas ubi finiatur necessitas.* » C'est donc là une maladie que la contagion de la chair produit dans l'esprit, une maladie contre laquelle on ne doit point cesser de combattre, ni d'y chercher des remèdes par la sobriété et la tempérance, par l'abstinence et par le jeûne. Mais qui oserait penser à d'autres excès qui se déclarent d'une manière bien plus dangereuse dans un autre plaisir des sens ? Qui, dis-je, oserait en parler, ou y oserait penser, puisqu'on n'en parle point sans pudeur, et qu'on n'y pense point sans péril, même pour le blâmer ? O Dieu, encore un coup, qui oserait parler de cette profonde et honteuse plaie de la nature, de cette concupiscence qui lie l'âme au corps par des liens si tendres et si violents, dont on a tant de peine à se déprendre, et qui cause aussi dans le genre humain de si effroyables désordres ? Malheur à la terre, malheur à la terre, encore un coup, malheur à la terre, d'où sort continuellement une si épaisse fumée, des vapeurs si noires qui s'élèvent de ces passions ténébreuses, et qui nous cachent le ciel et la lumière, d'où partent aussi des éclairs et des foudres de la justice divine contre la corruption du genre humain.

O que l'apôtre vierge, l'ami de Jésus et fils de la vierge mère de Jésus, que Jésus aussi toujours vierge lui a donné pour mère à la croix ; que cet apôtre a raison de crier de toute sa force aux grands et aux petits, aux jeunes gens et aux vieillards, et aux enfants comme aux pères : (1) « N'aimez

1. I. Jom., II, 15.

pas le monde, ni tout ce qui est dans le monde, parce que ce qu'il y a dans le monde est concupiscence de la chair; » un attachement à la fragile et trompeuse beauté du corps, et un amour déréglé du plaisir des sens, qui corrompt également les deux sexes.

O Dieu qui, par un juste jugement, avez livré la nature humaine coupable à ce principe d'incontinence, vous y avez préparé un remède dans l'amour conjugal: mais ce remède fait voir encore la grandeur du mal, puisqu'il se mêle tant d'excès dans l'usage de ce sacré remède. Car d'abord ce remède sacré, c'est-à-dire le mariage, est un bien, et un grand bien, puisque c'est un grand sacrement en Jésus-Christ et en son Église, et le symbole de leur union indissoluble. Mais c'est un bien qui suppose un mal dont on use bien, c'est-à-dire qui suppose le mal de la concupiscence, dont on use bien, lorsqu'on s'en sert pour faire fructifier la nature humaine. Mais, en même temps, c'est un bien qui remédie à un mal, c'est-à-dire à l'intempérance ; un remède de ses excès, et un frein de sa licence. Que de peine n'a pas la faiblesse humaine à se tenir dans les bornes de la liaison conjugale, exprimée dans le contrat même du mariage? C'est ce qui fait dire à saint Augustin, « qu'il s'en trouve plus qui gardent une perpétuelle et inviolable continence, qu'il ne s'en trouve qui demeurent dans les lois de la chasteté conjugale; un amour désordonné pour sa propre femme étant souvent, » selon le même Père, « un attrait secret à en aimer d'autres. » O faiblesse de la misérable humanité, qu'on ne peut assez déplorer!

Ce désordre a fait dire à saint Paul même, que (1) « ceux qui sont mariés doivent vivre comme n'ayant point de femmes; » les femmes par conséquent comme n'ayant point de maris, c'est-à-dire les uns et les autres sans être trop attachés les uns aux autres, et sans se livrer aux sens, sans y mettre leur félicité, sans les rendre maîtres. C'est encore ce qui fait dire au même saint Paul que ceux qui sont dans la chair, qui sont plongés et attachés par le fond du cœur à ces plaisirs, ne peuvent plaire à Dieu: (2) « *Qui in carne sunt, Deo*

1. I. Cor., vii, 29.
2. Rom., viii, 8.

placere non possunt. » C'est ce qui fait la louange de la sainte virginité; et sur ce fondement, saint Augustin distingue trois états de la vie humaine par rapport à la concupiscence de la chair. Les chastes mariés usent bien de ce mal; les intempérants en usent mal; les continents perpétuels n'en usent point du tout, et ne donnent rien à l'amour des plaisirs des sens.

Disons donc avec saint Jean à tous les fidèles, et à chacun selon l'état où il est : O vous qui vous livrez à la concupiscence de la chair, cessez de vous y laisser captiver; et vous qui en usez bien dans un chaste mariage, n'y soyez point attachés, et modérez vos désirs; et vous qui plus courageux, comme plus heureux que tous les autres, ne lui donnez rien du tout, et la méprisez tout à fait, persistez dans cette chaste disposition qui vous égale aux anges de Dieu; tous ensemble abattez cette chair rebelle, dont la loi impérieuse qui est en nos membres a tant fait répandre de larmes, tant pousser de gémissements à tous les saints; à l'exemple de saint Paul, fortifiez-vous contre elle par les jeûnes, et, mortifiant votre goût, travaillez à rendre plus faciles les victoires des autres appétits plus violents et plus dangereux.

CHAPITRE CINQUIÈME

Que la concupiscence de la chair est répandue par tout le corps et tous les sens.

Il ne faut pas s'imaginer que la concupiscence de la chair consiste seulement dans les passions dont nous venons de parler : c'est une racine empoisonnée qui étend ses branches dans tous les sens et se répand dans tout le corps. La vue en est infectée, puisque c'est par les yeux que l'on commence à avaler le poison de l'amour sensuel; ce qui faisait dire à Job : (1) « J'ai fait un pacte avec mes yeux pour ne pas

1. Job., XVI, 1.

même penser à une fille; » et à saint Pierre: » que les yeux des personnes impudiques sont (1) pleins d'adultères; » et à Jésus-Christ même: (2) « Celui qui regarde une femme pour la convoitiser, s'est déjà souillé avec elle dans son cœur. »
Ce vice des yeux est distingué de la concupiscence des yeux, dont saint Jean parle dans notre passage. Car c'est ici où l'on ouvre les yeux pour s'assouvir de la vue des beautés mortelles, ou même se délecter à les voir et à en être vu. Les oreilles en sont infectées, quand, par de dangereux entretiens et des chants remplis de mollesse, l'on allume ou l'on entretient les flammes de l'amour impur, et cette secrète disposition que nous avons aux joies sensuelles; car l'âme une fois touchée de ces plaisirs perd sa force, affaiblit sa raison, s'attache aux sens et au corps. Cette femme qui dans les *Proverbes* vante les parfums qu'elle a répandus sur son lit, et la douce odeur qu'on respire dans sa chambre pour en conclure aussitôt après: (3) « Enivrons-nous des plaisirs, et jouissons des embrassements désirés, » montre assez par ce discours à quoi mènent les bonnes senteurs préparées pour affaiblir l'âme, l'attirer au plaisir des sens par quelque chose qui ne semble pas offenser directement la pudeur, s'y faire recevoir avec moins de crainte, la disposer ainsi à se relâcher, et détourner son attention de ce qui doit faire son occupation naturelle, qui est de se rapporter toute à Dieu.

Tous les plaisirs des sens s'excitent les uns les autres: l'âme qui en goûte un remonte aisément à la source qui les produit tous; ainsi ceux qu'on s'imaginerait être les plus innocents, si l'on n'est toujours sur ses gardes, préparent aux plus coupables; les plus petits font sentir la joie qu'on ressentirait dans les plus grands, et réveillent la concupiscence. Il y a même une mollesse et délicatesse répandue dans tout le corps, qui, faisant chercher un certain repos dans le sensible, le réveille et en entretient la vivacité. On aime son corps avec une attache qui fait oublier son âme, et l'image de Dieu qu'elle porte empreinte dans son fond; on ne se peut rien refuser: un soin excessif de sa

---

1. II. Pet., II, 14.
2. Matth., v, 28.
3. Prov., VII, 21.

santé fait qu'on flatte le corps en tout, et tous ces divers sentiments sont autant de branches de la concupiscence de la chair.

Hélas ! je ne m'étonne pas si un saint Bernard craignait la santé parfaite dans ses religieux ; il savait où elle nous mène, si on ne sait châtier son corps avec l'Apôtre, et le réduire en servitude par les mortifications, par le jeûne, et par la prière, et par une continuelle occupation de l'esprit.

Toute âme pudique fuit l'oisiveté, la nonchalance, la délicatesse, la trop grande sensibilité, les tendresses qui amollissent le cœur, tout ce qui flatte les sens, les nourritures exquises : tout cela n'est que la pâture de la concupiscence de la chair que saint Jean nous défend, et en entretient le feu.

CHAPITRE SIXIÈME

Ce que c'est que la chair de péché dont parle saint Paul.

Toutes ces mauvaises dispositions de la chair l'ont fait appeler par saint Paul la chair de péché : (1) « Dieu, » dit-il, « a envoyé son Fils dans la ressemblance de la chair du péché. » Remarquez donc en Jésus-Christ, non pas la ressemblance de la chair absolument, mais la ressemblance de la chair du péché. En nous se trouve la chair du péché dans les impressions du péché que nous portons dans notre chair, et dans la pente qu'elle nous inspire au péché, par l'attache aux sens ; et en Jésus-Christ seulement « la ressemblance de la chair du péché ; » parce que sa chair virginale est exempte de tout le désordre que le péché a mis dans la nôtre. Il a donc non la ressemblance de la chair, car sa chair est très-véritable, faite d'une femme, et vraiment sortie du sang d'Abraham et de David ; ce qui emporte, non la ressemblance, mais la véritable nature de la chair. Aussi saint Paul lui attribue-t-il, non pas la ressemblance de la chair, mais « la ressemblance de la chair du péché ; » à cause que, sans

(1. Rom., VIII, 3.

avoir les inclinations perverses, dont les semences sont en notre chair, il en a pris seulement la passibilité et la mortalité ; c'est-à-dire la seule peine du péché, sans en avoir ni la coulpe, ni aucun des mauvais désirs qui nous y portent.

Jugeons à présent avec combien de raison saint Jean nous commande d'avoir le monde en horreur, à cause qu'il est tout rempli de la concupiscence de la chair. Il y a dans notre chair une secrète disposition à ce soulèvement universel contre l'esprit : (1) « La chair convoite contre l'esprit, » comme dit saint Paul ; c'est-à-dire, que c'est là son fond depuis la corruption de notre nature. Tout y nourrit la concupiscence, tout y porte au péché, comme on a vu. Il la faut donc autant haïr que le péché même, où elle nous porte.

CHAPITRE SEPTIÈME

D'où vient en nous la chair du péché, c'est-à-dire la concupiscence de la chair.

Lorsque saint Paul a parlé de notre chair comme d'une chair de péché, il semble avoir voulu expliquer cette parole du Sauveur : (2) « Tout ce qui est né de la chair est chair, et tout ce qui est né de l'esprit est esprit. Ne vous étonnez donc pas si je vous dis que vous devez naître de nouveau. » Cette parole nous ramène à l'institution primitive de notre nature.

Dieu a fait l'homme droit, et cette droiture consistait en ce que, l'esprit étant parfaitement soumis à Dieu, le corps aussi était parfaitement soumis à l'esprit. Ainsi tout était dans l'ordre, et c'est cet ordre que nous appelons la justice et la droiture originelle. Comme il n'y avait point de péché, il n'y avait pas de peine : par la même raison il n'y avait point de mort, la mort étant établie comme la peine du péché. Il y avait encore moins de honte : Dieu n'avait rien mis que de bon, que de bienséant, que d'honnête dans notre corps, non

1. Gal., v, 17.
2. Joan., III, 6, 7.

plus que dans notre âme : l'ouvrage de Dieu subsistait dans son entier : (1) « Ils étaient nus l'un et l'autre, » dit l'Écriture, « et ils n'en rougissaient pas. »

Mais aussitôt qu'ils ont désobéi à Dieu, ils se cachent : (2) « J'ai entendu votre voix, » dit Adam, « et je me suis caché dans le bois, parce que j'étais nu. » Et Dieu lui dit : « Qui vous a fait connaître que vous étiez nu, si ce n'est que vous avez mangé du fruit que je vous avais défendu ? » Le corps cessa d'être soumis, dès que l'esprit fut désobéissant : la révolte des sens fit connaître à l'homme sa nudité ; (3) « leurs yeux furent ouverts ; ils se couvrirent et se firent comme une ceinture de feuilles de figuier. » L'Écriture ne dédaigne pas de marquer et la figure et la matière de ce nouvel habillement, pour nous faire voir qu'ils ne s'en revêtirent pas pour se garantir du froid ou du chaud, ni de l'inclémence de l'air ; il y en eut une autre raison plus secrète, que l'Écriture nous enveloppe dans ces paroles, pour ménager les oreilles et la pudeur du genre humain, et nous faire entendre, sans le dire, où la rébellion se faisait le plus sentir.

Ce ménagement de l'Écriture nous découvre d'autant plus notre honte, qu'elle semble n'oser la découvrir, de peur de nous donner trop de confusion. Depuis ce temps-là, les passions de la chair, par une juste punition de Dieu, sont devenues victorieuses et tyranniques : l'homme a été plongé dans le plaisir des sens ; « et au lieu, » dit saint Augustin, « que par son immortalité, et la parfaite soumission du corps à l'esprit, il devait être spirituel même dans la chair, il est devenu charnel même dans l'esprit : *Qui futurus erat etiam carne spiritalis, factus est mente carnalis.* » L'homme tout entier fut livré au mal : (4) « Dieu vit que la malice des hommes était grande sur la terre, et que toute la pensée du cœur humain à tout moment se tournait au mal. »

Mais en quoi ce déréglement paraît-il davantage ? Allons à la source, et nous trouverons que l'occasion d'une si forte expression de l'Écriture, et la cause de tout ce désordre y est

---

1. Gen., II, 16.
2. Ibid., III, 10, 11.
3. Ibid., 7.
4. Gen., VI, 5.

clairement marquée dans ces paroles qui précèdent : (1) « Les enfants de Dieu virent que les filles des hommes étaient belles et prirent pour leurs femmes celles d'entre elles qui leur avaient plu, » par une nouvelle transgression du commandement de Dieu qui avait voulu les tenir séparés, de peur que les filles des hommes n'entraînassent ses enfants dans la corruption. Tout le désordre vint de la chair, et de l'empire des sens qui prévalaient sur la raison. Ce désordre a commencé dans nos premiers parents ; nous en naissons, et cette ardeur démesurée est devenue le principe de notre naissance et de notre corruption tout ensemble. Par elle nous sommes unis à Adam rebelle, à Adam pécheur ; nous sommes souillés en celui en qui nous étions tous, comme dans la source de notre être. Nos passions insensées ne se déclarent pas tout à coup, mais le germe qui les produit toutes est en nous dès notre origine. Notre vie commence par les sens. Qu'est-on autre chose dans l'enfance, pour ainsi parler, que corps et chair?

Mais poussons encore plus loin : nous nous trouverons corps et chair encore plus en quelque façon dans le sein de nos mères, et dès le moment de notre conception, où, sans aucun exercice de la vue, ni de l'ouïe, qui sont ceux de tous les sens qui peuvent un peu plus réveiller notre raison, nous étions sans raisonnement, sans intelligence, une pure masse de chair, n'ayant aucune connaissance de nous-mêmes, ni aucunes pensées que celles qui sont tellement conjointes au mouvement du sang, qu'à peine encore pouvons-nous les en distinguer. C'est donc ce qui fait dire au Sauveur, que nous sommes tous chair, en tant que nous naissons par la chair. La raison est opprimée et comme éteinte dans ceux qui nous produisent ; nous n'avons pas le moindre petit usage de la raison au commencement et durant les premières années de notre être : dès qu'elle commence à poindre, tous les vices se déclarent peu à peu : quand son exercice commence à devenir plus parfait, les grands dérèglements de la sensualité commencent en même temps à se déclarer. C'est donc ce qui s'appelle la chair de péché.

Livrés au corps et tout corps dès notre conception, cette

(1) Gen., vi, 2.

première impression fait que nous en demeurons esclaves. Quel effort ne faut-il point pour nous faire distinguer notre âme d'avec notre corps! Combien y en a-t-il parmi nous qui ne sentent point cette distinction! Et ceux même qui sortent un peu de cette masse de chair, et en séparent leur âme, ne s'y replongeraient-ils pas toujours comme naturellement, s'ils ne faisaient de continuels efforts pour empêcher leur imagination de dominer; et non-seulement de dominer, mais encore de faire tout, et même d'être tout en nous? Nous sommes donc, pour ainsi dire, tout corps, et nous ne serions jamais autre chose, si par la grâce de Jésus-Christ nous ne renaissions de l'esprit.

Voyons un peu ce que c'est que la nature humaine dans ce reste immense de peuples sauvages qui n'ont d'esprit que pour leurs corps, et en qui, pour ainsi parler, ce qu'il y a de plus pur est de respirer. Et les peuples plus civilisés et plus polis sortent-ils par là de la chair et du sang? Comment en sortiraient-ils, s'il y a si peu de chrétiens qui en sortent? De quoi s'entretient, de quoi s'occupe notre jeunesse dans cet âge où l'on se fait un opprobre de la pudeur? Que regrettent les vieillards lorsqu'ils déplorent leurs ans écoulés; et qu'est-ce qu'ils souhaitent continuellement de rappeler, s'ils pouvaient, avec leur jeunesse, si ce n'est les plaisirs des sens? Que sommes-nous donc autre chose que chair et que sang, et combien devons-nous haïr le monde, et tout ce qui est dans le monde, selon le précepte de saint Jean, puisque ce que dit cet apôtre est si véritable: que « tout ce qui est au monde est concupiscence de la chair? »

CHAPITRE HUITIÈME

De la concupiscence des yeux, et premièrement de la curiosité.

La seconde chose qui est dans le monde, selon saint Jean, c'est la concupiscence des yeux. Il faut d'abord la distinguer de la concupiscence de la chair, car le dessein de saint Jean est ici de nous découvrir une autre source de corruption, et un autre vice un peu plus délicat en apparence, mais dans le fond aussi mauvais, qui consiste principalement en deux choses dont l'une est le désir de voir, d'expérimenter, de connaître, en un mot, la curiosité; et l'autre est le plaisir des yeux lorsqu'on les repaît des objets d'un certain éclat capable de les éblouir ou de les séduire.

Le désir d'expérimenter et de connaître s'appelle la concupiscence des yeux, parce que de tous les organes nos yeux sont ceux qui étendent le plus nos connaissances. Sous les yeux sont en quelque sorte compris les autres sens; et dans l'usage du langage humain, sentir et voir c'est la même chose. On ne dit pas seulement, Voyez que cela est beau, mais, Voyez que cette fleur sent bon, que cette chose est douce à manier, que cette musique est agréable à entendre. C'est donc pour cela, dit saint Augustin, que toute curiosité se rapporte à la concupiscence des yeux. Le désir de voir, pris en cette sorte, c'est-à-dire celui d'expérimenter, nous replonge enfin dans la concupiscence de la chair, qui fait que nous ne cessons de rechercher et de nous imaginer de nouveaux plaisirs, avec de nouveaux assaisonnements, pour en irriter la cupidité. Mais ce désir a plus d'étendue, et c'est pourquoi il faut distinguer cette seconde concupiscence de la première.

Il faut donc mettre dans ce second rang toutes ces vaines curiosités de savoir ce qui se passe dans le monde, tout le secret de cette intrigue de quelque nature qu'elle soit, tous les ressorts qui ont fait mouvoir tels et tels qui se donnent tant de mouvement dans le monde; les ambitieux desseins de celui-ci et de celui-là, avec toute l'adresse qu'ils ont de les couvrir d'un beau prétexte, souvent même de celui de la vertu. O Dieu! quelle pâture pour les âmes curieuses, et par là vaines et faibles. Et qu'apprendrez-vous par là qui soit si digne d'être connu? Est-ce une chose qui soit si merveilleuse de savoir ce qui meut les hommes, et la cause de toutes leurs illusions, de tous leurs songes? Quel fruit retirerez-vous de ces curieuses recherches, et que vous produiront-elles, sinon des soupçons et des jugements injustes, et pour vous une redoutable matière des jugements de celui qui dit: (1) « Ne jugez pas, et vous ne serez pas jugés? »

1. Matth., VII, 1.

Cette curiosité s'étend aux siècles passés les plus éloignés, et c'est de là que nous vient cette insatiable avidité de savoir l'histoire. On se transporte en esprit dans le cœur des anciens rois, dans les secrets des anciens peuples; on s'imagine entrer dans les délibérations du sénat romain, dans les conseils ambitieux d'un Alexandre ou d'un César, dans les jalousies politiques et raffinées d'un Tibère. Si c'est pour en tirer quelques exemples utiles à la vie humaine, à la bonne heure; il le faut souffrir, et même louer, pourvu que l'on apporte à cette recherche une certaine sobriété. Mais si c'est, comme on le remarque dans la plupart des curieux, pour se repaître l'imagination de certains objets; qu'y a-t-il de plus inutile, que de se tant arrêter à ce qui n'est plus; que de rechercher toutes les folies qui ont passé dans la tête d'un mortel; que de rappeler avec tant de soin ces images que Dieu a détruites dans sa cité sainte, ces ombres qu'il a dissipées, tout cet attirail de la vanité qui de lui-même s'est replongé dans le néant, d'où il est sorti: (1) « Enfants des hommes, jusqu'à quand aurez-vous le cœur appesanti? Pourquoi aimez-vous tant la vanité, et pourquoi vous délectez-vous à étudier le mensonge? »

Il faut encore ranger dans ce second ordre de concupiscence toutes les mauvaises sciences, comme sont celles de deviner par les astres, ou par les traits du visage et de la main, ou par cent autres moyens aussi frivoles, les événements de la vie humaine, que Dieu a soumis à la direction particulière de sa providence. C'est entreprendre sur les droits de Dieu, c'est détruire la confiance avec laquelle on se doit abandonner à sa volonté, que de donner dans ces sciences aussi vaines que pernicieuses; c'est accoutumer l'esprit à se repaître de choses frivoles et à négliger les solides. On n'a pas besoin de remarquer que c'est encore un plus grand excès que de chercher les moyens de consulter les démons, ou de les voir, ou de leur parler, ou d'apprendre des guérisons qui se font par leurs ministères, ou par des pactes formés, ou des traités avec les malins esprits. Car outre que dans toutes ces curiosités il y a de l'impiété et une damnable superstition, on peut encore ajouter qu'elles

1. P. Ps., IV, 3.

sont l'effet de la faiblesse d'un cerveau blessé ; de sorte que c'est éteindre la véritable lumière, que d'en suivre de si fausses.

Voilà pour ce qui regarde les vaines et fausses sciences. Et pour ce qui est des véritables, on excède beaucoup à s'y livrer trop, ou à contre-temps, ou au préjudice de plus grandes obligations ; comme il arrive à ceux qui, dans le temps de prier, ou de pratiquer la vertu, s'adonnent à toutes sortes de lectures, surtout des livres nouveaux, des romans, des comédies, des poésies, et se laissent tellement posséder au désir de savoir, qu'ils ne se possèdent plus eux-mêmes.

Car tout cela n'est autre chose qu'une intempérance, une maladie, un déréglement de l'esprit, un dessèchement du cœur, une misérable captivité qui ne nous laisse pas le loisir de penser à nous, et une source d'erreurs.

C'est encore s'abandonner à cette concupiscence que saint Jean réprouve, que d'apporter des yeux curieux à la recherche des choses divines, ou des mystères de la religion. (1) « Ne recherchez point, » dit le Sage, « ce qui est au-dessus de vous. » Et encore : (2) « Celui qui sonde trop avant les secrets de la divine Majesté, sera accablé de sa gloire. » Et encore : (3) « Prenez garde de ne vouloir point être sages plus qu'il ne faut ; soyez sages sobrement et modérément. » La foi et l'humilité sont les guides qu'il faut suivre : quand on se jette dans l'abîme, on y périt. Combien ont trouvé leur perte dans la trop grande méditation des secrets de la prédestination et de la grâce, voulant juger de tout par leur propre esprit, et rendre raison de tout, et s'élevant superbement au-dessus des docteurs et des apôtres mêmes !

Il faut en savoir autant qu'il est nécessaire pour bien prier, et s'humilier véritablement ; c'est-à-dire qu'il faut savoir que tout le bien vient de Dieu, et tout le mal de nous seuls. Que sert de rechercher curieusement les moyens de concilier notre liberté avec les décrets de Dieu ? N'est-ce pas assez de savoir que Dieu qui l'a faite la fait mouvoir, e la conduit à ses fins cachées sans la détruire ? Prions-le

---

1. Eccli., III, 22.
2. Prov., XXV, 27.
3. Rom., XII, 3.

donc de nous diriger dans la voie du salut, et de se rendre maître de nos désirs par les moyens qu'il sait. C'est à sa science, et non à la nôtre, que nous devons nous abandonner. Cette vie est le temps de croire, comme la vie future est le temps de voir. C'est tout savoir, dit un Père, que de ne rien savoir davantage : « *Nihil ultra scire, omnia scire est.* »

Toute âme curieuse est faible et vaine, par là même elle est discoureuse, elle n'a rien de solide, et veut seulement étaler un vain savoir qui ne cherche point à instruire, mais à éblouir les ignorants.

Il y a une sorte de curiosité, qui est une curiosité dépensière. On ne saurait avoir trop de raretés, trop de bijoux, trop de pierreries, trop de tableaux, trop de livres curieux, sans avoir même le plus souvent envie de les lire. Ce n'est qu'amusement et ostentation. Malheureuse curiosité, qui pousse à bout la dépense et sèche la source des aumônes ; mais elle pourra revenir à la seconde manière de concupiscence des yeux, dont nous allons parler.

―――――

CHAPITRE NEUVIÈME

De ce qui contente les yeux.

Dans cette seconde espèce, on prend les yeux à la lettre, et pour les yeux de la chair. Et d'abord, il est bien certain que ce qui s'appelle attachement du cœur, et en général sensibilité, commence par les yeux ; mais tout cela, comme nous l'avons dit, appartenant à la concupiscence de la chair, nous avons à présent à remarquer avec saint Jean une autre sorte de concupiscence. Disons donc avec cet apôtre à tous les fidèles : « N'aimez pas le monde, ni ses pompes, ni ses spectacles, ni son vain éclat, ni tout ce qui vous attire ses regards, ni tout ce qui éblouit les vôtres. » Vos yeux sont gâtés, vous ne pouvez souffrir la modestie, ni les ornements médiocres ; vous étalez vos riches amusements, vos riches habits, vos grands bâtiments. Qu'importe que tout cela soit grand en soi-même, ou par rapport aux proportions et aux bienséances de votre état? Comme vous voulez être regardé, vous voulez aussi regarder; et, rien ne vous touche, ni dans les autres ni dans vous-même, que ce qui étale de la grandeur et ce qui distingue. Et tout cela qu'est-ce autre chose qu'ostentation et désir de se distinguer par des choses vaines? C'est donc là, au lieu de grandeur, ce qui marque en vous de la petitesse. Une grande taille ne songe point à se rehausser en exhaussant sa chaussure. Tout ce qui emprunte est pauvre, et tout l'éclat que vous mendiez dans les choses extérieures montre trop visiblement combien de vous-mêmes vous êtes destitués de ce qui vous relève.

Il faut rapporter l'amour de l'argent à cette concupiscence des yeux. Quand on le regarde comme un instrument pour acquérir d'autres biens, par exemple pour acheter des plaisirs ou s'avancer dans les grandes places du monde, on n'est pas avare on est sensuel, ambitieux. Celui qui n'ose toucher à son argent, qui n'en est que le triste gardien, et semble ne se réserver aucun droit que celui de le regarder, est proprement celui que l'on appelle avare. Aussi le Sage le décrit-il en cette sorte: (1) « L'avare ne se remplit point de son argent; celui qui aime les richesses n'en reçoit aucun fruit; et que sert au possesseur tout cet argent, si ce n'est qu'il le regarde de ses yeux? » C'est pour lui comme une chose sacrée, dont il ne se permet pas d'approcher ses mains. Tout cœur passionné embellit dans son imagination l'objet de sa passion. Celui-ci donne à son or et à son argent un éclat que la nature ne lui donne pas; il est ébloui de ce faux éclat; la lumière du soleil, qui est la vraie joie des yeux, ne lui paraît pas aussi belle. Et que lui sert de posséder ce qui demeurant hors de lui ne peut remplir son intérieur? Quel bien lui revient-il de tant de richesses? (2) C'est pourquoi le Sage lui préfère celui qui boit et qui mange, et qui jouit avec joie du fruit de son travail, car il remplit du moins son estomac, et il engraisse son corps.

1. Eccli., LIV, 10.
2. Eccli., V, 17, 18.

« Mais pour les richesses, elles ne repaissent que les yeux. Disons-en autant des meubles, des bâtiments, de tout l'attirail de la vanité. Vous n'en êtes qu'un possesseur superficiel, puisque les voir c'est tout pour vous. Et cependant, comme si c'était un grand bien, on ne s'en rassasie jamais. Le gourmand trouve des bornes dans son appétit, quelque déréglé qu'il soit ; cette gourmandise des yeux n'est jamais contente : elle n'a, pour ainsi parler, ni fond ni rive. (1) « L'avare ne cesse de se consumer par un vain travail ; et ses yeux, » continue le Sage, « ne se rassasient pas de richesses. » Et encore : (2) « L'enfer, le sépulcre, la mort ne remplissent jamais leur avidité, et engloutissent tout sans se satisfaire ; ainsi les yeux des hommes sont insatiables. »

N'aimez donc point le monde ni tout ce qui est dans le monde, car tout y est plein de la concupiscence des yeux, qui est d'autant plus pernicieuse qu'elle est immense et insatiable. Ne dites point que tout ce bien que vous vous plaisez à avoir devant vos yeux soit à vous ; vous n'avez rien en vous-même de quoi le saisir et vous l'approprier ; vous ne savez pour qui vous le gardez ; il vous échappe malgré vous par cent manières différentes, ou par la rapine, ou par le feu, ou enfin sans remède par la mort ; et il passera avec aussi peu de solidité et une semblable illusion, à un possesseur inconnu, qui peut-être ne vous sera rien, ou plutôt qui certainement ne vous sera rien, quand ce serait votre fils, puisqu'un mort n'a plus rien à soi, et que ce fils, pour qui vous avez tant travaillé, ne vous servira de rien dans ce séjour des morts où vous allez ; et sur la terre, à peine se ressouviendra-t-il de vos soins, et croira avoir satisfait à tous ses devoirs, quand il aura fait semblant de vous pleurer quelques jours et se sera paré d'un deuil très-court.

Et jamais vous ne vous dites à vous-même : Pour qui est-ce que je travaille ? Quoi ! pour un héritier dont je ne sais pas s'il sera fou ou sage, et s'il ne dissipera pas tout en un moment. (3) « Et y a-t-il rien de plus vain ! » s'écrie le Sage.

---

1. Eccl., IV, 8.
2. Prov., XXVII, 20.
3. Eccl., II, 19.

Qu'y a-t-il de plus insensé que de se tant tourmenter pour se repaître de vent ? Que vous servent tant de fatigues et tant de soucis que vous a causés le soin d'entasser et de conserver tant de richesses ? Vous n'en emporterez rien, et (1) « vous sortirez de ce monde comme vous y êtes entré, nu et pauvre. » Que reste-t-il à ce mauvais riche de s'être habillé de pourpre et d'avoir orné sa maison d'une manière convenable à un si grand luxe ? Il est dans les flammes éternelles ; pour tout trésor, il a un trésor de colère et de vengeance qu'il s'est amassé par sa vanité. (2) « Vous vous amassez, » dit saint Paul, « des trésors de colère pour le jour de la vengeance. »

Par conséquent, encore un coup, n'aimez pas le monde, n'en aimez point la pompe et le vain éclat, qui ne fait que tromper les yeux ; n'en aimez point les spectacles ni les théâtres, où l'on ne songe qu'à vous faire entrer dans les passions d'autrui, à vous intéresser dans ses vengeances et dans ses folles amours. Et quel plaisir y prendriez-vous si l'on ne réveillait les vôtres ? Pourquoi versez-vous tant de larmes sur les malheurs de celui dont les amours sont trompées, ou l'ambition frustrée de ce qu'elle souhaitait ? Pourquoi sortez-vous content du rassasiement de ces passions dans les autres, si ce n'est que vous croyez que l'on est heureux ou malheureux par ces choses ? Vous dites donc avec le monde : « Ceux qui ont ces biens sont heureux : *Beatum dixerunt populum cui hæc sunt.* » Et comment dans ce sentiment pouvez-vous dire : (3) « Ceux-là sont heureux dont le Seigneur est le Dieu ? *Beatus populus cujus Dominus Deus ejus.* »

Voulez-vous voir un spectacle digne de vos yeux, chantez avec David : (4) « Je verrai vos cieux, qui sont les ouvrages de vos doigts, la lune et les étoiles que vous avez fondées. » Ecoutez Jésus-Christ qui vous dit : (5) « Considérez les lis des champs et ces fleurs qui passent du matin au soir. Je vous le dis en vérité, Salomon dans toute sa gloire, et avec ce

---

1. Eccl., v, 14, 15.
2. Rom., II, 5.
3. Ps. CXLIII, 15.
4. Ibid., VIII, 4.
5. Matth., VI, 28.

beau diadème dont sa mère a orné sa tête, n'est pas aussi richement paré qu'une de ces fleurs. » Voyez ces riches tapis dont la terre commence à se couvrir dans le printemps. Que tout est petit en comparaison de ces grands ouvrages de Dieu ! On y voit la simplicité avec la grandeur, l'abondance, la profusion, l'inépuisable richesse, qui n'ont coûté qu'une parole, qu'une parole soutient. Tant de beaux objets ne se montrent et n'attirent vos regards que pour les porter à leur auteur, incomparablement plus beau. (1) « Car si les hommes, ravis de la beauté du soleil et de toute la nature, ont été transportés jusqu'à en faire des dieux, comment n'ont-ils pas pensé combien doit être plus beau celui qui les a faits et qui est le père de la beauté ? »

Voulez-vous orner quelque chose digne de vos soins, ornez le temple de Dieu, et dites encore avec David : (2) « Seigneur, j'ai aimé la beauté et l'ornement de votre maison, et la gloire du lieu que vous habitez. » Et de là conclut-il : (3) « Ne perdez point mon âme avec les impies, car j'ai aimé les vrais ornements et je ne me suis point laissé séduire à un vain éclat. »

Les hommes étalent leurs filles pour être un spectacle de vanité et l'objet de la cupidité publique, et (4) « les parent comme on fait un temple. » Ils transportent les ornements que votre temple devait avoir seul à ces cadavres ornés, à ces sépulcres blanchis, et il semble qu'ils aient entrepris de les faire adorer en votre place. Ils nourrissent leur vanité et celle des autres, et tout, par conséquent, est rempli d'erreur et de corruption. Ah ! fidèles enfants de Dieu, désabusez-vous de ces folles concupiscences ; pourquoi tournez-vous vos nécessités en vanités ? Vous avez besoin d'une maison, comme d'une défense nécessaire contre les injures de l'air ; c'est une faiblesse. Vous avez besoin de nourriture pour réparer vos forces qui se perdent et se dissipent à chaque moment ; autre faiblesse. Vous avez besoin d'un lit pour vous reposer dans votre accablement et vous y livrer

---

1. Sap., xiii, 3.
2. Ps. xxv, 8.
3. Ibid., 9.
4. Ibid., cxliii, 12.

au sommeil qui lie et ensevelit votre raison ; autre faiblesse déplorable. Vous faites de tous ces témoins et de tous ces monuments de votre faiblesse un spectacle à votre vanité, et il semble que vous vouliez triompher de l'infirmité qui vous environne de toutes parts.

Pendant que tout le reste des hommes s'enorgueillit de ses besoins, et semble vouloir orner ses misères pour les cacher à soi-même ; toi du moins, ô chrétien, ô disciple de la vérité, retire tes yeux de ces illusions, aie sur ta table le nécessaire soutien de ton corps et non pas cet appareil somptueux. Heureux ceux qui, retirés humblement dans la maison du Seigneur, se délectent dans la nudité de leurs petites cellules, et de tout le faible attirail dont ils ont besoin dans cette vie, qui n'est qu'une ombre de mort, pour n'y voir que leur infirmité et le joug pesant dont le péché les a accablés ! Heureuses les vierges sacrées qui ne veulent plus être le spectacle du monde, et qui voudraient se cacher à elles-mêmes sous le voile sacré qui les environne ! Heureuse la douce contrainte qu'on fait à ses yeux, pour ne voir point les vanités, et dire avec David : (1) « Détournez mes yeux, afin de ne les voir point! » Heureux ceux qui, en demeurant selon leur état au milieu du monde, comme ce saint roi, n'en sont point touchés ; qui y passent sans s'y attacher ; qui usent, comme dit saint Paul, de ce monde comme n'en usant pas ; qui disent avec Esther sous le diadème : (2) « Vous savez, Seigneur, combien je méprise ce signe d'orgueil et tout ce qui peut servir à la gloire des impies, et que votre servante ne s'est jamais réjouie qu'en vous seul, ô Dieu d'Israël ! » qui écoutent ce grand précepte de la loi : (3) « Ne suivez pas vos pensées et vos yeux, » vous souillant dans divers objets, ce qui est la corruption ; et, pour parler avec le texte sacré, « la fornication des yeux: *Nec sequantur cogitationes suas, et oculos per res varias fornicantes;* » enfin qui prêtent l'oreille à saint Jean, qui, pénétré de toute l'abomination attachée aux regards, tant d'un esprit curieux que des yeux gâtés par la vanité,

1. Ps. cxviii, 37.
2. Esth., xiv, 15.
3. Num., xiv, 15.

ne cesse de leur crier : « N'aimez pas le monde, où tout est plein d'illusion et de corruption par la concupiscence des yeux. »

CHAPITRE DIXIÈME

De l'orgueil de la vie, qui est la troisième sorte de concupiscence réprouvée par saint Jean.

Quoique la curiosité et l'ostentation dont nous venons de parler semblent être des branches de l'orgueil, elles appartiennent plutôt à la vanité. La vanité est quelque chose de plus extérieur et superficiel : tout s'y réduit à l'ostentation que nous avons rapportée à la concupiscence des yeux. La curiosité n'a d'autre fin que de faire admirer un vain savoir, et par là se distinguer des autres hommes. L'ostentation des richesses vient encore de la même source et ne cherche qu'à se donner une vaine distinction.

L'orgueil est une dépravation plus profonde : par lui l'homme livré à lui-même se regarde lui-même comme son dieu par l'excès de son amour-propre. « Être superbe, » dit saint Augustin, « c'est, en laissant le bien et le principe commun auquel nous devions tous être attachés, qui n'est autre chose que Dieu, se faire soi-même son bien et son principe ou son auteur ; » c'est-à-dire se faire son dieu : *Relicto communi, cui omnes debent hærere principio, sibi ipsi fieri et esse principium.*

C'est ce vice qui s'est coulé dans le fond de nos entrailles à la parole du serpent, qui nous disait en la personne d'Ève : « (1) Vous serez comme des dieux ; » et nous avons avalé ce poison mortel lorsque nous avons succombé à la tentation. Il a pénétré jusqu'à la moelle de nos os, et toute notre âme en est infectée. Voilà en général ce que c'est que cette troisième concupiscence que saint Jean appelle l'orgueil ; et il ajoute, « l'orgueil de la vie, » parce que toute la vie en est corrompue : c'est comme le vice radical d'où pullulent les

1 Gen., III, 5.

autres vices; il se montre dans toutes nos actions; mais ce qu'il y a de plus mortel, c'est qu'elle est la plus secrète comme la plus dangereuse pâture de notre cœur.

CHAPITRE ONZIÈME

De l'amour-propre, qui est la racine de l'orgueil.

Pour pénétrer la nature d'un vice si inhérent, il faut aller à l'origine du péché, et pour cela en revenir à la parole du Sage : (1) « Dieu a fait l'homme droit. » Cette rectitude de l'homme consistait à aimer Dieu de tout son cœur, de toute son âme, de toutes ses pensées, de toutes ses forces, de toute son intelligence, d'un amour parfait et pour l'amour de lui-même, et de s'aimer soi-même en lui et par lui. Voilà la droiture et la rectitude de l'âme, voilà l'ordre, voilà la justice. Il est juste de donner de l'amour à celui qui est aimable, et le grand amour à celui qui est très-aimable, et le souverain et parfait amour à celui qui est souverainement et parfaitement aimable, et tout l'amour à celui qui est uniquement aimable, et qui ramasse en lui-même tout ce qui est aimable et parfait, en sorte qu'on ne se regarde et qu'on ne s'aime soi-même que pour lui..

Telle est donc la rectitude où l'homme avait été créé. Cela même fait la beauté de la créature raisonnable faite à l'image de Dieu; Dieu étant la bonté et la beauté même, ce qui est fait à son image ne peut pas n'être pas beau. Cette beauté est relative à celle de Dieu dont elle est l'image, et entièrement dépendante de son principe, lequel, par conséquent, il fallait aimer seul d'un amour sans bornes. Mais l'âme, se voyant belle, s'est délectée en elle-même et s'est endormie dans la contemplation de son excellence; elle a cessé un moment de se rapporter à Dieu; elle a oublié sa dépendance; elle s'est premièrement arrêtée et ensuite livrée à elle-même; déçue par sa liberté qu'elle a trouvée si belle et si douce,

1. Eccl., vii, 30.

elle en a fait un essai funeste : « *Sua in œternum libertate deceptus.* » Mais en cherchant d'être libre jusqu'à s'affranchir de l'empire de Dieu et des lois de sa justice, il est devenu captif de son péché.

Quiconque n'aime pas Dieu n'aime que soi-même : mais quiconque n'aime que soi-même, uniquement occupé de sa propre volonté et de son plaisir, n'est plus soumis à la volonté de Dieu, et, demeurant incapable d'être touché des intérêts d'autrui, il est non-seulement rebelle à Dieu, mais encore insociable, intraitable, injuste, déraisonnable envers les autres, et veut que tout serve non-seulement à ses intérêts, mais encore à ses caprices.

Dieu est juste, et c'est une loi de sa justice publiée dans le *livre de la Sagesse*, et justifiée par toute sa conduite sur les impies, que quiconque pèche contre lui soit puni par les choses mêmes qui l'ont fait pécher : (1) « *Per quæ peccat quis, per hæc et torquetur.* » Il a fait la créature raisonnable, de telle sorte que, se cherchant elle-même, elle ferait ellemême sa peine, et trouverait son supplice où elle a trouvé la cause de son erreur. L'homme donc étant devenu pécheur en se cherchant soi-même, est devenu malheureux en se trouvant ; Dieu lui a soustrait ses dons, et ne lui a laissé que le fond de l'être pour être l'objet de sa justice et le sujet sur lequel il exercerait sa vengeance. Il n'a plus trouvé dans lui-même que ce qu'il peut avoir sans Dieu, c'est-à-dire l'erreur et le mensonge, l'illusion, le péché, le désordre de ses passions, sa propre révolte contre la raison, la tromperie de son espérance, les horreurs de son désespoir affreux, des colères, des jalousies, des aigreurs envenimées contre ceux qui le troublent dans le bien particulier qu'il a préféré au bien général, que personne ne nous peut ôter que nousmêmes et qui seul suffit à tout.

Voilà donc dans nos passions et dans notre ignorance le péché, et à la fois la peine du péché ; et non-seulement au premier abord le commencement, mais encore dans la suite la consommation de l'enfer. Car c'est de là que naissent ces rages, ces désespoirs, ce ver dévorant qui ronge la conscience, et enfin ce pleur éternel dans des flammes qui ne

1. Sap., xi, 17.

s'éteignent jamais ; elles sortent du fond de notre crime. « (1) Je tirerai, » dit le saint prophète, « un feu du milieu de toi pour te dévorer: *Producam ignem de medio tui, qui comedat te.* » Ce sont nos péchés qui allument le feu de la vengeance divine, d'où sort le feu dévorant qui pénètre l'âme par l'impression d'une vive et insupportable douleur. Voilà ce que produit l'amour de nous-mêmes, voilà comme il fait d'abord notre péché et ensuite notre supplice.

CHAPITRE DOUZIÈME

Opposition de l'amour de Dieu et de l'amour-propre.

Les contraires se connaissent l'un par l'autre ; l'injustice de l'amour-propre se connaît par la justice de la charité, dont l'amour-propre est l'éloignement et la privation. Saint Augustin les définit tous deux en cette sorte : « La charité, » dit ce saint, « c'est l'amour de Dieu jusqu'au mépris de soi-même, » et, au contraire, « la cupidité est l'amour de soi-même jusqu'au mépris de Dieu. » Quand on dit que l'amour de Dieu va jusqu'au mépris de soi-même, on entend jusqu'au mépris de soi-même par rapport à Dieu et en se comparant à lui ; et, en ce sens, douter qu'on se puisse mépriser soi-même, ce serait douter des premiers principes de la raison et de la justice. Le mépris est opposé à l'estime ; mais que peut-on estimer en comparaison de Dieu ? ou que lui peut-on comparer, puisqu'il est celui qui est, et que le reste n'est rien devant lui, ce qui fait dire au prophète : (2) « Les nations devant Dieu ne sont qu'une goutte d'eau et comme un petit grain dans une balance, et les plus vastes contrées ne sont qu'un peu de poussière. » On ne peut rien de plus vil, et cependant l'Écriture n'est pas contente de cette expression et la trouve encore trop forte pour la créature ; elle en vient donc, pour parler avec une entière

1. Ezech., XXVIII, 18.
2. Isai., XL, 15.

justesse et précision, à cette sentence: (1) « Toutes les nations devant Dieu sont comme n'étant pas, et il les estime comme un néant. »

En voulez-vous davantage? Ce n'est pas d'un homme qu'il parle en particulier, c'est de toute une nation auprès de laquelle un seul homme n'est rien. Mais toute cette nation n'est elle-même qu'une goutte d'eau, qu'un petit grain, qu'un vil amas de poussière ; et non-seulement une nation n'est que cela, mais encore toutes les nations sont encore moins, elles ne sont qu'un néant. Plus il entasse de choses ensemble, plus il déprise ce qu'il entasse avec soin. Une nation n'est qu'une goutte d'eau, mais toutes les nations que seront-elles? Quelque chose de plus peut-être? Point du tout; plus vous mettez ensemble d'êtres créés, plus le néant y paraît.

Il ne faut donc pas s'étonner que l'amour de Dieu aille jusqu'au mépris de soi-même : on ne peut pas se mépriser davantage que de se considérer comme un néant. C'est donc justice d'être un néant devant Dieu et d'avoir pour soi-même le dernier mépris. Il n'y a qu'à dire avec saint Michel: « Qui est comme Dieu? » Qui mérite de lui être comparé, ou d'être nommé devant sa face? Il est celui qui est, et la plénitude de l'être est en lui. Multipliez les créatures et en augmentez les perfections de plus en plus jusqu'à l'infini, ce ne sera toujours, à les regarder en elles-mêmes, qu'un non êtres. Et que sert d'amasser beaucoup de non-êtres ? De tout cela en fera-t-on autre chose qu'un non-être? Rien autre chose sans doute. O homme! aime donc Dieu comme celui qui est seul, et porte l'amour de Dieu jusqu'à te mépriser comme un néant.

Mais, au lieu de pousser l'amour de Dieu, comme il devait, jusqu'au mépris de soi-même, il a poussé l'amour de soi-même jusqu'au mépris de Dieu; il a suivi sa propre volonté jusqu'à oublier celle de Dieu, jusqu'à ne s'en souvenir en aucune sorte, jusqu'à passer outre malgré elle, et à vouloir agir et se contenter indépendamment de Dieu, et ne s'arrêter non plus à sa défense que s'il n'était pas. Ainsi c'est le néant qui compte pour rien celui qui est, et qui au lieu de se mépriser soi-même pour l'amour de Dieu, qui est la souveraine justice, sacrifie la gloire et la grandeur de Dieu,

1. Isai., XL, 17.

qui seul possède l'être, à la propre satisfaction de soi-même, quoiqu'il ne soit qu'un néant, ce qui est le comble de l'injustice et de l'égarement.

CHAPITRE TREIZIÈME

Combien l'amour-propre rend l'homme faible.

Celui qui compte Dieu pour rien ajoute à son néant naturel celui de son injustice et de son égarement. Ce n'est pas Dieu qu'il dégrade, mais lui-même. Il n'ôte rien à Dieu, mais il s'ôte à lui-même son appui, sa lumière, sa force et la source de tout son bien, et devient aveugle, ignorant, faible, impuissant, injuste, mauvais, captif du plaisir, ennemi de la vérité. Celui qui recherche quelque chose, non à cause de ce qu'elle est, mais à cause de ce qu'elle lui plait, n'a point la vérité pour objet. Avant qu'il y ait aucune chose qui plaise ou qui déplaise à nos sens, il y a une vérité qui est naturellement la nourriture de notre esprit.

Cette vérité est notre règle; c'est par là que nos désirs doivent être réglés, et non par notre plaisir. Car la vérité qui fait, pour ainsi dire, le plaisir de Dieu, c'est Dieu même; et ce qui fait notre plaisir, c'est nous-mêmes, qui nous préférons à Dieu.

Hélas! nous ne pouvons rien, depuis que nous avons compté Dieu pour rien, en transgressant sa loi, et agissant comme si elle n'était pas. C'est ce qu'ont fait nos premiers parents : c'est le vice héréditaire de notre nature. Le démon nous dit comme à eux : « Pourquoi Dieu vous a-t-il défendu ce fruit, qui est si beau à la vue et si doux au goût? *Cur præcepit vobis Deus?* » Depuis ce temps, le plaisir a tout pouvoir sur nous, et la moindre flatterie des sens prévaut à l'autorité de la vérité.

CHAPITRE QUATORZIÈME

Ce que l'orgueil ajoute à l'amour-propre.

Toute âme attachée à elle-même et corrompue par son amour-propre est en quelque sorte superbe et rebelle, puisqu'elle transgresse la loi de Dieu. Mais lorsqu'on la transgresse, ou parce qu'on est abattu par la douleur, comme ceux qui succombent dans les maux; ou parce que le plaisir des sens nous entraîne; c'est faiblesse plutôt qu'orgueil. L'orgueil dont nous parlons consiste dans une certaine fausse force, qui rend l'âme indocile et fière, et ennemie de toute crainte, et qui, par un amour excessif de sa liberté, la fait aspirer à une espèce d'indépendance : ce qui est cause qu'elle trouve un certain plaisir particulier à désobéir, et que la défense l'irrite.

C'est cette funeste disposition que saint Paul explique par ces mots (1) « Le péché m'a trompé par la loi, et par elle m'a donné la mort; » c'est-à-dire, comme l'explique saint Augustin, le péché m'a trompé par une fausse douceur, « *falsa dulcedine,* » puisqu'il m'en a fait trouver à transgresser la défense, et par là il m'a donné la mort; parce que, par une étrange maladie de la volonté, je me suis d'autant plus volontiers porté au plaisir, qu'il me devenait plus doux par la défense : « *Quia quantominus licet, tanto magis libet.* » Alors la loi m'a doublement donné la mort, parce qu'elle a mis le comble au péché par la transgression expresse du commandement, et qu'elle a irrité le désir par le puissant attrait de la défense : « *Incentivo prohibitionis, et cumulo prævaricationis.* »

La source d'un si grand mal, c'est que nous trouvons, en transgressant la défense, un certain usage de notre liberté, qui nous déçoit; et qu'au lieu que la liberté véritable de la créature doit consister dans une humble soumission de sa volonté à la volonté souveraine de Dieu, nous la faisons consister dans notre volonté propre, en affectant une manière d'indépendance contraire à l'institution primitive de

1. Rom., v. 1, 11.

notre nature, qui ne peut être vraiment libre et heureuse que sous l'empire de Dieu.

Ainsi nous nous faisons libres à la manière des animaux, qui n'ont d'autres lois que leurs désirs; parce que leurs passions sont pour eux la loi de la nature, qui les leur inspire. Mais la créature raisonnable, qui a une autre nature et une autre loi, que Dieu lui a imposée, est libre d'une autre sorte, en se soumettant volontairement à la raison souveraine de Dieu, dont la sienne est émanée. C'est donc en elle un grand vice, lorsqu'elle met son plaisir à secouer ce bienheureux joug, dont Jésus-Christ a dit: (1) « Mon joug est léger et mon fardeau est doux; » et qu'elle se fait libre comme un animal insensé, conformément à cette parole: (2) « L'homme vain est emporté par son orgueil, et se croit né libre à la manière d'un jeune animal fougueux. »

A cet orgueil, qui vient d'une liberté indocile et irraisonnable, il en faut joindre encore un autre, qui est celui que saint Jean nous veut faire entendre particulièrement à cet endroit; qui est dans l'âme un certain amour de sa propre grandeur, fondée sur une excellence propre: qui est le vice le plus inhérent, et ensemble le plus dangereux de la créature raisonnable.

CHAPITRE QUINZIÈME

Description de la chute de l'homme, qui consiste principalement dans son orgueil.

On ne comprendra jamais la chute de l'homme, sans entendre la situation de l'âme raisonnable, et le rang qu'elle tient naturellement entre les choses que l'on appelle biens.

Il y a donc premièrement le bien suprême, qui est Dieu, autour duquel sont occupées toutes les vertus, et où se trouvent toutes les félicités de l'âme raisonnable. Il y a en dernier lieu les biens inférieurs, qui sont les objets sensibles

---

1. Matth., xi, 30.
2. Job, 11, 12.

et matériels, dont l'âme raisonnable peut être touchée. Elle tient elle-même le milieu entre ces deux sortes de biens, pouvant s'élever, par son libre arbitre, aux uns, ou se rabaisser vers les autres ; et faisant par ce moyen comme un état mitoyen entre tout ce qui est bon.

Elle est donc par son état le plus excellent de tous les biens après Dieu, infiniment au-dessous de lui, et de beaucoup au-dessus de tous les objets sensibles auxquels elle ne peut s'attacher, en se détachant de Dieu, sans faire une chute affreuse. Mais afin qu'elle tombe si bas il faut nécessairement qu'elle passe, pour ainsi parler, par le milieu, qui est elle-même ; et c'est là sans difficulté sa première attache. Car ne trouvant au-dessous de Dieu, auquel elle doit s'unir et y trouver sa félicité, rien qui soit plus excellent qu'elle-même étant faite à son image, c'est là premièrement qu'elle tombe ; et saint Augustin a dit très-véritablement, que « l'homme en tombant d'en haut et en déchéant de Dieu, tombe premièrement sur lui-même. » C'est donc là que, perdant sa force, il tombe infailliblement encore plus bas, et de lui-même, où il ne lui est pas possible de s'arrêter, ses désirs se dispersent parmi les objets sensibles et inférieurs, dont il devient le captif. Car le devenant de son corps, qu'il trouve lui-même assujetti aux choses extérieures et inférieures, il en est lui-même dépendant, et obligé de chercher dans ces objets les plaisirs qui en reviennent à ses sens.

Voilà donc la chute de l'homme tout entière, semblable à une eau qui, d'une haute montagne, coule premièrement sur un haut rocher, où elle se disperse, pour ainsi parler, jusqu'à l'infini, et se précipite jusqu'au plus profond des abîmes : l'âme raisonnable tombe de Dieu sur elle-même, et se trouve précipitée à ce qu'il y a de plus bas.

Voilà une image véritable de la chute de notre nature. Nous en sentons le dernier effet dans ce corps qui nous accable, et dans ce plaisir des sens qui nous captive. Nous nous trouvons au-dessous de tout cela, et vraiment esclaves de la nature corporelle, nous qui étions nés pour la commander. Telle est donc l'extrémité de notre chute.

Mais il a fallu auparavant tomber sur nous-mêmes. Car comme cette eau, qui tombe premièrement sur ce rocher, le cave à l'endroit de sa chute, et y fait une impression profonde; ainsi l'âme, tombant sur elle-même, fait aussi en elle-même une première et profonde plaie, qui consiste dans l'impression de son excellence propre, de sa grandeur propre, voulant toujours se persuader qu'elle est quelque chose d'admirable, se repaissant de la vue de sa propre perfection, qu'elle veut toujours concevoir extraordinaire, et ne voyant rien autour d'elle qu'elle ne veuille s'assujettir; d'où vient l'ambition, la domination, l'injustice, la jalousie : ni rien en elle-même qu'elle ne veuille s'attribuer comme sien; d'où vient la présomption de ses propres forces. Et c'est en tout cela qu'il faut reconnaître la naissance de ce qui s'appelle orgueil.

CHAPITRE SEIZIÈME

Les effets de l'orgueil sont distribués en deux principaux. Il est traité du premier.

Par là donc nous concevons que l'orgueil, c'est-à-dire, comme nous l'avons défini, l'amour et l'opinion de sa grandeur propre, a deux effets principaux, dont l'un est de vouloir en tout exceller au-dessus des autres, l'autre est de s'attribuer à soi-même sa propre excellence.

Quant au premier effet, on pourrait croire qu'il ne se trouve que dans les gens savants ou riches, et qu'il n'est guère dans le bas peuple, accoutumé au travail, à la pauvreté et à la dépendance. Mais ceux qui regardent les choses de plus près voient que ce vice règne dans tous les états, jusqu'au plus bas. Il n'y a qu'à voir la peine qu'on a à réconcilier les esprits dans les conditions les plus viles, lorsqu'il s'élève des querelles et des procès pour cause d'injures. On trouve les cœurs ulcérés jusqu'au fond et disposés à pousser la vengeance, qui est le triomphe de l'orgueil, jusqu'à la dernière extrémité. Ceux qui voient tous les jours les emportements des paysans pour des bancs dans les paroisses, et qui les entendent porter leur ressentiment jusqu'à dire qu'ils n'iront plus à l'église, si on ne les satisfait, sans écouter aucune raison ni céder à aucune autorité, ne reconnaissent que trop, dans ces âmes basses, la plaie de l'orgueil, et le même fond qui allume les guerres parmi les peuples, et pousse les ambitieux à tout remuer pour se distinguer des autres. Il ne faut pas beaucoup étudier les dispositions de ceux qui dominent dans leurs paroisses, et s'y donnent une primauté et un ascendant sur leurs compagnons, pour reconnaître que l'orgueil et le désir d'exceller les transportent avec la même force et plus de brutalité que les autres hommes.

Et pour passer des âmes les plus grossières aux plus épurées, combien a-t-il fallu prendre de précautions pour empêcher, dans les élections même ecclésiastiques et religieuses, l'ambition, les cabales, les brigues, les secrètes sollicitations, les promesses et les pratiques les plus criminelles, les pactes simoniaques, et les autres dérèglements trop communs en cette matière ; sans qu'on se puisse vanter d'avoir peut-être fait autre chose que de couvrir ou pallier ces vices, loin de les avoir entièrement déracinés ! Malheur donc ! malheur à la terre infectée de tous côtés par le venin de l'orgueil !

Écoutons saint Paul, qui nous en marque les fruits par ces paroles : (1) « Les fruits de la chair, » dit-il, et sous ce nom il comprend l'orgueil, « sont les inimitiés, les disputes, les jalousies, les colères, les querelles, » sous lesquelles il faut comprendre les guerres ; « les dissensions, les schismes, les hérésies, les sectes, l'envie, les meurtres, » dont la vengeance, fille de l'orgueil, cause la plus grande partie ; « les médisances, » où l'on enfonce jusqu'au vif une dent aussi venimeuse que celles des vipères, dans la réputation, qui est une seconde vie du prochain : ces pestes du genre humain, qui couvrent toute la face de la terre, « sont autant d'enfants » de l'orgueil, autant de branches sorties de cette racine empoisonnée.

Arrêtons-nous un moment sur chacun de ces vices, que saint Paul ne fait que nommer, et nous verrons combien s'étend l'empire de l'orgueil. On en voit les derniers excès dans les guerres, dans tout leur appareil sanguinaire, dans tous leurs funestes effets, c'est-à-dire dans tous les ravages

---

1. Gal., v, 19.

et dans toutes les désolations qu'elles causent dans le genre humain ; puisque dans tout cela il ne s'agit souvent que d'assouvir le désir de domination, et la gloire dont les premières têtes du genre humain sont enivrées. Les sectes et les hérésies font encore mieux voir cet esprit d'orgueil, puisque c'est là uniquement ce qui anime ceux qui, pour se faire un nom parmi les hommes, les arrachent à Dieu, à Jésus-Christ, à son Église, et s'en font des disciples qui portent le leur.

Et si nous voulons étendre la malignité de l'orgueil à des vices plus communs, il ne faut que s'attacher un moment à l'envie et à sa fille la médisance, pour voir tous les hommes pleins de venin et de haine mutuelle, qui fait changer la langue en armes offensives, plus tranchantes qu'une épée, portant plus loin qu'une flèche, pour désoler tout ce qui se présente. Tout cela vient de ce que chacun, épris de soi-même, veut tout mettre à ses pieds et s'établir une damnable supériorité, en dénigrant tout le genre humain. Voilà le premier effet de l'orgueil, et ce qu'il fait paroître au dehors.

Il entre dans toutes les passions, et donne aux autres concupiscences plus grossières et plus charnelles je ne sais quoi qui les pousse à l'extrémité. Voyez cette femme dans sa superbe beauté, dans son ostentation, dans sa parure. Elle veut vaincre, elle veut être adorée comme une déesse du genre humain. Mais elle se rend premièrement à elle-même cette adoration, elle est elle-même son idole, et c'est après s'être adorée et admirée elle-même qu'elle veut tout soumettre à son empire. Jézabel vaincue et prise s'imagine encore désarmer son vainqueur en se montrant par ses fenêtres avec son fard. Une Cléopâtre croit porter devant ses yeux et sur son visage de quoi abattre à ses pieds les conquérants ; et accoutumée à de semblables victoires, elle ne trouve plus de secours que dans la mort, quand elles lui manquent. Tous les siècles portent de ces fameuses beautés que le Sage nous décrit par ces paroles : Elle a renversé un nombre infini de gens percés de ses traits ; toutes ses blessures sont mortelles, et les plus forts sont tombés sous ses coups : (1) « *Multos vulneratos dejecit fortissimi quique interfecti sunt ab ea.* »

1. Prov., VII, 26.

Ainsi la gloire se mêle dans la concupiscence de la chair. Les hommes comme les femmes se piquent d'être vainqueurs. (1) « C'est un opprobre parmi les Assyriens si une femme se moque d'un homme en se sauvant de ses mains. »

Quelle nation n'est pas assyrienne de ce côté-là? Où ne se glorifie-t-on pas de ses damnables victoires? Où ne célèbre-t-on pas ses insignes corrupteurs de la pudeur, qui font gloire de tendre des pièges si sûrs, que nul vertu n'échappe à leurs mains impures? La gloire donc se mêle dans leurs désirs sensuels, et on imagine une certaine excellence, d'un côté à se faire désirer, et de l'autre à corrompre, ou, comme parle l'Écriture, à humilier un sexe infirme.

CHAPITRE DIX-SEPTIÈME

Faiblesse orgueilleuse d'un homme qui aime les louanges, comparée avec celle d'une femme qui veut se croire belle.

Mon Dieu, que je considère un peu de temps, sous vos yeux, la faiblesse de l'orgueil et la vaine délectation des louanges, où il nous engage. Qu'est-ce, ô Seigneur, que la louange, sinon toute l'expression d'un bon jugement que les hommes font de nous? Et si ce jugement et cette expression s'étend beaucoup parmi les hommes, c'est ce qui s'appelle la gloire, c'est-à-dire une louange célèbre et publique. Mais, Seigneur, si ces louanges sont fausses, ou injustes, quelle est mon erreur de m'y plaire tant! Et si elles sont véritables, d'où me vient cette autre erreur de me délecter moins de la vérité que du témoignage que lui rendent les hommes? Est-ce que me défiant de mon jugement je veux être fortifié dans l'estime que j'ai de moi-même par le témoignage des autres, et, s'il se peut, de tout le genre humain? Quoi, la vérité m'est-elle si peu connue que je veuille l'aller chercher dans l'opinion d'autrui? Ou bien, est-ce que connaissant trop mes faiblesses et mes défauts,

---

1. Judith., XII, 12.

dont ma conscience est le premier et inévitable témoin, j'aime mieux me voir, comme dans un miroir flatteur, dans le témoignage de ceux à qui je les cache avec tant de soin? Quelle faiblesse pareille?

Voyez cette femme amoureuse de sa fragile beauté, qui se fait à elle-même un miroir trompeur, où elle répare sa maigreur extrême et rétablit ses traits effacés, ou qui a fait peindre dans un tableau trompeur ce qu'elle n'est plus, et s'imagine reprendre ce que les ans lui ont volé. Telle est donc la séduction, telle est la faiblesse de la louange, de la réputation, de la gloire. La gloire ordinairement n'est qu'un miroir où l'on fait paraître le faux avec un certain éclat.

Qu'est-ce que la gloire d'un César ou d'un Alexandre, de ces deux idoles du monde, que les hommes semblent encore s'efforcer de porter, par leurs louanges et leurs admirations, au faîte des choses humaines? Qu'est-ce, dis-je, que leur gloire, si ce n'est un amas confus de fausses vertus et de vices éclatants, qui, soutenus par des actions pleines d'une vigueur mal entendue, puisqu'elle n'aboutit qu'à des injustices, ou en tous cas à des choses périssables, ont imposé au genre humain, et ont même ébloui la sagesse du monde, qui est engagée dans de semblables erreurs et transportée dans de semblables passions? Vanité des vanités, et tout est vanité; et plus l'orgueil s'imagine avoir donné dans le solide, plus il est vain et trompeur.

Mais enfin mettons la louange avec la vertu et la vérité, comme elle y doit être naturellement; quelle erreur de ne pouvoir estimer la vertu sans la louange des hommes! La vertu est-elle si peu considérable par elle-même aux yeux de Dieu? Fait-il si peu de chose pour un vertueux? Et qui donc l'estimera, si les sages ne s'en contentent pas? Et toutefois je vois un saint Augustin, un si grand homme, si humble, un homme si persuadé qu'on ne doit aimer la louange que comme un bien de celui qui loue, dont le bonheur est de connaître la vérité et de faire justice à la vertu: je vois, dis-je, un si saint homme qui, s'examinant lui-même sous les yeux de Dieu, se tourmente, pour ainsi dire, à rechercher s'il n'aime point les louanges pour lui-même plutôt que pour ceux qui les lui donnent; s'il ne veut point être aimé des hommes pour d'autres motifs que pour celui de leur profiter ; et, en un mot, s'il n'est point plutôt un superbe qu'un vertueux : tant l'orgueil est un mal caché, tant il est inhérent à nos entrailles, tant l'appât en est subtil et imperceptible, et tant il est vrai que les humbles ont à craindre jusqu'à la mort quelque mélange d'orgueil, quelque tentation d'un vice qu'on respire avec l'air du monde, et dont on porte en soi-même la racine.

CHAPITRE DIX-HUITIÈME

Un bel esprit, un philosophe.

Parlons d'une autre espèce d'orgueil, c'est-à-dire d'une autre espèce de faiblesse. On en voit qui passent leur vie à tourner un vers, à arrondir une période, en un mot à rendre agréables des choses non-seulement inutiles, mais encore dangereuses, comme à chanter leurs amours, et à remplir l'univers des folies de leurs jeunesses égarées.

Aveugles admirateurs de leurs ouvrages, ils ne peuvent souffrir ceux des autres ; ils tâchent parmi les grands, dont ils flattent les erreurs et les faiblesses, de gagner des suffrages pour leurs vers. S'ils remportent ou qu'ils s'imaginent remporter l'applaudissement du public, enflés de ce succès, ou vain ou imaginaire, ils apprennent à mettre leur félicité dans les voix confuses, dans un bruit qui se fait dans l'air, et prennent rang parmi ceux à qui le prophète adresse ce reproche : (1) « Vous qui vous réjouissez dans le néant. » Que si quelque critique vient à leurs oreilles, avec un dédain apparent ou une douleur véritable ils se font justice à eux-mêmes ; de peur de les affliger, il faut bien qu'une troupe d'amis flatteurs prononcent pour eux et les assurent du public. Attentifs à son jugement, où le goût, c'est-à-dire ordinairement la fantaisie et l'humeur ont plus de part que la raison, ils ne songent pas à ce sévère jugement où la vérité condamnera l'inutilité de leur vie, la vanité de leurs

---

1. Amos, vi, 14.

travaux, la bassesse de leurs flatteries, et à la fois le venin de leurs mordantes satires ou de leurs épigrammes piquantes, plus que tout cela les douceurs et les agréments qu'ils auront versés sur le poison de leurs écrits, ennemis de la piété et de la pudeur. Si leur siècle ne leur paraît pas assez favorable à leurs folies, ils attendront la justice de la postérité, c'est-à-dire qu'ils trouveront bon et heureux d'être loués parmi les hommes pour des ouvrages que leur conscience aura condamnés avec Dieu même, et qui auront allumé autour d'eux un feu vengeur. O tromperie ! ô aveuglement ! ô vain triomphe de l'orgueil !

Une autre espèce d'orgueilleux : les philosophes condamnent ces vains écrits. Il n'y a rien en apparence de plus grave ni de plus vrai que le jugement qu'un Socrate, un Platon, d'autres philosophes, à leur exemple, portent des écrits des poëtes. Ils n'ont, disent-ils (c'est le discours de Platon), aucun égard à la vérité ; pourvu qu'ils disent des choses qui plaisent, ils sont contents : c'est pourquoi on trouvera dans leurs vers le pour et le contre, des sentences admirables pour la vertu et contre elle ; les vices y sont blâmés et loués également, et, pourvu qu'ils les chantent en beaux vers, leur ouvrage est accompli. On trouvera dans ce philosophe un recueil de vers d'Homère pour et contre la vertu : le poëte ne paraît pas se soucier de ce qu'on suivra ; et, pourvu qu'il arrache à son lecteur le témoignage que son oreille a été agréablement flattée, il croit avoir satisfait aux règles de son art : comme un peintre qui, sans se mettre en peine d'avoir peint des objets qui portent au vice ou qui représentent la vertu, croit avoir accompli ce qu'on attend de son pinceau, lorsqu'il a parfaitement imité la nature. C'est pourquoi (ceci est encore le raisonnement de Platon sous le nom de Socrate), lorsqu'on trouve dans les poëtes de grandes et admirables sentences, on n'a qu'à approfondir et les faire raisonner dessus, on trouvera qu'ils ne les entendent pas. Pourquoi ? dit ce philosophe. Parce que, songeant seulement à plaire, ils ne se mettent en aucune peine de chercher la vérité.

Ainsi voit-on dans Virgile le vrai et le faux également étalés. Il trouve à propos de décrire dans son *Énéide* l'opinion de Platon sur la pensée et l'intelligence qui anime le monde, il le fera en vers magnifiques. S'il plaît à la veine poétique, et au feu qui en anime les mouvements, de décrire le concours d'atomes qui assemble fortuitement les premiers principes des terres, des mers, des airs et du feu, et d'en faire sortir l'univers sans qu'on ait besoin pour les arranger du secours d'une main divine ; il sera aussi bon épicurien dans une de ses Églogues que bon platonicien dans son poëme héroïque. Il a contenté l'oreille, il a étalé le beau tour de son esprit, le beau son de ses vers et la vivacité de ses expressions : c'est assez à la poésie, il ne veut pas que la vérité lui soit nécessaire.

Les poëtes chrétiens et les beaux esprits prennent le même esprit : la religion n'est non plus dans le dessein et dans la composition de leurs ouvrages que dans ceux des païens. Celui-là s'est mis dans l'esprit de blâmer les femmes ; il ne se met point en peine s'il condamne le mariage, et s'il en éloigne ceux à qui il a été donné comme un remède ; pourvu qu'avec de beaux vers il sacrifie la pudeur des femmes à son humeur satirique, et qu'il fasse de belles peintures d'actions bien souvent très-laides, il est content.

Un autre croira fort beau de mépriser l'homme dans ses vanités et ses airs ; il plaidera contre lui la cause des bêtes, et attaquera en forme jusqu'à la raison ; sans songer qu'il déprise l'image de Dieu, dont les restes sont encore si vivement empreints dans notre chute, et qui sont si heureusement renouvelés dans notre régénération. Ces grandes vérités ne lui sont de rien : au contraire, il les cache de dessein formé à ses lecteurs, parce qu'elles rompraient le cours de ses fausses et dangereuses plaisanteries : tant on s'éloigne de la vérité, quand on cultive les arts auxquels la coutume et l'erreur ne donnent dans la pratique d'autre objet que le plaisir.

Un philosophe blâme les arts et les bannit de sa république, avec des couronnes sur la tête et une branche de laurier dans la main. Mais ce philosophe est-il lui-même plus sérieux, lui qui ayant connu Dieu ne le connaît pas pour Dieu ; qui n'ose annoncer au peuple la plus importante des vérités ; qui adore avec lui des idoles, et sacrifie avec lui la vérité à la coutume ? Il en est de même des autres qui, enflés de leur vaine philosophie parce qu'ils seront, ou physiciens, ou géomètres, ou astronomes, croiront exceller en tout, et soumettront à leur jugement les oracles que Dieu envoie au monde, jusqu'à tenter de les redresser : la simplicité de l'Écriture causera un dégoût extrême à leur esprit préoccupé ; et autant qu'ils s'approcheront de Dieu par l'intelligence, autant s'en éloigneront-ils par leur orgueil : « *Quantum propinquaverunt intelligentia, tantum superbia recesserunt,* » dit saint Augustin. Voilà ce que fait dans l'homme la philosophie, quand elle n'est pas soumise à la sagesse de Dieu ; elle n'engendre que des superbes et des incrédules.

CHAPITRE DIX-NEUVIÈME.

Merveilleuse manière dont Dieu punit l'orgueil, en lui donnant ce qu'il demande.

Mon Dieu, que vous punissez d'une merveilleuse manière l'orgueil des hommes ! La gloire est le souverain bien qu'ils se proposent, et vous, Seigneur, comment les punissez-vous ? En leur donnant cette gloire dont ils sont avides. Car vous en êtes le maître, et vous la donnez et l'ôtez comme il vous plaît, selon que vous tournez l'esprit des hommes. Mais pour montrer combien elle est non-seulement vaine, mais encore trompeuse et malheureuse, vous la donnez très-souvent à ceux qui la demandent, et vous en faites leur supplice.

Que désirait ce grand conquérant qui renversa le trône le plus auguste de l'Asie et de tout le monde, sinon de faire parler de lui, c'est-à-dire d'avoir une grande gloire parmi les hommes ? « Que de peine, » disait-il « il se faut donner pour faire parler les Athéniens ! » Lui-même reconnaissait la vanité de la gloire, qu'il recherchait avec tant d'ardeur ; mais il y était entraîné par une espèce de manie, dont il n'était pas le maître. Et que fait Dieu pour le punir, sinon de le livrer à l'illusion de son cœur, et de lui donner cette gloire, dont la soif le tourmentait, avec encore plus d'abondance qu'il ne pouvait imaginer? Ce ne sont pas seulement les Athéniens qui parlent de lui, tout le monde est entré dans sa passion, et l'univers étonné lui a donné plus de gloire qu'il n'en avait osé espérer. Son nom est grand en Orient comme en Occident, et les barbares l'ont admiré comme les Grecs. Loin de refuser la gloire à son ambition, Dieu l'en a comblé; il l'en a rassasié, pour ainsi parler, jusqu'à la gorge; il l'en a enivré, et il en a eu plus que sa tête n'était capable d'en porter. O Dieu, quel bien est celui que vous prodiguez aux hommes que vous avez livrés à eux-mêmes, et que vous avez réprouvés de votre royaume!

Et pour la gloire d'un bel esprit, qui peut espérer d'en avoir autant, et durant sa vie, et après la mort, qu'un Homère, qu'un Théocrite, qu'un Anacréon, qu'un Cicéron, qu'un Horace, qu'un Virgile? On leur a rendu des honneurs extraordinaires pendant qu'ils étaient au monde, et la postérité en a fait ses modèles et presque ses idoles. La folie de les louer a été poussée jusqu'au point de leur dresser des temples; ceux qui n'ont pas été jusque-là n'ont pas laissé de les adorer à leur mode, comme des esprits divins et au-dessus de l'humanité. Et qu'avez vous prononcé dans votre Évangile de cette gloire qu'ils ont reçue et reçoivent continuellement dans la bouche de tous les hommes? (1) « Je vous le dis en vérité, ils ont reçu leur récompense. »

O vérité, ô justice et sagesse éternelle, qui pesez tout dans votre balance, et donnez le prix à tout bien, pour petit qu'il soit, vous avez préparé une récompense convenable à cette telle quelle industrie qui paraît dans les actions de ceux qu'on nomme héros et dans les écrits de ceux qu'on nomme les grands auteurs! Vous les avez récompensés et punis tout ensemble: vous les avez repus de vents; enflés par la gloire, vous les en avez, pour ainsi dire, crevés. Combien ces grands auteurs ont-ils donné la gêne à leur esprit pour arranger leurs paroles et composer leurs poèmes! Celui-là, étonné lui-même du long et furieux travail de son *Énéide*, dont tout le but, après tout, était de flatter le peuple régnant et la famille régnante, avoue dans une

1. Matth., vi, 2.

lettre qu'il s'est engagé dans cet ouvrage par une espèce de manie, « *pene vitio mentis.* » Leur conscience leur reprochait qu'ils se donnaient beaucoup de peine pour rien, puisque ce n'était, après tout, que pour se faire louer.

Que d'étude, que d'application, que de curieuses recherches, que d'exactitude, que de savoir, que de philosophie, que d'esprit faut-il sacrifier à cette vanité! Dieu la condamne; et à la fin il la contente, pour laisser aux hommes un monument éternel du mépris qu'il fait de cette gloire si désirée par les gens qui ne le connaissent pas; il leur en donne plus qu'ils n'en veulent. Ainsi, dit saint Augustin, ces conquérants, ces héros, ces idoles du monde trompé, en un mot, ces grands hommes de toutes les sortes, tant renommés du genre humain, sont élevés au plus haut degré de réputation où l'on puisse parvenir parmi les hommes; et, vains, ils ont reçu une récompense aussi vaine que leurs desseins: « *Receperunt mercedem suam; vani, vanam.* »

CHAPITRE VINGTIÈME

Erreur encore plus grande de ceux qui tournent à leur propre gloire les œuvres qui appartiennent à la véritable vertu.

Ce ne sont pas là toutefois ceux que la gloire trompe le plus. Plus vains encore et plus déçus par leur orgueil sont ceux qui sacrifient à la gloire, non des choses vaines, mais les propres œuvres que la vertu devait produire. Tels sont : « ceux qui font leurs bonnes œuvres pour être glorifiés des hommes;(1)» qui «sonnent de la trompette devant eux-mêmes quand ils font l'aumône; (2) » qui « affectent de prier dans les coins des rues, et d'attrouper le monde autour d'eux; » qui « veulent rendre leurs jeûnes publics, et les faire paraitre dans la pâleur de leur visage. »

Ceux qui parmi les païens, ou parmi les juifs, ou même,

1. Matth., XXIII, 5.
2. Matth., VI, 2, 5, 6.

par le dernier aveuglement, parmi les chrétiens, ont été justes, équitables, tempérants, cléments, pour se faire admirer des hommes, sont de ce rang. Et tous « ils ont reçu leur récompense; » et ils sont beaucoup plus punis que ceux qui mettent la gloire dans des choses vaines. Car plus les œuvres qu'ils étalent sont solides par elles-mêmes, plus il est indigne et injuste de les sacrifier à l'orgueil, et de tenir la vertu si peu de chose qu'on ne daigne la rechercher que pour en être loué par les hommes, comme si Dieu ne lui suffisait pas.

CHAPITRE VINGT ET UNIÈME

Ceux qui dans la pratique des vertus, ne cherchent point la gloire du monde, mais se font eux-mêmes leur gloire, sont plus trompés que les autres.

Mais, ô mon Dieu, éternelle vérité, qui éclairez tout homme venant au monde, vous me découvrez dans votre lumière une autre plus dangereuse séduction et déception de l'esprit humain dans ceux qui, s'élevant, à ce qui leur semble, au-dessus des louanges humaines, s'admirent eux-mêmes en secret, se font eux-mêmes leur dieu et leur idole, se repaissent de l'idée de leur vertu, qu'ils regardent comme le fruit de leur propre travail, et qu'ils croient, en un mot, se donner eux-mêmes !

Tels étaient ceux qui disaient parmi les païens : « Que Dieu me donne la beauté et les richesses; pour moi, je me donnerai la vertu et un esprit équitable et toujours égal; » et qui par là même s'élevaient en quelque façon au-dessus de leur Dieu, « parce qu'il était, disaient-ils, sage et vertueux par sa nature, et qu'ils l'étaient, eux, par leur industrie. » Ils croyaient, dans cette pensée, se mettre au-dessus des hommes et de leurs louanges; comme si eux-mêmes, qui se louaient et s'admiraient en cette sorte, eussent été autre chose que des hommes ; et les louanges qu'ils se donnaient secrètement, autre chose que des louanges humaines ; ou que tout cela fût autre chose que de servir la créature plutôt que le créateur, puisqu'eux-mêmes bien nécessairement ils étaient des créatures, et des créatures d'autant plus faibles et d'autant plus livrées à l'orgueil que leur orgueil paraissait plus indépendant et plus épuré, lorsque, affranchis, s'ils l'étaient, du joug de la dépendance des opinions et des louanges des autres, ils faisaient leur félicité et leur objet unique de l'admiration d'eux-mêmes et de leurs vertus, qu'ils regardaient comme leur ouvrage et en même temps comme le plus bel ouvrage de la raison.

Dieu! qu'ils étaient superbes, et que leur orgueil était grossier, encore qu'ils prissent un tour apparemment plus délicat pour se reposer en eux-mêmes! Oh! qu'ils étaient pleins de faste et de jalousie, qu'ils étaient dédaigneux et qu'ils méprisaient les autres hommes! Ils ne faisaient en effet que les plaindre comme des aveugles, et déplorer leur erreur, réservant toute leur admiration pour eux-mêmes. Tel était ce pharisien qui disait à Dieu dans sa prière : (1) « Je ne suis pas comme le reste des hommes, qui sont ravisseurs, injustes, impudiques, tel qu'est aussi ce publicain. » S'il appliquait à cet homme particulier son mépris universel pour le genre humain, c'est parce qu'il le trouva le premier devant ses yeux; et il en eût fait autant à tout autre qui se serait présenté de même; et ce dédain était l'effet de l'aveugle admiration dont il était plein pour lui-même.

Il est vrai qu'en apparence il attribuait à Dieu les vertus dont il était revêtu; puisqu'en se mettant au-dessus du reste des hommes il disait à Dieu : « Je vous en rends grâce, » et semblait le reconnaître comme l'auteur de tout le bien qu'il louait en lui-même. Mais s'il eût été de ceux qui disent sincèrement avec David : (2) « Mon âme sera louée dans le Seigneur, » non content de lui rendre grâce, il aurait connu son besoin et lui aurait fait quelques demandes; il ne se serait pas regardé comme un vertueux parfait qui n'a pas besoin de se corriger d'aucun défaut, mais seulement de remercier Dieu de ses vertus; enfin il n'aurait pas cru que Dieu le regardât et qu'il l'honorât seul de ses dons.

1. Luc., XVIII, 11.
2. Ps. XXXIII, 3.

Quand donc il disait à Dieu: (1) « Je vous en rends grâce, » c'était une formule de prière plutôt qu'une humilité sincère dans son cœur; et qui eût pénétré le dedans de ce cœur y eût trouvé qu'en rendant grâce à Dieu de ses vertus, dans un fond plus intérieur, il se rendait grâce à lui-même de s'être attiré ce don de Dieu, et de s'être seul rendu digne qu'il arrêtât ses yeux sur lui. Par où il retombait nécessairement dans cette malédiction du prophète: (2) « Maudit l'homme qui espère en l'homme et qui se fait un bras de chair; » puisque lui-même, qui se confiait en lui-même, était un homme de chair; c'est-à-dire un homme faible qui mettait sa confiance en lui-même, en sa force et en sa vertu. Et son erreur, c'était, poursuit le prophète, de retirer son cœur de Dieu pour l'occuper de soi-même et de sa vertu (3): « *Maledictus homo qui confidit in homine, et ponit carnem brachium suum, et a Domino recedit cor ejus.* »

CHAPITRE VINGT-DEUXIÈME

Si le chrétien bien instruit des maximes de la foi peut craindre de tomber dans cette espèce d'orgueil.

Tels étaient les pharisiens, et telle était leur justice, pleine d'elle-même et de son propre mérite. Ils se regardaient comme les seuls dignes du don de Dieu, comme s'ils eussent été d'une autre nature, et formés d'une autre masse et d'une autre boue que le reste des humains : il les excluait de sa grâce, ne pouvant souffrir qu'on annonçât l'Évangile aux Gentils et qu'on louât d'autres qu'eux. C'est là donc cette fausse et abominable justice qui est détestée par saint Paul en tant d'endroits; et une telle justice, si clairement réprouvée dans l'Évangile, ne devrait point trouver de place parmi les chrétiens.

Mais les hommes corrompent tout et abusent du chris-

1. Ps. XXXIII, 3.
2. Ps. XVII, 5.
3. Ibid.

tianisme comme du reste des dons de Dieu. Il s'est trouvé des hérétiques, tels qu'étaient les pélasgiens, qui ont cru se devoir à eux-mêmes leur salut; et il s'en est trouvé d'autres qui, en ne s'en attribuant qu'une partie, ont cru trouver toute l'humilité nécessaire au christianisme et rendre à Dieu toute la gloire qui lui était due.

Mais les véritables chrétiens, tel qu'était un saint Cyprien, tant loué par saint Augustin pour cette sentence, ont dit qu'il « fallait donner non une partie du salut, mais le tout à Dieu; et ne nous glorifier jamais de rien, parce que rien n'était à nous. » Ils l'avaient prise de saint Paul, dont toute la doctrine aboutit à conclure, non que celui qui se glorifie se puisse glorifier, du moins en partie, en lui-même; mais qu'il ne doit nullement se glorifier en lui-même, mais en Dieu, c'est-à-dire uniquement en lui.

CHAPITRE VINGT-TROISIÈME

Comment il arrive aux chrétiens de se glorifier en eux-mêmes.

Telle est donc la justice chrétienne opposée à la justice judaïque et pharisaïque que saint Paul appelle (1): « la propre justice, » c'est-à-dire celle qu'on trouve en soi-même et non pas en Dieu. On tombe dans cette fausse justice ou par une erreur expresse, lorsqu'on croit avoir quelque chose, pour peu que ce soit, ne fut-ce qu'une petite pensée et le moindre de tous les désirs, de soi-même, comme de soi-même, contre la doctrine de saint Paul (2); ou sans erreur dans l'esprit par une certaine attache ou complaisance du cœur. Car comme après Dieu il n'y a rien de plus beau ni de plus semblable à Dieu que la créature raisonnable, sanctifiée par la grâce, soumise à sa grâce, pleine de ses dons, vivante selon la raison et selon Dieu, usant bien de son libre arbitre; une âme qui voit et croit voir cette beauté en elle-même, qui sent

1. Rom., x, 3.
2. II Cor., iii, 5.

qu'elle fait le bien et s'y attache par un amour sincère autant qu'elle peut, touchée d'un si beau spectacle, s'y arrête et regarde un si grand bien plutôt comme étant en soi que comme venant de Dieu. De là vient qu'insensiblement elle oublie que Dieu en est le principe, et se l'attribue à soi-même par un sentiment d'autant plus vraisemblable qu'en effet elle y concourt par son libre arbitre.

C'est par son libre arbitre qu'elle croit, qu'elle espère, qu'elle aime, qu'elle consent à la grâce, qu'elle la demande. Ainsi comme ce bien qu'elle fait lui est propre en quelque façon, elle se l'approprie et se l'attribue, sans songer que tous les bons mouvements du libre arbitre sont prévenus, préparés, dirigés excités, conservés par une opération propre et spéciale de Dieu, qui nous fait faire de la manière qu'il faut tout le bien que nous faisons, et nous donne le bon usage de notre liberté qu'il a faite, et dont il opère encore le bon exercice : en sorte qu'il n'y a rien de ce qui dépend le plus de nous qu'il ne faille demander à Dieu et lui en rendre grâce.

L'âme oublie cela par un fond d'attache qu'elle a à elle-même, par la pente qu'elle a à s'attribuer et s'approprier tout le bien qu'elle a, encore qu'il lui vienne de Dieu qui le donne, ou, si elle l'attribue à Dieu, c'est à la manière de ce pharisien qui dit à Dieu : « Je vous rends grâce, » et qui s'attribue à soi-même de rendre grâce ; ou, si elle surpasse ce pharisien qui se contente de rendre grâce sans rien demander, et qu'elle demande à Dieu son secours, elle s'attribue encore cela même et s'en glorifie : ou, si elle cesse de s'en glorifier, elle se glorifie de cela même, et fait renaître l'orgueil, dans la pensée qu'elle a de l'avoir vaincu.

Oh! malheur de l'homme, où ce qu'il y a de plus épuré, de plus sublime, de plus vrai dans la vertu devient naturellement la pâture de l'orgueil! Et à cela quel remède, puisqu'encore on se glorifie du remède même? En un mot, on se glorifie de tout, puisque même on se glorifie de la connaissance qu'on a de son indigence et de son néant, et que les retours sur soi-même se multiplient jusqu'à l'infini.

Mais c'est peut-être un petit défaut? Non, c'est la plus grande de toutes les fautes, et il n'y a rien de si vrai que cette parole de saint Fulgence dans la lettre à Théodore :

« C'est à l'homme un orgueil détestable quand il fait ce que Dieu condamne dans les hommes, mais c'est encore un orgueil plus détestable lorsque les hommes s'attribuent ce que Dieu leur donne, c'est-à-dire la vertu et la grâce; car plus ce don est excellent, plus est grande la perversité de l'ôter à Dieu pour se le donner à soi-même, et plus injuste est l'ingratitude de méconnaître l'auteur d'un si grand bien. »

C'est donc la plus grande peste et en même temps la plus grande tentation de la vie humaine, que cet orgueil de la vie que saint Jean nous fait détester. C'est pourquoi il nous le rapporte, après les deux autres, comme le comble de tous les maux et le dernier degré du mal. « Mes petits enfants, nous dit-il, n'aimez pas le monde ni tout ce qui est dans le monde, parce que tout y est concupiscence de la chair. » C'est ce qui représente le premier degré de notre chute, ou « concupiscence des yeux, » curiosité et ostentation, qui est le second pas que vous faites dans le mal; ou « orgueil de la vie, » qui est l'abîme des abîmes, et le mal dont toute la vie et tous ses actes sont infectés radicalement et dans le fond.

CHAPITRE VINGT-QUATRIEME

Qui a inspiré à l'homme cette pente prodigieuse qu'il a de s'attribuer tout le bien qu'il a de Dieu?

— Mon Dieu, quel est le principe de cette attache prodigieuse que nous avons à nous-mêmes, et qui nous l'a inspirée? Qui nous a, dis-je, inspiré cette aveugle et malheureuse inclination, cette pitoyable facilité d'attribuer, à nos propres forces et à nos propres efforts, en un mot à nous-mêmes, tout le bien qui est en nous par votre libéralité? Ne sommes-nous pas assez néant pour être capables d'entendre du moins que nous sommes un néant et que nous n'avons rien qui ne soit de vous? Et d'où vient que la chose la plus difficile à ce néant, c'est de dire véritablement: Je suis un néant, je ne suis rien? En voici la cause première.

— Parmi toutes les créatures, Dieu, dès l'origine et avant toute autre nature, on avait fait une qui devait être la plus belle et la plus parfaite de toutes : c'était la nature angélique ; et dans une nature si parfaite il s'était comme délecté à faire un ange plus excellent, plus beau et plus parfait que tous les autres ; en sorte que, sous Dieu et après Dieu, l'univers ne devait rien avoir d'aussi parfait ni d'aussi beau. Mais tout ce qui est tiré du néant peut succomber au péché. Une si belle intelligence se plut trop à considérer qu'elle était belle. Elle n'était pas comme l'homme attachée à un corps ; de sorte que, n'ayant point à tomber plus bas qu'elle-même par l'inclination aux biens corporels, toute sa force se réunit tellement à s'admirer elle même et à aimer sa propre excellence, qu'elle ne put aimer autre chose.

Vraiment toute créature n'est rien ; et quiconque s'aime soi-même et sa propre perfection, excepté Dieu, qui est seul parfait, se dégrade en pensant s'élever. Que servirent à ce bel ange tant de lumières dont son entendement était orné ? « (1) Il ne demeura pas dans la vérité » où il avait été créé. C'est ce qu'a prononcé la vérité même. Que veut dire cette parole, « qu'il ne demeura pas dans la vérité ? » Est-ce qu'il tomba dans l'erreur et dans l'ignorance ? Point du tout. Il connait encore la vérité dans sa chute même ; et, comme dit l'apôtre saint Jacques, (2) « lui et ses anges la croient et en tremblent. » Ainsi ne demeurer pas dans la vérité fut à cet ange superbe la vouloir regarder en soi-même plutôt qu'en Dieu, et perdre ainsi la vérité en cessant d'en faire sa règle et de l'aimer comme elle veut et doit être aimée, c'est-à-dire comme la maîtresse et la souveraine de tous les esprits.

Ange malheureux, qui êtes comparé à cause de vos lumières à l'étoile du matin, (3) « comment êtes-vous tombé du ciel ? » dit Isaïe. (4) « Vous étiez le sceau de la ressemblance de Dieu ; » nulle créature ne lui était plus semblable que vous : « Vous étiez plein de sagesse et parfait dans votre beauté ; créé dans les délices du paradis de votre Dieu ; vous étiez orné, comme d'autant de pierres précieuses, de toutes

---

1. Joan., II, 44.
2. Jacob., II, 19.
3. Isaï., XVI, 12.
4. Ezech., XXVIII, 12, 14, 15.

s plus belles connaissances; l'or précieux de la charité ous avait été donné, et dès votre création vous aviez été réparé à la recevoir ; vous étiez parfait dans vos voies dès e jour de votre origine, jusqu'à ce que l'iniquité fût trouvée n vous. » Et quelle est cette iniquité, sinon de vous re- arder vous-même et de faire votre piège de votre propre xcellence?

Une intelligence si lumineuse, qui perçait tout d'un seul egard, avait aussi une force dans sa volonté, qui, dès sa remière détermination, fixait ses résolutions et les rendait mmuables; qui était l'un des plus beaux traits, et peut-être e plus parfait de la divine ressemblance. Mais, pendant qu'il admire trop et qu'il en est trop épris, il pèche et en même emps il se rend inflexible dans le mal; et sa force, que Dieu bandonne à elle-même, le perd à jamais.

Malheur, malheur, encore une fois, et cent fois malheur la créature qui ne se voit point en Dieu, et qui se fixant en lle-même se sépare de la source de son être, qui l'est aussi ar conséquent de sa perfection et de son bonheur! Ce su- erbe, qui s'était fait son dieu à lui-même, mit la révolte ans le ciel; et Michel qui se trouva à la tête de l'ordre où a rébellion faisait peut-être plus de ravage, s'écria: « Qui st comme Dieu? » D'où lui vient le nom de Michel, c'est-à- ire qui est comme Dieu ? comme s'il eût dit : Qui est celui ui nous veut paraître comme un autre Dieu, et qui a dit ans son orgueil (1) : « Je m'élèverai jusqu'aux cieux; » je do- minerai tous les esprits, et « j'exalterai mon trône par-dessus es astres de Dieu; je monterai sur les nuées les plus autes, » dont Dieu fait son char, « et je serai semblable au rès-Haut? » Qui est donc ce nouveau Dieu qui se veut élever insi au-dessus de nous? Mais il n'y a qu'un seul Dieu; ral- ions-nous tous à le suivre; disons tous ensemble: « Qui est omme Dieu ? »

Voyez ce que devient tout à coup ce faux dieu qui se voulait aire adorer. Dieu l'a frappé, et il tombe avec les anges ses mitateurs (2) : « Toi qui t'élevais au plus haut du ciel, tu es récipité dans les enfers, dans les cachots les plus profonds ;

1. Isaï., XIV, 13.
2. Ibid., 15.

In infernum detraheris, in infernum laci. » Dans sa chute il conserve tout son orgueil, parce que son orgueil doit être son supplice. N'ayant pu gagner tous les anges pour étendre le plus qu'il pouvait ce règne d'orgueil dont il est le malheureux fondateur, il attaque l'homme, que « Dieu avait mis au-dessous des anges, mais seulement un peu au-dessous, » parce que c'était après eux la créature la plus excellente, une créature où l'image de Dieu reluisait comme dans les anges mêmes, quoique dans un degré un peu inférieur : (1) « *Minuisti cum paulo,* » etc.

Cet ange devenu rebelle, devenu Satan, devenu le diable, vient donc à l'homme dans le paradis où Dieu l'avait fait heureux et saint. Chaque chose qui en touche une autre la pousse par l'endroit où elle est elle-même le plus en mouvement : le mouvement par lequel ce mauvais ange est entraîné, c'est l'orgueil ; et jamais il n'y en eut ni il ne peut y en avoir de plus violent ni de plus rapide que le sien. Il pousse donc l'homme par l'endroit où il était tombé lui-même, et l'impression qu'il lui communique est celle qui était en lui la plus puissante, c'est-à-dire celle de l'orgueil : « *Unde cecidit, inde dejecit.* » L'homme se trouva trop faible pour y résister ; et l'empire de l'orgueil, qui avait commencé dans le ciel, par un seul coup s'étendit sur toute la terre.

CHAPITRE VINGT-CINQUIÈME

Séduction du démon. Chute de nos premiers parents. Naissance des trois concupiscences, dont la dominante est l'orgueil.

Mon Dieu, je repasserai dans mon esprit l'histoire trop véritable de ma chute, dans celui en qui j'étais avec tous les hommes, en qui j'ai été tenté, en qui j'ai été vaincu, de qui j'ai tiré toute ma faiblesse et toute la corruption que je sens. Malheureux fruit du péché où je suis né, preuve incontestable et irréprochable témoin de ma misère ! O Dieu ! j'ai

Ps. VIII, 6.

écouté, dans ma mère Ève, le tentateur, qui lui disait par la bouche du serpent : « Pourquoi Dieu vous a-t-il commandé de ne point manger du fruit de cet arbre ? » Ce n'est qu'une question, ce n'est qu'un doute qu'il veut introduire dans votre esprit : « Pourquoi Dieu vous a-t-il commandé ? » Mais qui est capable d'écouter une question contre Dieu et de se laisser ébranler par le moindre doute, est capable d'avaler tout le poison.

Ève lui répondit la vérité : « Dieu a mis tous les autres fruits en notre puissance, il n'y a que l'arbre qui est au milieu de ce jardin de délices dont il nous a commandé de ne point manger le fruit, et même de ne le point toucher, de crainte que nous ne mourrions. » Elle répondit la vérité ; mais le premier mal fut de répondre : car il n'y a point à écouter de « pourquoi » contre Dieu ; et tout ce qui met en doute la souveraine raison et la souveraine sagesse devait dès là vous être en horreur. Le tentateur, s'étant donc fait écouter, passe du doute à la décision : (1) « Vous ne mourrez point, » dit-il ; « mais Dieu sait qu'au jour que vous mangerez de ce fruit, vos yeux seront ouverts, et vous serez comme des dieux, sachant le bien et le mal. » Vos yeux seront ouverts ; vous vous verrez vous-mêmes en vous-mêmes, au lieu de vous voir toujours en Dieu ; vous aurez vous-mêmes une excellence divine, et tout à coup, devenus comme des dieux, vous saurez par vous-mêmes le bien et le mal, et tout ce qui vous peut faire bons ou mauvais, heureux ou malheureux ; vous en aurez la clef, vous y entrerez, et par vous-mêmes vous serez dans une sorte d'indépendance.

Le père du mensonge, pour se faire écouter, enveloppait ici le vrai avec le faux. Car il est vrai qu'en se soulevant contre Dieu, et se faisant un Dieu soi-même, comme indépendant de la loi de Dieu, on connaît d'une certaine façon le bien, en le perdant ; on connaît le mal qu'on n'avait jamais éprouvé ; on a les yeux ouverts pour connaître son malheur et un désordre en soi-même qu'on n'aurait jamais vu sans cela. C'est ce qui arriva à Adam et à Ève. Aussitôt qu'ils eurent désobéi, (2) « leurs yeux furent ouverts, » dit

---

1. Gen., III, 4.
2. Gen., III, 7.

le texte sacré, » et ils virent qu'ils étaient nus, » et leur nudité commença à les confondre. Ce fut d'abord dans leur cœur une certaine attention à eux-mêmes qui ne leur était point permise, un arrêt à leur propre volonté, un amour de leur propre excellence, et de tout cela un secret plaisir de se goûter eux-mêmes avant que de goûter le fruit défendu, de se plaire en eux-mêmes et en leur propre perfection, que, jusqu'alors innocents et simples, ils n'avaient vue qu'en Dieu seul.

Cela commença par Ève, que le démon avait attaquée la première, comme la plus faible ; mais il lui parla pour tous les deux : (1) « Pourquoi Dieu vous a-t-il défendu ? *Cur præcepit vobis Deus ?* Vous ne mourrez point, vous saurez : *Nequaquam moriemini, scientes ;* » en nombre pluriel. Ève porta en effet à son mari toute la tentation du malin qui l'avait séduite ; elle commença par considérer ce fruit défendu, qu'apparemment elle n'avait encore osé regarder, par respect pour l'ordre de Dieu. Elle vit qu'il était bon à manger, beau à voir ; le goût, la vue, elle considère tout, et se promet en le mangeant un nouveau plaisir qu'elle s'imaginait manquer encore à ses sens. Elle en mangea donc et en donna à manger à son mari, qui, le prenant de sa main avec les mêmes sentiments qui l'avaient séduite, mit le comble à notre malheur, et fut à toute sa postérité une source éternelle de péché et de mort.

Comprenons donc tous les degrés de notre perte. Dans une si grande félicité, dans une si grande facilité de ne pécher pas, n'y ayant dans le corps nulle faiblesse, nulle révolte dans les sens, nulle sorte de concupiscence dans l'esprit, l'homme n'était accessible au mal que par la complaisance pour soi-même, par l'amour de sa propre excellence, en un mot par l'orgueil. C'est donc là qu'on le tente ; obliquement on lui montre Dieu comme jaloux de son bien : « Pourquoi le Seigneur vous commande-t-il de ne point toucher à ce fruit ? C'est qu'il sait qu'en le mangeant, » vous y trouverez un bonheur qu'il vous envie : « Vous serez comme des dieux, » et vous aurez par vous-mêmes la science du bien et du mal, qui est un attribut divin.

1. Gen., III, 1.

C'était donc alors qu'il fallait dire, comme avait fait saint Michel: « Qui est comme Dieu? Qui comme lui doit se plaire dans sa propre volonté, être par lui-même parfait et heureux, savoir tout et n'être guidé dans tous ses desseins que de sa propre lumière? L'homme, à l'exemple de l'ange rebelle et par son instigation, se laisse prendre à ce vain éclat, et dès là l'amour de soi-même et de sa propre grandeur pénétra tout le genre humain, s'enfonça dans notre sein, pour se produire à toute occasion et infecter toute notre vie, et fit en nous une empreinte et une plaie si profonde, qu'elle ne se peut jamais effacer ni guérir entièrement tant que nous vivons sur la terre. Tel fut l'effet de ces paroles: « Vous serez comme des dieux. »

Les mêmes paroles portent encore une curiosité infinie au fond de nos cœurs. Car tout savoir étant le propre de Dieu seul, le tentateur, en nous flattant de la pensée d'être une espèce de divinité, ajouta à cette promesse la science du bien et du mal, c'est-à-dire toute science; et enveloppa sous ce nom les sciences bonnes et mauvaises, et tout ce qui pouvait repaître l'esprit par sa nouveauté, par sa singularité et par son éclat.

Ce qui vint après tout cela fut l'amour du plaisir des sens: en voyant avec agrément le fruit défendu, en le dévorant d'abord par les yeux et prévenant par son appétit son goût délectable, l'amour du plaisir est entré, et nos premiers parents nous l'ont inspiré jusque dans la moelle des os. Hélas! hélas! le plaisir des sens se fit bientôt sentir par tout le corps: ce ne fut point seulement le fruit défendu qui plut aux yeux et au goût; Adam et Ève furent l'un à l'autre une tentation bien plus dangereuse que toutes les autres sensibles, il fallut cacher tout ce que l'on sentait de désordre, et, forcés d'y penser nous-mêmes, il faut que nous en écartions la pensée.

CHAPITRE VINGT-SIXIÈME

La vérité de cette histoire trop constante par ses effets.

Les esprits superbes qui dédaignent la simplicité de l'Écriture et se perdent dans sa profondeur, traitent cette histoire de vaine et presque de puérile. Un serpent qui parle; un arbre dont on espère la science du bien et du mal; les yeux ouverts tout à coup en mangeant d'un fruit; la perte du genre humain attachée à une action si peu importante: quelle fable moins croyable trouvent-ils dans les poëtes? C'est ainsi que parlent les impies. Et la sagesse éternelle, si on la consulte, répond au contraire: Pourquoi Dieu n'aurait-il pas défendu quelque chose à l'homme, pour lui faire sentir qu'il avait un souverain? Et n'était-il pas de la félicité de l'état où Dieu l'avait mis que le commandement qu'il lui ferait fût facile?

Qu'y avait-il de plus doux, dans une si grande abondance de toute sorte de fruits, que de n'en réserver qu'un seul? Quel inconvénient que Dieu, qui avait fait l'homme composé de corps et d'âme, attachât aux objets sensibles des grâces intellectuelles, et fît de l'arbre interdit une espèce de sacrement de la science du bien et du mal? Qui sait si le dessein de sa sagesse n'était pas de faire un jour goûter à nos premiers parents ce fruit, et de leur en donner la jouissance après avoir, durant quelque temps, éprouvé leur fidélité? Quoi qu'il en soit, était-il indigne de Dieu de les mettre à cette épreuve et de leur laisser attendre de sa seule bonté la connaissance si désirée du bien et du mal?

Pour ce qui était du serpent, voulait-on qu'Ève en eût horreur, comme nous en avons à présent, dans un temps où tous les animaux étaient obéissants à l'homme, sans qu'aucun lui pût nuire, ni par conséquent l'effrayer? Mais pourquoi, sans imaginer que les bêtes eussent un langage, Ève n'aurait-elle pas cru que Dieu, des mains de qui elle sortait et dont la toute-puissance lui était si bien connue par la création de tant de choses merveilleuses, n'eût pas fait d'autres créatures intelligentes que l'homme, ou que ces créatures invisibles lui apparussent et se rendissent sensibles, sous la forme des animaux? Dieu même, qui avait fait les sens, prenait bien, pour rendre heureux l'homme tout entier, une figure sensible, qui ne nous est pas exprimée. On entendait sa voix, on l'entendait comme marcher et s'avancer vers Adam dans le paradis. Pourquoi donc les autres esprits, différents de celui de l'homme, ne se seraient-ils pas montrés sous les figures que Dieu permettait? Le serpent alors innocent, mais qui devait dans la suite devenir si odieux comme si nuisible à notre nature, devait servir en son temps à nous rendre la séduction du démon plus odieuse; et les autres qualités de cet animal étaient propres à nous figurer le juste supplice de cet esprit arrogant, atterré par la main de Dieu, et devenu si rampant par son orgueil.

Voilà une partie des mystères que contient l'Écriture sainte dans sa merveilleuse et profonde brièveté. Mais, sans tous ces raisonnements, l'histoire de notre perte ne nous est devenue que trop sensible et trop croyable, par les effets que nous en sentons. Est-ce Dieu qui nous fait aussi superbes, aussi curieux, aussi sensuels, en un mot, aussi corrompus en toutes manières, que nous le sommes?

Mon Dieu! n'entends-je pas encore le sifflement du serpent quand j'hésite si je suivrai votre volonté ou mes appétits? N'est-ce pas lui qui me dit secrètement: « Pourquoi Dieu vous a-t-il défendu? » Quand je m'admire moi-même dès que je sens en moi la moindre lumière ou le moindre commencement de vertu, et que je m'y attache plus qu'à Dieu même, qui me l'a donné, jusqu'à ne pouvoir en arracher mes regards et ma complaisance, et jusque même à ne pouvoir pas retenir mon cœur, qui se l'attribue, comme si j'étais moi-même ma règle?

Mon Dieu, et la cause de mon bonheur, n'est-ce pas ce serpent qui me dit encore: « Vous serez comme des dieux? » Toutes les adresses par lesquelles il m'insinue l'orgueil ne sont-elles pas autant d'effets de sa subtilité, et autant de marques de ses replis tortueux? Mais quelle source de curiosité ne me met-il pas dans l'esprit en me promettant de m'ouvrir les yeux et de me faire trouver dans le fruit qu'il me montre la science du bien et du mal? Et, lorsqu'à la moindre atteinte du plaisir des sens, je me sens si faible, et que mes résolutions, que je croyais si fermes dans l'amour de Dieu, tout d'un coup se perdent dans l'air, sans que ma raison impuissante ait de quoi tenir un moment contre cet attrait; hélas! qu'est-ce autre chose que le serpent qui me montre ce fruit séducteur? Je ne le voyais encore que de loin, et déjà mes yeux en sont épris. Si je le touche, quel plaisir trompeur ne se coule pas dans mes veines! et combien serai-je perdu si je le mange! Qu'y-a-t-il donc de si incroyable, que l'homme ait péri, dans son origine, par ce qui me rend encore si malade ou plutôt par ce qui me montre que je suis vraiment mort par le péché?

CHAPITRE VINGT-SEPTIÈME

Saint Jean explique toute la corruption originelle dans les trois concupiscences.

Ainsi il est manifeste que saint Jean, en nous expliquant la triple concupiscence, celle de la chair et des sens, celle des yeux et de la curiosité, et enfin celle de l'orgueil, est remonté à l'origine de notre corruption, dans laquelle nous avons vu cette triple concupiscence, et dans la tentation du démon, et dans le consentement du premier homme. Qu'a prétendu le démon, que de me rendre superbe comme lui, savant et curieux comme lui, et à la fin sensuel, ce qu'il n'était pas parce qu'il n'avait point de corps; mais ce qu'il nous a fait être en ravilissant notre esprit, jusqu'à le rendre esclave du corps, pour en effacer d'autant plus l'image de Dieu qu'il tomberait par ce moyen dans une bassesse et abjection plus extrême?

Voilà les trois concupiscences. Saint Jean les rapporte dans un autre ordre qu'elles ne paraissent dans l'histoire de la tentation, que nous venons de voir; parce que, dans cette histoire primitive, le Saint-Esprit a voulu tracer tout l'ordre de notre chute. Il fallait que la tentation commençât à inspirer l'orgueil, d'où sortit la curiosité, qui est mère, comme on a vu, de l'ostentation; afin que notre chute se terminât enfin, comme à l'endroit le plus bas, dans la corruption de la chair. Comme c'était par ces degrés que nous étions tombés, Moïse, qui nous a d'abord regardés comme étant encore debout dans la rectitude de notre première institution, a voulu marquer nos maux dans l'ordre qu'ils sont venus. Mais saint Jean, qui nous trouve déjà perdus, remonte de degré en degré, par la concupiscence de la chair et par la curiosité de l'esprit, jusqu'au premier principe et au comble de tout le mal, qui est l'orgueil de la vie.

Qui pourrait dire quelle complication, quelle infinie diversité de maux sont sorties de ces trois concupiscences? On craint, on espère, on désespère, on entreprend, on avance, on recule, suivant ses désirs, c'est-à-dire suivant les concupiscences dont on est prévenu; on n'envie, on n'ôte aux autres que le bien qu'on désire pour soi-même, on n'est ennemi de personne qu'autant qu'on en est contrarié; on n'est injuste, ravisseur, violent, traître, lâche, trompeur, flatteur, que selon les diverses vues que nous donnent ces concupiscences; on ne veut ôter du monde que ceux qui s'y opposent ou qui y résistent, en quelque manière que ce soit, ou de dessein ou sans dessein; on ne veut avoir ni de puissance, ni de crédit, ni de bien, que pour contenter ses désirs; on ne veut se rendre redoutable que pour effrayer ceux qui voudraient nous contredire; on ne médit que pour avoir des armes toujours prêtes dans sa langue et s'élever sur la ruine des autres.

O Dieu! dans quel abîme me suis-je jeté! Quelle infinité de péchés ai-je entrepris de décrire! C'est là le monde dont Satan est le créateur; c'est sa création, opposée à celle de Dieu; et c'est pourquoi saint Jean nous crie avec tant de charité et de zèle: « Mes petits enfants, n'aimez pas le monde, parce que tout ce qui est le monde et tout ce qui est dans le monde, de quelque nom qu'il s'appelle, de quelque dehors qu'il se pare, n'est, après tout, qu'amour du plaisir des sens, que curiosité et ostentation, et enfin que ce sacrilége et impie orgueil, par lequel l'homme enivré de son excellence s'attribue l'ouvrage de Dieu, et se corrompt dans ses dons. »

CHAPITRE VINGT-HUITIÈME

De ces paroles de saint Jean : « Laquelle n'est pas du Père, mais du monde ; » qui expliquent ces autres paroles du même apôtre : « Si quelqu'un aime le monde, l'amour du Père n'est point en lui. »

Telle est donc l'œuvre du démon, opposée à l'œuvre de Dieu ; et c'est pour cela que saint Jean, après avoir dit : « N'aimez pas le monde ni ce qui est dans le monde, parce que tout ce qui est dans le monde est concupiscence de la chair, ou concupiscence des yeux, ou orgueil de la vie, » ajoute : (1) « Laquelle » concupiscence, ainsi divisée dans ses trois branches, « n'est pas du Père, mais du monde. » Ce n'est pas l'ouvrage du Père, qui d'abord n'avait inspiré à l'homme que la soumission à Dieu seul, la sobriété de l'esprit, pour ne savoir et ne voir que ce qu'il voulait dans toutes les choses qui nous environnent, et la parfaite subjection de la chair à l'esprit.

Ainsi les concupiscences nommées par saint Jean ne sont pas de Dieu et ne tiennent aucun rang dans son ouvrage. Car en regardant tous les ouvrages qu'il avait faits pour être vus, parmi lesquels l'homme était le meilleur, il avait dit que (2) « tout était bon et très-bon. » Ainsi il n'a pas fait la concupiscence, qui est mauvaise, dans sa source et dans ses effets ; ni le monde, qui est tout entier dans le mal : (3) « *In maligno*, » dit saint Jean. La concupiscence vient du monde que Satan a fait, de cette fausse création dont il est l'auteur ; elle est née en Adam avec le monde, et, passant de lui à tout le genre humain, elle en a composé ce monde, qui n'est que corruption.

Prenez donc garde à n'aimer jamais aucune partie de cet ouvrage où Dieu ne veut avoir aucune part. De quelque côté que le monde veuille vous attirer, soit en vous faisant admirer votre propre perfection, ou en vous incitant à aimer

---

1. Joan., II, 16.
2. Gen., I, 31.
3. I Joan., V, 19.

l'ostentation des sciences et toutes les autres vanités dont se repaissent les créatures, soit en vous engageant dans les plaisirs dont la chair est la source et l'objet, n'entrez en aucune sorte dans cette séduction; n'y entrez, dis-je, par aucun endroit, parce qu'il n'y a rien qui y soit de Dieu; tout est du monde, que Dieu n'a pas fait, qu'il déteste, qu'il condamne. Et c'est aussi ce qui avait fait dire à son apôtre : (1) « Si quelqu'un aime le monde, » et le moindre de ses attraits, jusqu'à y donner son cœur, « l'amour du Père n'est pas en lui. » On ne peut pas aimer Dieu et le monde; on ne peut pas nager comme entre deux, se donnant tantôt à l'un, tantôt à l'autre; en partie à l'un et en partie à l'autre. Dieu veut tout; et le peu que vous lui ôterez, pour le donner au monde, à la fin entraînera tout votre cœur et sera le tout pour vous.

CHAPITRE VINGT-NEUVIÈME

De ces paroles de saint Jean: « Le monde passe, et la concupiscence passe; « mais celui qui fait la volonté de Dieu demeure éternellement. »

Après avoir parlé du monde et des plaies de la concupiscence, saint Jean découvre la cause de notre erreur, et en même temps le remède, dans ces dernières paroles de notre passage: (2) « et le monde passe avec sa concupiscence; mais celui qui fait la volonté de Dieu demeure éternellement. » Comme s'il disait: A quoi vous arrêtez-vous, insensés? Au monde? à son éclat? à ses plaisirs? ne voyez-vous pas que le monde passe? Les jours sont tantôt sereins, tantôt nébuleux; les saisons sont tantôt réglées, tantôt déréglées; les années tantôt abondantes, tantôt infructueuses; et, pour passer du monde naturel au monde moral, qui est celui qui nous éblouit et qui nous enchante, les affaires tantôt heureuses, tantôt malheureuses, la fortune toujours incou-

1. I Joan., II, 15.
2. Ibid., 17.

stante. Le monde passe : (1) « La figure de ce monde passe. » Le monde que vous aimez n'est point une vérité, une chose, un corps; c'est une figure, et une figure creuse, volage, légère, que le vent emporte, et, ce qui est encore plus faible, une ombre qui se dissipe d'elle-même.

Le monde passe et sa concupiscence; non-seulement le monde est variable de soi-même, mais encore sa concupiscence varie elle-même; le changement est de deux côtés. Souvent le monde change pour vous: ceux qui vous favorisaient, qui vous aimaient, ne vous favorisent plus, ne vous aiment plus; mais souvent même sans qu'ils changent vous changez; le dégoût vous prend, une passion, un plaisir, un goût en chasse un autre, et de tous côtés vous êtes livrés au changement et à l'inconstance.

Écoutez le Sage : (2) « La vie humaine est une fascination, » une tromperie des yeux; on croit voir ce qu'on ne voit pas, on voit tout avec des yeux malades. Mais vous l'aimiez si éperdûment, et maintenant vous ne l'aimez plus? J'étais ébloui, j'avais les yeux fascinés et troublés. Qui vous avait fasciné les yeux ? Une passion insensée : il me semble que c'est un songe qui s'est dissipé.

Ajoutez à la déception la folie, la niaiserie, la stupidité: « (3) *Fascinatio nugacitatis.* » Ajoutez-y l'inconstance de la concupiscence : « *Inconstantia concupiscentiæ,* » voilà son propre caractère. Elle va par des mouvements irréguliers, selon que le vent la pousse. Non-seulement on veut autre chose malade que sain, autre chose dans la jeunesse que dans l'enfance, et dans l'âge plus avancé que dans la jeunesse, et dans la vieillesse que dans la force de l'âge, autre chose dans le beau temps que dans le mauvais, autre chose pendant la nuit qui vous représente des idées sombres que dans le jour qui les dissipe; mais encore dans le même âge, dans le même état, on change sans savoir pourquoi; le sang s'émeut, le corps s'altère, l'humeur varie; on se trouve aujourd'hui tout autre qu'hier, on ne sait pourquoi, si ce n'est qu'on aime le changement, la variété divertit, elle

---

1. 1. Cor., VIII, 31.
2. Sap., IV, 12.
3. Ibid.

désennuie ; on change pour n'être pas mieux, mais la nouveauté nous charme pour un moment : « *Inconstantia concupiscentiæ.* »

« (1) Prenez garde, » disait Moïse, « à vos yeux et à vos pensées ; ne les suivez pas, car elles vous souilleront sur divers objets. » (2) « Sommes-nous, dit saint Paul, tels que nous étions autrefois, lorsque nous vivions dans les désirs de notre chair, faisant la volonté de notre chair et de nos pensées ? » Il ne s'élève pas plus de vagues dans la mer que de pensées et de désirs dans notre esprit et dans notre cœur ; elles s'effacent mutuellement et aussi elles nous emportent tour à tour ; nous allons au gré de nos désirs, il n'y a plus de pilote, la raison dort et se laisse emporter aux flots et aux vents.

Saint Augustin compare un homme qui aime le monde et qui est guidé par les sens à un arbre qui, s'élevant au milieu des airs, est poussé tantôt d'un côté, tantôt d'un autre, selon que le vent qui souffle le mène : « Tels, dit-il, sont les hommes sensuels et voluptueux ; ils semblent se jouer avec les vents, et prendre un certain air de liberté en promenant çà et là leurs vagues désirs. » Tels sont donc les hommes du monde : ils vont çà et là avec une extrême inconstance. Ils appellent liberté leurs changements, comme un enfant qui se croit libre échappe à son conducteur, il court sans savoir où il veut aller.

O homme ! ne verras-tu jamais ton malheur ? Tous ces désirs qui t'entraînent l'un après l'autre sont autant de fantaisies de malade, autant de vaines images qui se promènent dans un cerveau creux : il ne faudrait que la santé pour dissiper tout. Ta santé, ô homme, c'est de faire la volonté du Seigneur et de s'attacher à sa parole : (3) « Le monde passe, la concupiscence passe, dit saint Jean ; mais celui qui fait la volonté du Seigneur demeure éternellement ; » rien ne passe plus, tout est fixe, tout est immuable.

O homme ! tu étais fait pour cet état immuable, pour cette stabilité, pour cette éternité ; tu étais fait pour être avec Dieu

---

1. Num., xv, 29.
2. Ephes., ii, 7.
3. I. Joan., ii, 17.

un même esprit et participer par ce moyen à son immutabilité. Si tu t'attaches à ce qui passe, une autre immutabilité, une autre éternité t'attend ; au lieu d'une éternité pleine de lumière, une éternité ténébreuse et malheureuse te sera donnée, et l'homme se rendra digne d'un mal éternel pour avoir fait mourir en soi un bien qui le devait être : « *Et factus est malo dignus æterno, qui hoc in se peremit quod esse posset æternum,* » dit saint Augustin.

Ainsi, dit saint Jean, mes frères, mes petits enfants, « n'aimez pas le monde ni tout ce qui est dans le monde, » parce que tout y passe et s'en va en pure perte. Ne nous arrêtons point à ce qui se voit, mais à ce qui ne se voit pas ; parce que tout ce qui se voit est temporel, mais les choses qui ne se voient pas sont éternelles. (1) « Ce moment si court et si léger des afflictions de cette vie, » que nous pleurons tant et qui nous fait perdre patience, « produira en nous, dans un excès surprenant, l'excès inespéré et tout le poids éternel d'une gloire qui ne finira jamais. »

CHAPITRE TRENTIÈME

Jésus-Christ vient changer en nous, par trois saints désirs, la triple concupiscence que nous avons héritée d'Adam.

Voilà donc la folie et l'erreur de l'homme. Dieu l'avait fait heureux et saint ; ce bien de sa nature était immuable, car Dieu, de lui-même, ne le retire jamais parce qu'il est Dieu et ne change pas : (2) « *Ego Dominus, et non mutor.* » L'homme donc n'avait qu'à ne changer pas, et il serait demeuré dans un état immuable. Il a changé volontairement, et la triple concupiscence est venue : il est devenu superbe, il est devenu curieux, il est devenu sensuel. Mais, pour nous guérir de ces maux, Dieu nous a envoyé un Sauveur humble, un Sauveur qui n'est curieux que du salut des hom-

1. 2 Cor., IV, 17.
2. Malac., III, 6.

mes, un Sauveur noyé dans la peine et qui est un homme de douleurs.

L'homme superbe s'attribue tout à lui-même, et Jésus-Christ qui fait de si grandes choses, dont la doctrine est si sublime et les œuvres si admirables, ne s'attribue rien à lui-même : (1) « Ma doctrine n'est pas ma doctrine, mais de celui qui m'a envoyé; mon Père, qui demeure en moi, y fait les œuvres que vous admirez; ma nourriture, c'est de faire la volonté de mon Père. » Il a des élus et c'est sa gloire ; mais « (2) son Père les lui a donnés; » et si « on ne peut les lui ôter, c'est que son Père, qui les lui a donnés, est plus grand que tout, et que rien ne peut être ôté de ses mains » toutes-puissantes. (3) « Toute puissance m'est donnée dans le ciel et dans la terre, » je l'ai, mais comme donnée ; j'ai en moi, et je donne à qui je veux la vie éternelle ; mais c'est mon Père qui m'a donné d'avoir la vie en moi-même: (4) « Vous boirez bien mon calice ; mais, pour être assis à ma droite ou à ma gauche, ce n'est pas à moi de le donner, mais ceux-là l'auront à qui mon Père l'a préparé ; » c'est lui qui dispose et de moi-même et des places qu'on aura autour de moi; il a mis tous les temps en sa puissance, et je ne suis que le ministre de ses conseils.

Chrétien, écoute : ne sois point superbe, ne fais point ta volonté, ne t'attribue rien; tu es disciple de Jésus-Christ, qui ne fait que la volonté de son Père, qui lui rapporte tout et lui attribue tout ce qu'il fait.

Jésus-Christ était (5) « la science et la sagesse de Dieu, » quelle doctrine ne pouvait-il pas étaler? Mais il ne montre aucune science que celle du salut. A la vérité, de ce côté-là, sa science est haute au delà de toute hauteur ; mais dans les choses humaines il n'est curieux ni de doctrine, ni d'éloquence. Il ne montre aucune étude recherchée ; ses similitudes sont tirées des choses communes, de l'agriculture, de la pêche, du trafic, de la marchandise, de l'économie des choses les plus communes et les plus connues, de la royauté

---

1. Joan., vii, 16.
2. Joan., x, 28.
3. Matth., xxviii, 18.
4. Ibid., xx, 12.
5. 1 Cor., i, 30. — Coloss., ii, 3.

et ainsi du reste. Il voile les secrets de Dieu sous cette apparence vulgaire sans aucune ostentation ; il ne veut point qu'il se trouve parmi ses disciples plusieurs sages ni plusieurs savants, non plus que plusieurs puissants, plusieurs nobles et plusieurs riches. Toute la science qu'il faut avoir à son école (1) « est de connaître Jésus-Christ, » et encore « Jésus-Christ crucifié ; » le plus docte de tous ses disciples ne sait et ne veut savoir autre chose, et c'est de quoi uniquement il se glorifie.

Peut-être sera-t-il curieux de ce qui se passe dans le monde, ou des desseins des politiques ? Non, il se laisse raconter à la vérité (2) ce qui était arrivé à ceux dont Pilate mêla le sang à leur sacrifice ; mais sans s'arrêter à cette nouvelle, non plus qu'à celle de la tour de Siloë (3) dont la chute avait écrasé dix-huit hommes, il conclut de là seulement à profiter de cet exemple. Et pour ce qui est de la politique, il montre qu'il connaît bien celle d'Hérode et ce qu'il tramait secrètement contre lui, mais seulement pour le mépriser ; et il lui fait dire : (4) « Allez, dites à ce renard que, malgré lui et ses finesses, je chasserai les démons, et que je guérirai les malades aujourd'hui et demain ; et quoi qu'il fasse, je ne mourrai qu'au troisième jour ; » par où il entend le troisième an, parce que c'est le moment de son Père. C'est tout ce qu'il veut savoir des choses du monde, que Dieu en dispose et qu'elles roulent selon ses ordres. C'est pourquoi, étant renvoyé au même Hérode, loin de contenter le vain désir qu'il avait de voir des miracles, il ne daigna pas même lui dire une parole, et, pour confondre la vanité et la curiosité des politiques du monde, il se laissa traiter de fou par ce prince et par sa cour curieuse (5). Ils lui mettent, par mépris, un habit blanc comme à un insensé, il ne les reprend ni ne les punit. C'est à la sagesse divine assez punir et assez convaincre les fous, que de se retirer du milieu d'eux, sans daigner s'en faire connaître, et les laisser dans leur aveuglement.

1. I Cor., II, 2.
2. Luc., XIII, 1.
3. Ibid., 3, 4, 5.
4. Ibid., 3.
5. Ibid., XXIII, 21.

S'il n'est curieux ni des sciences ni des nouvelles du monde, il l'est encore moins des riches habits et des riches ameublements (1) : « Les renards ont leurs tanières, et les oiseaux ont leurs nids ; mais le Fils de l'homme n'a pas où reposer sa tête (2). » Il dort dans un bateau, sur un coussin étranger. Ne pensez pas lui prendre les yeux par des édifices éclatants ; quand on lui montre ces belles pierres et ces belles structures du temple (3), il ne les regarde que pour annoncer que tout y sera bientôt détruit. Il ne voit dans Jérusalem, une ville si superbe et si belle, que sa ruine qui viendra bientôt, et, au lieu de regards curieux, ses yeux ne ui fournissent pour elle que des larmes.

Enfin, pour combattre la concupiscence de la chair, il oppose au plaisir des sens un corps tout plongé dans la douleur, des épaules toutes déchirées par des fouets, une tête couronnée d'épines et frappée avec une canne par des mains impitoyables, un visage couvert de crachats, des yeux meurtris, des joues flétries et livides à force de soufflets, une langue abreuvée de fiel et de vinaigre, et, par dessus tout cela, une âme triste jusqu'à la mort des frayeurs, des désolations et une détresse inouïe. Plongez-vous dans les plaisirs, mortels, voilà votre maître abîmé corps et âme dans la douleur.

CHAPITRE TRENTE ET UNIÈME

De ces paroles de saint Jean : « Je vous écris, pères ; je vous écris, jeunes « gens ; je vous écris, petits enfants. » Récapitulation de ce qui est contenu dans tout le passage de cet apôtre.

En cet état de douleur, que nous dit Jésus ? Rien autre chose, si ce n'est ce que nous dit en son nom son disciple bien-aimé : « N'aimez point le monde ni tout ce qui est dans le monde, » car je l'ai couvert de honte et d'horreur

---

1. Matth., VIII, 20.
2. Marc., IV, 38.
3. Matth., XXIV, 1.

par ma croix; n'en aimez pas les concupiscences, que j'ai chargées d'anathèmes par ma mort.

Ne présumez point de vous-même, car c'est le commencement de tout péché, c'est par là que votre mère a été séduite et que votre père vous a perdus.

Ne désirez point la gloire des hommes, car vous auriez reçu votre récompense, et vous n'auriez à attendre que de véritables supplices.

Ne vous glorifiez pas en vous-même, car tout ce que vous vous attribuez dans vos bonnes œuvres, vous l'ôtez à Dieu qui en est l'auteur, et vous vous mettez en sa place.

Ne secouez point le joug de la discipline du Seigneur; ne dites point en vous-même, comme un superbe orgueilleux (1). « Je ne servirai point, » car si vous ne servez à la justice, vous serez esclaves du péché et enfants de la mort.

Ne dites point : Je ne suis point souillé, et ne croyez pas que Dieu ait oublié vos péchés, parce que vous les avez oubliés vous-même ; car le Seigneur vous éveillera en vous disant (2) : « Voyez vos voies dans ce vallon secret (3) : je vous ai suivi partout et j'ai compté tous vos pas. »

Ne résistez pas aux sages conseils, et ne vous emportez pas quand on vous reprend ; car c'est le comble de l'orgueil de se soulever contre la vérité même lorsqu'elle vous avertit, et de regimber contre l'éperon.

Ne cherchez point à savoir beaucoup, apprenez la science du salut, toute autre science est vaine, et, comme disait le Sage (4), « en beaucoup de sagesse il y a beaucoup de fureur et d'indignation. Qui ajoute la science ajoute le travail. »

Ne soyez point curieux en choses vaines, en nouvelles, en politiques, en riches habillements, en maisons superbes, en jardins délicieux (5) : « Vanité des vanités ! et tout est vanité. Malgré elle la créature est assujettie à la vanité » et en est frappée; mais elle doit gémir en elle-même, jusqu'à ce qu'elle ait secoué le joug et soit appelée (6) « à la liberté des enfants de Dieu. »

1. Jerem., II, 20.
2. Jerem., II, 2.
3. Job., XIV, 16.
4. Eccl., I, 18.
5. Ibid., 2.
6. Rom., VIII, 21.

N'aimez point à amasser des trésors ni à repaître vos yeux de votre or et de votre argent ; car (1), « où sera votre trésor, là sera votre cœur. » Quoi ! jamais vous n'écouterez l'Église, qui vous dit et vous crie de toute sa force, à chaque sacrifice qu'elle offre : « *Sursum corda;* » Le cœur en haut !

N'aimez point les plaisirs des sens (2) ; n'attachez point vos yeux sur un objet qui leur plait et songez que David périt par un coup d'œil.

Ne vous plaisez point à la bonne chair, qui appesantit votre cœur ; ni au vin, qui vous porte dans le sein le feu de la concupiscence (3): « Sa couleur trompe, » dit le Sage, « dans une coupe ; mais à la fin il vous pique comme une couleuvre. »

Ne vous plaisez point au chant, qui relâche la vigueur de l'âme ; ni à la musique amoureuse, qui fait entrer la mollesse dans le cœur par les oreilles.

N'aimez point les spectacles du monde, qui le font paraître beau et en couvrent la vanité et la laideur.

N'assistez point aux théâtres ; car tout y est comme dans le monde, dont ils sont l'image, ou concupiscence de la chair, ou concupiscence des yeux, ou orgueil de la vie : on y rend les passions délectables, et tout le plaisir y consiste à les réveiller.

Ne croyez pas qu'on soit innocent en jouant, ou en faisant un jeu des vicieuses passions des autres : par là on nourrit les siennes. Un spectateur au dehors est au dedans un acteur secret. Les maladies sont contagieuses, et de la feinte on en veut venir à la vérité.

« Je vous écris, pères (4) ; je vous écris, jeunes gens ; je vous le dis, petits enfants, » dit saint Jean. Il parle aux trois âges : aux pères, qui sont déjà vieux en approchant de la vieillesse ; aux jeunes gens, qui sont dans la force, et aux enfants.

Vieillards, qui dans la faiblesse de votre âge mettez votre gloire dans vos enfants, mettez-la plutôt à connaître celui qui est dès le commencement (5), et à l'avoir pour votre père.

1. Matth., VI, 21.
2. 2 Reg., XI, 2.
3. Prov., XXIII, 32.
4. 1 Joan., 12.
5. Ibid., 13.

Jeunes gens, saint Jean vous parle deux fois. Vous vous glorifiez dans votre force, et par vos vives saillies et vos fougues impétueuses vous voulez tout emporter : mais vous devez mettre votre gloire à vaincre le malin, qui inspire à vos jeunes cœurs tant de désirs (1), d'autant plus dangereux qu'ils paraissent doux et flatteurs.

Je dirai un mot aux enfants, et puis aux jeunes gens, dont les périls sont si grands. Je reviendrai encore à vous, petits enfants: c'est par tendresse que je vous appelle ainsi, car je n'adresserais pas mon discours à ceux qui, dans le berceau, ne m'écouteraient pas encore. Je parle donc à vous, ô enfants qui commencez à avoir de la connaissance. Dès qu'elle commence à poindre, connaissez votre véritable père, qui est Dieu; honorez-le dans vos parents ; ayez la charité dans le cœur, et apprenez de bonne heure à vous laisser corriger, enseigner et conduire à la sagesse. Qu'on ne vous apprenne point à aimer l'ostentation et les parures ; que la vanité ne soit en vous ni l'attrait, ni la récompense du bien que vous faites ; et surtout qu'on ne fasse point un jeu de vos passions ; qu'on ne vous donne point ces petites comédies dans vos familles ; ces jeux encore innocents viennent d'un fonds qui ne l'est pas. Les filles n'apprennent que trop tôt qu'il faut avoir des galants; les garçons ne sont que trop tôt prêts à en faire le personnage. Le vice naît sans qu'on y pense et on ne sait quand il commence à germer.

Enfin, je reviens à vous, jeunes gens. Il est vrai, vous êtes dans la force : « *Fortes estis* ; » mais votre force n'est que faiblesse si elle ne se fait paraître que par l'ardeur et la violence de vos passions. Que la parole de Dieu demeure en vous ; vous commencez à l'entendre, commencez à la révérer. Vous voulez l'emporter sur tout, mais je vous ai déjà dit que celui sur qui il faut l'emporter, c'est le malin qui vous tente.

Tous ensemble, pères déjà avancés en âge, jeunes gens, enfants, chrétiens, tant que vous êtes, n'aimez pas le monde ni tout ce qui est dans le monde : car tout est amour des plaisirs, curiosité et ostentation ; enfin un orgueil foncier, qui étouffe la vertu dès sa semence, et ne cessant

---

1. Joan., II, 13.

de la persécuter, la corrompt, non-seulement quand elle est née, mais encore quand elle semble avoir pris son accroissement et sa perfection.

CHAPITRE TRENTE-DEUXIÈME

De la racine de la triple concupiscence, qui est l'amour de soi-même; à quoi il faut opposer le saint et pur amour de Dieu.

Souvenons-nous, malheureux enfants d'Adam, qu'en quittant Dieu, en qui et la source est la perfection de notre être, nous nous sommes attachés à nous-mêmes, et que c'est dans ce malheureux et aveugle amour que consiste la tache originelle; principalement dans l'amour de cette excellence propre, puisque c'est celui qui nous fait véritablement dieux à nous-mêmes, idolâtres de nos pensées, de nos opinions, de nos vices, de nos vertus mêmes; incapables de porter, je ne dirai pas les faux biens du monde, qui nous maîtrisent et nous transportent; mais encore les vrais biens, qui viennent de Dieu; parce qu'au lieu de nous élever à celui qui les donne, afin qu'on s'unisse à lui, nous nous y attachons je ne sais comment, de même que s'ils nous étaient propres, ou que nous en fussions les auteurs. Notre libre arbitre, qui a trompé nos premiers parents, nous séduit encore; et parce que vous avez voulu, ô mon Dieu, qu'il concourût à votre grande œuvre, qui est notre sanctification, sans songer que c'est vous, ô moteur secret, qui lui inspirez le bon choix qu'il fait, il s'arrête en lui-même, et croit être quelque chose, quoiqu'il ne soit rien.

Mon Dieu, sanctifiez-nous en vérité, que nous soyons saints, non pas à nos yeux, mais aux vôtres; cachez-nous à nous-mêmes, et que nous ne nous trouvions plus qu'en vous seul.

Je me suis levé pendant la nuit avec David, pour voir vos cieux qui sont l'ouvrage de vos doigts, la lune et les étoiles que vous avez fondées. Qu'ai-je vu, Seigneur, et quelle admirable image des effets de votre lumière infinie

Le soleil s'avançait, et son approche se faisait connaître par une certaine blancheur qui se répandait de tous côtés ; les étoiles avaient disparu, et la lune s'était levée avec son croissant d'un argent si beau et si vif, que les yeux en étaient charmés. Elle semblait vouloir honorer le soleil en paraissant claire et lumineuse par le côté qu'elle tournait vers lui ; tout le reste était obscur et ténébreux, et un petit demi-cercle recevait seulement dans cet endroit-là un ravissant éclat par les rayons du soleil, comme du père de la lumière : quand il la voit de ce côté-là, elle reçoit une teinture de lumière ; plus il la voit, plus sa lumière s'accroît. Quand il la voit tout entière, elle est dans son plein ; et plus elle a de lumière, plus elle fait honneur à celui d'où elle vient. Mais voici un nouvel hommage qu'elle rend à son céleste illuminateur. A mesure qu'il approchait, je la voyais disparaître, le faible croissant diminuait peu à peu ; et quand le soleil se fut montré tout entier, la pâle et débile lumière s'évanouissant se perdit dans celle du grand astre qui paraissait, dans laquelle elle fut comme absorbée. On voyait bien qu'elle ne pouvait avoir perdu sa lumière par l'approche du soleil qui l'écartait ; mais un petit astre cédait au grand, une petite lumière se confondait avec la grande, et la place du croissant ne parut plus dans le ciel, où il tenait auparavant un si beau rang parmi les étoiles.

Mon Dieu, lumière éternelle, c'est la figure de ce qui arrive à mon âme quand vous l'éclairez. Elle ne l'est que du côté que vous la voyez : partout où vos rayons ne pénètrent pas, ce n'est que ténèbres ; et quand ils se retirent tout à fait, l'obscurité et la défaillance sont entières. Que faut-il donc que je fasse, ô mon Dieu, sinon de reconnaître comme étant de vous toute la lumière que je reçois ? Si vous détournez votre face, une nuit affreuse nous enveloppe, et vous seul êtes la lumière de notre vie. (1) « Le Seigneur est ma lumière et mon salut, que craindrai-je ? Le Seigneur est le protecteur de ma vie, de qui aurai-je peur ? » Nous sommes de ceux à qui l'Apôtre a écrit : (2) « Vous étiez autrefois ténèbres, mais maintenant vous êtes lumière en notre

---

1. Ps., XXVI, 1.
2. Ephes., V, 8.

Seigneur. » Comme s'il eût dit : Si vous étiez par vous-mêmes lumineux, pleins de sainteté, de vertus et de vérités, et si vous étiez vous-mêmes votre lumière, vous n'auriez jamais été dans les ténèbres, et la lumière ne vous aurait jamais quittés. Mais maintenant vous reconnaissez par tous vos égarements que vous ne pouvez être éclairés que par une lumière qui vous vienne du dehors et d'en haut ; et si vous êtes lumières, c'est seulement en notre Seigneur.

O lumière incompréhensible par laquelle vous éclairez tout homme qui vient au monde, et d'une façon particulière ceux de qui il est écrit (1) : « Marchez comme des enfants de lumière, » outre l'hommage que nous vous devons de vous rapporter toute la lumière et toute la grâce qui est en nous, comme la tenant uniquement de vous qui êtes le vrai père des lumières ; nous vous en demandons encore une autre, qui est que notre lumière, telle qu'elle soit, se perde dans la vôtre et s'évanouisse devant vous. Oui, Seigneur, toute lumière créée et qui n'est pas vous, quoiqu'elle vienne de vous, vous doit le sacrifice de s'anéantir, de disparaître en votre présence, et disparaître principalement à nos propres yeux ; en sorte que, s'il y a quelques lumières en nous, nous les voyions, non pas en nous-mêmes, mais en celui que vous nous avez donné pour nous être sagesse, justice, sainteté et rédemption ; afin (2) « que celui qui se glorifie, se glorifie, non point en lui-même, mais uniquement en notre Seigneur. »

Voilà, mon Dieu, le sacrifice que je vous offre, et l'oblation pure de la nouvelle alliance qui vous doit être offerte en Jésus-Christ et par Jésus-Christ dans toute la terre. Je vous l'offre, ô Dieu vivant et éternel, autant de fois que je respire : je veux vous l'offrir autant de fois que je pense ; je souhaite de ne penser qu'à vous, et que vous soyez tout mon amour, car je vous dois tout. Vous n'êtes pas seulement la lumière de mes yeux ; mais si j'ouvre les yeux pour voir la lumière que vous leur présentez, c'est vous-même qui m'en inspirez la volonté.

O Seigneur, de qui je tiens tout, je vous aimerai à ja-

---

1. Ephes., v, 8.
2. 2 Cor., x, 17.

mais ; je vous aimerai, ô mon Dieu, qui êtes ma force. Allumez en moi cet amour ; envoyez-moi du plus haut des cieux, et de votre sein éternel, votre Saint-Esprit, ce Dieu d'amour qui ne fait qu'un cœur et qu'une âme de tous ceux que vous sanctifiez ; qu'il soit la flamme invisible qui consume mon cœur d'un saint et pur amour : d'un amour qui ne prenne rien pour soi-même, pas la moindre complaisance, mais qui vous renvoie tout le bien qu'il reçoit de vous.

O Dieu, votre esprit peut seul opérer cette merveille : qu'il soit en moi un charbon ardent, qui purifie de telle sorte mes lèvres et mon cœur, qu'il n'y ait plus rien du mien en moi, et que l'encens que je brûlerai devant votre face, aussitôt qu'il aura touché ce brasier ardent que vous allumerez au fond de mon âme, sans qu'il m'en demeure rien, s'exhale tout en vapeur vers le ciel pour vous être en agréable odeur. Que je ne me réjouisse qu'en vous, en qui seul je veux trouver mon bonheur et ma vie, maintenant et aux siècles des siècles.

FIN.

TABLE.

INTRODUCTION.	1
LETTRE AU PAPE INNOCENT XI. — De l'instruction de monseigneur le dauphin.	43
1. La règle sur les études donnée par le roi.	44
2. La religion.	45
3. La grammaire, les auteurs latins et la géographie.	48
4. L'histoire. Celle de France, composée par monseigneur le dauphin, en latin, et en français.	51
5. Saint Louis, modèle d'un roi parfait.	53
6. L'exemple du roi.	53
7. La philosophie. Traité *de la connaissance de Dieu et de soi-même*.	54
8. La logique, la rhétorique et la morale.	55
9. Les principes de la jurisprudence.	56
10. Les autres parties de la philosophie.	57
11. Les mathématiques.	57
12. Trois derniers ouvrages pour recueillir le fruit des études.	
I. *Histoire universelle, pour expliquer la suite de la religion, et les changements des empires.*	58
13. II. *Politique tirée des propres paroles de la sainte Écriture.*	59
14. III. *L'état du royaume et de toute l'Europe.*	59
A MONSEIGNEUR LE DAUPHIN.	61

DE LA CONNAISSANCE DE DIEU ET DE SOI-MÊME.

Dessein et division de ce traité. 67

CHAPITRE PREMIER.
DE L'AME.

I. Opérations sensitives, et premièrement des cinq sens. 68
II. Le plaisir et la douleur. 71
III. Diverses propriétés des sens. 73
IV. Le sens commun et l'imagination. 74
V. Des sens extérieurs et intérieurs, et plus en particulier de l'imagination. 76
VI. Les passions. 78
VII. Les opérations intellectuelles; et premièrement celles de l'entendement. 82
VIII. De certains actes de l'entendement qui sont joints aux sensations, et comment on en connaît la différence. 86
IX. Différence de l'imagination et de l'entendement. 89
X. Comment l'imagination et l'intelligence s'unissent et s'aident ou s'embarrassent mutuellement. 91
XI. Différence d'un homme d'esprit et d'un homme d'imagination : l'homme de mémoire. 92
XII. Les actes particuliers de l'intelligence. 93
XIII. Les trois opérations de l'esprit. 94
XIV. Diverses dispositions de l'entendement. 97
XV. Les sciences et les arts. 98
XVI. Ce que c'est que bien juger; quels en sont les moyens, et quels en sont les empêchements. 101
XVII. Perfection de l'intelligence au-dessus du sens. 104
XVIII. La volonté et les actes. 106
XIX. La vertu et les vices, la droite raison et la raison corrompue. 107
XX. Récapitulation. 109

CHAPITRE DEUXIEME.

DU CORPS.

I. Ce que c'est que le corps organique. 110
II. Division des parties du corps, et description des extérieures. . . . 111
III. Description des parties intérieures, et premièrement de celles qui sont enfermées dans la poitrine. 114
IV. Les parties qui sont au-dessous de la poitrine. 116
V. Les passages qui conduisent aux parties ci-dessus décrites, c'est-à-dire l'œsophage et la trachée-artère. 118
VI. Le cerveau et les organes des sens. 119
VII. Les parties qui règnent par tout le corps, et premièrement des os. 122
VIII. Les artères, les veines et les nerfs. 123
IX. Le sang et les esprits. 127
X. Le sommeil, la veille et la nourriture. 129
XI. Le cœur et le cerveau sont les deux maîtresses parties. 133
XII. La santé, la maladie, la mort; et à propos des maladies, les passions en tant qu'elles regardent le corps. 134
XIII. La correspondance de toutes les parties. 139
XIV. Récapitulation, où sont ramassées les propriétés de l'âme et du corps. 140

CHAPITRE TROISIÈME.

DE L'UNION DE L'AME ET DU CORPS.

I. L'âme est naturellement unie au corps. 141
II. Deux effets principaux de cette union, et deux genres d'opérations dans l'âme 141
III. Les sensations sont attachées à des mouvements corporels qui se font en nous. 143
IV. Les mouvements corporels qui se font en nous dans les sensation viennent des objets par le milieu. 145

V. Les mouvements de nos corps auxquels les sensations sont attachées sont les mouvements des nerfs. 146

VI. Six propositions qui expliquent comment les sensations sont attachées à l'ébranlement des nerfs. 147

VII. Réflexions sur la doctrine précédente. 154

VIII. Six propositions qui font voir de quoi l'âme est instruite par les sensations, et l'usage qu'elle en fait, tant pour le corps que pour elle-même. 155

IX. De l'imagination et des passions, et de quelle sorte il les faut considérer. 162

X. De l'imagination en particulier, et à quel mouvement du corps elle est attachée. 163

XI. Des passions, et à quelles dispositions du corps elles sont unies. . 167

XII. Second effet de l'union de l'âme et du corps, où se voient les mouvements du corps assujettis aux actions de l'âme. 173

XIII. L'intelligence n'est attachée par elle-même à aucun organe, ni à aucun mouvement du corps. 174

XIV. L'intelligence, par sa liaison avec le sens, dépend en quelque sorte du corps, mais par accident. 177

XV. La volonté n'est attachée à aucun organe corporel; et loin de suivre les mouvements du corps, elle y préside. 178

XVI. L'empire que la volonté exerce sur les mouvements extérieurs la rend indirectement maîtresse des passions. 180

XVII. La nature de l'attention et ses effets immédiats sur le cerveau, par où paraît l'empire de la volonté. 181

XVIII. L'âme attentive à raisonner se sert du cerveau, par le besoin qu'elle a des images sensibles 183

XIX. L'effet de l'attention sur les passions, et comment l'âme les peut tenir en sujétion dans leur principe; où il est parlé de l'extravagance, de la folie et des songes. 187

XX. L'homme qui a médité la doctrine précédente se connaît lui-même. 191

XXI. Pour se bien connaître soi-même, il faut s'accoutumer, par de fréquentes réflexions, à discerner en chaque action ce qu'il y a du corps d'avec ce qu'il y a de l'âme 193

XXII. Comment on peut distinguer les opérations sensitives d'avec les mouvements corporels, qui en sont inséparables. 196

CHAPITRE QUATRIÈME.

DIEU, CRÉATEUR DE L'AME ET DU CORPS, ET AUTEUR DE LA VIE.

    L'homme est un ouvrage d'un grand dessein, et d'une sagesse profonde. 200

II. Le corps humain est l'ouvrage d'un dessein profond et admirable. 203

III. Dessein merveilleux dans les sensations et dans les choses qui en dépendent. 210

IV. La raison, nécessaire pour juger des sensations et régler les mouvements extérieurs, devait nous être donnée, et ne l'a pas été sans un grand dessein. 210

V. L'intelligence a pour objet des vérités éternelles, qui ne sont autre chose que Dieu même, où elles sont toujours subsistantes et toujours parfaitement entendues. 212

VI. L'âme connaît, par l'imperfection de son intelligence, qu'il y a d'ailleurs une intelligence parfaite. 215

VII. L'âme, qui connaît Dieu et se sent capable de l'aimer, sent dès là qu'elle est faite pour lui, et qu'elle tient tout de lui. 217

VIII. L'âme connaît sa nature en connaissant qu'elle est faite à l'image de Dieu. 218

IX. L'âme qui entend la vérité reçoit en elle-même une impression divine qui la rend conforme à Dieu. 220

X. L'image de Dieu s'achève en l'âme par une volonté droite. . . . 222

XI. L'âme attentive à Dieu se connaît supérieure au corps, et apprend que c'est par punition qu'elle est devenue captive. 223

XII. Conclusion de ce chapitre. 227

CHAPITRE CINQUIÈME.

DE LA DIFFÉRENCE ENTRE L'HOMME ET LA BÊTE.

I. Pourquoi les hommes veulent donner du raisonnement aux animaux. Deux arguments en faveur de cette opinion. 228

II. Réponse au premier argument. 231

III. Second argument en faveur des animaux; en quoi ils nous sont semblables, et si c'est dans le raisonnement. 233

IV. Si les animaux apprennent. 240

V. Suite où on montre encore plus particulièrement ce que c'est que dresser les animaux et leur parler. 243

VI. Extrême différence de l'homme et de la bête. 248

VII. Les animaux n'inventent rien. 251

VIII. De la première cause des inventions et de la variété de la vie humaine, qui est la réflexion. 252

IX. Seconde cause des inventions et de la variété de la vie humaine, la liberté. 255

X. Combien la sagesse de Dieu paraît dans les animaux. 256

XI. Les animaux sont soumis à l'homme, et n'ont pas même le dernier degré de raisonnement. 257

XII. Réponse à l'objection tirée de la ressemblance des organes. . . . 258

XIII. Ce que c'est que l'instinct qu'on attribue ordinairement aux animaux. Deux opinions sur ce point. 260

XIV. Conclusion de ce traité, où l'excellence de la nature humaine est de nouveau démontrée. 267

TRAITÉ DU LIBRE ARBITRE.

Chap. I. Définition de la liberté dont il s'agit. Différence entre ce qui est permis, ce qui est volontaire, et ce qui est libre. . . . 271

— II. Que cette liberté est dans l'homme, et que nous connaissons cela naturellement. 272

— III. Que nous connaissons naturellement que Dieu gouverne notre liberté, et ordonne de nos actions 273

— IV. Que la raison seule nous oblige à croire ces deux vérités, quand même nous ne pourrions trouver le moyen de les accorder ensemble. 283

— V. Divers moyens pour accorder ces deux vérités. *Premier moyen :* mettre dans le volontaire l'essence de la liberté. Raisons décisives qui combattent cette opinion 296

Chap. VI. *Deuxième moyen* pour accorder notre liberté avec la certitude des décrets de Dieu. La science moyenne ou conditionnée. Faible de cette opinion 299

— VII. *Troisième moyen* pour accorder notre liberté avec les décrets de Dieu : la contemplation et la suavité, ou la délectation qu'on appelle victorieuse. Insuffisance de ce moyen. 301

— VIII. *Quatrième et dernier moyen* pour accorder notre liberté avec les décrets de Dieu. La prémotion et la prédétermination physique. Elle sauve parfaitement notre liberté et notre dépendance de Dieu. 303

— IX. Objections, et réponse, où l'on compare l'action libre de la volonté avec les autres actions qu'on attribue à l'âme, et avec celles qu'on attribue aux corps. 310

— X. La différence des deux états de la nature humaine, innocente et corrompue, assignée selon les principes posés. . 317

— XI. Des actions mauvaises et de leurs causes. 319

ÉLÉVATIONS A DIEU.

I. L'être de Dieu 323
II. La perfection et l'éternité de Dieu. 324
III. Encore de l'être de Dieu et de son éternelle béatitude. 326
IV. L'unité de Dieu. 327
V. La béatitude de l'âme, image de celle de Dieu heureux dans la Trinité de ses personnes. 328
VI. Dieu n'en est pas plus grand ni plus heureux pour avoir créé l'univers. 332
VII. Avant la création, rien n'était que Dieu. 334
VIII. Dieu n'a eu besoin de trouver ni un lieu pour placer le monde, ni un temps pour y assigner le commencement de toutes choses. 336
IX. Efficace et liberté du commandement divin. 339

TRAITÉ DE LA CONCUPISCENCE.

CHAP. I. Paroles de l'apôtre saint Jean contre le monde, conférées avec d'autres paroles du même apôtre et de Jésus-Christ. Ce que c'est que le monde que cet apôtre nous défend d'aimer. . . 341

— II. Ce que c'est que la concupiscence de la chair, et combien le corps pèse à l'âme. 343

— III. Ce que c'est, selon l'Écriture, que la pesanteur du corps, et qu'elle est dans les misères et les passions qui nous viennent de cette source. 344

— IV. Que l'attache que nous avons au plaisir des sens est mauvaise et vicieuse. 346

— V. Que la concupiscence de la chair est répandue par tout le corps et tous les sens. 350

— VI. Ce que c'est que la chair de péché dont parle saint Paul. . . 352

— VII. D'où vient en nous la chair du péché, c'est-à-dire la concupiscence de la chair. 353

— VIII. De la concupiscence des yeux, et premièrement de la curiosité. 356

— IX. De ce qui contente les yeux. 360

— X. De l'orgueil de la vie, qui est la troisième sorte de concupiscence réprouvée par saint Jean. 366

— XI. De l'amour-propre, qui est la racine de l'orgueil. 367

— XII. Opposition de l'amour de Dieu et de l'amour-propre. . . . 369

— XIII. Combien l'amour-propre rend l'homme faible. 371

— XIV. Ce que l'orgueil ajoute à l'amour-propre. 372

— XV. Description de la chute de l'homme, qui consiste principalement dans son orgueil. 373

— XVI. Les effets de l'orgueil sont distribués en deux principaux. Il est traité du premier. 375

— XVII. Faiblesse orgueilleuse d'un homme qui aime les louanges, comparée avec celle d'une femme qui veut se croire belle. 378

— XVIII. Un bel esprit, un philosophe. 380

— XIX. Merveilleuse manière dont Dieu punit l'orgueil en lui donnant ce qu'il demande. 383

Chap. XX.	Erreur encore plus grande de ceux qui tournent à leur propre gloire les œuvres qui appartiennent à la véritable vertu.	385
— XXI.	Ceux qui, dans la pratique des vertus, ne cherchent point la gloire du monde, mais se font eux-mêmes leur gloire, sont plus trompés que les autres.	386
— XXII.	Si le chrétien bien instruit des maximes de la foi peut craindre de tomber dans cette espèce d'orgueil.	388
— XXIII.	Comment il arrive aux chrétiens de se glorifier en eux-mêmes.	389
— XXIV.	Qui a inspiré à l'homme cette pente prodigieuse qu'il a de s'attribuer tout le bien qu'il a de Dieu.	391
— XXV.	Séduction du démon; chute de nos premiers parents; naissance des trois concupiscences, dont la dominante est l'orgueil.	394
— XXVI.	La vérité de cette histoire trop constante par ses effets.	398
— XXVII.	Saint Jean explique toute la corruption originale dans les trois concupiscences.	400
— XXVIII.	De ces paroles de saint Jean : « Laquelle n'est pas du Père, mais du monde; » qui expliquent ces autres paroles du du même apôtre : « Si quelqu'un aime le monde, l'amour du Père n'est point en lui. »	402
— XXIX.	De ces paroles de saint Jean : « Le monde passe, et la concupiscence passe; mais celui qui fait la volonté de Dieu demeure éternellement. »	403
— XXX.	Jésus-Christ vient changer en nous, par trois saints désirs, la triple concupiscence que nous avons héritée d'Adam.	406
— XXXI.	De ces paroles de saint Jean : « Je vous écris, pères; je vous écris, jeunes gens; je vous écris, petits enfants. » Récapitulation de ce qui est contenu dans tout le passage de cet apôtre.	409
— XXXII.	De la racine de la triple concupiscence, qui est l'amour de soi-même; à quoi il faut opposer le saint et pur amour de Dieu.	419

FIN DE LA TABLE.

www.ingramcontent.com/pod-product-compliance
Lightning Source LLC
Chambersburg PA
CBHW050910230426
43666CB00010B/2108